相続・贈与と税の判例総合解説

相続・贈与と税の
判例総合解説

三木 義一 著

判例総合解説シリーズ

信山社

はしがき

　本書は先に刊行した『相続・贈与と税』（一粒社）をベースに，その後の判例を加えて，民法と税法の関係を鳥瞰しようと試みたものである。出版に際し，筆者が意識してきたことは次の点にある。

　(1)　現代における民事取引や相続問題は税金問題抜きでは語れなくなっている。しかし，民法研究者にとって税法はなお異質な印象を与えているようであり，税法上の問題を意識して解釈論が展開されているとはいえない。より端的に言えば，民法の議論は税金問題が生じない無菌実験室での議論であるように思われることがある。他方で，税法では民法を前提に課税上の法律関係を理解するのを原則としながらも，民法の議論の都合のいい部分だけを利用しているような面がある。そのため，民法・税法間の共通の会話がなかなかできていない。そこで，何よりも民法との接点を意識してまとめたい。

　(2)　しかし，筆者自身が民法・相続法の研究を専門的に行ってきたわけでもないので，あくまでも税法の立場からの判例分析にならざるを得ない。そこで，相続・贈与をめぐる租税問題を，民法研究者や弁護士等の実務家にも理解しやすいように，税法の体系に即してではなく，民法典の構成に即して検討することにした。

　(3)　また，相続・贈与をめぐる租税というと，一般には「相続税・贈与税」のみが想定されがちだが，実際には資産の譲渡所得税を考慮しないと，意義が半減してしまう。そこで，できるだけ譲渡所得課税も取り入れ，そのために書名も『相続・贈与税』とはしないことにし，『相続・贈与と税の判例総合解説』というタイトルになっている。

　以上の3つの視点は前書からも受け継がれている。取り上げた判例が，前書では平成11年前半までであったので，本書では平成17年前半までできるだけ取り入れ，新しい裁判動向を示すようにした。しかし，民法との関係についての考察をより深め，民法研究者との会話も可能にするという課題は本書でも十分にできず，なお税法からの概観にとどまってしまっている。前書を刊行後，関根稔弁護士，占部裕典教授と共著で『実務家のための税務相談（民法編）』（有斐閣）を上梓し，一歩その目的に向けて努力したが，なお多くの課題を残している。

　また，本シリーズでは税に関するテーマが相続・贈与に限定されているが，このことも，税金問題が民事取引につきまとう問題であり，契約の錯誤や保証債務などにも税金問題が連動して生じることがあまり自覚されてこなかったことの反映かもしれない。本書の試みが，民法研究者・弁護士等と税法研究者・税理士との対話の促進に少しでも貢献できるこ

はしがき

とを願っている。

　なお，本書の校正については，立命館大学法学部助手の安井栄二君のお世話になった。また，編集工房INABA・稲葉文子さんにも編集上いろいろとご配慮頂いた。ここに厚く感謝の意を表したい。

2005年10月

三　木　義　一

目　次

はしがき

相続・贈与と税

序章　相続税の基本原理とその問題点 ……………… 3
- 1　「相続」の存立根拠 ……………………………………… 3
- 2　相続税の課税方式と課税根拠 ………………………… 5
  - (1)　様々な課税方式 ……………………………………… 5
  - (2)　「遺産」税方式の正当化理由とその批判 ……………… 7
  - (3)　「取得税」方式の合憲性・合理性 …………………… 10
- 3　現行方式の矛盾と改革の方向—遺産取得税方式の徹底化の提唱 …………………………………………………… 12

第1章　民法上の相続と税法 …………………………… 17

第1節　民法と税法 ……………………………………… 17
- 1　相続の開始と2つの税金問題 ………………………… 17
- 2　民法と相続税法の差違 ………………………………… 18
  - (1)　「当事者間の公平」対「他の相続との公平」 ………… 18
  - (2)　「相続人間の配分」対「世代間の配分」 ……………… 18
  - (3)　「遺産分割」対「経済的富の取得」 …………………… 18

第2節　相続人・納税義務者 …………………………… 19
- 1　納税義務者 ……………………………………………… 19
- 2　相続人 …………………………………………………… 19
  - (1)　法定相続人と相続税法 ……………………………… 19
  - (2)　胎児 …………………………………………………… 20
  - (3)　養子【1】 ……………………………………………… 20
  - (4)　代襲相続 ……………………………………………… 21
  - (5)　相続の欠格 …………………………………………… 21

目　次

　　　　(6)　相続の排除 ································· *21*
　　　　(7)　外　国　人【2】 ····························· *21*
　　　　(8)　身分関係の重複 ····························· *22*
　　3　基礎控除と各種人的控除 ························· *22*

　第3節　相　続　財　産 ································ *22*
　　1　相続財産の範囲 ································· *22*
　　　　(1)　税法の課税対象【3】【4】 ····················· *22*
　　　　(2)　帰属をめぐって係争中の財産【5】【6】 ········· *23*
　　　　(3)　組合帰属財産【7】 ··························· *25*
　　　　(4)　農地法の許可なき農地【8】【9】 ··············· *25*
　　　　(5)　建物付属設備【10】 ·························· *27*
　　　　(6)　損害賠償請求権 ····························· *27*
　　　　(7)　担　保　権 ································ *27*
　　　　(8)　配当期待権【11】【12】 ······················· *28*
　　　　(9)　時効完成財産【13】 ·························· *28*
　　　　⑽　無記名有価証券【14】 ························ *30*
　　2　みなし相続財産 ································· *30*
　　　　(1)　保　険　金【15】【16】 ······················· *30*
　　　　(2)　退職手当金【17】【18】 ······················· *32*
　　3　債　務　控　除 ································· *33*
　　　　(1)　控除の要件【19】～【24】 ····················· *33*
　　　　(2)　各種債務等の控除可能性【25】～【34】 ········· *37*
　　　　(3)　制限納税義務者の債務 ······················· *41*
　　　　(4)　債務の評価【35】 ···························· *41*
　　4　非課税財産【36】～【38】 ························· *42*

　第4節　相　続　分 ··································· *44*
　　1　法定相続分【39】 ································ *44*
　　2　指定相続分【40】 ································ *45*
　　3　特別受益・3年以内贈与【41】【42】 ················ *46*
　　4　寄　与　分【43】 ································ *48*
　　5　相続分の譲渡【44】 ······························ *48*

　第5節　遺　産　分　割 ······························· *50*

目　次

　　1　遺産未分割 …………………………………………………………… *50*
　　　(1)　原　　　則【45】〜【47】 ……………………………………… *50*
　　　(2)　果実の課税関係【48】〜【50】 …………………………………… *52*
　　　(3)　未分割と各種特例【51】〜【56】 ………………………………… *53*
　　2　現物分割・共有分割【57】 ………………………………………… *56*
　　3　換価分割・代償分割 ………………………………………………… *57*
　　　(1)　譲渡所得税【58】〜【60】 ………………………………………… *57*
　　　(2)　代償金取得・支払額の評価【61】【62】 ………………………… *60*
　　　(3)　代償金支払と譲渡所得の取得費【63】 …………………………… *61*
　　4　被認知者の請求【64】 ……………………………………………… *63*
　　5　分割後の遺産発見【65】 …………………………………………… *63*
　　6　分割の無効・取消・再分割【66】〜【69】 ……………………… *65*

第6節　相続の承認・放棄 ………………………………………………… *67*
　　1　熟慮期間と被相続人の租税債務【70】〜【73】 ………………… *67*
　　2　単 純 承 認【74】〜【76】 ………………………………………… *70*
　　3　限 定 承 認【77】 …………………………………………………… *72*
　　4　相 続 放 棄【78】 …………………………………………………… *73*

第7節　相続人不存在・特別縁故者 ……………………………………… *74*
　　1　相続人不存在 ………………………………………………………… *74*
　　　(1)　被相続人の所得税申告 ……………………………………………… *74*
　　　(2)　共有者の死亡と相続人不存在 ……………………………………… *75*
　　2　特別縁故者【79】〜【82】 ………………………………………… *75*

第8節　遺　　　言 ………………………………………………………… *78*
　　1　遺　言　と　税 ……………………………………………………… *78*
　　2　遺　　　贈【83】【84】 …………………………………………… *79*
　　3　いわゆる後継ぎ遺贈【85】 ………………………………………… *80*
　　4　「相続させる」遺言【86】 ………………………………………… *81*
　　5　法人への遺贈と贈与 ………………………………………………… *81*

第9節　遺留分減殺請求 …………………………………………………… *82*
　　1　遺留分減殺請求と課税 ……………………………………………… *82*
　　　(1)　請求権行使【87】 …………………………………………………… *82*

ix

目　次

　　　(2)　返還・価額弁償【88】…………………………………………… *83*
　　2　法人への遺贈に対する遺留分減殺請求【89】【90】…………… *84*

第2章　贈与契約と税 …………………………………………………… *89*

第1節　贈 与 と 税 ……………………………………………………… *89*
　　1　税法の基本的考え方【91】………………………………………… *89*
　　2　贈与事実の認定【92】～【96】…………………………………… *90*
　　3　名義変更と贈与【97】～【100】…………………………………… *93*
　　4　贈与契約と錯誤 …………………………………………………… *95*
　　　(1)　税務申告上の錯誤【101】…………………………………… *95*
　　　(2)　契約の錯誤【102】～【106】………………………………… *95*

第2節　みなし贈与 ……………………………………………………… *100*
　　1　低 額 譲 渡【107】～【112】 ……………………………………… *100*
　　2　その他の経済的利益【113】～【118】…………………………… *104*

第3節　贈与による「取得」時期と課税 ……………………………… *107*
　　1　口頭贈与と「取得時期」【119】～【122】……………………… *107*
　　2　書面による贈与と取得時期【123】～【128】…………………… *109*

第4節　定期贈与・負担付贈与 ………………………………………… *113*
　　1　定 期 贈 与 ………………………………………………………… *113*
　　2　負担付贈与【129】～【133】……………………………………… *113*

第5節　死 因 贈 与【134】～【137】…………………………………… *116*

第6節　個人・法人間の贈与 …………………………………………… *119*
　　1　一般法人等への贈与等 …………………………………………… *119*
　　　(1)　法人への贈与【138】～【141】……………………………… *119*
　　　(2)　人格なき社団等への贈与等【142】………………………… *121*
　　　(3)　公益法人への贈与等【143】～【148】……………………… *122*
　　2　法人等からの贈与【149】【150】………………………………… *127*

第7節　財 産 分 与 ……………………………………………………… *128*
　　1　財産分与制度【151】～【155】…………………………………… *128*

第8節　生前遺産分割と相続時精算贈与 ……………………………… *132*

第9節　贈与税の非課税財産【156】【157】 …………………………… *132*

第3章　相続・贈与と資産の譲渡 ……………………………………… *135*

　　　第1節　遺産分割過程での譲渡 ……………………………………… *135*

　　　第2節　遺産分割後の譲渡【158】～【161】 ……………………… *135*

　　　第3節　贈与・遺贈と譲渡 …………………………………………… *138*

　　　第4節　受贈・受遺後の譲渡【162】 ………………………………… *138*

第4章　渉外相続と渉外贈与 …………………………………………… *141*

　　　第1節　国際相続と税 ………………………………………………… *141*
　　　　　1　「住　　　所」【163】 ……………………………………… *141*
　　　　　2　相続人の数 …………………………………………………… *144*
　　　　　3　財産の不均衡配置 …………………………………………… *144*

　　　第2節　財産の所在【164】 …………………………………………… *144*

第5章　財産の評価 ……………………………………………………… *147*

　　　第1節　相続財産評価と通達【165】～【174】 …………………… *147*

　　　第2節　不　動　産 …………………………………………………… *153*
　　　　　1　土地一般【175】～【192】 ………………………………… *153*
　　　　　2　売買契約中の不動産【193】～【196】 …………………… *160*
　　　　　3　貸家建て付け地【197】～【203】 ………………………… *162*
　　　　　4　小規模宅地等【204】～【212】 …………………………… *167*
　　　　　5　農地・生産緑地 ……………………………………………… *172*
　　　　　　⑴　農　　　地【213】～【215】 ……………………………… *172*
　　　　　　⑵　生　産　緑　地【216】 ……………………………………… *173*
　　　　　6　土地区画整理事業区域内の土地【217】【218】 ………… *174*
　　　　　7　庭　　　園【219】 ………………………………………… *176*
　　　　　8　建　　　物【220】～【224】 …………………………… *176*

　　　第3節　地上権・借地権【225】～【229】 ………………………… *179*

目　次

　　第 4 節　動　　　産【230】……………………………… *182*
　　第 5 節　株式・出資【231】〜【251】……………………… *183*
　　第 6 節　代　償　金……………………………………… *195*
　　第 7 節　担保権および担保権の設定された財産【252】……… *195*
　　第 8 節　信託受益権【253】【254】……………………… *196*
　　第 9 節　営　業　権【255】……………………………… *197*
　　第 10 節　保証金・金銭債権……………………………… *198*
　　　1　保　証　金【256】………………………………… *198*
　　　2　金 銭 債 権【257】………………………………… *200*
　　第 11 節　絵　画　等【258】……………………………… *200*
　　第 12 節　相続後の価格変動【259】〜【261】…………… *201*

第 6 章　租税確定・納付手続 …………………………… *203*

　　第 1 節　申　　　告 ……………………………………… *203*
　　　1　原　　　則【262】〜【270】……………………… *203*
　　　2　財産未分割状態での申告 …………………………… *207*
　　　3　係争中の申告【271】〜【273】…………………… *207*
　　第 2 節　更正・決定 ……………………………………… *209*
　　　1　同族会社の行為計算否認【274】【275】…………… *209*
　　　2　節税策と更正の期間制限【276】…………………… *210*
　　第 3 節　更正の請求【277】〜【284】…………………… *211*
　　第 4 節　連帯納付義務【285】〜【294】………………… *216*
　　第 5 節　延　　　納【295】【296】……………………… *223*
　　第 6 節　納 税 猶 予【297】〜【301】…………………… *226*
　　第 7 節　物　　　納【302】〜【311】…………………… *229*
　　第 8 節　加算税・重加算税【312】〜【324】…………… *236*

　　判　例　索　引 …………………………………………… *243*

凡　例

1　判例集等略称

最判	最高裁判所判決	ジュリ	ジュリスト
高判	高等裁判所判決	税事	月刊税務事例
地判	地方裁判所判決	税通	税経通信
支判	支部判決	タインズ	税理士情報ネットワークシステム
裁決	国税不服審判所裁決		（税理士が会員の判例・裁決データベース。「Z888」は暫定番号なので，将来変更される可能性がある）
民集	最高裁判所民事判例集		
刑集	最高裁判所刑事判例集		
裁時	裁判所時報	判時	判例時報
裁判集民	最高裁判所裁判集民事	判タ	判例タイムズ
行集	行政事件裁判例集	判評	判例評論
家月	家庭裁判所判決月報	百選	租税判例百選（第3版）
訟月	訟務月報	法協	法学協会雑誌
税資	税務訴訟資料	民商	民商法雑誌
事例集	国税不服審判所裁決事例集	TKC	株式会社TKCのLEX/DB
シュト	シュトイエル		

2　文献略記

三木＝関根＝占部　　三木義一＝関根稔＝占部裕典『実務家のための税務相談（民法編）』（有斐閣，2003年）

『争点』　　　　　　北野弘久＝小池幸造＝三木義一『争点相続税法（補訂版）』（勁草書房，1996年）

小池＝服部　　　　　小池政明＝服部弘編『相続法と相続税法』（ぎょうせい，1998年）

北野編・コメ　　　　北野弘久編『コンメンタール相続税法』（勁草書房，1974年）

武田・コメ　　　　　武田昌輔編『コンメンタール相続税法』（第一法規，加除式）

3　法令略語

国通＝国税通則法　　　　　　　相税＝相続税法
国徴＝国税徴収法　　　　　　　相令＝相続税法施行令
財評通＝財産評価基本通達　　　措置法＝租税特別措置法
所税＝所得税法　　　　　　　　法税＝法人税法
所令＝所得税法施行令　　　　　民＝民法
相基通＝相続税法基本通達

相続・贈与と税

判例総合解説

地域・都市と法

序章　相続税の基本原理とその問題点

わが国の相続税法は制度疲労に陥っている。様々な特例が屋上屋を重ね，税体系としての整合性と合理性をもはや失っている。

相続税が相続によって不労利得を取得したことに着目して課税するのであるならば，相続によって3,000万円の不労利得を取得した者の税負担は同じでなければならないが，現行法はそうなっていないのである。例えば，Aさんは遺産5億円のうち，他の相続人に遠慮して自分は3,000万円だけ相続し，Bさんは遺産1億5,000万円を5人で均等に相続し3,000万円を相続し，Cさんは他の相続人に相続放棄してもらい遺産3,000万円を1人で相続したとしよう。現行法ではいちばん遠慮したAさんの税額が遺産額自体の大きさのためにいちばん重く，次にBさんで，Cさんには相続税はかからないことになる。これが合理的だろうか。

また，自分は納付したのに，他の相続人が延納し，5，6年後に結果的に納付できなくなった場合，突如連帯納付義務が求められる。さらに，相続開始時直後，遺産に含まれている株式が暴落し，申告時にはほとんど無価値になっていても救済措置がなく，現行法では，自己の資産を処分して納税するしかない。

こうした，様々な矛盾を現行相続税法は抱えている。現行の相続税制が生み出しているこうした諸矛盾の原因を除去しその解決方向を見いだすためには，課税方式のあり方という根本問題にまで立ち戻って再検討してみる必要がある。この観点からは，かつて比較法的検討を加えつつ，相続と相続税制度の関係を深く掘り下げた，来栖教授の論文が多くの示唆を含んでいるが[1]，本書では課税方式のあり方をはじめとする相続税制度の基本原理を概説しながら，相続税法のあり方を再検討しておきたい。

1　「相続」の存立根拠

相続税制のあり方を検討する前に，まずそもそも「相続」なる制度がなぜ法的に承認されているのか，そのことがいかなる影響を相続税制度に与えうるのか，という点を確認しておかねばなるまい。

まず，相続制度が憲法上どのように評価さ

---

1) 来栖三郎「相続税と相続制度」（田中二郎先生古希記念論文集『公法の理論・中』有斐閣 1976年，所収）747頁以下。

れるべきかを確認するために,「相続」の権利を憲法で保障してきているドイツの議論を概観しておこう。周知のように, ドイツ基本法は14条で所有権とともに相続権も保障している。この相続権保障に特別な意義を認める説もないではないが[2], 一般には所有権保障と特に区別せずに, 相続人が自己の財産を受け継がせる権利, すなわち被相続人にとっての遺言の自由, 処分の自由はこの特別規定がなくとも, 所有権保障の構成要素として保障されていると解されている[3]。また, 相続後の相続人の権利は疑いなく所有権で保障されるし, 相続人になる権利は相続開始までは通常単なる期待権にすぎず, 遺言等による真の期待権も所有権保障の問題になる。したがって, 相続権の保障と所有権の保障は強いて区別する必要はないことになろう。

このような相続権の理解は, 伝統的な意思説のそれと同じといってよいであろう。この説によれば相続権の根拠は死者の意思に求められ,「人はその財産を生前に処分しうるのであるから, 自己の死亡を条件として処分することができ, したがって, 遺言で財産を処分することもできる。法定相続の準則はこのような遺言処分がない場合のために死者の意思を推測してつくられたものであり, 結局, この準則による相続権は死者の意思に存する[4]」ということになる。しかし, 死者が常に相続人に財産を譲りたいと考えてわけでもないので, この説ですべてが整合的に説明できるわけでもない。

そこで, 相続の社会的機能に着目した中川説が登場することになる。この説は相続権の根拠として, ①遺産に対する相続人の潜在的持ち分の清算, ②「有限家族的共同生活」における家族構成員の生活保障, ③一般取引社会の権利安定の確保に相続権の根拠を見いだしている[5]。このうち, ③の論拠については相続権の根拠としては否定的に解されているものの[6], 前二者についてはほぼ定着した理解といえそうである。もっとも, 厳密にいえば, 相続人になるのは被相続人の財産形成に寄与した者に限られていないし, 相続によって引き継がれる資産には生活保障というにはあまりにも巨額の資産も含まれている[7]ことなどの難点もあるが, 現代社会における相続の役割をかなり適切に表していると思われる。

しかし, 私見によれば, 現代社会における相続権の根拠は結局, 所有権に内在する(処分しない自由を含む)処分の自由の確保を基

---

2) そのように解する説はこの条文から親族相続権および遺言の自由の憲法的保障を導き出している。Vgl., W. Leisner, Verfassungsrechtliche Grenzender Erbschaftsbesteuerung 1970; B. Pieroth, Grundgesetzliche Testierfreiheit, sozialhilferechtliches Nachrangprinzip und das sogenannte Behindertentestament, NWJ 1993, Heft 3 S.173ff. なお, Leisner の論文は直接参照できなかったため, その書評である K. Tipke, Erbschaftsteuerreform und Grundgesetz, ZRP 158ff. に依拠した。
3) P. Kunig, Grundgesetz-kommentar 4 aufl. S. 850ff.
4) この説の詳細については, 伊藤昌司『相続法の基礎的諸問題』(有斐閣, 1981年) 13頁以下参照。
5) 中川善之助『相続法』(有斐閣, 1964年) 7頁等。
6) 例えば, 伊・前掲20頁, 遠藤浩「相続の根拠」『現代家族法体系4』(有斐閣, 1980年) 13頁等。
7) この点を批判したものとして, 稲子恒夫・稲子宣子「相続と生活保障」民商40巻6号885頁以下参照。

礎に社会的機能を加味して説明するほかないように思われる。というのは、もし相続を廃止し、被相続人の財産はすべて国家に帰属するという制度を採用した場合、人はどのように行動するであろうか。おそらく、共同生活を営んでいる家族等に承継したいと考え、相続を回避するために生前贈与を行うことになろう。このような贈与をも回避行為として規制すると、人はおそらく第三者の介在した売買の形式を通じて実質的な贈与を行うことになろう。これをも相続回避行為として規制すると、結局、所有権者の処分そのものに国家が強度に介入せざるを得なくなり、市場経済そのものの円滑化が阻害されることになる。

したがって、相続権の承認は何よりもまず（処分しない自由を含む）処分の自由の実質的確保にあり、そのうえで、共同生活をしている家族等の潜在的持ち分の清算や生活激変緩和という社会政策的配慮を重視して相続人の範囲・順位を決定していると解しておきたい。

ところで、相続権のこのような理解は相続税制にどのような意味があるだろうか。憲法上の相続権の保障を根拠に相続税法における親等による税率格差を合理化する議論がドイツにはあるが[8]、私見のような理解からは相続人固有の相続権があるとは考えられないので、親等による税率差を設けることは直ちにはでてこない。また、相続税課税の憲法上の限界も、後述のように、所有権保障との関係で議論すべきだと思われる。ただ、生活激変緩和のための課税最低限や潜在的持ち分が合理的に推定される者へ税負担軽減等は合理的な制度として承認できることになろう。

2 相続税の課税方式と課税根拠

(1) 様々な課税方式

相続税の歴史は古く[9]、財産の名義書換料的なものからはじまり、様々な形態を経て、今世紀にはいると一般に遺産税方式と遺産取得税方式とに大別される課税方式に収斂してきている。しかし、この両者にも厳密にいうと様々な形態のものがあり、理論的に提唱されただけのものも含めると次のように分類できよう。

まず、遺産税方式、つまり被相続人の残した遺産額に着目する方式としては、被相続人が残した遺産額そのものを課税対象とする、①典型的な「遺産税」方式のほかに、②相続増加税、及び③世代的累進相続税がある。

②の相続増加税は被相続人の遺産のうち被相続人が相続した分を控除し、被相続人の代に増加した分のみを課税対象にしようというものである。実際に導入されたことはないようであるが、相続税の重複課税による財産減少を避けようという考え方が基礎にある[10]。

---

8) Vgl., W. Leisner, a. a. O., S. 66ff.
9) この点については、さしあたり佐藤進「相続税の根拠とあり方」税研52号3頁以下を参照。なお、今世紀におけるドイツおよび英米の変化についてはH. Timm, Entwicklungslinien in Theorie und Praxis der Erbschaftsbesteuerung während der letzten hundert Jahre, FinArch. NF Bd 42 (1984) S. 553ff. 参照。
10) 神戸正雄『租税研究第1巻』（弘文堂書房、1919年）329頁によれば、デヴィッツ（Dewitz）がこのような主張を展開したという。

このような課税方式だと「相続が三代続くと財産がなくなる」という非難はかなり減少することになろう[11]。全くこれと逆に財産の漸進的国有化につながる発想が③世代的累進相続税である。これは，被相続人自身がつくった資産には低率課税，一世代前の者が形成した資産には高率課税，それ以前の世代がつくった部分は100％課税するというものである[12]。これは結局，三世代以上の相続を否定することにもなる課税制度で，相続制度を前提とする法制度のもとでは実現可能性はないと言えよう。

他方で，いわゆる遺産取得税方式にも，私なりに命名して分類すると，④家族主義的取得税，⑤個人主義的取得税，⑥負担能力重視型取得税といった類型があり得る。

④の家族主義的取得税というのは，ドイツ相続税をはじめヨーロッパ諸国の相続税法に典型的に見られる方式で取得者と被相続人との親疎に応じて適用税率に差異を設ける方法であり，配偶者や子ども等の家族共同体を形成していた者に対する適用税率を軽減することに力点が置かれる。これに対して，取得者と被相続人の親疎の関係による税率区分を行わずに，純粋に取得者の取得額のみに応じて課税する方式を⑤個人主義的取得税と呼んでおこう。税率のみに限定していえば，現行のわが国の相続税がこれに当たることになろう。これは取得者の負担能力に着目した方式といえようが，取得者の負担能力は新たに取得した遺産額だけでは十分に図ることはできない。取得者が従来有していた資産も課税対象に取り込んで課税する方式をここでは⑥負担能力重視型取得税と呼んでおこう。1971年ドイツ大蔵省学術顧問団の提言がまさにこれであり，同提言は遺産税方式の根拠が薄弱であることを指摘するとともに，相続人の既存財産が多ければそれだけ資産取得による負担能力は増すので，一定額以上の資産を既に有している相続人に対して，通常の相続税率に加えて資産の額が大きくなるにつれて2％ずつ加算し，租税階級の場合で相続税と合計して最高60％にまでなる付加税率の導入を提言した[13]。この制度の意図は，資産の少ない者への配分を促進するものであり，その意味では再分配促進取得税とも呼べよう。確かに，この制度は取得者の負担能力をより配慮することができるが，取得者の努力による資産も含めると後述の不労利得課税という取得税の根拠が薄弱になり，また，取得課税というより

---

11) この問題については西野敞雄『税って何だろう』（大蔵省印刷局，1992年）86頁以下参照。なお，そもそも相続が三代続いて財産がなくなるというのはかなり疑わしい。というのは，巨額な資産を相続した場合，当該資産を適正に運用すれば相続税の負担に耐えうるだけの運用益を手にするはずだからである。したがって，仮に三代目が財産を失うとしても，それは相続税のためではなく，別の原因による，といってよいと思われる。

12) イタリアのリニャノ（Rignano）の提唱した説で，井籐半彌『地方財政・租税の原理』（千倉書房，1965年）135頁，W. Timm, a. a. O., S. 566でも彼の構想が紹介されている。

13) Heft 17 der Schriftenreihe des BdF 1971. なお，直接参照できなかったので，M. Troll, Erbschaftsteuer- und Schenkungsteuergesetz 1981, einführung S. 11-13によった。なお，わが国でも戦前に田中秀吉『租税法の再検討』（實文館，1937年）等でも同様の提言がなされたことがある

序章　相続税の基本原理とその問題点

も財産保有課税的になり，相続税の体系にも合致しないように思われる。

　以上が，遺産税方式と遺産取得税方式に内在する区分である。これに贈与をどこまで相続税の課税対象に取り込むかによってさらに様々な方式を想定することが可能になる。また，遺産税方式と遺産取得税方式を組み合わせた併合課税方式というものもある。ドイツの1919年相続税法は短命ではあったが，この意味で興味深い内容を有し，通常の遺産取得税と並んで1％から5％の低率累進遺産税を遺産に対して課税していたのである[14]。この制度と，税額計算過程で遺産税的要素を取り込んだ現行のわが国の相続税法は異なり，後に紹介するが，現行のわが国の制度は遺産・取得折衷方式と呼ぶことができる独特なものとなっている。なお，わが国の戦前の制度は一般に遺産税方式といわれているが，相続人と被相続人との親疎に応じた税率区分をもっており，それ故，遺産税方式というよりは（遺産税方式をベースにした）折衷方式であったといってよい[15]。

　ところで，今日OECDの加盟国の多くは遺産取得税方式であり[16]，この傾向は強まっている。私見によれば，遺産取得税方式の方に合理性があり，そもそも遺産税方式という課税方式が今日の憲法秩序の下で合理的根拠を持ちうるかについてかなり疑問がある。次にこの点を少し検討しておきたい。

(2) 「遺産」税方式の正当化理由とその批判

　相続税課税の根拠・合理性についてはこれまでも様々な解説が試みられてきた。それらのうち，遺産税方式を合理化する論拠として唱えられてきた主なものを概観すると，ベンサムのいう遺言のない相続に対する没収や近親者以外の相続を制限するための没収，等のように没収制度と租税制度をほとんど区別しないものから，相続財産承継の手数料とか相続権を認めたことに対する対価といった租税類似の制度になぞらえるもの，さらには国家の共同相続権といったものを引き合いに出すものまでもあり，いずれも今日では説得力を欠いている。国家の共同相続権という考えは，なぜ国家が相続権を共有しうるのかを合理的に説明できねばならず，結局のところ，国家の課税権の存立根拠そのものに立ち戻らざるを得ないことになろう。

---

14) W. Timm, a.a.O., S.554および野津高次郎『独逸税制発達史』（有斐社，1948年）401頁以下参照。
15) 戦前の相続税制度について，神戸・前掲書注10)は個人的要素と家族的要素を加味していると評価していた（308頁）。また，昭和12年の税制について，勝正憲『相続税の話』（千倉書房，1937年）は「わが国相続税制度の実質は，以上述べたる意味において純然たる遺産取得税でもなく，また純然たる遺産税でもないのである。云はば両者の混淆であって，そこに幾多の理論上の矛盾を包蔵しているのである」（9頁）と述べていた。わが国の相続税制の戦前戦後の変化はその意味でそれほど大きなものではなかったと言える。このことは後述の連帯債務等にも微妙な影響を与えていると思われる。
16) 諸外国の相続税制を紹介したものとして，首藤重幸ほか『世界における相続税法の現状』日税研論集56号（2005年）を参照。なお，日本住宅総合センター『ドイツの住宅・不動産税制』（2005年）にも，ドイツの相続税制の概要が紹介されている。

序章　相続税の基本原理とその問題点

　そこで，現行方式を提言した昭和32年12月の『相続税制改正に関する税制特別調査会答申』（以下，本稿では「32年答申」と略す）が「遺産」に課税する根拠としてあげた点を確認しておこう。同答申はまず「(イ)被相続人の遺産に対してその額に応じ累進税率で課することにより富の集中を抑制するという社会政策的な意味を有するものである。このような考え方を押し進めたものとして個人が生存中富の蓄積できるのは，その人の優れた経済的な手腕に対して社会から財産の管理運用を信託されたことの結果と見ることができるのであるが，その相続人は被相続人と同様に優れた経済的手腕を有するとは限らないから，相続の開始により被相続人から相続人に対して財産が移転する際に被相続人の遺産の一部は，当然社会に返還されるべきであるとするものもある」（14頁）という点を指摘している。富の集中排除自体は正当な目的であろうが，所有権が憲法上保障されている法秩序の下でどうして財産そのものの一部を税として吸収できるのだろうか。さらに，被相続人の財産を社会からの信託とする説明も所有権保障と相いれないし，仮にそうだとしても相続人が被相続人ほど経済的手腕を有しているとは限らないことが，どうして「当然」社会に返還されるべきことになるのか，合理的な説明とは言い難い。次に，答申は「(ロ)人の死亡及び相続という事実は，被相続人が生前において受けた社会及び経済上の各種の要請に基づく税制上の特典その他租税の回避等により蓄積した財産を把握し課税する最も良い機会であり，この機会にいわば所得税あるいは財産税の後払いとして課税するには，遺産額を課税標準とすることが当然の帰結となるとするものである。このように説明することを，英米の文献では"back tax theory"と呼んでいる」（14頁）という説明も加えている。これも合理的な根拠とはとうてい言えないであろう。生前の租税回避，脱税，低負担等の清算とする説明は租税国家における根拠としてはあまりにも乱暴かつ自虐的説明といわざるを得ない。さらにこの説は，死亡時に過年度の所得を把握して課税するのに等しく，実質的に遡及課税を肯定することになり，租税法律主義の法理に反する説明ということになる。

　結局，遺産税方式では「税」としての合理的根拠を示すことは不可能ではないだろうか。とりわけ，被相続人の「財産」そのものに課税するという前提はかなり問題がある。なぜなら，市場を整備し，市場を通じての経済的利得の一部を「租税」として提供させ，国民の所有権を保障している租税国家における「租税」には，財産元本に対する侵害であってはならないという本質的制約があり，この点で没収と区別しうる，と解されるからである。相続税と財産課税の問題は従来からも問題視されてきたが，このような意味では必ずしも理解されていなかったように思われる。例えば，かつて神戸正雄教授は納税のため当該財産を売却しなければならないことを承認しつつも，①売却された財産は一層有能な人に利用されるので全体として損害とは認められない，②結局買取人の所得から相続税が支払われる，③結局国債所有者の手におち，彼の資本として有益に利用される，④1つの財

序章　相続税の基本原理とその問題点

産をあるものから他のものに移すに過ぎない，⑤浪費する相続人による資本の破壊を，有益な国家使用に向ける，といった諸点を挙げて財産を侵害するものではないとしている[17]。しかし，ここで挙げられている論拠は国家的見地から見た場合の財産が減少していないというにすぎず，当該納税者の財産が侵害されること自体は否定していないことになる。また，阿部賢一教授は「すべて租税はある点から見れば財産権の侵害である。のみならず之を租税の公平の原則から云えば，概して大なる不労的利得を免ずるは不公平となるであろう[18]」として，財産課税の問題を公平問題で擁護していた。しかし，現代国家における租税は一定期間に生じた経済的利益の増大（もしくはそれを合理的に推定させる課税対象）の一部のみを吸収できるのであり，財産の元本そのものを侵害するとしたらもはや税としての限界を逸脱していることになり，遺産税方式ではこの難問を解消できないように思われる。

また，遺産税方式だと前の時点で課税された相続財産も再び課税されることを合理的に説明できないことや，死者にはもはや負担能力などはないので累進税率を根拠づけること

も困難，さらに，英米の遺産税方式では租税回避が横行してきた[19]，といった難問も抱えている。

こうしてみると，昭和25年改正以前のわが国ではいかなる根拠で遺産税方式が合理化されていたのか興味がわいてくるが，実は遺産税方式をとりながら課税庁はその根拠を取得税方式の根拠に求めていたのである。というのは，わが国では相続税導入に際して諸外国の学説が紹介されていたが[20]，当時の当局側の解説とみなしうる明治39年の『相続税法義解』では次のように解説されていたのである。「上来，述せる諸種の学説（三木注・ほぼ，前述の遺産税の根拠とされた説に等しい）は，いたずらに理論に走りて，実際の事実に適合せず，いずれも肯を得たるものにあらず……余輩は，相続親の根拠をもって一時の所得に課税するものなりと言うの明，且つ簡なるに如かざるを信ぜんとす。そのそも課税の根拠は各人の資力にあること吾人の一般に承認するところにして，相続によりて財産を取得する者は，偶然の事実により，経済上の地位分限を増進せるものなり[21]」。このように，遺産税を取得税の根拠で説明するという矛盾は戦前の解説書では一般的であった[22]。これ

---

17) 神戸・前掲書注10) 323頁以下。
18) 阿部賢一『財政学』（明善社，1934年) 414頁。
19) W. Timm, a.a.O., S.567ff. はその3つの典型例として，①夫婦間の移転，②Trustsやsettlementを利用した「世代飛び越し」，③遺産税と並んで贈与税がないか（イギリス），あっても低税率（アメリカ），といった諸点を挙げていた。
20) 導入時の議論については大村巍「相続税の誕生」税務大学校論叢9号107頁以下を参照。
21) 稲葉敏編『相続税法義解』（自治館，1906年) 20頁。
22) 例えば，昭和12年の勝正憲『相続税の話』（千倉書房，1937年) 41頁も，「財産の偶然な獲得」に根拠を求めていた。

序章　相続税の基本原理とその問題点

は，遺産税方式を基礎にしながらも税率では取得税方式的に親疎に区別を設けていたことも影響していたと思われるが，より根本的には遺産税方式では合理的な説明ができない，ということを意味していよう。

　結局，遺産税方式はそれを合理化する理論的根拠はなく，強いて求めるなら，徴税上の便宜にすぎないと言えよう。現行のわが国の相続税の課税方式の中に組み込まれている遺産税方式的要素は課税庁自身がその合理性に疑問を有していたことに留意しておく必要があろう。

(3) 「取得税」方式の合憲性・合理性

　遺産取得税方式はいうまでもなく，相続人の相続による不労利得の獲得に着目する課税方式であり，その根拠は明白である。シャウプ勧告で取得税方式に切り替えられた直後の課税当局の解説も「相続税の課税を妥当な理とする根拠については，種々と学説があるが財産の不労取得に特別の担税力があるとする観点に立脚する説が最もよく相続税の本質を現しているものと考える[23]」と明快に述べていたし，前記32年答申も取得税方式の根拠として，①資産の偶然の帰属による不労利得に対する課税，②大資産の取得に重い税を課することによる社会政策的な意義がある，という点を指摘していた（第2部15頁）。周知のように，この根拠は1900年のシャンツの相続税構想以来多く支持を得てきているものであるが，「自ら獲得したものに課税されるなら，偶然に取得したものを免除するわけにはいかない」というシャンツの指摘は明快であるし[24]，憲法上の疑問も解消する。すなわち，相続税の課税根拠は相続人が相続により新たな経済的価値を取得することに求められるべきであり，新たに取得した価値の一部を還元するものである限りにおいて相続税制が憲法の所有権保障に抵触しないと解されるからである。この点に関連して，かつてライスナーが憲法上保護されている相続権の核心の中に「相続財産持ち分の同一性の保持」があり，「資産価値の大部分が税によって吸収されるとしたら，経済的にはもはや相続は問題にならない」として税率は50％が限度と再三指摘したことなどが想起される[25]。確かにあまりに重い課税は国民の支持を得られず，税制として維持し得ないことになろう。しかし，一定の税率を超えると直ちに違憲というのは困難であり，相続税が新たに相続人に帰属する不労利益の一部を吸収するものにとどまっている限り（つまり100％課税のような没収的なものでない限り），違憲とはいえないであろう。また，負担の限界は税率だけではなく，基礎控除および課税評価額と時価との乖離等も考慮しなければ論じ得ないし，相続開始後の価格の下落なども考慮すべきものであろう。しかし，他方で，巨額の遺産をその同一性を保持したまま相続人に受け継がせるこ

---

23)　前尾繁三郎『新しい相続税・富裕税の話』（原書房，1950年）8頁。
24)　Vgl., G. Schanz, Studien zur Geschichte und Theorie der Erbschaftssteuer, FinArch. Bd 17 (1900) S. 171.
25)　Vgl., W. Leisner, a.a.O., S.57f. なお，ライスナーの説については来栖・注1）775頁でも紹介されている。

とを憲法が保障しているとまでは考えられない。むしろ，相続制度が相続人に不労利得を与えるものであることにも十分に留意する必要がある。税率については応能課税が可能な仕組みが組み込まれていれば，親族であるということだけから特に優遇する根拠もなく[26]，その意味では個人主義型取得税が望ましいといえよう。ただし，配偶者のように現行民法上の別産制のために自己の持ち分が潜在化してしまっている相続人に対する配慮は必ずしも不合理とはいえまい。

このように，課税根拠からすると，遺産取得税方式の方に正当性があり，シャウプ税制でこの方式が導入されたものの，昭和33年改正で現行のような折衷方式に切り替えられてしまったことが疑問になる。そうせざるを得なかった理由を前記答申は次のように述べている。

「(イ)まず，現行相続税は，相続により取得した財産の価額を標準として課税する建前であって，相続により遺産が各相続人よって分割相続されることを前提としたものである。しかし，わが国財産相続の現状は，必ずしも分割の慣習が徹底しているとはいえない。また，税務行政の上では，財産相続の現状のもとでは遺産分割の状況を確認することはきわめて困難であるため，時に税務行政の行き過ぎがいわれる反面現行の相続税制度が遺産分割の程度により相続税負担に大きな差異を生ずることから，事実と異なるような申告が行われ，相続税の負担に不公平をきたしていることが相当多いように見受けられる現状である。このようなことは，負担の公平を欠くばかりでなく，納税思想を低下させ一般の税務に対する信用を失わせているものと認められる。

(ロ)遺産を分割することを前提とした現行の相続税制度のもとでは遺産を分割することが困難な農業用資産や中小企業用資産その他の資産を相続した場合には，その財産が分割困難なため，単独または少数の相続人よって相続されることと相まって，その負担は相対的に重いものとなっている。

(ハ)現行の相続税の負担は，累次の軽減にもかかわらず，なお重く，特に中小財産階層においてかなり重いものとなっている。このことは，個人生活の経済的基盤をぜい弱にしているほか納税者の誠実な申告と税務執行を困難にしているものと認められる」。

確かに，シャウプ勧告に基づく相続税制が期待されていたような再分配効果をもたらさなかった[27]背景には答申が指摘するような問

---

[26] 親族に対する税率優遇の必要性は，先に紹介したように W. Leisner が強調したが，親族というだけで負担能力に関わりなく優遇を認める根拠はないように思われる。ただし，当該資産形成に関与していることや，共同生活していた親族の場合には生活保障的な観点からの軽減は当然認められよう。

[27] この点について，神野直彦「シャウプ勧告における資産税」租税法研究12号60頁，同「シャウプ勧告の相続税・贈与税」『シャウプ勧告とわが国の税制』日本租税研究協会213頁は次のように指摘する。「相続税の課税客体が主として農民を中心とする旧中間層の相続財産から構成されるという戦後の日本の状況の下では，遺産分割促進効果をもつ遺産取得税方式の採用は，そうした階層に相続税が相対的に重課されるという結果をもたらすことによって，富の再分配効果を低下させる重要な要因として機能したものと考

序章　相続税の基本原理とその問題点

題があったことは事実であろう。しかし，このことが今日なお妥当するか，かなり疑問である。

3　現行方式の矛盾と改革の方向
　　─遺産取得税方式の徹底化の提唱

　32年答申は先に述べたような3点を理由に「法定相続分課税方式による遺産取得税方式」と呼ばれる現行の折衷的な課税方式を採用した。

　その課税方式は図1のような体系になっている。

　現行の課税方式を個々で説明しておくと，次のようになる。

　(1)　まず，**遺産総額**を求める。この遺産額は民法の遺産とは同一ではない。民法では遺産に含まれない生命保険金なども相続財産とみなされているからである。生前の贈与も民法とは異なり，相続開始前3年以内の贈与はすべて含み，反面それ以前の贈与は含まない。

　(2)　そこから，非課税財産をのぞき，被相続人の債務も控除し，さらに**基礎控除額**を控除する。現行法では5,000万円＋1,000万円×法定相続人の数が基礎控除の額なので，法定相続人が5人の場合は1億円が基礎控除額ということになる。遺産総額を出してそこから遺産に係わる基礎控除を控除するという仕組みは「遺産」税方式の特徴であり，日本の相続税は遺産税の要素も取り入れていることになる。

　(3)　これらを控除した差額を課税遺産総額という。これに税率を適用するが，ここから2つの段階に分かれる。

　その第1段階は，法定相続人が法定相続分に応じて遺産を取得したと仮定した場合の各自の税額を求め，その額を合する。これを相続税の総額といい，仮にこの額が1億円だったとしよう。

　第2段階は，その相続税の総額を実際の**遺産分割割合**に応じて，各自の負担額を計算するのである。図1で，仮に妻が2分の1，子供Aが10分の4，子供Bが10分の1を相続したとすると，妻は5,000万円，Aは4,000万円，Bは1,000万円になる。このような方式が採用された理由は，この方式だと仮にAが単独相続しても相続税の総額は1億円で，3人で分割した場合と異ならないからである。つまり，単独相続が不利にならないように配慮したことになる。

　もっとも，配偶者に対する軽減措置などの税額控除が実際にはあるので，配偶者に法定相続分の遺産を分割すると税額が全額控除されるので，単独相続した場合と総額自体が異なることもあり得ることになる。

　(4)　このように，現行の課税方式は遺産総額から基礎控除額を控除することで遺産税的要素を加味し，実際の遺産分割割合に応じて

えられる」。なお，再分配効果は現行方式になってからの方が高まったとされている。早見弘「相続税の再分配効果」一橋論叢62巻6号70頁以下（特に82頁）はその理由として，徴税効率の上昇，つまり，分割後の申告ではなく，市町村からの死亡者通告によって遺産の補足を行う方式が，偽装分割を防いだ，という。

序章　相続税の基本原理とその問題点

図1　現行相続税法の基本的仕組み

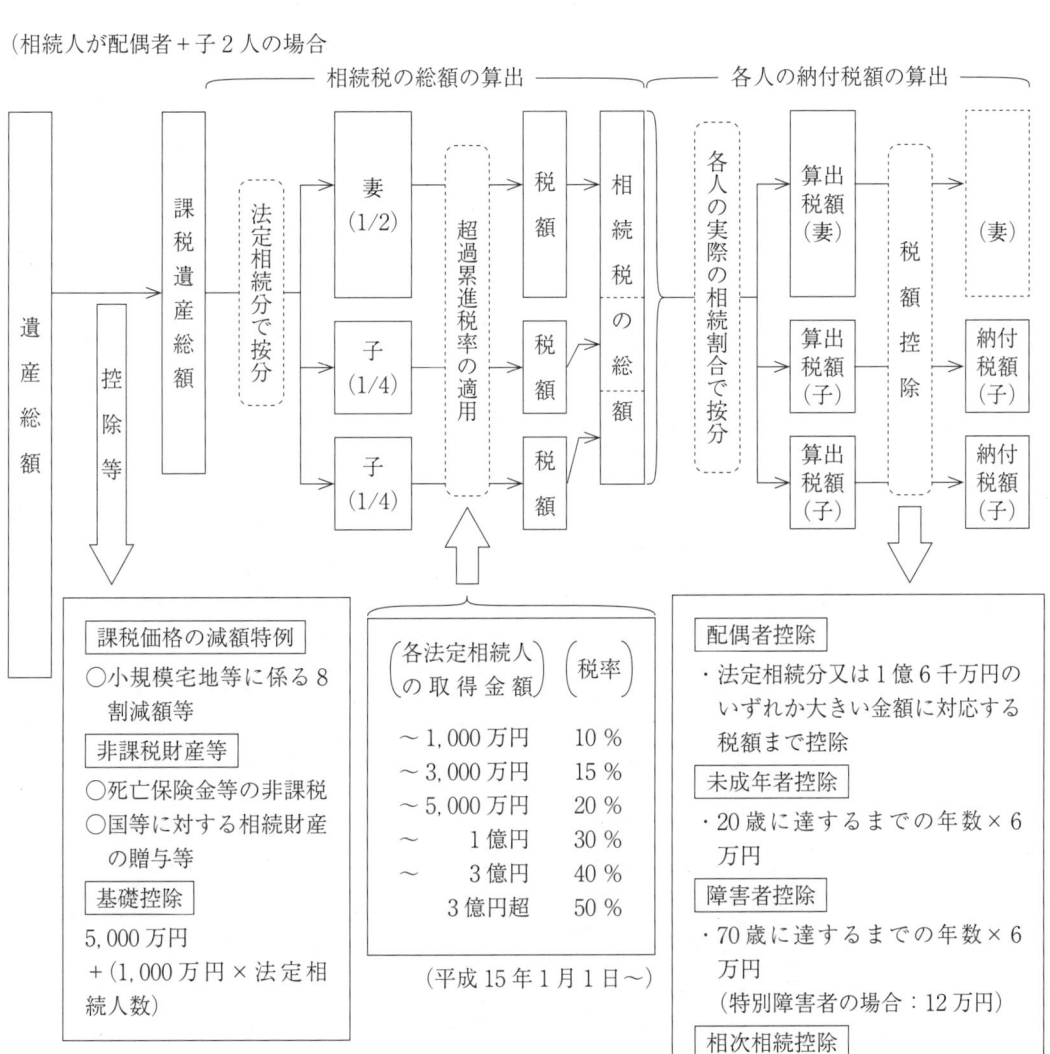

序章　相続税の基本原理とその問題点

各相続人が相続税を負担するという遺産取得税の課税方式を採用しており，この独特の方式を「**法定相続分課税方式による遺産取得税方式**」という。

　要するに，課税対象となる遺産を相続人が法定相続分で分けたとまず仮定し，その場合に各相続人が負うべき相続税の総額を基礎にして，実際に遺産を分割した割合に応じて各相続人が負担する方式である。法定相続分で分割したと仮定した場合の相続税総額を実際の分割割合で按分するので，相続人の1人が全財産を相続しようが，各相続人が平等に分割しようが，相続税総額は変わらないことになる。これにより，単独相続しなければならない農家等の負担不平等を回避しようとしたわけである。しかし，農家・中小企業救済の負担軽減は課税方式の変更以外でも可能であったこと，また，答申が根拠とした理由は今日ではほとんど妥当しなくなっていることに留意しなければならない。

　まず，(イ)についていえば，今日の相続は「争続」といわれることがあるほど相続人間の利害が対立し，分割の慣習が「確立」している。むしろ，答申が前提とした牧歌的な共同相続人関係は今日ではほとんど期待できないといってよい。現行相続税法がこの答申の牧歌的共同相続人関係をなお前提としているために，後述のような課税実務上の多くの弊害が生じているのである。また，「税務執行上遺産分割の状況を確認することが困難」という理由も，今日の税務執行体制からしてもはや妥当しない理由であろう。

　次に(ロ)については，単独相続の負担が相対的に重くなるのは不合理ではなく，むしろ公平である，という当然のことを指摘しなければならない。しかもこのような複雑な課税方式の変更によって問題が解決されたわけではなく，農地相続については昭和39年に贈与税の納税猶予の特例（措置法70条の4），昭和50年の相続税の納税猶予の特例（措置法70条の6）といった特例が設けられ，中小事業者に対しても昭和58年の財産評価通達改正で中小会社の株式評価に収益性が加味され，個人の小規模事業用宅地にも評価の特例（措置法69条の3）が設けられ，特例が屋上屋を重ねているといってよい。そうであれば，仮に単独相続しなければならない農家や事業者の相続税負担を配慮するため必要というのであれば，農他や事業用資産の相続に限定した特例措置（評価もしくは税率による調整，等）で対処すべきであり，相続税の課税方式は原則に戻すべきであろう。

　さらに(ハ)は課税方式の問題ではなく基礎控除等の問題にすぎず，現行の課税方式でなければ解決できない問題ではない。

　こうしてみると，今日「遺産取得税方式」を否定する理由はないように思われる。それどころか，現行法が前提としている牧歌的共同相続人関係が崩れている状況下では「法定相続分課税方式による遺産取得税方式」はかえって様々な弊害を生みだしてきている。

　例えば，現行方式ではいったん分割した後で新たに財産が発見された場合，遺産額全体

が変わるので，新たに財産を取得しない相続人の相続税負担も上昇することになる。相続人からすれば取得財産自体が増えたわけでもないのに税負担だけ増え，しかも申告手続きをやり直さねばならない（国通19条）ことに強い抵抗が生じる。特に相続人間が親しくないときはこの矛盾は著しいし，相続人以外で特定遺贈や死因贈与の受贈者となった者にはその不合理さはさらに著しくなる。

また，現行方式では遺産の一部の存在を知らずに申告し，後日それが判明した場合，自己の取得額が変わらなくとも税額が変わるので加算税の問題が生じることになる。相続人の1人が遺産を秘匿した場合に，それを知らなかった他の相続人についても加算税が問題になるのである。

さらに，相続税法が前提としている連帯納付制度は共同相続人相互の強い連帯関係を背景にしなければ合理化できない。相続税の連帯債務制度は相続税創設以来続いてきているが，遺産そのものに着目する遺産税方式の下ではともかく，取得税方式に切り替わったシャウプ税制で本来は廃止されるべきものであろう。本書の次章以下で様々な判例を取り上げるが，判決文から浮かび上がってくるのは牧歌的な相続人たちでないことはもちろんだが，彼らに連帯責任を課していることが問題をさらに複雑にしており，それらの問題の基礎には課税方式の問題があること，その意味で，相続税制度は抜本的に見直す時期にきていることを指摘しておきたい[28]。

---

28) 序章で指摘した点については，すでに三木「相続税の基本原理の再検討」租税法研究23号1頁以下，同「相続税の抜本的改革への一視点」税通54巻10号26頁，「相続・贈与税改革の論点」税研102号29頁以下，などでも強調してきた。実務家サイドからも小池政明「相続税制の問題点と改革の視点」税研93号12頁以下のように同様の指摘がなされはじめてきたが，塩崎潤「三木教授の論文に対する共鳴と別視点」税通54巻13号23頁は取得税への復帰は増税につながるという。

第1章　民法上の相続と税法

第1節　民法と税法

1　相続の開始と2つの税金問題

相続は自然人の死亡によって開始される（民882条）。その際，相続税の問題についてはよく知られているが，もう1つの大事な税金問題については今日ではほとんど知られていない。相続によって財産を取得する者には相続税が問題となるが，もう一方で長期間資産を保有していた**被相続人**の「譲渡所得税」も実は問題になるのである。長年の含み益等を，財産が他に移転される相続に際して清算させる必要があるからである（「みなし譲渡課税」という。これを疑問に思う方は被相続人が死亡1カ月前に土地を売却して譲渡代金を相続財産とした場合と対比して考えるとよい。この場合は被相続人に対する譲渡所得課税と，相続人に対する相続税の双方が問題になる）。

したがって，本来相続開始に際しては，

① 相続人に対する相続税
② 被相続人の資産の値上がり益清算のための譲渡所得課税

という2つの租税負担が原則として問題になりうるのである。しかし，相続開始に際して，このような2つの租税を課し，相続財産の中からこの2つの税金を負担させることは，理論的にはともかく，実際に負担する相続人の納得が得られにくい。そのため，徐々に後退し，現行所得税法は個人が限定承認した場合（包括遺贈のうち限定承認に係わるものを含む）と法人への遺贈・贈与の場合だけに「みなし譲渡課税」を限定したのである[29]。それ以外の場合は，相続に際しては，譲渡課税はないが，被相続人の取得価額が相続人に引き継が

---

29) みなし譲渡課税制度の変遷については，大塚正民「みなし譲渡制度に関するシャウプ勧告とアメリカ税制との関係」税法学306号19頁，307号1頁を参照。譲渡所得の意義等については，金子宏『課税単位及び譲渡所得の研究』（有斐閣，1996年）参照。また，相続税と譲渡所得課税との関係等については，関根稔「相続税の実務」（『現代法律実務の諸問題〈平成7年版〉』日弁連研修叢書，1996年所収）153頁以下，三木・『よくわかる税法入門』（有斐閣，2003年）25頁，等を参照。

れるので（所税60条），相続人が当該財産を譲渡した時に被相続人時代の値上がり益も含めて課税されることに注意しておく必要がある。

2 民法と相続税法の差違

このように，相続開始に際して生じる課税問題は被相続人と相続人の両面から検討しておかねばならない。また，民法と税法とでは基本的な発想の違いもあるようにも思われる。その違いをここで整理しておくと次のような点に求められる。

(1) 「当事者間の公平」対「他の相続との公平」

民法は基本的に相続人間の公平に配慮しようという観点から議論されているが，税法は基本的に他の相続との公平に力点が置かれている。具体的には次のような点に現れている。

① 財産評価　民法では財産評価は分割時が原則であるが，税法では，分割がいつであろうと相続開始時が基準である（第5章も参照。なお特別縁故者の場合のみ例外として分与時の時価で課税する。この点は第1章第7節2参照）。当事者の分割時を基準にすると，時価の低いときに分割したりする租税回避が容易になるからであるといえよう。

② 遺産の分割期限　分割について民法は特に期限を定めていない。もし，税法がこれを受けて分割が決まるまで相続税の申告を留保したら，分割をしないで相続税納付を遅らせることが可能であり，その不合理性は明らかであろう。税法が「相続の開始があつたことを知つた日の翌日から10月以内」に申告を求め（相税27条），暫定的に納税させ，分割が確定したら更正の請求（相税32条1項）を認める仕組みを採用しているのはその現れである。

③ 遺産分割の合意解除　民法では当事者が合意すれば遺産分割の合意解除は原則として可能となるが，税法では，遺産分割が無効でない限り，いったん分割の確定したものを再分割したことになり，贈与課税が問題となる。

(2) 「相続人間の配分」対「世代間の配分」

第2に，民法は相続人間の遺産配分に重点があてられるが（横の公平），税法では被相続人から相続人への財の移動の観点（縦の公平）が重要になる。それが，前記のみなし譲渡課税問題につながる。

(3) 「遺産分割」対「経済的富の取得」

第3に，民法では遺産分割の対象になるかどうかの観点から遺産の範囲が決められるが，税法では相続に際して取得した経済的富か否かを重視する。受取人が指定された生命保険金等は民法上は相続財産に含まれないが，税法がそれを受け入れたら相続税回避方法として乱用されることは明らかである。相続税法が各種の経済的利益を相続財産とみなして（相税4条～9条）課税対象に含めているのはその現れである。

なお，相続税では民法のように無期限ではなく，相続開始前3年以内の贈与（ただし，

3年前の贈与なら遺贈者に対するものも含めてすべて）に限定して課税対象に含めているが（相税19条），これは，相続を見越した贈与による相続税回避を意図したもので，前頁(1)の意味も含まれている。

以上のように，税法は民法を基礎としながらも基本的な視点の違いがある。この点にも留意しながら次節以下の解説を参照いただきたい。

第2節　相続人・納税義務者

1　納税義務者

相続税法は相続税の納税義務者として次の4類型を規定している（相税1条の3）。

①　相続又は遺贈（贈与をした者の死亡により効力を生ずる贈与を含む。以下同じ）により財産を取得した個人で当該財産を取得した時においてこの法律の施行地に住所を有するもの。

つまり，相続人だけではなく，遺贈及び死因贈与による受遺者も含めている。

②　相続又は遺贈により財産を取得した日本国籍を有する個人で当該財産を取得した時においてこの法律の施行地に住所を有しないもの（当該個人又は当該相続若しくは遺贈に係る被相続人（遺贈をした者を含む。以下同じ）が当該相続又は遺贈に係る相続の開始前5年以内のいずれかの時においてこの法律の施行地に住所を有していたことがある場合に限る）。

これは国際的租税回避を規制するための措置で平成15年改正で導入された。この内容については本書第3章を参照。

③　相続又は遺贈によりこの法律の施行地にある財産を取得した個人で当該財産を取得した時においてこの法律の施行地に住所を有しないもの。

いわゆる制限納税義務である。これも本書第3章を参照。

④　贈与（贈与をした者の死亡により効力を生ずる贈与を除く。以下同じ）により相続時精算課税の適用を受ける財産を取得した個人。

この相続時精算課税については本書第2章8節を参照。

2　相　続　人

(1)　法定相続人と相続税法

相続税法は，相続人の範囲等については基本的に民法に依拠し，課税上必要な範囲において特例を定めたにすぎず，これらの特例をめぐって争われた事例はない。そこで，ここでは相続税法上の留意点だけ概説しておく。

相続税法では，法定相続人の数が基礎控除（相税15条），相続税総額の計算（相税16条）などにおいて重要な要素になる。相続人数について留意すべき点は次の(2)以下の点であろう。

第1章　民法上の相続と税法

(2) 胎　児

民法では，胎児を「相続については，既に生まれたものとみなす」（民886条）としている。出生するまでの権利能力については，生きて生まれることを停止条件として胎児の時点に遡って認める停止条件説と死産の場合を解除条件として胎児の時点で認める解除条件説があり，通説・判例は停止条件説となっている。

課税実務でも，停止条件的に扱っている。つまり，申告書提出期限までに出生していないときは，胎児がいないものとして（相基通11-2-3）計算し，出生した場合には，すでに申告した相続人は出生を知った日から4カ月以内に更正の請求をし（相税32条2項），胎児自身は出生後10カ月以内に申告をすることとしているからである。もっとも，申告期限が相続の開始を知った日から10カ月以内（相税27条）であるので，申告までに出生していない事例というのは例外であろう。

(3) 養　子

相続税法では法定相続人の数が増えれば基礎控除額が増えるので，相続開始直前に法定相続人の数を増やす手段として養子縁組が用いられ，これが租税回避手段として問題視され，昭和63年の改正で相続税法上養子の法定相続人数算入に関する特例が設けられた。

その結果，①被相続人に実子がいる場合の養子は1人だけ，実子がいない場合には2人までしか算入できないこととされた（相税15条2項）。民法上の制度を民法の意図とは異なる形で利用したことが，養子に対する税法上の差別を生み出してしまったといえる。この規制は租税回避防止目的であるから，②民法に規定する特別養子縁組による養子，③被相続人の配偶者の実子で当該被相続人の養子となった者，④被相続人と当該被相続人の配偶者との婚姻前に，当該被相続人の配偶者の特別養子となった者で，当該婚姻後に当該被相続人の養子となった者，⑤実子もしくは養子又はその直系卑属が相続開始前に死亡し，又は相続権を失ったため，（代襲相続により）相続人（相続の放棄があった場合には，放棄がなかった者とした場合の相続人）となった者の直系卑属，は規制の対象とする必要はなく，相続税法上は実子とみなされている（相税15条3項，相税令3条の2）。なお，上記の制限内の養子であっても，それが「不当に相続税を減少させる」目的でなされた場合には算入されない場合もあり得ること（相税63条）に留意する必要がある。

節税策に養子制度が利用されたことがこのような規制を招いたことになるし，節税策のための養子が民法上の養子縁組としての効力がそもそもあるのかも問題になる。いわゆる税金養子については無効と判断した審判もあるが（例えば，浦和家熊谷支判平9・5・7家月49・10・97など），高裁は税負担軽減が目的だったとしても直ちには無効にならないとしている（【1】）。

本来の趣旨とは異なる制度利用がその後の混乱を生み出す原因となった典型例と言えよう[30]。

第2節　相続人・納税義務者

【1】　東京高決平11・9・30判時1703・140
　　（評釈：鈴木ハツヨ・民商125・1・120）

判旨　「相続税の負担の軽減を目的として養子縁組をしたとしても，直ちにその養子縁組が無効となるものではないし，本件記録によっても，本件各養子縁組が養親子関係を設定する効果意思を欠くものであるとはいい難く，本件各養子縁組をもって当然無効ということはできない。そうすると，未成年者らは，戸籍上親権者のいない状態になっており，法律上，社会生活上，未成年者らの監護等に重大な支障が生ずることが明らかであり，未成年者らのために後見人を選任すべきである（民841条）。なお，家事審判規則には，後見人選任却下の審判に対して即時抗告をすることができる旨の定めはないが，これは，本件のような審判がされる事態が生ずることを予想していなかったからであると解され，本件のように未成年者が親権者（後見人）のないまま放置される事態を生ずる場合には，即時抗告を適法なものとして救済を認めるべきである。」

(4)　代襲相続

　代襲相続の場合，民法上の相続分は被代襲者1人分であるが，代襲相続人が3人いれば相続人の数は3増大する。したがって，基礎控除や生命保険等の非課税額（相税12条5項等）の計算上有利になる。欠格や廃除による代襲相続も同様である。ただし，代襲相続人がいなければその数が減少するし，また，代襲相続人が相続開始前3年以内に贈与を受けていた場合には相続財産に加算されること

（相税19条）に留意すべきであろう。

(5)　相続の欠格

　民法891条の相続欠格者は相続人となることはできず，また受遺能力もない（民965条）。したがって，この場合は基礎控除等にとって重要な法定相続人数は減少する。ただし，代襲相続人がいる場合は(4)と同じである。

　欠格者に3年以内の贈与があったとしても相続財産に加算されない（なぜなら，加算は相続人および受遺者）が，生命保険金等のみなし遺贈財産（相税3条）がある場合は相続税の対象となる。

(6)　相続の排除

　民法892条により排除された者は相続権と遺留分権を失う。したがって，基礎控除等を計算する場合の法定相続人数は減少する。しかし，この場合も代襲相続人がいれば(4)と同じとなる。欠格と異なり，受遺能力はあるので，遺贈を受けていた場合は相続税の対象となる。

(7)　外　国　人

　被相続人が外国人であった場合には，被相続人の本国法が相続関係の準拠法になり，相続人の範囲は本国法が基準となる。そこで，基礎控除額計算の基礎となる法定相続人数を本国法で行うのか，日本法で行うかという問題がある。課税実務は日本法の相続人数を基

---

30)　この問題点等については，上田輝夫「養子縁組をめぐる相続トラブルと税務の対応」税理41巻5号242頁以下，土屋栄悦「養子をめぐる法務の基礎と最新税務のポイント」税理46巻7号197頁，森田茂夫「相続税の負担減少を目的とした養子縁組の効力とその対応策」税理44巻6号192頁などを参照。

第1章　民法上の相続と税法

礎とするとしているが（情報の公開による内部資料参照），理論的には検討の余地はある。渉外相続については本書第5章を参照。

なお，二重国籍を有しているからといって相続税法上2個の人格として基礎控除額を計算すべきでないことは（【2】）が指摘するとおりであろう。

【2】　大阪高判昭 35・11・30 税資 33・1339

[事実]　原告は，二重国籍を有するから，相続税課税にあたっても2個の人格を有するものとしてそれぞれ課税価格を決定し，各課税価格から基礎控除額を控除して相続税額を算出すべしと主張した。

[判旨]　原審・神戸地判昭 35・5・28 税資 33・738（評釈：上田豊三・別冊ジュリ 16・206，沢木敬郎・ジュリ 255・88）の次の判断を支持。

「たとえ原告が日本国とアルゼンチン国の2つの国籍を有するからといつてわが民法上国籍ごとの2人の直系卑属があると認め難いことは，民法第1条ノ3において「私権ノ享有ハ出生ニ始マル」とし，相続権という私権は胎児についての例外（同法第886条）のほか，出生後の自然人についてのみその享有を認めている点からしても明かであり，国籍が2つある関係上，2国の各法律により各別に人格が認められるにしても，それは結局1個の自然人について認められるに過ぎないから，そのことをもつてわが民法上の相続権享有の2個の権利主体と認める余地は全くないのである。」

(8)　身分関係の重複

被相続人が孫を養子とし，その孫の父が被相続人より先に死亡したような場合には，養子としての身分と代襲相続人としての身分が重複する。この場合は法定相続分の扱いについては民法に従い，双方の相続分を取得することを前提とするが，法定相続人数の計算ではあくまでも自然人の数で計算されるので，1人ということになる（相基通15-4）。

3　基礎控除と各種人的控除

相続・贈与税に関連して各種人的控除や配偶者軽減措置の適用要件が直接争われたものはない。裁決例では，遺産分割がなされていない場合であっても，配偶者が金融機関から払戻しを受けた法定相続分相当の預金は，配偶者にかかる相続額の軽減の適用上，「分割された財産」として更正の請求をみとめた事例がある程度である（裁決平 12・6・30 事例集 59・282）（なお遺産分割の第1章第5節1も参照）。

第3節　相　続　財　産

1　相続財産の範囲

(1)　税法の課税対象

相続税の対象となる財産の範囲は民法上の相続財産を基礎としているが，それだけを対象にしていると相続税回避が容易になるので，後述の「みなし相続財産」（相税3条～9条）に代表されるように，相続に際して取得する

経済的利得を広く課税の対象にしている。民法と税法の基本的なスタンスの違いである[31]。

相続税法上もある財産が被相続人に帰属していたか否かがしばしば争点となるが、これは基本的に事実認定の問題であり、諸事情を総合勘案して帰属を判断するほかない。【3】は地裁で相続財産に含まれたものが、高裁で逆転し、納税者勝訴になった事例であるが、証拠の提出が遅れたことも大きな要因であった。なお、この帰属は客観的に判断すべきもので、相続人間の和解で左右されることはない（【4】）。

【3】 大阪高判平13・3・1 タインズZ250-8849

判旨　原審（神戸地判平11・11・29税資245・497）では主張せずに、控訴審で不動産が被相続人に帰属していなかったと原告が主張。証拠を原告が遅れて出してきたとの被告の主張に対し、

「原告らの主張は、本来、被告に主張立証責任がある事実について、一部否認し、その反証を提出したに過ぎず、むしろ、自白の撤回の可否の問題である。原告らが、原審において、不動産登記簿を調査することなく本件各不動産がAの遺産に帰属すると考えていたことは明らかであるところ、……、右自白は真実に反し、かつ、錯誤に基づくものであるから、その撤回は許されると考える。また、右に伴って、原告らが提出した証拠は不動産登記簿のみであって、訴訟の完結を遅延させるおそれも認められないから、この点からしても、右の主張ないし証拠を却下する必要もない」とした。

【4】 大阪地判昭60・3・28税資144・960

判旨　「裁判上の和解において、本件土地は、本件原告が単独所有権を有し、A（被相続人）の遺産ではない旨を双方が確認していることが認められるけれども、裁判上の和解は、当事者の自由意思により任意に、従前の真実の権利関係とは異る別個の権利関係を定めることができるから、……裁判上の和解がなされたとの事実をもって、前記登記簿の記載は虚偽であって、本件土地は、Aの遺産ではないと認めることはできない」

(2) 帰属をめぐって係争中の財産

当該財産の帰属について争いがある場合でも、共同相続人間の配分について争いがあるにすぎず、当該財産が相続財産である場合には、そのことを前提とした申告がなされるべきであることは判例【5】のとおりであろう。しかし、第三者との間で財産の帰属について争いがある場合には、当該財産を相続財産として申告しなければならないのかが問題となる。【6】は当該相続人がそれを被相続人に帰属していたとして主張して争っている以上、当該財産を相続財産に含めて申告しなければならないとしている。自己の権利を主張する以上、そのことを前提として申告すべきで、将来それが財産に属さないことが確定した時点で更正すればよいと判断していることになる[32]。現行の相続税の課税方式からするとこのような仕組みもやむを得ない面もある。し

---

31) この問題については、三木＝関根＝占部149頁以下、野口邦雄「相続財産の帰属をめぐるトラブルとその防止策」税理43巻8号138頁以下、山田熙「みなし相続財産の現状と課題」税研88号12頁、などを参照。
32) この問題については、関根稔「訴訟継続中の財産の帰属をめぐる法務と税務」税理40巻7号293頁、横山茂晴「所有権の帰属についての紛争のある財産の相続税法上の取り扱い」税務事例研究40号47頁以下、

第1章 民法上の相続と税法

かし，未確定の財産が高額でそれを含めて税額を計算すると他の相続財産からでは払えないような事態もあり得るので，むしろ，係争中のものはそれが確定するまでは相続財産に含まずにまず税額を申告し，将来，当該財産が相続財産に含まれることが確定した段階で課税を調整する方向に立法的に整備すべきであろう。

なお，実務では「訴訟中の権利の価額は，課税時期の現況により係争関係の真相を調査し，訴訟進行の状況をも参酌して原告と被告との主張を公平に判断して適正に評価する」（財評通210）として評価レベルでの配慮の余地を残している。また，この問題は加算税問題にも連動する（第5章第9節参照）。

【5】 最判昭48・3・1 税資69・623

事実　Xは，相続により不動産の3分の1の持分を相続したことにつき，共同相続人Aとの間において紛争があり，現に同人との間で相続権の確認訴訟が係属中であって，右判決が確定するまでは控訴人の相続権は客観的には未確定であるから，Xには未だ本件相続税の納税義務が発生していないとして，Yの決定処分の取消等を求めた。

判旨　原審（東京高判昭46・2・26訟月17・6・1021）の次の判断を指示した。

「被相続人の死亡によって相続が開始すると，それと同時に相続財産に属する権利義務一切が，相続人の知，不知または事実の占有取得の有無を問わず，当然かつ包括的に相続人に移転承継するという実体的効果を生じ，相続人は確定的な相続権を取得し（もつとも相続人は後にその意思により相続を放棄することによって，相続権の帰属を最終的に拒否しうることは論ずるまでもない），かりに共同相続人間において一部相続人の相続権の存否その他の相続関係について紛争を生じ，これが確認を求める訴訟が係属するにいたっても，右の実体的効果にはなんらの影響をも及ぼすものではなく，後日その判決が確定するときは，関係当事者間において紛争を解決する機能を営むだけのことである。しかして，相続税徴収の行政庁たる税務署長としては，相続税の賦課決定をするまでに相続権の存否その他相続関係の確定判決がありこれが提出された場合にはこれを尊重しなければならないけれども，右賦課決定をするまでに前記確定判決の提出がないときは，たとえ一部相続人の相続権の存否に関して共同相続人間に紛争があり，その確認を求める訴訟が係属中であつても，相続税賦課決定の前提として，独自の立場で相続権の存否を認定することは，その職務遂行上当然に許容されるところである。」

【6】 東京高判平7・11・27 税資214・504
　　　（評釈：田川博・税通51・6・247）

事実　相続開始の時において，その所有権の帰属についてA企業と別件訴訟で係争中であり，Xは，本件所有権移転登記は被相続人に無断でなされた無効なものであり，真実の所有者は被相続人又はその承継人であると主張していた。しかし，相続税の申告では，まだ所有権が確定していないのでこれを相続税の課税財産に含めなかった。

判旨　「ところで，相続税法2条1項は，相続税の課税財産の範囲について，「相続又は遺贈に因り取得した財産」と規定しているところ，右の文言に照らせば，相続税債権の成立要件としては，納

黒川康正「帰属をめぐって係争中の権利・財産に関する税務処理」税理39巻5号，などを参照。

税者において，相続等の所定の理由によつて課税財産を取得することが必要であり，かつ，それをもつて足りるのであつて，右取得の効力について，他と争いのないこと，あるいは取得の有効であることが判決等をもつて確定していることまでも必要とするものではないと解すべきである。……そうすると，本件不動産については，相続開始の時において，その所有権の帰属をめぐつて係争中ではあつたものの，実体的には，原告Xが本件遺言によりこれを取得したものと認めることができるから，本件不動産は，同項にいう「相続又は遺贈に因り取得した財産」に該当するものと解すべきであり，これに反する原告らの主張は採用することができない。なお，納税申告書を提出した者は，その申告に係る課税標準等又は税額等の計算の基礎となつた事実に関する訴えについての判決や和解により，その事実が当該計算の基礎としたところと異なることが確定したときには，その確定した日の翌日から起算して2月以内に，税務署長に対して更正の請求をすることができる（通則法23条2項）ことにかんがみると，相続税債権の成立要件に関し，右のように解したとしても，納税者に難きを強いるものではないというべきである。」

(3) 組合帰属財産

被相続人が構成員となっている団体等の財産がある場合，その財産が相続財産に該当するか否かの問題がある。社団[33]に帰属している場合には「総有」と解されているので，被相続人の相続財産に含まれることは基本的にないと考えられるが，組合帰属の場合は「共有」であり，その持ち分について相続財産として課税されるのが原則となる。判例【7】は当該財産の帰属しているのが組合と認定さ

れた事案である

【7】 最判昭60・3・11 税資144・394

[事実] 原審（東京高判昭56・8・27 税資144・394，評釈：外山喜一・税通39・15・172，白崎浅吉・税通39・15・148）の次の事実認定を支持。

「以上の事実によれば，十一会は，戦前からミシン事業に関与して志を同じくしてきた前記11名の者が，リッカーミシンからの連袂退社という事態に際して結成した精神的連帯の強い同志的結合であることが明らかである。それは，構成員である11名を超越した存在として独立の社会的活動を営むものというよりは，むしろ，構成員である11名の個性が極めて濃厚な人的団体であつて，その法律上の性格は社団ではなく組合であると認めるのが相当である。」

(4) 農地法の許可なき農地

被相続人が買い受けた農地につき農地法上の許可が得られていない段階で相続が開始された場合に，当該農地は相続財産に該当するのだろうか。農地法の許可を要する農地の譲渡の場合は，農地法の許可が契約の効力発生の条件になり，民法上の裁判例（東京高判平10・7・29 判時1676・64）では停止条件とされている。また，農地法の許可は停止条件とはいっても法定条件（公益のために法律で定められた条件）であり，譲渡側に条件の成就を妨げる行為があったとしても，民法130条の規定を適用して購入者側が農地の所有者となったものとすることはできない（最判昭

---

33) 人格なき社団をめぐる諸問題については，河内宏『権利能力なき社団の判例総合解説』（信山社，2004年）を参照。

36・5・26判時262・17）ので，条件が成就しない以上無効になる。

このような民法の理解を前提とする限り，未許可段階の農地は判例【8】のいうように，相続財産に含まれないことになろう。逆に，生前に農地が贈与されていても，未許可である場合には贈与の効力を生じていないので，相続財産に含まれることになる【9】。また，農地法の対象とする農地は「現況主義」で判断され（最判昭35・3・17民集14・3・461），農地の売買契約の締結後に買主の責めに帰すべからざる事情により農地でなくなっている場合には，もはや農地法5条の知事の許可の対象から外されたものとなり，知事の許可なしに売買は完全に効力を生ずるものと解されている。

そこで，農地を遺贈されたものの，許可があるまで，相続税の申告をしないでいたところ，相続人が勝手に農地を転用してしまった場合には，その時点で受遺者は農地の所有権を取得していることになり，転用を知った日が「相続の開始があったことを知った日」になり，それから10カ月後が法定申告期限となり，さらに5年を経過した日以後は課税処分もされなくなる（国通70条3項）（裁決平13・2・27事例集61・604参照）。

なお，【8】の事例は，農地の所有権移転自体がきわめて疑わしいために，当該農地を相続財産に含めず，他方で当該農地の未払購入代金等も債務として控除できないようにしたものである。通常，農地や一般の不動産の売買契約が有効に締結されたものの，所有権が完全に移転していない段階で相続開始があった場合には，土地財産としての評価額が適用されずに，所有権移転請求権等として当該譲渡価額が基準となることに留意すべきであろう（第4章第2節参照）。

【8】　最判昭55・6・16税資113・653
（評釈：桜井四郎・税通39・15・138）

(事実) 熊本市が被相続人の土地を収用し，別の農地を代替地として被相続人に取得させ，被相続人は当該土地が名義変更された後，代金相当額を熊本市に返還することになっていたので，当該農地を相続財産に含め，代金相当額を相続により取得した債務として相続税法13条により控除されるべきであると主張した。

(判旨) 原審（福岡高判昭54・3・13税資104・652）の次の判断を支持。

「相続税法上の相続財産に該当するというためには，相続開始時において明確かつ確実に債権（債務も同様）が発生していることを必要と解すべきところ，前認定のとおり，新南部の土地については相続開始当時熊本市住宅協会から直接被相続人に所有権移転するための農地法上の許可申請は農業委員会に拒否されていた段階であり，右契約の履行は完全になされるのか，その時期は何時か等の見通しも判然とせず，かつその範囲も具体的に特定していなかった状態であるから，以上の諸点よりすれば，新南部の土地の所有権が明確かつ確実に被相続人に帰属していたと解するのは相当でない。」

【9】　大阪高判平11・2・9税資240・630

(判旨)「農地についてその所有権を移転するには農地法所定の許可を要することはいうまでもない

ところ，本件土地について右許可を得ていないことは当事者間に争いがない。したがって，右許可のない以上，原告の主張する本件土地の譲渡によってはその所有権が原告に移転する効果は生じないといわざるを得ない。」

(5) 建物付属設備

電気設備等の建物付属設備もそれが独立の財産と評価される限り，相続財産に含まれる。有限会社の出資の評価に際して付属設備も純資産価額の中に含まれることになる（【10】）。

【10】 最判平9・9・4税資228・418

[判旨] 原審（大阪高判平8・1・26税資215・148）および第1審（大阪地判平7・3・28税資208・1035）の次の判断を支持。

「ところで，相続税基本通達11の2-1には，相続税法に規定する「財産とは，金銭に見積もることができる経済的価値のあるすべてのものをいう」と定められており，ここでいう「財産」とは，独立して財産を構成し，取引の対象となるものと解するのが相当である。原告らは，本件建物附属設備は，本件建物に附合しており，かつF製作所が本件賃貸借契約上，造作買取請求権及び有益費償還請求権を放棄しているのであるから，財産性がなく，相続税評価の対象とならず，したがって，帳簿価額も計上すべきでないと主張する。しかしながら，別表9の「内容」欄記載の本件建物附属設備は，いずれも，造作又は造作に類するものであり，しかも，これらはF製作所がその権限により付属させているものであつて，少なくとも本件賃貸借契約が終了するまでは，同会社がこれを本件建物から取外し，撤去等を自由にすることができるものであり，右各物件の性質・態様からすれば，これらは本件建物から分離して独立の財産として取引の対象ともなり得るものというべきであるから，相続税法上の「財産」に当たるということができる。」

(6) 損害賠償請求権

実際上課税されてないため判例上争われてはいないが，被相続人が交通事故等で死亡し，加害者に損害賠償請求をしたとする。この場合，慰謝料は遺族が原始取得したものと考えられ（民711条），相続財産にはならないし，所得税法上も非課税であるが（所税9条16項，所令30条），逸失利益についての損害賠償請求権は死亡者に発生するという立場に立てば相続財産を構成することになる。現行相続税法ではこの点についての明文の規定を欠き，実務の解説でも必ずしも統一されていないが，現実には課税されていない[34]。

(7) 担 保 権

被相続人が金銭貸付に際して抵当権を設定したような場合，このような担保権が相続の対象となることはいうまでもない。しかし，相続税法では，これらの権利それ自体が独立した財産ではないので，債権のみを相続財産に含めれば足り，実務上課税対象にはしていない（相基通11-2(3)）。

---

34) この点については，桜井四郎編『不測の損害賠償をめぐる法務と税務』（六法出版，1989年），「税務実例検討」税研71号84頁など参照。

第1章　民法上の相続と税法

(8) 配当期待権

配当期待権（配当金交付の基準日の翌日から配当金交付の効力が発生する日までの間における配当金を受けることができる権利をいう）は，相続人の立場からすれば確実ではなく，相続財産に含めることに抵抗があるが，相続開始後収入することが確実に予想される権利であるとして，相続財産に含まれ（【11】）（評価については財基通193），かつ，当該金額から源泉徴収相当額が控除されることになる（【12】）。

【11】　最判平9・9・4税資228・445

[判旨]　株式が被相続人に帰属し，配当期待権が相続財産に含まれるとした原審（名古屋高判平9・3・27税資222・1374，名古屋地判平7・12・13税資214・737）の次の判断を支持。

「本件株式のうちA工業の株式については，本件相続の開始日において，配当金交付の基準日が経過しているにもかかわらず，配当金交付の効力が発生していなかったから，配当期待権（本件配当期待権）が存したものと認められるところ，A工業の株式は甲に帰属するものであるから，本件配当期待権も相続財産に含まれるものというべきである。」

【12】　名古屋高判平3・3・28税資182・849

[判旨]　原審（名古屋地判昭61・7・21税資153・186）の次の判断を支持。「株式の発行会社において配当金額を決定，交付する以前において，既に予想配当率として考慮される，将来における配当を受ける権利を含めて上場株式の株価が形成されるものであることは公知の事実というべきであり，右予想配当金額に相当するものを配当期待権として評価すべきは当然である。……もっとも配当期待権についても，これに対する所得税の源泉徴収部分が相続財産を構成しないこともまた，同様である。」

(9) 時効完成財産

時効と課税関係については，実務上次のように扱われていた[35]。

まず，時効により不動産を取得した場合には，時効の援用の時に，一時所得に係る収入金額が発生したものと解されている（静岡地判平8・7・18税資220・181参照）。

次に，時効により権利を喪失した場合には，不動産を占有者に時効取得されたのが法人である場合は，当該法人は時効取得された不動産を損金として計上することができるが（法税22条3項3号），実務上は，時効の遡及効にかかわらず，時効が援用された時点を基準に時効取得により生じた損失を損金算入し，その損失の額はこの時点における簿価とすることとされていた。

それでは，個人の場合はどうなるのかが問題となる。相続財産と時効の関係では2つのケースが想定できる。1つは相続開始時には，時効が完成されていないものの，その後申告時期までに完成し援用された場合と，相続開始時にすでに時効が完成しており，ただ援用

---

35) この問題の詳細については三木＝関根＝占部24頁，31頁以下参照。田島秀則「国税通則法23条2項による更正の請求と解除及び取得時効における遡及効について」税事36巻8号54頁以下，遠藤みち「取得時効が完成した財産の相続における課税」税理47巻14号156頁以下，なども参照。

28　相続・贈与と税の判例総合解説

されておらず，その後援用され所有権を失ってしまった場合である。

時効取得の遡及効を税法も前提とするならば，占有開始日に所有権を遡及的に取得することになり，もはや課税されることはなくなるが，【13】は所有権喪失時期を「時効が援用されたときと解する」と判断し，相続税課税を肯定した。

この事案では，相続開始時点では時効は完成していなかったので，相続財産に含めることも必ずしも不合理とはいえないが，時効完成日が相続開始日より前だった場合にはこの判決の論理は非常に不合理な結果を招く。納税者は時効が援用され，所有権が失われることがわかっているのに申告し，その後，所有権が失われても相続開始には時効が援用されていなかったとして課税が肯定される余地があるからである。

この問題につき，土地賃借権の時効についてではあるが，「相続開始日に賃借権の取得時効が完成しており，時効の援用があれば一方的に賃借権を時効取得される状態にあったという点において，事実の相違があったということができる」として，更正の請求を認めた裁決（裁決平14・10・2事例集64・1）が注目を集めた。少なくとも，相続開始時に時効が完成していたものは，所有権喪失による更正の請求を認めるべきであろう。

なお，前述のように，援用する側の課税問題もある。相続開始後時効が完成した場合には援用した相続人の一時所得で問題はないと思われるが，相続開始時にすでに時効が完成していた場合には，相続税の対象に含めることも理論的にはあり得るが，前記判例の論理からすれば援用時点で相続人の一時所得とすればよいように思われる。いずれにせよ，援用すると一時所得課税が行われるという問題があることに留意しておく必要があろう。

【13】 大阪高判平 14・7・25 判タ 1106・97
（評釈：品川芳宣・税研 107・90）

[事実] 被相続人は，平成4年3月に死亡し，遺言書をもって本件土地をXに遺贈した。そして，Xは遺贈を受けた土地について相続税を申告したが，その後，平成5年に，第三者からXを被告として，昭和47年10月1日から20年間の占有によって本件土地を時効取得したとの訴訟を起こされて敗訴した。

[判旨]「時効による所有権取得の効力は，時効期間の経過とともに確定的に生ずるものではなく，時効により利益を受ける者が時効を援用することによって始めて確定的に生ずるものであり，逆に，占有者に時効取得されたことにより所有権を喪失する者は，占有者により時効が援用された時に始めて確定的に所有権を失うものである。そうすると，民法144条により時効の効力は起算日に遡るとされているが，時効により所有権を取得する者は，時効を援用するまではその物に対する権利を取得しておらず，占有者の時効取得により権利を失う者は，占有者が時効を援用するまではその物に対する権利を有していたということができる。したがって，本件においては，本件相続開始（A死亡）時においては，本件各土地について，Bらによる時効の援用がなかったことはもちろん，時効も完成していなかったのであるから，その時点では，控訴人らが本件各土地につき所有権を有していたものである。」

第1章　民法上の相続と税法

(10)　無記名有価証券

　無記名有価証券が相続財産に含まれるかどうかは，それが誰の所有であったかによるが，【14】がいうように，無記名である以上，現実の支配関係が重要な要素となろう。

【14】　最判平10・2・27 税資230・880

判旨　原審（東京高判平9・6・12 税資223・1007）の次の判断を支持。

　「無記名有価証券の帰属については，証券に権利者の表示がないので，その購入資金の出捐者及び取得の状況，その後の証券の占有・管理状況等を総合して判断するほかはないが，証券の占有者以外の者が取得資金を支出したとか，占有者が売買等によりその所有権を第三者に移転した後引渡しをせずに引き続き占有しているなどといった事情が認められない場合には，当該証券を現実に占有し支配管理している者がその所有者であると認めるのが相当である。」

2　みなし相続財産

　相続税の課税対象となる財産は相続又は遺贈によって相続人等が取得した財産である。しかし，相続に起因して発生する経済的利益には様々なものがあり，仮に民法上は相続財産に含まれず，取得者の固有財産と解されているとしても，相続を通じて取得された財産同様の担税力の増加を認められるものがある。相続税法はこれらも相続財産とみなして相続税の対象にしている（相税3条〜9条）。

　これらのみなし財産のうち，3条に規定されている生命保険金・死亡に伴う損害保険金（1項1号），退職手当金（2号），生命保険契約に関する権利（3号），定期金に関する権利（4号），保証期間付定期金に関する権利（5号），契約に基づかない定期金に関する権利（6号）は，その受取人が相続人である場合には相続とみなされ，したがって1号2号の財産については非課税限度額規定の適用があり（相税12条），相続人以外の者が取得すると遺贈とみなされ，相続税の対象になり，かつ，非課税限度額規定の適用はないことに留意する必要がある。このことは，特に相続を放棄した者（実務では正式の放棄手続をとった者に限定）や相続権を失った者がこれらの財産を取得していた場合に問題となる。この場合は遺贈とみなされるからである。

　信託財産（相税4条），低額譲受（相税7条），債務免除等（相税8条），その他の利益の享受（相税9条）については，それが遺言によって取得されたときは遺贈による相続とみなされ，遺言によるものでない場合は贈与財産とみなされる。

　これらのみなし財産の有無をめぐって判例上争われる場合の多くは贈与に係わるものであるので，これらのみなし財産の意義等についてはみなし贈与（本書第2章第2節）の判例も参照されたい。相続との関係で判例上争われたのは次の問題である。

(1)　保　険　金

　死亡保険金を受け取った場合の課税関係は，保険料の負担者・被保険者・受取人の3者の関係により次のように区分されている。

第3節　相続財産

保険料の負担者	被保険者	保険金受取人	税金の種類
相続人	被相続人	相続人	所得税
被相続人	被相続人	相続人	相続税
第三者	被相続人	相続人	贈与税

したがって、被相続人が保険料を負担していた場合は、死亡保険金を相続人が受領すると、通常の相続財産と同様に相続税の対象になる。なお、税法上いちばん問題になるのは、保険金を負担したのが誰かということであり、保険金の負担者如何によって課税関係は著しく変わり、被相続人が負担していたと認定されれば相続税、相続人が負担してきたと認定されれば一時所得となり、その差は大きい。【15】はこのことを前提に、相続人が負担していたとの事実認定をし、一時所得としての課税処分を肯定している。

また、負担者の判断は名義ではなく、実質的に判断する。【16】は名義上娘が受取人になっていた保険契約の受取人について、この受取人は実質上父親であると認定して課税処分を取り消している。

なお、生命保険金を受け取った者が相続放棄をすると、民法上は生命保険金は固有財産になるものの、税法上は相続財産とみなされるので、相続放棄をした者も相続税の納税義務を負う。しかも、この場合の保険金には非課税限度額は適用されないので、相続放棄をした者が受け取った生命保険金は全額、相続税の課税対象に含まれる、ことなどに留意する必要がある（1章6節の「相続放棄」も参照）。

【15】　福岡高判平12・3・28 税資247・37
　　（評釈：一杉直・税事33・10・1）

判旨　原審（福岡地判平10・3・20 税資231・156）の次の判断を支持。

「ところで、税法上、被共済者の死亡により共済金を取得した場合、その共済金が一時所得として所得税の課税対象となるのか、あるいはみなし相続財産として相続税の課税対象となるのかは、その共済金に対応する共済掛金の負担者が誰であるかによって判断すべきであるとされる（相続税法3条1項1号、所得税法34条1項）。そこで、本件各共済金の掛金を負担したのは亡Aであるか、あるいは原告であるかを検討するに」として、事実認定を行い、本件各共済金の掛金の負担者は原告であって被相続人のではないと認定し、一時所得課税を肯定した。

【16】　大阪高判昭39・12・21 判時403・18
　　（評釈：吉良実・シュト40・4、広瀬正・税通34・15・212、高木光男・税通39・15・178、須貝脩一・税法学200・3、田辺康平・別冊ジュリ17・134）

判旨　「相続税法5条1項にいう保険金受取人は、保険契約によって決定された契約上（但し名義人という趣旨ではない）の受取人であること、右受取人が保険事故発生により取得する保険者に対する保険金債権が、右法条の所定要件を具えるときは、同法の課税対象になるものであることは、洵に控訴人等主張の通りであり、また本件保険契約上、保険金受取人の名義が被控訴人となっていたことについては、被控訴人自ら認めるところであるが、保険契約上殊に保険証券等の文書上に受取人として記載された者即ち名義人が、控訴人主張のように、常に右法条の受取人に該当するものと解することはできない。けだし、保険契約者が保

第1章　民法上の相続と税法

険契約の表面上，通名，仮名，虚無人名又は自己の幼少の子女，家族若しくは雇人等，自己の事実上支配，使用し得る名義を用いて，その名義人以外の者，多くの場合，自己自身を示す氏名として用いることがあることは，世上往々にして見られるところであるから，かような場合はすでに当該保険契約上，保険者との関係においても，実質的な契約上の受取人は右名義人とは別人であって，もしその必要が生ずるときは，契約においても真実の受取人を探究する要があるけれども，保険者は右名義人に支払うことにより通常免責を受けるものであるから，多くの場合その探索の必要を見ないものであるに過ぎない。そして国の課税処分は，税負担者の生活関係の真相を調査してなさるべきであって，単なる外形，表面的事実のみで，全く実質を伴わない財貨の移動現象等を捉えて軽々に課税すべきでないことは実質課税の建前上理の当然であり，前記のような他人名義の使用が，その名義人との間の通謀虚偽表示（これも一種の実質関係に属する）に基く場合は別として，（実在の名義人が名義貸与を承諾した場合において，保険者が名義人と真実の保険金受取人とが別人であることを知らずして契約したときは民法第94条第2項により保険者その他の善意の第三者に対し，保険金受取人が名義人とは別人であることを主張しえない）他人名義の使用が，その名義人の全く不知の間に，しかも対外関係だけにおいてもその者に保険金受取の権利を得させる意思もなく，単にその名義使用者の一方的な都合のみによりなされた場合の如きは，多少の困難は伴うとしても，課税は右の実質の有無を調査判定してなすべく，実質が存しなければ行わるべからざるものである。このことは単に保険課税の場合に限らず，預金，株式等の譲渡についても常に生ずる筈のところのものである。」

(2)　退職手当金

　相続税法が相続とみなしている退職金は死亡後3年以内に支給が確定したものに限定されているので（相税3条1項），この退職手当金がいわゆる死亡退職金に限定されるのか，それとも生前の退職金で，相続時点において支給額が確定していないものも含むのかについて争いがあった。【17】は旧法時代（当時の規定は「相続人に支給されるべきであった退職金」）に生前退職の場合も含まれることを明らかにし，現行実務もこの判断に従って取り扱いを変更した。

　なお，生前退職で相続前に支給額が確定しているものは，退職所得であり，所得税，住民税控除後の残額が相続財産を構成することになる。

　なお，死亡退職に伴い弔慰金を支給する場合，それが真に弔慰金であり，みなし相続財産には該当しないのか，あるいは実質は退職金なのかの判断が問題となることがある。これも事実認定の問題であるが，【18】は相続税対策として弔慰金にしようとしたものにすぎないとして退職金としての課税を肯定している。

【17】　最判昭47・12・26民集26・10・2013
　　（評釈：安島和夫・税通39・15，浦東久男・百選7（3版）72，佐藤清勝・税通33・14・108，北野弘久・民商69・3・116など）

判旨　「被相続人が生前に退職して退職手当金等が支給されるべき場合において，退職手当金支給規定等によりその支給額が当然に確定され，被相続人に具体的な退職手当金等請求権が発生したも

32　相続・贈与と税の判例総合解説

のについては，当該請求権自体が，被相続人の退職所得として所得税を課税されたうえ，相続（遺贈および死因贈与を含む。以下同じ。）の対象ともなり，これにつき相続税が課せられることとなる。これに対して，いちおう退職手当金等の支給が予定されるとしても，被相続人の死亡による相続開始の際，その支給額がまつたく定まらず，そのため被相続人について退職手当金等請求権が発生しなかつたものについては，その後，支給額が確定されてはじめて，支給を受ける具体的な権利が相続人等に発生することになるのであつて，その実質が被相続人に支給されるべきであつた退職手当金等であつても，その法律関係は，退職手当金等の支給者と相続人等との間に直接に発生するものであるから，右の被相続人に対する退職手当金等名義の金員ないし請求権は，相続の対象となるべき財産ではありえず，しかも，相続人等にとつて，もとより退職所得ではありえないから，相続人等の一時所得として所得税の課税の対象となるのが筋道である。

しかし，法は，相続という法律上の原因によつて財産を取得した場合でなくても，実質上，相続によつて財産を取得したのと同視すべき関係にあるときは，これを相続財産とみなして，所得税ではなく相続税を課することとしている。旧相続税法4条1項4号は，その趣旨の規定の1つであり，被相続人の死亡後その支給額が確定され，これにより相続人等が退職手当金等の支給者に対して直接に退職手当金等の請求権を取得した場合についても，これを相続財産とみなして相続税を課することとしたのであつて，もとより生前退職の場合を含むものと解すべく，同号の規定の文理に照らせばもとより，また，被上告人主張の諸点を考慮しても，これをもつて死亡退職の場合に限るものと解すべき根拠は見出し難い。」

【18】 広島高岡山支判平9・5・29税資223・945

判旨 原審（岡山地判平8・9・17税資220・761）の次の判断を支持。

「原告Xが理事長の地位にあるO信用金庫はSの死後昭和63年10月14日右支給金5,896万円のうち462万円が弔慰金である旨の証明書を作成し，平成元年1月には弔慰金の支給基準を定めた同年2月1日実施の役員退職慰労金規程を新たに定めたことが認められるが，いずれも同金庫の理事長である同原告の本訴相続問題に絡んで後日便宜作成されたものである疑いが濃く，これをもって前記認定を覆すにたりるものとはなし難い。」

3 債務控除

(1) 控除の要件

相続税は相続により経済的利得を取得したことに担税力を見いだして課されるものであり，被相続人が負っている債務は当然課税対象から控除される[36]。相続税法は控除可能な債務等として

① 被相続人の債務で相続開始の際現に存するもの（租税公課を含む）

② 被相続人に係わる葬式費用

を明記するとともに（相税13条1項），当該債務は「確実と認められるものに限る」ことも求めている（相税14条）。

したがって，債務控除が認められる要件としては，まず当該債務が相続開始の際に存在していなければならない。この意味は当該債

---

36) この問題については，三木＝関根＝占部203頁以下，山田俊一「債務控除」税理47巻11号26頁，浅野洋「相続開始時の債務の立証と債務控除の可否」税理44巻8号175頁以下，などを参照。

務が厳格に相続開始時点までに存在していなければならないという意味ではなく、社会通念上相続開始から起因して生じる事態の経過を含めた時間の範囲を示すものと解される。というのは相続税法は相続開始の「時」ではなく、「際」に現存していることを要求しているにすぎないからである。【19】がその趣旨を明らかにしている。

次に、当該債務が相続に際して存在していても、確実とはいえない債務は控除の対象とはならないことになるが、債務が存在すれば控除するのが原則で、確実でない場合には例外的に控除しないことになるのであり、確実でないことの立証責任は課税庁が負っていると解すべきであろう[37]。

「確実」の意義は【20】のように履行の確実性が客観的に認められるものと解するのが一般論として妥当であろう。したがって、自然債務のような債務は履行の確実性の観点から控除の対象にならない（【21】）し、係争中の債務も申告時は控除できないといわざるをえないであろう。ただし、後者についてはその後判決で債務が確定すれば、その限りで確実な債務に該当し、更正の請求が可能と思われる。他方、債務があるのに債務の相続人間の帰属に争いがあるため、申告しない場合は、32条の更正の請求も、国税通則法23条2項の対象にもならないことに留意すべきであろう（第6章第5節参照）。

債務の確実性は相続開始時点が基準であるが、その後の事情も総合勘案して、相続時に確実であったといえるかどうかが判断されることになる（【22】）。このように、控除対象債務の存在、確実性は相続開始からやや幅のある時点を含めて総合的に判断されるべきものであることに留意すべきでであろう。また、相続財産に物上保証がなされているときは、求償できない債務者の部分のみが債務控除の対象になる【23】。

しかし、相続開始後の事情により、返還したり（【24】）、債務が確実になっても、控除の対象にならない。保証債務等の場合に特にこれが問題になる。

【19】　東京高判平8・10・16税資221・54

[事実]　被相続人の院長としての地位を原告・相続人Xが承継した場合に、相続人が従業員として受け取る退職金が被相続人の債務をいえるかが争われた。判決は、結果的に退職金を支給することが規定されていなかったことを根拠に控除を否定したが、原則として債務に該当することを次のように認めた。

[判旨]　原審（東京地判平8・2・28判時1568・44、評釈：岸田貞夫・租税法研究25・155、三木義一・税研70）の次の判断を支持。

「ところで、相続税法は、相続により取得した財産の価額の合計額をもって相続税の課税価格とし（11条の2第1項）、課税価格に算入すべき価額は相続によつて取得した財産の価額から非課税財産の価額を控除し（12条）、更に「被相続人の債務」で「相続開始の際」に「現に存する」もので「相続によつて財産を取得する者の負担に属する」も

---

37)　この点については、北野編・コメ143頁（佐藤義之）。

のを控除することとしている（13条第1項）が，この趣旨は，被相続人の借入金等の債務が存するときは，相続の結果相続人の負担に属することとなるこれらの債務の額を積極財産の価格から控除し，相続によつて取得する財産の実質的価格をもつて課税価格とすることにある。そして，時期，時刻，時を示すには「時に」という用語があるのに，「際」との用語が用いられていることに照らせば，「相続開始の際」とは，相続の開始，すなわち被相続人の死亡及び被相続人の死亡に近接し，かつ，社会通念上これから起因して生じる事態の経過を含めた時間の範囲を示すものと解すべきである。そして，「被相続人の債務」で「現に存する」とは，その債務の性質及び発生原因に照らして，被相続人に属すべき債務がその発生要件を充足していることにあると解すべきである。

この点につき，被告は，被相続人はその死亡の時には権利能力を喪失しているから，相続人が相続によつて承継する一切の権利義務とは，実際には被相続人が死亡直前に有していた権利義務と解さざるを得ないところ，被相続人の死亡に基づく相続人に対する退職金債務はどんなに早くても相続開始時にしか発生しないから，本件においても原告Xに対する退職金債務を本件相続財産から控除する余地はない旨主張する。

しかしながら，右に説示した点に加えて，就業規則等に死亡退職手当金の規定がある株式会社の従業員が死亡した場合，その者の相続人に対する相続税の算定に当たつては，二重課税回避のためその者の保有していた同社の株式を純資産価額方式で評価する際には正味財産額から右死亡退職金を控除するものと解されていることとの均衡などに照らすと，社会通念上も被相続人に属すべき債務が同人の死亡の際にその発生要件を充足しているときは，その金額が確定できる範囲内においては相続財産から控除すべき債務に該当するものというべきであるから，被告の右主張は失当である。……そうすると，本件相続の開始によつて，原告Xら及びAがB病院の全従業員との雇用関係における使用者たる地位を承継し，その後の遺産分割によつて，原告Xは，本件相続開始の時点にさかのぼつてA病院での使用者たる地位を取得し，混同の結果被相続人と原告Xとの間の雇用契約が終了したことになるから，右終了の時期は，本件相続開始の際であると解するのが相当である。」

【20】 広島高判昭57・9・30 税資127・1140

判旨　原審（山口地判昭56・8・27 税資120・360，評釈：高梨克彦・シュト272・1）の次の判断を支持。「確実と認められる債務とは，債務が存するとともに，債権者による裁判上，裁判外の請求，仮差押，差押，債務承認の請求等，債権者の債務の履行を求める意思が客観的に認識しえられる債務，又は，債務者においてその履行義務が法律的に強制される場合に限らず，社会生活関係上，営業継続上若しくは債権債務成立に至る経緯等に照らして事実的，道義的に履行が義務づけられているか，あるいは，履行せざるを得ない蓋然性の表象のある債務をいうもの，即ち債務の存在のみならず履行の確実と認められる債務を意味すると解するのが相当である。」

【21】 東京高判昭・52・9・29 税資95・693

判旨　「商法513条1項によれば，「法定利息を請求することを得」とあって，それを請求するか否かは債権者の任意であり，また民法では特約がないと消費貸借は利息を生じないのである。（民法587条）。……控訴人主張の法定利息債務は相続開始時において債務として存在していないかまたは確実な債務とはいえず，相続税法13条の控除の対象となる債務に該当しないものといわざるを得ない。」

第1章　民法上の相続と税法

【22】 東京高判平4・2・6行集43・2・123
（評釈：首藤重幸・租税法研究21）

事実　書面によらない贈与債務を負ったものが亡くなった場合，相続人がそれを取り消しうるので確実な債務といえないのかが争われた。

判旨　「書面によらない贈与については，贈与者又はその相続人は履行するまでは取り消すことができるが，贈与契約に基づく債務は，保証債務のような補充的なものではないから，いやしくも債務の存在すること，債務の履行されることが確実であると認められるならば，「確実と認められるもの」（相13条1項））ではないとはいえず，すなわち，取消しが理論的には可能であつても，諸般の状況からみて取消権の行使がされず，債務が履行されることが確実と認定できる場合には，これを債務控除の対象から除外すべき理由はないのであつて，例えば，相続税の申告時点までに既に履行が済んでいる書面によらない贈与に係る債務も，単に相続の時点では取り消し得たという理由で債務控除の対象とならないということになり，常識的にみて合理性を欠く結果を招くおそれがあるからであり，そうすると，本件でも，書面によらない贈与であるというだけで，債務控除の対象にならないと解すべきではなく，書面によらない贈与であつても，相続時点において，相続人によつて取消権が行使されずに履行されることが確実と認定できるか否かが問題であるわけで，この点の認定に関しては，相続開始後における状況，特に相続人によつて現実に債務の履行がされたか否かの点は，相続開始時点において債務の履行が確実と認められるか否かの認定においても斟酌されて然るべきである。」

【23】 静岡地判平17・3・30 タインズ Z888-0978

事実　XはAの債務のために第3順位の抵当権を設定していたが，第1，2位順位はBを債務者とするものであった。Aからは求償の可能性がない。

判旨　「本件土地の本件相続開始時の評価額である7億6,307万1,309円を担保順位に従って弁済すると仮定した場合，別表4のとおり，O銀行は5億0,440万6,202円，N県共済連は4,764万4,628円の優先弁済を受けることになる。そして，本件相続開始の時点で，A社は弁済不能の状態にあり，物上保証人のXが同社に求償することは不能であった。したがって，……本件土地の価額から確実と認められる物上保証債務として債務控除される価額は，相続開始時の本件土地の時価7億6,307万1,309円から，本件各先順位根抵当権者が本件土地から優先弁済を受けることになる価額（5億5,205万0,830円）を減算した額，すなわち2億1,102万0,479円となる。」

【24】 東京高判平17・2・17 タインズ Z888-0980

判旨　「原告が本件各土地について預託されていた本件各保証金を借地権者に返還していることは，前記前提となる事実の14のとおりであり，原告は，現在となっては，もはや本件各保証金を運用することはおよそできない状況にあるものということができる。しかし，そのような状況が生じたのは，本件相続の開始から1年7か月以上経過した後のことである。取得財産の価額から控除すべき債務については，その性質上客観的な交換価値がないため，交換価値を意味する「時価」に代えて，その相続開始時の「現況」により控除すべき金額を評価する旨定めているものと解されることは，前

記2，1のとおりであるから，控除すべき債務として本件各保証金の返還債務を評価するに当たって，本件相続の開始後に生じた本件各保証金の返還という事実をしんしゃくすることはできないのである。」

(2) 各種債務等の控除可能性

以上の基本的要件からみて，各種債務に関わる具体的控除可能性と判例の関係を概観してみよう。

(a) 被相続人死亡に伴う従業員への退職金債務

この問題は裁判例【19】で紹介したように，被相続人の院長としての地位を相続人が承継した場合に，相続人が従業員として受け取る退職金は退職給与規定上の根拠等があれば被相続人の債務となる。

(b) 連帯債務・保証債務

連帯債務と保証債務は相続税において，留意しなければならない問題点の1つである。なぜなら，保証債務等を承継しても，それはまだ抽象的な債務にすぎず，実際に履行することになるのか，その場合に主たる債務者からの求償が不可能かどうかは未確定だからである[38]。その意味で，相続開始後の事情の変化で保証債務を履行しなければならなくなった場合は，相続税の負担をした上で，債務を履行することになる。連帯債務の場合も同様の要件が必要となる（【25】）。ただし，連帯債務の場合には，被相続人の負担部分だけではなく，他の連帯債務者の負担部分で求償不可能な部分も含まれるという点に留意すべきであろう。

求償可能性は一般的には【26】【27】【28】のように判断されているが，【26】で覆された地裁判決【29】の方が現実的妥当性があり，貸倒計上時期につき社会通念基準を採用した最高裁判決【30】の基準により適合するように思われる。

なお，主たる債務者である法人の財産状態のみで判断すべきなのか，グループ企業全体の財政状態を見るべきかについて，【31】は主たる債務者である親会社の財政状態で弁済能力は判断しうるとしている。

保証債務や連帯債務を承継した相続人に対しては，租税回避ではない限り，相続開始と社会通念上これから起因して生じる事態の経過を含めた時間の範囲を広く含めて債務の存在および確実性を判断すべきように思われる。

【25】東京地判平4・12・2税資193・1029

[判旨]「相続税法上，相続，遺贈又は贈与により取得した財産の価額からその金額を控除すべき債務は，確実と認められるものに限られるが（14条1項），被相続人の連帯保証債務については，主債務者が弁済不能の状態にあつて，物上保証人も不在であるため，連帯保証人においてその債務を履行しなければならないことが確実であり，かつ，主債務者に対し求償権を行使しても返還を受ける

---

38) 辻村祥造「確実な債務の範囲」『争点』75頁，山田二郎「相続税の計算と被相続人の保証債務」ジュリ836号111頁以下，など参照。

見込みがない場合には，その負担部分の限度の金額については，相続開始時において確実と認められる債務に該当するものであり，その負担部分を超える部分は本来他の連帯保証人に求償することができるものであるから，他の連帯保証人のうちに求償のできない経済状態の者がいる場合に限り，確実と認められる債務に該当するとされることがありうるものと解すべきである。」

【26】 東京高判平16・3・16 タインズ Z888-0861

（評釈：北村勝・税事 36・7・30）

判旨 「相続税法14条1項は，同法13条の規定により課税価格から金額の控除を行うべき債務は「控除すべき債務であることが確実と認められるもの」に限られる旨規定しているところ，保証債務は，主たる債務者がその債務を履行しない場合に，主たる債務者に代わって，その債務を履行するという債権者と保証人との間に生じる「従たる債務」であるから，相続の開始時点において，被相続人が当該債務を履行することとなるか否かが不確実であること，仮にその保証債務を承継した相続人が将来当該債務を履行した場合であっても，その履行による債権の回収は，主たる債務者及び他の共同保証人に対して求償権を行使したり（民法458条，442条等），債権者に代位して物上担保権を行使すること（民法500条，501条）によって可能であることから，保証債務は，原則として相続税法14条1項が定める「控除すべき債務であることが確実と認められるもの」には該当しない。そして，保証債務が「控除すべき債務であることが確実と認められるもの」に該当するためには，相続の開始時点を基準として，その履行すべき保証債務について主たる債務者及び他の共同保証人に対して求償権を行使したり債権者に代位して物上担保権を行使してもなお債権の回収を受ける見

込みのないことが明確になっていなければならず，具体的には，主たる債務者及び他の共同保証人が破産，和議，会社更生あるいは強制執行等の手続開始を受け，又は事業閉鎖，行方不明，刑の執行等によって債務超過の状態が相当期間継続しながら，他からの融資を受ける見込みもなく，再起の目途が立たないとか，債権者に代位して物上担保権を行使しても優先債権者が存在するため担保価値が乏しいとかなどの事情によって事実上債権の全部又は一部の回収ができない状況にあることが客観的に認められるか否かで決せられるべきである。」

【27】 名古屋高判平11・4・16 税資 242・138

判旨 原審（名古屋地判平10・11・11 判タ1061・149）の次の判断を支持

「主たる債務者が債務を弁済することができない状態にあるか否かについては，一般に債務者が破産，和議，会社更生あるいは強制執行等の手続開始を受け，又は事業閉鎖，行方不明，刑の執行等により債務超過の状態が相当期間継続しながら，他からの融資を受ける見込みもなく，再起の目途が立たないなどの事情により事実上債権の回収ができない状況にあることが客観的に認められるか否かで決せられるべきである。」

【28】 福岡高判平15・7・8 タインズ Z888-0893

判旨 「一般に，保証債務は，主債務者が主たる債務を履行すると，保証人はその債務を免れる性質のものであり，将来，保証人がその債務を履行することになるかどうかは確実ではなく，仮に，保証人がその債務を履行することになっても，その履行による損失は，主債務者に対する求償権の行使により塡補されることが予定されているから，

第3節　相続財産

原則として，上記「確実と認められる」債務には該当しないと解される。そして，連帯保証債務も保証債務であることに変わりなく，これについても同様に解される。そして，上記のような趣旨からすれば，主債務者が，相続開始時において，弁済不能であるというためには，単に債務超過の状態にあるとか支払能力が低いというのみでは足りず，当該主債務者について，破産・和議・会社更生若しくは強制執行等の手続の開始を受け，又は，事業閉鎖・行方不明・刑の執行等により債務超過の状態が相当期間継続しながら，他からの融資を受ける見込みもなく再起の目処が立たないなど，保証人が主債務者に対して求償権を行使しても事実上回収不可能な状況にあることが客観的に認められることが必要である。なお，この点に関して連帯保証債務と保証債務とを別異に解すべき理由はないから，連帯保証債務の場合であっても同様に判断するのが相当である。」

【29】　東京地判平15・4・25 タインズZ888-0783

判旨　【23】の高裁判決で覆されたが，次のような基準に基づいて「確実性」を肯定していた。

「被告は，「主たる債務者が破産，和議，会社更生あるいは強制執行等の手続開始を受け，又は事業閉鎖，行方不明，刑の執行等によって債務超過の状態が相当期間継続しながら，他からの融資を受ける見込みもなく，再起の目途が立たないなどの事情によって事実上債権の回収ができない状況にあることが客観的に認められるか否か」という基準により判断するのが相当であると主張し，本件相続に係る申告の時点において主債務者であるT興業について破産等の手続が開始されておらず，また，事業を継続しているとして，上記基準に列挙された事情は存在しないとの認定をした上で，そのため債務の控除は行うべきではない旨の主張

をする。確かに，上記基準に列挙された事情が相続開始時に存した場合には，主債務者が弁済不能の状態にあるし，将来の求償の余地がないことが容易に認められよう。もっとも，被告は，この基準を用いるに当たり，主債務者が事業を継続している場合には何らかの法的な倒産処理手続が開始されていることを要すると解しているように思われるところ，そのような解釈は，この基準の趣旨ひいては相続税法14条1項の趣旨を正解しないものといわざるを得ない。すなわち，例えば，主債務者がいわゆる私的整理（法的倒産処理手続によらない倒産処理）を行うに至った場合，上記基準に列挙されている破産，和議，会社更生あるいは強制執行等の手続が開始されていないのが通常であり，かつ，いわゆる再建型の私的整理を行った場合には，主債務者の事業が依然継続しているものの，会社更生手続が開始されたときと同様，保証人が一般債権者に優先して弁済を受けることはできないし，保証人と主債務者の関係いかんによっては他の債権者と同等の立場で整理を行う者から弁済を受けることもできないこともあるから（むしろ，連帯保証人は，債権者に対して自らが率先して弁済をしなければならない立場に追い込まれることもある。），仮に弁済をした場合にも，その弁済額全額の求償を受けられる可能性はないばかりか，整理開始の段階で全く弁済を受けられないことが確実になっていることも十分考えられる。そして，このような不利益を避けるための法的手続を採るとしても，本件におけるSのように費用倒れに陥るおそれ等から，これを断念せざるを得ないことが多いのである。このような場合には，上記基準にいう「主債務者に対して求償権を行使しても，事実上回収不可能な状況にあることが客観的に認められる」ものといえ，被告の主張がこのような場合に上記基準への該当性を否定するものならば，それは誤りというほかなく，被告が指摘する裁判例もこのような場合には保証債務が相続税法14条1項にいう「確実と認められるもの」

第1章　民法上の相続と税法

に該当することを否定するものではないと解するのが相当である。むしろ，近時の経済状況や債務整理手続の多様化等の事情を考慮すれば，単に主債務者における破産等の法的手続開始や事業継続の状況のみから，主債務者の求償可能性の有無を判断することはかえって事の本質を見誤るおそれがあり，相続開始時に存した客観的事情を総合考慮した上で，求償債権の弁済可能性の有無を判断することが，被告指摘の裁判例の趣旨にもかなったものであるというべきである。」

【30】　最判平 16・12・24 訟月 51・1・253

　　　　（評釈：渡辺充・税理 48・6・9，大淵義博・税務弘報 53・4・8）

[判旨]　法人税についての判断であるが，相続税の債務の確実性判断にも影響があると思われる。

「法人の各事業年度の所得の金額の計算において，金銭債権の貸倒損失を法人税法 22 条 3 項 3 号にいう「当該事業年度の損失の額」として当該事業年度の損金の額に算入するためには，当該金銭債権の全額が回収不能であることを要すると解される。そして，その全額が回収不能であることは客観的に明らかでなければならないが，そのことは，債務者の資産状況，支払能力等の債務者側の事情のみならず，債権回収に必要な労力，債権額と取立費用との比較衡量，債権回収を強行することによって生ずる他の債権者とのあつれきなどによる経営的損失等といった債権者側の事情，経済的環境等も踏まえ，社会通念に従って総合的に判断されるべきものである。」

【31】　東京高判平 12・1・26 判タ 1055・130

[判旨]　「確かに，支配従属関係にある 2 つ以上の企業集団を単一の組織体とみなし，親会社又はグループ会社全体の財政状態及び経営成績ないし支払能力を把握するためには，連結決算を基にするのも一つの有益な手法であると認められる。しかし，親会社及び子会社は，それぞれ別個独立の法人であり，しかも，親会社を生き残らせるために採算のとれない特定の子会社のみを整理することは必ずしも珍しいことではなく，その場合には，法律上，親会社の子会社に対する債権の回収，親会社の子会社に対する債務の弁済，子会社の債権者に対する保証債務の弁済等により両者の関係が処理されるものであり，右のような関係を把握するためには，親会社と子会社との債権債務関係が反映された親会社独自の決算によることが必要であり，それで十分であるといえる。」

(c)　書面によらない贈与債務

一般的に考えれば，書面によらない贈与は履行が終わらないうちは贈与者（又はその相続人）はいつでも取り消し得る（民 550 条）ので債務の確実性という点で問題となりうる。しかし，書面によらないということだけで，その確実性が否定されるものではない。前述の【22】がこの点を明確に述べている。

(d)　遺言執行費用，財産分与の審判に関する訴訟費用等

これらは被相続人の債務ではないので，原則として債務控除の対象にはならない（【32】〜【34】）。

【32】　最判昭 63・12・1 税資 166・652

[判旨]　原審（大阪高判昭 59・11・13 訟月 31・7・1692），第 1 審（神戸地判昭 58・11・14 税資 134・108）の次の判断を支持する。

「財産分与は，相続債権者又は受遺者に対する弁済を終え，相続財産の清算をしたあとの残存すべき相続財産の全部又は一部を家庭裁判所の審判によって恩恵的に特別縁故者に分与するものであり，右特別縁故者は，自ら申立を行つてはじめて分与を受けることになるものであるから，原告らの主張する訴訟費用等は，被相続人の債務ではなく，また，被相続人に係る葬式費用でないこともいうまでもない。従つて，右訴訟費用等が法13条1項各号所定の遺産からの控除の対象となる債務に該当しないことは明らかである。」

【33】 東京高判昭52・9・29税資95・693【21】と同一判決）

[判旨] 原審（東京地判昭49・8・29税資76・370）の次の判断を支持。

「原告はKの遺言執行費用200万円がKの遺産から控除されるべきであると主張するが，仮に原告らが右費用を支出したとしても，民法1021条，885条1項によれば遺言執行費用は相続財産の中から支弁すべき相続財産に関する費用であつて，被相続人の債務ではなく，また，被相続人に係る葬式費用でないこともいうまでもないから，相続税法13条1項各号所定の遺産からの控除の対象となる債務には該当しないというべきである。」

【34】 津地判昭46・6・17税資62・865

[判旨]「前訴における弁護士費用として原告が右金77万円を支払つたことを認めるに足る証拠はなく，仮に右負担があつたとしても原告の本件相続財産価額から控除さるべき性質のものではない」

(3) 制限納税義務者の債務

制限納税義務者は控除可能な債務の範囲に葬式費用が含まれないこと，取得した財産に係わる一定の債務に限定されていることに留意する必要がある（相税13条2項）。

(4) 債務の評価

控除される債務は「現況」により評価される（相税22条）。

この趣旨は，承継債務についても，債権の時価評価と同じ意味の評価をすること，つまり，相続債務が実質的にみて無利息等である場合には，その相続人は，通常の利率による同額の債務を承継した場合に比して，その通常支払うべき利息を支払わないことによる経済的利益を弁済期が到来するまでの期間享受するので，無利息で保証金等を預かっている場合は，債務控除の額は保証金額ではなく，通常利率で運用した場合に返済期に保証額と同額になる現在価値ということになる。また，無利息ではないが，特に低利で借り入れている場合は，通常利息との差額相当額の利益を得ているので，弁済期までの利益の現在価値を債務から控除して，控除すべき債務の額とすべきであることになる（【35】）。一般論としては妥当であるが，不確定な将来にわたる利率を前提とするので，慎重に判断すべきであろう[39]。

なお，貸ビル所有者とテナントの間において締結される建設協力金等名義の保証金については，保証金額そのものを債務控除の対象

---

[39] 債務の評価については，橋本守次「相続した無利息債務の評価」税通47巻10号274頁，吉良実「租税法における債権・債務の評価」阪南論集社会科学編27巻3号1頁以下，なども参照。

第1章　民法上の相続と税法

とした裁決例（裁決昭57・6・14事例集24・146）がある。これは保証金の利息と賃貸ビルの賃貸料の額の一部とが相殺されている慣行を配慮したものといえる。

【35】　最判昭49・9・20訟月20・12・122，判時757・60

　　　（評釈：橋本守次・税通34・15・224，金子宏・法協95・8・133，佐藤繁・法曹時報28・7・185，桜井四郎・百選（第3版）112，など）

判旨　「控除債務については，その性質上客観的な交換価値なるものがないため，交換価値を意味する「時価」に代えて，その「現況」により控除すべき金額を評価する旨定められているものと解される。したがって，控除債務が弁済すべき金額の確定している金銭債務の場合であっても，右金額が当然に当該債務の相続開始の時における消極的経済価値を示すものとして課税価格算出の基礎となるものではなく，あたかも金銭債権につきその権利の具体的内容によって時価を評価するのと同様に，金銭債務についてもその利率や弁済期等の現況によって控除すべき金額を個別的に評価しなければならないのであり，かくして決定された控除すべき金額は，必ずしも常に当該債務の弁済すべき金額と一致するものではない。

　……そこで，弁済すべき金額が確定し，かつ，相続開始の当時まだ弁済期の到来しない金銭債務の評価について考えると，その債務につき通常の利率による利息の定めがあるときは，その相続人は，弁済期が到来するまでの間，通常の利率による利息額相当の経済的利益を享受する反面，これと同額の利息を債権者に支払わなければならず，彼此差引きされることとなるから，右利息の点を度外視して，債務の元本金額をそのまま相続開始の時における控除債務の額と評価して妨げない。これに対し，約定利率が通常の利率より低い場合には，相続人において，通常の利率による利息と約定利率による利息との差額に相当する経済的利益を弁済期が到来するまで毎年留保しうることとなるから，当該債務は，右留保される毎年の経済的利益の現在価値の総額だけその消極的価値を減じているものというべきであり，したがって，このような債務を評価するときは，右留保される毎年の経済的利益について通常の利率により弁済期までの中間利息を控除して得られたその現在価額（なお，右中間利息は複利によって計算するのが経済の実情に合致する。）を元本金額から差し引いた金額をもって相続開始の時における控除債務の額とするのが，相当である。通常の利率より低利の債務を負担する関係は，これを経済的にみれば，一方において，通常の利率による債務を負担すると同時に，他方において，通常の利率による利息と約定利率による利息との差額に相当する給付を毎年受けるのと同様であって，この場合には，債務の元本金額をそのまま控除債務の額と評価する反面，右の毎年受けるべき給付については，その現在価額を取得財産の価額に算入し，両者の差引きによって課税価格を算出することとなるが，先に述べた低利の債務の評価減ということは，経済的には，右のような各別の評価による差引計算を債務そのものの評価として行うことにほかならない。」

4　非課税財産

相続税法は相続税の課税対象とすることが適切ではない一定の財産を非課税としている（12条)[40]。また，相続した財産を国等に寄付した場合も非課税としている（措置法70条）。

---

40)　非課税財産の範囲等については，橋本守次「相続税の非課税財産」税通54巻2号163頁，内倉裕二「相

these の非課税財産のうち，公益事業を行うものが財産を取得したものについては，その者の親族等にその事業に係る施設の利用，余裕金の運用その他その事業に関し特別の利益を与えるという事実がない場合に非課税とし（相令2条），租税回避を防止している。【36】【37】は，この観点から非課税財産に該当しないと判示した事案である。

なお，墓所は非課税であるが，相続税法上墓所かどうかは使用の実態に即して判断され，一方，固定資産税では，客観的な基準により一律に行われ，墓地法による墓地として許可を受けた区域についてのみ非課税とされている。【38】はこのような実務を前提とし，墓地法上の許可を得ていない墓所に対する固定資産税課税を適法としたものである。

【36】 東京高判平11・1・19税資240・21

[判旨] 原審（千葉地判平10・2・25税資230・790）の次の判断を支持

「本件建物及び本件土地3は本件相続開始当時その全体について学校教育法施行規則2条1項2号に基づく園地園舎等の届出がされていた一方，A及び原告の子らが本件建物の一部に居住し生活していたのであるから，原告は，その事業に係る施設を原告の親族等に対して利用させていたものであり，原告が行う事業に関し特別利益の供与を行っていたものというべきである。

この点に関し，原告は，原告はA及び子らに対して扶養義務を負っているから本件建物の居宅部分をこれらの者が居住の用に供しても特別利益を供与したことにならない旨主張するが，本件建物をS幼稚園の施設として届け出た以上，原告は本件建物以外の建物を家族の居住の用に供すべきものであるから，扶養義務があるからといって右事実が特別利益の供与に当たらないとはいえない。」

【37】 東京地判平2・11・16税資181・312

（評釈：佐藤孝一・税通46・11・187）

[事実] 継続して自分の子供ら4人を次々に自らの経営する幼稚園の職員として雇用し，また，幼稚園事業に係る余裕金の中から親族に対する生活援助金を与え，更に，孫5人を次々に無料で幼稚園に入園させていた者が幼稚園敷地等を相続した事案について，非課税の適用を否定している。

[判旨] 「公益事業の用に供される財産を相続税の非課税財産とする法12条1項3号の規定が，そのような相続財産が公益の増進に寄与することに着目して設けられたものであることはいうまでもないところであり，他方，施行令2条1項が，個人が公益事業を行う場合について，その者の親族等にその事業に係る施設の利用，余裕金の運用その他その事業に関し特別の利益を与えるという事実があるときに右法の規定の適用がないものとしているのは，そのような場合には，右事業が個人的利益のための手段としても行なわれていることとなり，このような場合にまで当該財産を相続税の非課税財産とすることが税負担の公平を阻害する結果となることをその根拠とするものと考えられる。ところで，本件においては，先に認定したとおり，原告Xは，昭和43年4月以降，継続して自分の子供ら4人を次々に自らの経営する幼稚園の職員として雇用し，また，昭和52年ころからは幼稚園事業に係る余裕金の中から親族に対する生活援助金を与え，更に，昭和56年4月以降は，孫5人を次々に無料でM幼稚園に入園させていたものであり，これらの行為がいずれも施行令2条1号

続税の非課税財産」判タ803号18頁以下，なども参照。

第1章　民法上の相続と税法

所定の親族に対して特別の利益を与える行為に該当することは明らかなものというべきである。したがって，本件においては，M町土地は，法12条1項3号の非課税財産に該当しないものというべきである。」

【38】　名古屋地判平3・2・27行集42・2・293，判タ768・114

　　　（評釈：下山芳晴・自治研究68・11・97，行政法実務研究会・税49・7・158）

判旨　「原告は，相続税法では実際の使用に着目して，非課税財産である墓所等に該当するか否かの判断がなされているから，固定資産税，都市計画税の賦課事務においても，同様の取扱いがなされて然るべきである旨主張する。しかしながら，相続税において墓所等が非課税とされたのは，民法上，系譜，祭具，墳墓等のいわゆる祭祀財産が相続財産とは別個に承継されることとされている（同法897条1項）ことを前提にして，これらの財産については，相続財産から除外されているとの考えに立つからである。これに対し，地方税法において墓地等が固定資産税の対象から除外されたのは，墓地等の公共的施設の性格，事業の公益性等にかんがみ，法人税（同法7条，同法施行令5条5項ニ），特別土地保有税（地方税法586条2項28号）等と同様に税制上の優遇措置を与えたものであって，その非課税とする理由が相違する。」

第4節　相続分

1　法定相続分

相続税法においては相続税の総額を計算するに際しては，法定相続人が法定相続分（民900）および代襲相続人の相続分（民901条）に基づいて取得したものと仮定して相続税総額を計算するので（相税16条），法定相続分は非常に重要な役割を有している。法定相続分の意義については，民法と特に異なる規定を設けていないので，民法に従うことになる。しかし，民法の実務では遺産分割時の時価を基準に分割し，当事者間の公平を実現するのに対して，相続税法では相続開始時の時価を基準にして負担割合を求めるために，仮に遺産分割を分割時の時価に応じて平等に分割したとしても，相続税の負担は平等にならないことがある（分割時に相続時より値上がりしているものを受けた者は，負担割合は少なくなる）。この場合，相続税法55条に基づき納付した額が遺産分割で過大となった者は更正の請求ができ，過少となった者に対して更正処分等がなされる。このような税負担のずれは遺産分割に際して当事者間で調整するしかないが，それを怠った場合に課税されても，課税処分を違法・無効ということはできないであろう【39】。

なお，法定相続分については通常疑問は生じないが，民法上争われている問題の場合，例えば①被相続人が孫を養子とし，その孫の父親が被相続人より先に死亡したような場合，養子としての相続分と代襲相続人としての相続分双方を取得したと解するのか，②婿養子である夫が被相続人となった場合，妻は妻としての相続分と兄弟姉妹としての相続分の双方を取得するのか，等が必ずしも明確ではなく，①については双方を含むとする通達があるが（相基達15-4注），②については明らかではない。民法の通説に従えば双方を含むことになろう。

【39】 大阪高判平 11・10・6 税資 244・1067

[事実] 既に法定相続分に従った相続税を完納していたXに対し更に多額の相続税が賦課されるという不均衡が生じ，この不均衡は，相続税法32条1号，55条但書きによる課税の再調整がなされたためであった。Xは他の相続人が審判による遺産分割で法定相続分に応じて公平な財産の分配を受けたにもかかわらず，不動産の実勢価格と路線価の乖離が甚だしいことを奇貨として，自己の相続税を軽減させXの相続税額を増加させようとしたもので，Xに対する更正処分は権利の濫用であり公序良俗に違反するものであり，右請求に基づく本件更正も重大かつ明白な瑕疵が存し無効というべきである，と主張した。

[判旨] 原審（神戸地判平11・3・15 税資244・1067）の次の判断を支持。

「遺産分割は，諸般の事情を考慮して包括的に承継される財産を適正に分割することを目的とするものであって，相続税の課税対象とならない特別利益を相続分として考慮した上，分割時に存する遺産をその現状，分割時の時価等も考慮して分割するものであるのに対し，各相続人に対する相続税は，各相続人が現実に取得した相続財産の課税価格に応じて課税するものであり，右課税価格は相続開始時の時価によって評価される。したがって，遺産分割制度と相続税制の相違から，遺産分割が家庭裁判所の審判により法定相続分に従ってなされたとしても，対象となった財産の範囲，財産の評価時点及び評価方法等の相違によって，各相続人間の相続税額が法定相続分どおりになるとは限らず，原告が主張するような不均衡は法の予定するものであるというべきである。また，原告の右主張は，相続税の総額を課税価格の割合に応じて按分した金額を各相続人の相続税額とする旨の法17条の文理に明らかに反し，採用することができないものである。」

2 指定相続分

指定相続分は相続税額の総額を計算する過程には影響を与えず，当該総額を各相続人が取得した財産の割合に応じて分担する過程で，一定の影響を与えるにすぎない。但し，申告時期までに分割できない遺産がある場合には，当該未分割遺産をどのように分割するのかを暫定的に決め，各自の分担割合を決めることになるが，この場合指定相続分があればそれを基準に各相続人の分担割合が決められる（相税55条）。なお，指定相続分とは遺産全体に対する分数的割合で相続分が表示されていることが必要であり，「遺産のうち，畑はAに，その他はBに相続させる」といった遺言は，遺贈もしくは遺産分割方法の指定と解されており，この場合は法定相続分に応じて

第1章　民法上の相続と税法

課税されることになる（【40】）。

【40】　最判平4・11・16判時1441・66, 判タ803・61, 訟月39・8・1602

（評釈：夏目康彦・税理39・2・209, 梶村太市・判タ852・278, 高木多喜男・ジュリ1024・98, 佐藤孝一・税通48・6・271, 山田二郎・税事26・6・4, 首藤重幸・租税法研究22・151, 真柄久雄・判評414・200, 水野忠恒・家族法百選（第5版）244, 池田・シュト377・1 など）

判旨　原審（東京高判平3・2・5税資182・286）および第1審（東京地判平2・2・27訟月36・8・1532）の次の判断を支持。

「国税通則法5条は, 相続があつた場合には, 相続人は被相続人に課されるべき国税を納める義務を承継し, 相続人が2人以上あるときは各相続人が承継すべき国税の額は, 当該国税の額を民法900条から902条までの規定による相続分によりあん分して計算した額とすると規定しているところ, 原告3名は, 被相続人は, その遺言において, 本件遺贈の外, 残余の遺産全部を被相続人のうち原告X₁及びX₂の両名にのみ相続させるとしたから, 右両名の相続分を各2分の1とする相続分の指定をしたものであるとして, これを前提とした上で更に遺留分減殺請求により修正された相続分に基づくあん分計算をすべきであると主張する。しかし, 相続分の指定とは, 遺言等により遺産全体に対する分数的割合をもつて相続人の相続分が表示されている場合をいうと解すべきであるところ, 〈証拠略〉によれば被相続人の遺言は, 公正証書によるもので, 本件遺贈の外, 杉並区……の畑をX₂に相続させ, 同所77番の宅地と同所81番3の宅地及びその余の一切の財産を原告X₁に相続させるというものであることが認められるから, これは遺贈又は遺産分割方法の指定にほかならないものというべきであり, 原告らの主張するように右両名について各2分の1の相続分の指定をした

ものとは到底解されない。」

3　特別受益・3年以内贈与

民法は「遺贈」又は生前贈与のうち「婚姻, 養子縁組のための贈与」もしくは「生計の資本としての贈与」を受けた場合には, 相続財産とみなし, 相続財産に加算しているが, 相続税法は遺贈と相続開始前3年以内の贈与を対象にしている。遺贈については民法との差はないが, 生前贈与については相続税法が相続開始前3年以内の贈与に限定しつつ, 他方で3年以内の贈与はすべて相続財産に加算する等の著しい違いがある（相税19条）。その違いの主な点を概観すると次のようになる。

①　対象者：相続税法は「相続又は遺贈（死因贈与）により財産を取得した者」の3年以内の贈与を対象にしているので, 相続人以外の者であっても遺贈や死因贈与により財産を取得している者への生前贈与も対象になる。例えば, 死因贈与を受けた内縁の妻への遺贈なども対象になるし（【41】）, 他方で, 相続人が相続放棄をしていた場合には当該相続人への3年以内の贈与は対象にならない。

②　対象財産：民法が生前贈与の内の一定のものに限定しているのに対し, 相続税では生前贈与すべてが対象になる（但し, 贈与税非課税額は含まれない）。他方で, 民法は贈与の時期を問わないのに対し, 相続税法は相続開始前3年以内の贈与に限定している。

③　評価の時点：民法では持ち戻しに際しての価額は相続開始時とされているが, 相続税法では贈与時の価額として取り扱われてい

る（相基通19-1）。

　④　免除の有無：民法では持ち戻しを被相続人の意思で免除することが認められているが（民903条3項），相続税法にはそのような免除規定はない。

　このようないくつかの違いがあるため，民法に従った分割割合と実際に相続税を負担する場合の負担割合に微妙な差異を生み出すことに留意しておく必要がある。特別受益が加算されるために，課税財産も増え，受贈者の過去の贈与税が調整され，相続人の税負担も増える。しかし，これは生前贈与として高負担を負った受贈者を相続税の対象にすることに伴う調整であり，このことが相続人を不利にし，受贈者を有利にしているとまではいえないであろう（【42】）。

【41】　大阪地判昭58・3・24 税資 129・668

[事実]　原告Xは，訴外Aから，金800万円の死因贈与を受ける旨Aと約束し，結局，訴外Aの遺産の中から，その履行を受けたが，このほかに，A生存中に金員を受領して贈与を受けた。Xは右受領額は，原告とAとの内縁関係の清算，すなわち，財産分与，又は原告の寄与分に準ずるものとして受領した旨主張し，遺産への加算を違法と主張した。

[判旨]　「原告の右主張が，いわゆる寄与分の主張ではなく，遺産の対象にすべきでないとの趣旨であるとしても，法19条は，「当該相続の開始前3年以内に当該相続に係る被相続人から贈与により財産を取得したことがある場合においては……当該贈与により取得した財産…の価額を相続税の課税価格とみなす」，と規定しており，本来的に遺産でないものを，税法上，特別にこれと同視する

扱いをしているのであるから，原告の右主張は，相続開始前3年以内の贈与につきこの規定の適用を除外すべき理由づけとなるものではない。そして，……Aが，右各金員を，Aの仕事及び家庭に対する原告の貢献に感謝する趣旨で原告に譲渡したものであるとしても，それは，単に，法律行為の動機にすぎないものであって，Aが，原告との間で，法律上の対価なくして，右各金員を原告に譲渡する旨黙示的に合意したことに変わりはないというべきである。結局，右合意に基づく金員の交付は，法19条所定の「贈与により財産を取得した」に該当するとしなければならない。」

【42】　名古屋高判昭61・8・26 税資 153・548

[判旨]　原審（名古屋地判昭61・1・31税資150・132）の次の判断を支持。

　「原告に対して相続税法19条を適用することは，(ア)原告は連帯責任を負わされる一方，(イ)受贈者は本来は贈与税としての納税をしなければならないのに，これを相続税として納税することが可能となる点で不公平である旨主張する。

　しかしながら，右(ア)については，前示示のところから明らかなとおり，Bが亡Aから贈与を受けた前記金員（特別受益分）を亡Aの相続財産に加算するのは，右相続財産についての相続税の総額を算出するためにこれを行うものであつて，右加算をした結果として，Bが受領した右特別受益分についてまでも原告が納税義務を負担することになるわけではなく，原告は，あくまでも自らの相続分についてのみ相続税の納税義務を負うという点については，何ら変わりがないこと（未分割状態がその後において分割され課税価格が異なることとなつた場合には原告において申告書を提出し，若しくは相続税法32条の更正の請求をし，又は税務署長において更正若しくは決定をすることを妨げない──相続税法55条ただし書参照──ことか

らもこのことは明らかである。）右(イ)については，相続税法19条により当然に受贈者は相続税としての申告をすることができ（既に贈与税の申告・納税をしていた場合は，その金額を控除することができる。），このことは当該相続財産が未分割か否かにより変わるものではないことからして，右(ア)，(イ)を理由として，原告と本件相続の共同相続人であるBとの間に不公平が存するということはできず，原告の右主張は失当である。」

4 寄 与 分

寄与分も特別受益も，当該相続人の具体的相続分を修正することでは共通だが，全く反対の効果が生じる。寄与分では，相続財産の額から寄与分の額を控除したものを相続財産とみなすのに対して（民904条の2第1項），特別受益では受益の額を加算したものを相続財産とみなす（同903条1項）からである[41]。特定の相続人が受ける死亡保険金については，最高裁が原則として特別受益に含めないとしたことが注目される[42]（最判平16・10・29判例集未登載）。

寄与分が寄与者の潜在的持分あるいは固有財産といえるなら，その分は相続財産から除かれるが，実務および判例は（【43】），寄与分をあくまで相続により取得した財産として

課税対象に取り込んでいる。その課税上の根拠は非課税にすると，寄与分が相続人間の合意で決定できるので，租税回避の手段として用いられてしまう，という点にある。しかし，寄与分は審判で寄与分が決定される場合もあり，この論拠は必ずしも説得的ではない。寄与分の認定を審判等の第三者の判断を介入させる仕組みと結びつけながら，立法論としては非課税とすべき方向も検討されるべきであろう。

【43】 東京地判平14・2・25タインズZ888-0671

判旨 「しかし，第1に，寄与分制度は，これに関する民法904条の2の文言及びその規定の位置からして，それがあくまで遺産の一部であって被相続人が生前に有していた財産であることを前提として定められていることが明らかであり，これを寄与者固有の財産とみることはできない。すなわち，寄与分は，相続分の実質的修正要素という性格のものに他ならないから，結局相続により取得した財産そのものであると解すべきである。」

5 相続分の譲渡

相続分の譲渡に関して，相続税法は何も規

---

[41] 寄与分に対する課税には，かねてから批判が多い。中江博行＝小久保崇「寄与分は相続人の固有財産ではないのか」税研110号55頁，松岡基子「寄与分と課税」『争点』94頁以下，服部弘「寄与分をめぐる遺産分割の法務と税務」税理38巻2号206頁，永山栄子「寄与分（相続財産の維持・形成）法理と課税をめぐる考察」共立女子大学文芸学部紀要44号1頁，加藤時子「寄与分に関する相続税の課税について」税法学390号20頁，吉良実「特別寄与分の分割取得と相続税・贈与税」税法学373号17頁，など参照。

[42] これに関連する課税問題等については森田茂夫＝榎本誉「特定の相続人による死亡保険金の受取りと特別受益をめぐる問題」税理48巻2号230頁，小田修司「生命保険金と特別受益」税務事例研究77号51頁，など参照。

第 4 節　相 続 分

定していない[43]。したがって，相続人間で相続分が譲渡され，それに従って分割されていた場合には，相続分譲渡によって財産を取得した相続人がその分だけ負担割合が高くなるのが原則であろう。ただ，申告時に未分割である場合に，当該未分割財産に対する相続分譲渡がなされた場合課税関係が必ずしも明確ではなかった。例えば，相続人ＡＢＣ３人のうちＣが未分割財産に対する相続分をＡに譲渡したとしよう。このとき相続税法55条に基づく申告を行うときそれぞれの相続分はどうするのだろうか。遺産分割が終わっていないので，あくまで３人の法定相続分割合で申告すべきか，それとも譲渡した以上それを反映させて，Ａの負担割合を３分の２，Ｃはゼロでよいのか，という問題であった。判例【44】は相続分譲渡を含んだ負担割合でよいとした。

　現行相続税法が遺産税方式を加味した折衷的な色彩を残しているとはいえ，その基礎には取得税方式の理念があり，現実の取得財産価額に応じて税負担をすべきことを原則にしているのことからすれば，55条に基づく暫定的な申告等も現実とできるだけ近似するように行うのが望ましく，その限りで譲渡分を各相続人の相続分を判断した　上記判例は正当であろう。

　また，相続人間で相続分の譲渡が有償で行われた場合には，譲渡人は対価分について，譲受人は譲受財産から対価分を控除した分についてそれぞれ相続税負担を負うと解すべきであろう。

　ところで，相続分の譲渡は再譲渡も禁止されていないことから，譲受者がさらに譲渡したりする場合もある。この譲渡は当事者以外にはわからない面があり，譲受人のところで譲渡者の分も含めるというのは本件については妥当するものの，課税上かえって困難な場合を生み出すことになると思われる。それ故，当事者以外にはわからない譲渡が行われていたときに，譲渡者に対して行われた法55条に基づく処分は違法ということまで本件判決が意味しているとはいえないし，また相続分の譲渡は第三者に対して行われた場合には右判例の射的距離には入らない。

　相続分を第三者に譲渡した場合は，相続人（譲渡人）は，法定相続分の相続を受けたものとしての相続税を申告した上に，その相続分を譲渡したものとしての譲渡所得を申告することになる。無償で譲渡した場合は，相続人の譲渡所得の申告ではなく，譲受人の贈与税の申告が必要になろう。

　なお，相続分が法人に対して譲渡されると，この課税関係はさらに複雑になり，みなし譲渡課税，低額譲渡などの適用関係に留意しなければならない[44]（第２章第６節参照）。

---

43) 小林秀男「『相続分の譲渡』を通してみる課税上の問題」税経通信59巻２号172頁，関根稔「相続分の譲渡に関する民法と税法」税理45巻４号223頁，林仲宣「未分割遺産の相続税申告における相続分の譲渡とその問題点」税理39巻15号28頁など参照。
44) この問題については，三木＝関根＝占部203頁以下が詳しい。

第1章　民法上の相続と税法

【44】　最判平 5・5・28 判時 1460・60
（評釈：加藤美枝子・判タ 852・288，桜井四郎・税事 27・6・2，三木義一・ジュリ 1047・129，福家俊朗・判評 419・173）

判旨　原審（東京高判平 1・8・30 税資 173・43）および第 1 審（東京地判昭 62・10・26 判時 1258・38）の次の判断を支持。

「相続税法 11 条，11 条の 2，32 条，35 条 3 項等の規定から考えると，同法は，各共同相続人が現実に取得した財産の価格に応じて相続税を課することを原則（以下「相続税の課税原則」という。）としているものと解される。……そうすると，同条の規定するところは，前述の相続税の課税原則そのものではないが，未分割の遺産が存在することを前提とする限り，右原則に最も近似するものであって，基本的には，右原則と同様なものと評価することができる。以上述べたところに鑑みると，同条にいう相続分とは，民法 900 条ないし 904 条の規定により定まる相続分（以下「法定等相続分」という。）のみをいうものではなく，共同相続人間で相続分の譲渡があった場合における当該譲渡の結果定まる相続分（譲渡人については法定等相続分から譲渡した相続分を控除したものを，譲受人については法定等相続分に譲り受けた相続分を加えたもの）も含まれるものと解するのが相当である。」

第 5 節　遺産分割

1　遺産未分割

(1)　原　　　則

相続税は相続によって財産を取得した者に課せられるので，分割によって具体的に財産を取得することを前提としている。しかし，実際に分割されていなくとも申告時点で暫定的に課税され（相続分の譲渡があった場合については【44】参照）（相税 55 条），分割しないことにより相続税負担が回避されるわけではない[45]。仮に相続人間で係争中であっても法定相続分に基づいて課税されることになり（【45】），その後，実際に分割した時点で修正することになる（相税 30 条～32 条）。

確かに，未分割状態である限り申告しなくてもよいことになれば，租税回避に利用されてしまうので，このような制度の必要性は明らかであり【46】，相続人のうちの誰に帰属するのかが不明なときは未分割として法定相続分に応じて課税されることになる【47】。

---

45)　遺産分割に関わる課税問題については，山名隆男『遺産分割の法律と税務』（清文社，1998）が詳しい。また，植田卓「未分割財産の課税をめぐる問題点」『争点』126 頁以下，参照。

第5節　遺産分割

**【45】　最判昭48・3・1　税資69・623（【5】,【272】
　　　　と同一判決）**

[判旨]　原審（東京高判昭46・2・26 税資62・286）の次の判断を支持。

「被相続人の死亡によつて相続が開始すると、それと同時に相続財産に属する権利義務一切が、相続人の知、不知または事実的占有取得の有無を問わず、当然かつ包括的に相続人に移転承継するという実体的効果を生じ、相続人は確定的な相続権を取得し（もつとも相続人は後にその意思により相続を放棄することによつて、相続権の帰属を最終的に拒否しうることは論ずるまでもない）、かりに共同相続人間において一部相続人の相続権の存否その他の相続関係について紛争を生じ、これが確認を求める訴訟が係属するにいたつても、右の実体的効果にはなんらの影響をも及ぼすものではなく、後日その判決が確定するときは、関係当事者間において紛争を解決する機能を営むだけのことである。しかして、相続税徴収の行政庁たる税務署長としては、相続税の賦課決定をするまでに相続権の存否その他相続関係の確定判決がありこれが提出された場合にはこれを尊重しなければならないけれども、右賦課決定をするまでに前記確定判決の提出がないときは、たとえ一部相続人の相続権の存否に関して共同相続人間に紛争があり、その確認を求める訴訟が係属中であつても、相続税賦課決定の前提として、独自の立場で相続権の存否を認定することは、その職務遂行上当然に許容されるところである。……なお、控訴人は未分割遺産に対する相続税課税について定める相続税法55条の「共同相続人によつて、未だ分割されないときは」というのは、共同相続人間の相続権について争いのないことを前提とし、ただ遺産が未だ分割されていない場合においても法定相続分により課税する趣旨のものであると主張するが、共同相続人間において相続権に関する紛争が存在し

ても相続税の賦課決定をなしうること前示のとおりであり、所論は理由がない。」

【46】　東京地判昭45・3・4　判時611・31
　　　　（評釈：真鍋薫・税事3・2・4、中川一郎・
　　　　シュト107・33）

[判旨]　「相続税は相続または遺贈により取得した財産を基礎として課税すべきこととしているが当該相続税の申告期限までに遺産分割が行なわれていない場合においては、便宜、各相続人らの法定相続分に応じて遺産を相続したものとして当該課税価格および相続税額を算出し、相続税を課することとしその後において遺産分割により各相続人らの取得する財産が確定したときは、その際にこれを基礎として相続税額を改算し、それに基づいて更正の請求または修正申告をなし、あるいは更正決定がなされることを建前としているものと解するを相当とするので、相続税は、本来、相続等によつて現実に取得した財産につき課せらるべきものであり、右のような遺産分割が行なわれない場合の措置は、長期間にわたつて遺産分割を行なわないことにより相続税の納付義務を免れるというような不都合を防止するためのものであるというべきである。」

【47】　東京高判昭56・3・30　税資116・970

[判旨]　原審（新潟地判昭55・9・1 税資114・601）の次の判断を支持。

「結局、亡A名義の貸金庫を管理・使用できる立場にあった同人の相続人の誰れかが、同人の死後その立場を利用して、密かに、本件証券の独り占めを図ったものというべきであり、そして、右の事実をもって直ちに当該相続人に本件証券を取得させる亡Aの相続人による遺産分割の協議が成立したものと解することはできないし、本件証券に

第1章　民法上の相続と税法

つき遺産分割の協議が成立したことを認めるに足りる証拠もない。したがって，亡Aの相続人は本件証券も相続したものにほかならない。以上の次第により，相続財産である本件証券について無申告であるとして，相続税法第55条及び国税通則法65条に基づきされた本件処分は適法というべきである。」

(2) 果実の課税関係

未分割の共同相続財産から生じる果実については，民法上は遺産分割の対象に含めるべきかについて諸説があるが[46]，税法上は法定相続人に法定相続分に応じて帰属しているので，各自所得税の申告義務の生じることに留意しなければならない（【48】【49】）。この場合，相続税については未分割として55条に基づき申告した場合は，後日分割が行われたことを知った日の翌日から4月以内に更正の請求（相税32条）もしくは期限後申告（相税30条）を求めることで調整可能であるが，果実について所得課税がなされた後に分割が行われ，特定の相続人に果実を生み出す財産が帰属したとしても，更正の請求はできないとされている[47]。遺産分割の効果をどう解するかについて，民法では宣言主義と移転主義の対立があるが[48]，遺産分割は共有状態のものを交換しあう手続と割り切って移転主義的に理解すれば[49]，更正の請求ができないのも当然といえよう（脱稿後，最判平17・9・8が，法定果実の帰属は遺産分割によって民法上遡及しないと判示し，この問題を解消している）。

なお，いったん分割したものを再調整し，更正の請求を求めることはできないのは当然であるし【50】，むしろ，このようなケースは再分割（本節6参照）として贈与課税が問題になることがあることに留意すべきである。

【48】　最判昭62・7・2税資159・20
　　　（評釈：木下良平・税事21・3・4）

判旨　原審（大阪高判昭61・8・6税資153・440）の次の判断を支持。

「たとえ，原告らの相続財産未分割の段階においても，その共有持分割合の認定判断に合理性がある限り，これに基づき，被告において前記不動産所得につき所得税を賦課する趣旨の更正処分をなすことはもとより適法といわなければならない。もし，原告主張のとおり，未分割共有遺産から生じた果実について，その元物未分割のゆえに，その果実たる賃料収入を不動産所得として共有相続人に対し所得税を課することができないとすれば，一般に，共同相続人間に紛争があり，または分割協議の恣意的延伸が存するときには，その課税時期が容易に延期されることにもなり，早期に遺産分割等をした場合と比較し，租税の実質的負担に差異を生じ負担の公平を失する結果にもなつて不合理である。（相続税法55条が遺産取得課税法制のもとで，なお法定相続分課税方式を導入して，相続財産未分割の段階での相続税の課税を認めたうえ，後日修正申告，更正の請求更正処分等の方法による修正を可能としている点および所得税法においても同様の修正が可能である―国税通則法19条2項，23条2項，24条1項参照）。」

---

46)　この点については岩木宰「遺産分割益」判タ996号112頁以下など参照。
47)　この点については小池＝服部255頁参照。
48)　詳しくは高木多喜男『遺産分割の法理』（有斐閣，1992年）23頁以下，などを参照。
49)　例えば，内田貴『民法Ⅳ』（東京大学出版会，2002年）429頁など。

第5節 遺産分割

【49】 最判平6・2・7税資200・555

判旨 次の原審（大阪高判平4・4・30税資189・413，神戸地判平3・1・28税資182・84）の判断を支持。「原告は，Aの賃貸人としての地位を相続によつて相続分の割合によつて継承したものというべきであるから，右賃料の取得をもつて不動産所得（所得税法26条1項）があつたことになる。なお，相続人間で右賃貸権の対象物件を含む相続財産の帰属についての争いが未決着であることを理由に所得税の課税を留保することは，納税義務者の恣意を許容し，課税の公平を著しく害することになるから，許されないと解すべきである。」

【50】 東京地判昭62・7・13税資159・87

事実 当初作成された分割協議書では一部未分割にしたものがあり，その後その部分の分割が終わったことを理由として更正の請求をしたところ，更正の請求が認められなかったので，その取消しを求めて争った。裁判所は原告の主張を退け，次のように認定した。

判旨 「本件分割協議書が作成された時点で，4条（＝分割協議書4条のこと）遺産を含む本件被相続人の遺産の全部が共同相続人全員の合意により分割され，原告がした本件相続税の申告及び被告がした本件更正処分等は，いずれも，右の分割合意を前提とするものであって，4条遺産について，これを未分割であるとしたうえで，民法の規定による相続分の割合に従って課税価格が計算されていたものではなかったことが認められるから，本件更正請求については，相続税法32条1号所定の更正の請求の特則を適用する前提要件（申告，更正において，相続税法55条の規定により未分割財産について民法の規定による相続分の割合に従って課税価格が計算されていた場合との要件）を欠くものというべきである。」

(3) 未分割と各種特例

相続税法および租税特別措置法では負担を軽減する特例を設けているが，申告時までに遺産分割を条件にしているものがある。

その代表例が，農地に対する相続税の猶予制度である。この特例を受けるためには申告時までに農地が分割されていなければならない（措置法70条の6第4項）。適用を受けるためには農地だけでも分割しておく必要がある（【51】）。

なお，農地転用をした場合には納税猶予が打ち切られるが，この場合に課税庁が交付する納税猶予期限の確定通知はいわゆる「処分」ではないので，この通知ではなく，差押処分等の徴収処分の取消を求めて争うことに注意しなければならない（【52】）。なお，特例適用の要件についての判断は難しく，課税庁職員の指導に過失を認めた判決の指摘には注目すべきものがある（【53】）（なお，第5章第2節5も参照）。

配偶者軽減措置も原則として申告期限までに分割されていなければならないが，申告期限から3年以内に分割した場合とやむを得ない場合に一定の手続きをとった場合に延長手続がある（相税19条の2第2項）。小規模宅地の評価の特例も同様に申告時までの分割及び申告時から3年以内の分割が条件となっている（措置法69条の4第4項）。

これらの期限および分割との関係では，平成12・6・30裁決（事例集59・282）が「遺産分

第1章 民法上の相続と税法

割がなされていない場合であっても，配偶者が金融機関から払戻しを受けた法定相続分相当の預金は，配偶者にかかる相続額の軽減の適用上，「分割された財産」として更正の請求の対象となる」としたのが注目される。その他では，この延長手続により，税務署長の承認を受けようとする者は，その申請書のの提出期限を徒過した場合にそれを宥恕する旨の明文の規定は設けられていないので，提出期限を厳守しなければならないことに留意しなければならない（【54】）。そのため，3年の期限やさらに延長するための手続そのことを納税者に伝えなかった税理士の責任が問われることがある。【55】【56】はともに，弁護士との関係などを考慮して，税理士の責任を否定しているが，善管注意義務違反に該当するかどうかは具体的事情によって異なってこよう。

【51】 横浜地判平 1・8・7 判時 1334・214
（評釈：南川諦弘・判評 378・203）

[判旨]「本件納税猶予の制度は，農業経営を安定させるため，相続人が農地を相続して引き続き農業を営む場合には，相続税の一部の納税が猶予される制度であり，……手続的には当該相続人が当該農地を相続した旨の遺産分割協議書，当該相続人に対する右農業委員会の証明書を相続税の申告書に添付し，かつ申告書に本件納税猶予の適用を受ける旨の記載がされることが必要である。《証拠略》によれば，本件納税猶予の適用を受けるには，農業承継者に当該農地が相続されることが明確になることが要件であって，仮に，相続税の申告書の提出期限までに全体の遺産分割協議が成立していない場合であっても，当該農地だけの一部分割協議が成立していれば，期限内申告書に右一部分割協議書を添付すれば右適用申請の要件を満たすものであることが認められる」

【52】 最判平 5・11・26 税資 199・1008

[判旨] 原審（福岡高判平 5・4・22 税資 195・37，佐賀地判平 4・8・28 税資 192・362）の次の判断を支持。

「租税特別措置法70条の4第1項は，その本文で，農業を営む者で政令で定める者が，農地等をその推定相続人で政令で定める者のうちの一人に贈与した場合における贈与税について，贈与者の死亡の日まで納税を猶予する旨規定しており，同項但し書では，納税の猶予の対象となった農地等が贈与者の死亡前に譲渡される等一定の要件に該当する事実が発生したときは，右猶予期限はその該当することとなった日から2月を経過する日等の一定の日までとなる旨規定している。右但し書に基づく猶予期限の確定については，租税特別措置法上何ら特別の手続は定められておらず，したがって，右但し書所定の譲渡等の一定の要件に該当する事実が発生すれば，その事実の発生のみをもって，同法等の法律の規定にしたがって猶予期限が確定するという法律上の効果が当然に発生するものと解するほかない。前記通知は，このようにして既に発生している法律上の効果を通知するもの（観念の通知）に過ぎないばかりか，何ら法律の規定に根拠を置くものではなく，もとより右通知の有無によって前記の法律上の効果が左右されるわけでもない。」

【53】 東京地判平 16・1・29 タインズ Z888-0839

[判旨] 次のように課税庁の過失を認めたが納税者側の注意義務違反も肯定し，過失相殺している。

「K税務署長が，原告が所定の融資確約書を提出してないことや利子補給契約を伴う融資契約を行っていないことを看過せずに違法な承認を行わず，申請書類作成段階でその旨指摘を行うか，申請を却下するかのいずれかを行った場合，原告としては，その時点において利子補給法2条に定める利子補給契約締結の申請を国土交通大臣に対して（利子補給法施行規則1条）行うことは困難であった可能性が高いものの，その時点でほぼ完成していた本件建物（その完成により転用の状態とはなっていなかったことは後に説示する）を直ちに取り壊し，再度，本件各土地を農地とすることによって本件各土地に係る納税猶予期限の確定を避けることができたにもかかわらず，違法な承認がされたために本件建物を賃貸の用に供することによって本件各土地を農地以外のものに転用したものというべきであり，そのような転用をしなければ，上記合計2億8,243万6,600円の支払義務が現実に生ずることはなかったと認められるから，上記違法な承認により，原告はこれと同額の損害が発生したと認められる。」

【54】 東京地判平13・8・24 タインズZ888-0587

（評釈：森光明・税事34・1・42）

【判旨】「本来，法令の規定によって負担すべきものとされる租税債務の軽減等に関し，当事者の手続上の懈怠について定められた宥恕の規定は，原則に対する例外を定めたものであり，宥恕を認めるべき場合には，手続における恣意的運用を排除した公平な取扱いを行う意味からも，法規に明文をもって規定されるのが通例であり，それ故，明文の規定の有無によって，宥恕の取扱いを異にするのは当然であって，このような取扱いが税務行政の公平を欠くとは到底いえない。」

第5節　遺産分割

【55】 東京地平15・9・8 判タ1147・223

【判旨】「問題になるのは，原告が配偶者税軽減に関し申告期限後3年経過時の手続について説明していないことが被告の債務不履行に当たるかという点である。これを本件についてみるに，前記認定事実によれば，①被告は，従兄のH弁護士の紹介で原告から相続税申告手続を受任したこと，②被告は，第1相続の相続税申告に当たり，原告に対し，Sの遺産分割が未了であったため，Jについて配偶者税軽減の届出ができないので，遺産分割完了後に，更正の申告をすると説明したが，遺産分割が相続税申告期限から3年以内に完了すれば税務署長の承認は不要であり，税務署長の承認が得られる期間が満了するのは，相続税の申告日から数えても3年以上先のことであること，③被告は，H弁護士が原告の遺産分割事件を受任している間は原告から遺産分割の進捗状況の報告を受けていたが，H弁護士解任後の平成4年10月以降は原告から遺産分割の進捗状況の報告を受けなくなったことが認められる。以上の事実によれば，被告が，平成3年の相続税申告の段階で，原告らの遺産分割が，申告時から3年経過しても終わらないという事態を想定し，原告に対し，その手続を説明しなければならないというのはいささか被告に酷であって，被告がそのような義務までを負っていたと解することは困難であるというべきである」

【56】 神戸地判平10・12・9 TKC60035837

（評釈：林仲宣・法律のひろば53・4・72）

【判旨】「争いのない事実，《証拠略》によれば，本件遺産分割調停手続においては，申立人原告ら及び冬子と相手方秋子の双方に代理人として弁護士が選任され，被告は右調停に全く関与しなかった

こと，右調停は平成4年1月13日成立したが，被告は平成3年秋ころ，原告ら側から秋子に代償金を支払って分割するとの話を聞いたのみで，遺産分割の内容や税務上の問題について原告らから意見を求められたこともなかったこと，また，被告は右調停成立後に合意内容を知ったにすぎないことが認められる。

2 原告らは，本件遺産分割協議成立前に，被告は原告らに対し，配偶者税額軽減枠を使い切るための遺産分割の内容を説明し，税務上原告らに無用の損失を生じさせないようにする義務があった旨主張する。

前記認定事実によれば，本件遺産分割調停では原告らに弁護士が選任されており，被告は右調停に全く関与せず，その内容に口出しする状況になく，また遺産分割の内容や税務上の問題について原告らから特に意見を求められていないというのであり，これらの事実を総合すれば，被告が配偶者税額軽減枠を使い切るための説明をしなかったからといって，これが債務不履行になるとはいえない。

この点につき，原告らは，弁護士が選任されていても，被告と右弁護士は相互に連絡を取り合って業務を進めるべきである旨主張する。たしかに，原告主張のような業務の進め方が望ましいことは否定できないが，遺産分割調停は，申立人及び相手方を含む相続人全員が合意しなければ成立しないものであり，特に相続人間で争われてきた場合の遺産分割については，相続税額の負担のみが考慮されるわけではなく，諸々の要素が考慮されて協議が成立することが多いものであることからするならば，被告が原告らに配偶者税額軽減枠を使い切るための説明をしていたとしても，右枠の活用が十分なされた内容の協議が成立したことが確実とはいえない。」

2 現物分割・共有分割

現物分割の場合は，当該分割によって取得した財産の価格に応じて相続税負担を各相続人が按分することになるだけで，税法上の特殊問題はない。ただし，相続税では当該財産の評価をあくまでも相続開始時の評価としており，開始後の変動はいっさい考慮しないことになっているので（しかし，申告後に価値が下落している場合の救済措置の必要性があることはいうまでもない。第5章第12節参照），相続から分割までにかなりの期間が経過している場合には，実際の分割における取得割合と相続税の負担割合がかなり異なってくることがありうる（例えば，相続時には1億円であった株が分割時には2億円になっていた場合には，株の取得者の負担割合は相対的に軽く，あるいはその逆に5千万円になっていた場合は重くなる）。

分割の時価で法定相続分通りに財産を取得したにもかかわらず，相続税の負担割合は相続割合以上になってしまった事例で，【57】は，このような矛盾は法の予定するところとしている。確かに現行税法の前提はこの通りであり，また，分割時の時価で負担割合を求めるのは必ずしも容易ではない。結局，審判や当事者間による分割に際して，分割後の税負担を考慮して実質的な平等を図るほかないであろう。

共有による分割は，その後共有持ち分に応じてさらに分割するときに，譲渡所得課税および不動産取得税の問題が生じうるが，現実

にはどちらも課税されていない。ただし，分割の割合が実際の持ち分と異なるときは，無償の場合は贈与税，有償の場合は譲渡所得課税等が問題になることに留意しておく必要がある。

【57】 大阪高判平11・10・6税資244・1067
（【39】と同一判決）

<u>事実</u> 既に法定相続分に従った相続税を完納していたXに対し更に多額の相続税が賦課されるという不均衡が生じ，この不均衡は，相続税法32条1号，55条但書きによる課税の再調整がなされたためであった。Xは他の相続人が審判による遺産分割で法定相続分に応じて公平な財産の分配を受けたにもかかわらず，不動産の実勢価格と路線価の乖離が甚だしいことを奇貨として，自己の相続税を軽減させXの相続税額を増加させようとしたもので，Xに対する更正処分は権利の濫用であり公序良俗に違反するものであり，右請求に基づく本件更正も重大かつ明白な瑕疵が存し無効というべきである，と主張した。

<u>判旨</u> 原審（神戸地判平11・3・15税資241・76）の次の判断を支持。

「遺産分割は，諸般の事情を考慮して包括的に承継される財産を適正に分割することを目的とするものであって，相続税の課税対象とならない特別利益を相続分として考慮した上，分割時に存する遺産をその現状，分割時の時価等も考慮して分割するものであるのに対し，各相続人に対する相続税は，各相続人が現実に取得した相続財産の課税価格に応じて課税するものであり，右課税価格は相続開始時の時価によって評価される。したがって，遺産分割制度と相続税制の相違から，遺産分割が家庭裁判所の審判により法定相続分に従ってなされたとしても，対象となった財産の範囲，財産の評価時点及び評価方法等の相違によって，各相続人間の相続税額が法定相続分どおりになるとは限らず，原告が主張するような不均衡は法の予定するものであるというべきである。

また，原告の右主張は，相続税の総額を課税価格の割合に応じて按分した金額を各相続人の相続税額とする旨の法17条の文理に明らかに反し，採用することができないものである。」

3 換価分割・代償分割

(1) 譲渡所得税

現物分割ではなく，換価分割や代償分割が行われると，税法上のさまざまな問題が交錯してくる[50]。特に，分割に前後して不動産が処分されたような場合は，それが換価分割として処分されたのか，それとも代償分割の後処分されたのかで，譲渡所得税の負担が大きく異なってくる。換価分割だと，相続人全員が当該財産をいったん譲渡して，分割したことになるので，相続人全員にその持ち分に応じた譲渡所得税が生じる。そして，後述のような，各種の軽減措置の適用を全員が受けら

---

[50] この問題については，藤曲武美「代償分割・換価分割の接点と税務トラブル回避策」税理45巻1号193頁，梅崎道夫「代償分割をした場合の課税」税56巻10号186頁，野崎貴彦「代償分割と相続税」『争点』65頁以下，加藤良秋「代償分割において土地を代償財産とした場合の課税上の留意点」税理40巻1号182頁以下，藤曲武美「代償分割」税理39巻1号116頁以下，清水節「代償分割が行われた場合の課税方法について」家裁月報44巻9号1頁以下，高野幸大「代償分割による遺産分割の場合の相続税の課税価格の計算」税務事例研究12号45頁以下，島崎武夫「代償分割における課税問題についての一試論」税理34巻10号253頁以下，等参照。

れる可能性がある。

　他方で，代償分割の場合は，当該代償金支払者が当該土地等を取得し，その後譲渡したことになるので，譲渡所得税は当該取得者1人の負担となる。したがって，遺産分割に際して不動産を処分した場合に，それがこのどちらだったのかの認定をめぐって争われることが多い。この場合，判例は当然のことながら，分割協議書の文言よりもその実態を重視することになる。

　判例【58】は相続人の1人に不動産の名義を集中した後に処分されたケースについて，当該処分を代償分割とするとあまりにも不合理な税負担割合になることを根拠に，換価分割と解して，他の相続人に対する譲渡所得課税を肯定している。

　この事例は譲渡名義人以外の相続人が代償分割であることを理由に自分には譲渡所得がないことを主張したものであるが，逆に譲渡名義人が実質は換価分割であり，譲渡所得は自己だけのものではないとして争われることも少なくない。【59】はそのような主張を遅延損害金の取り決めを根拠に否定し，代償分割と認定したものである。

　いずれにせよ，代償分割といえるためには，いったんある者が当該財産を自己の物にすることが必要であり，自己の物にすることをあきらめ，当該財産を処分して他の相続人に金銭を支払った場合には相続人共同の処分として換価分割になる。【60】はそのような観点から換価分割として認定したが，他方，他の相続人の方は審査請求において代償分割を主張し，したがって自己に対する譲渡課税はな

い，とする主張が認められ（裁決平1・12・26事例集38・27），その結果支払者に譲渡所得課税を行ったら，判決では逆に換価分割と認定されたため，結局，課税庁が両方とも敗れてしまった珍しいケースである。このように事実認定自体が難しく，これに遺留分減殺請求などが絡むとより一層難しいことになる。

　また，代償金としての支払であることをはっきりさせないで，申告では長男1人が相続したことにし，その後他の相続人に代償金の意味で金銭等を支払うと贈与税問題が生じうることにも留意すべきであろう。しかも，代償金の意味で取得したと受贈者が考え納税義務を履行しなければ，贈与者に連帯納付（第5章第6節参照）が求められることにもなる。

　いずれにせよ，取得遺産の早期の譲渡が想定される場合には，換価分割を選択するべきであろう。あるいは，いったん遺産分割で共有関係にしたうえで売却すべきであろう。こうすれば，居住用財産の譲渡の特別控除（措置法35条）や軽減税率の特例（措置法31条の3）等を利用できることになるし，申告期限から3年以内なら，納付相続税が譲渡遺産不動産の取得費に加算されて譲渡益を圧縮することも可能になる（措置法39条）。

【58】　最判平5・4・6 税資195・1

[事実]　昭和56年10月14日に原告らの兄であるAが借地権を代金5億4,000万円でB不動産に譲渡した。これは，共同相続人が分割協議書に署名，押印した日の2日後のことであった。そして，売

主側の仲介業者は，これより約半年前からこの取引に関与しており，購入会社との交渉も同年8月から進められ，本件分割協議書が完成した時には，既に契約内容は，細部にわたって確定していた。本件分割協議書は，このような経過を踏まえて，Aは速やかに本件借地上の建物を収去したうえ，本件借地権を5億4,000万円で他に売却するものとし，その代金を(1)借地権譲渡承諾料 4,000万円，(2)不動産仲介手数料 1,800万円，(3)建物占有者立退料およびその他の経費 3,200万円以上合計9,000万円と，原告らに対する代償金合計3億8,000万円の支払に当て，残額7,000万円はAが取得するものとして（第4項），譲渡代金5億4,000万円の分配方法を定め，原告らに対する支払は本件借地権を売却して，その代金入金後速やかに持参又は送金して行う旨規定していた。この処分がAの代償分割による取得後の処分なのか，それとも譲渡の便宜上Aの単独名義にしただけであって，実質的には換価分割で，したがってA以外の相続人も譲渡課税の対象になるかが争われた。

[判旨] 原審（東京高判平4・7・27税資192・172，評釈：佐藤謙一・税事24・12・28）および第1審（横浜地判平3・10・30判時1440・66（評釈：新井隆一・ジュリ1027・135）の次の判断を支持。

「本件借地権を5億4,000万円で譲渡した場合，これにかかる所得税は換算で2億円であり，これに地方税も合算すると，約2億6,000万円にのぼるところ，Aが本件遺産分割で実質的に取得するのは7,000万円に過ぎないから，同人が右所得税等を全額負担することになれば，所得税だけを考えても1億3,000万円地方税も含めれば2億円近い持ち出しになる。しかるに，本件分割協議書は，右所得税等の負担につき全く言及するところがない。かかる事実に乙5（Aの聴取書）を考え併せれば，本件分割協議書にいうところの代償金を受領する側の代理人らが，右譲渡所得税等をAひとりに負担させるべく，代償分割を意図していたとしても，これを肝心のAに説明し，その納得を得たものとは到底認めることができず，これに反する証拠は信用できない。」

【59】 東京地判平9・1・20税資228・69

[判旨]「本件調停条項によれば，原告は，本件遺産を単独取得し，その代償として，他の相続人に対し，本件支払金の支払義務のあることが確認され，また，本件支払金について，遅延損害金の支払及び抵当権の設定といつた換価分割では通常考えられない約定が設けられており（このような約定は，代償分割において，代償金の支払いに不安がある場合に必要とされるものであつて，換価分割は，遺産を換価してその代金を分配するものであるから，通常このような約定をする必要はない。），さらに，右抵当権の設定登記や他の相続人から原告への持分移転登記に要する費用も原告の負担とされているのであつて，これらの条項からみる限り，本件調停において成立した合意が代償分割の合意であることは明らかであって，換価分割であることを窺わせるような条項は全く見あたらない」

【60】 福岡地判平8・2・2税資215・341，判タ901・223

[事実] Xは遺贈により取得した不動産につき，Aから遺留分減殺請求を受けたため，その土地を譲渡した後，Aに価額を支払った。課税庁はこれを代償分割と認定して課税したため，Xが換価分割であるとして争った。

[判旨]「Xが遺贈について遺留分減殺請求を受けた後に本件不動産を売却したことは，指摘のとおりである。しかし，Xが本件不動産を売却するに至つたのは，Aの代理人であるI弁護士からの本

第1章　民法上の相続と税法

件不動産売得金による遺留分相当額の金銭支払要求に応じるためであることは明らかであり、その目的には遺留分減殺請求に対して現物返還義務を免れるという、後に判示する価額弁償の趣旨は何ら認められないところである。その意味で、右指摘の事実をもって本件不動産売得金による金銭支払が現物返還義務を免れるための価額弁償であることを基礎付ける事実と見ることは、許されないことになる。また、Aとの間の第2和解に「遺留分減殺として」との文言が使用されていることも被告指摘のとおりであるが、前記本件の事実関係から明らかなとおり、Aの代理人であるI弁護士は、当初より原告に対して遺留分相当額の金銭支払を求めていたのであるから、右記載はXからAに対して支払われる金銭の計算根拠を示したものと解するのが相当であり、右文言が「遺留分減殺の価額弁償として」と記載されていないことからすると、右記載文言を根拠にXのAに対する金銭支払を価額弁償と認めるのは早計といわなければならない。……かえって、前記本件の事実関係における本件不動産売却の経緯からすると、Xは、Aらの遺留分減殺請求を契機として、本件不動産を現況のまま自己が取得することを諦め、被相続人の遺産である本件不動産を売却の上、相続人であるX、A、B及びC間でその売得金を分配する意思のもとその旨の遺産分割協議の申出をし、その結果、本件不動産の売得金を分配するという、いわゆる換価分割の方法による遺産分割に合意した上で右遺産分割を実行したものと認めるのが相当である。」

(2) 代償金取得・支払額の評価

さて、単純な代償分割であってもいくつかの問題がある。例えば、次のような事例を想定してみよう。

（例）相続税税評価額1億2,000万円の土地が、その後の値上がりにより実際の分割時には時価2億円になっていた。この土地を長男が相続し、次男に1億円の代償金を支払うことにした。それぞれの課税価格は？

この場合、時価2億円の財産を半分ずつに分割したのであるから相続税の負担割合もそのようにすべきであろう。しかし、実務では、

① 次男は代償金1億円
② 兄は1.2億 − 1億 = 2千万円

とする不合理な扱いを行ってきた。この取扱いを【61】が違法とし、代償金取得者を救済したので、通達も改正され、「代償分割の対象となった財産が特定され、かつ、当該財産の代償分割時の通常の取引価額を基として」（相基通11の2-10）代償金が決定された場合は、次のように取り扱われることになった。

次男は1億円を取得したのではなく、その時価に対する評価額の割合分なので（1億円×評価額：1億2,000万円÷時価：2億円）＝6,000万円となる。一方、兄も控除できる金額は1億円ではなく、6,000万円なので、兄の相続税負担割合も2分の1となる。

これにより、相続時の低い評価額と代償分割時の時価とのずれが代償金取得者に不利に作用することを防げるように思われたが、地価の下落期においてはこの計算方法によると、代償対象資産の相続開始時の高い評価額に引き直して計算されるので、次のようになる。

（例）相続税税評価額5億円の土地が、その後の値下がりにより実際の分割時には時価2億円になっていた。この土地を長男が相続し、次男に1億円の代償金を支払うことにし

た。それぞれの課税価格は？

この場合は、1億円の代償金取得者の評価額が1億円で、兄が4億円では不合理なので、弟も1億円×5億円÷2億円＝2.5億円と評価される。負担割合は平等になるが、代償金の取得額の評価が上がることや、現金の場合は土地のように各種軽減措置の対象にならないため不公平感が強まるが、そのことを理由に課税処分を違法というわけにもいかず、この点の調整は代償分割時に税負担を考慮した上で行うほかない（【62】）。遺産分割に関わる専門家の税負担への注意義務が問われることになろう。

【61】 前橋地判平 4・4・28 判時 1478・103
（評釈：関根稔・シュト 393・1、高野幸大・判評 426・173、佐藤孝一・税通 49・9・255）

[事実] 原告納税者がまず認知の訴えをおこし、相続人同士で深刻な争いとなり、結果として27分の2の相続割合に基づいて代償金4億を取得したところ、原告は4億円の課税価格、他の相続人は土地等の評価額から4億円を控除した価格として按分され、相続税1億4千万円の83％相当の1億2千万円近くの課税処分を受けたので、当該課税処分の取消しを求めて争った。

[判旨]「相続税課税の前提となる相続財産の評価についても、公平に行われねばならないものであって、評価額が、課税政策その他正当な理由がないにもかかわらず、他も甚だしく均衡を欠く場合には、その評価額は適正とはいえず、それに基づく課税処分もまた違法になるというべきである」

【62】 東京地判平 16・1・20 タインズ Z888-0905

[判旨]「なお、近年のように、不動産の価格の下落傾向の続いている状況を前提に考えると、相続開始から何年も経てからの遺産分割により相続財産中の不動産を現物で得ることとなった者と、代償金を取得した者とでは、相続税の負担につき、両者間に不公平感を生ずる場合があることは容易に推測されるところであり、原告の主張は、他の部分も含め、このような感情論としては、理解し得るところである。しかし、経済情勢の変動等により、各個人の課税上の計算につき、有利・不利が生ずることは、やむを得ないところであり（不動産価格が上昇している時ならば、代償金の価額がより低い額に評価されることとなる。）、当該不利益を被った者としては納得し難い面があるとしても、これを理由に課税処分を違法とすることはできない。」

(3) 代償金支払と譲渡所得の取得費

代償金を支払った側がその後当該代償対象財産を譲渡した場合には、容易には理解しがたい問題が生じる。

例えば、前記の例で兄が代償分割時に2億円であった土地（被相続人が10年前に5,000万円で取得していた）を1億円の代償金支払により取得し、その後まもまく2億円で売却したとしよう。この場合の譲渡益は①2億万円－5,000万円＝1億5,000万円になるのだろうか、それとも、②2億万円－（5,000万円＋1億円）＝5,000万円となるのだろうか。つまり、代償金として支払った金額は等が土地を取得するための費用として譲渡所得の計算上控除できるのか、という問題である。

第1章　民法上の相続と税法

この問題について，判例【63】は①の見解を採用した。

つまり，代償金の支払により相続の開始時にさかのぼって土地を取得したことになるのであり，共有持ち分の譲渡を受けて取得したのではない，というのである。代償金を取得費として控除することを認めると，被相続人の死亡開始時までに生じていた値上り益のうち，代償金分は課税できなくなること，逆にその分も課税しようとすると，代償金を受け取った者に受け取り時点で譲渡課税をせざるをえない（代償金を受け取る者がいったん土地を相続した上で，代償金と引き替えに譲渡したという構成をする。したがって，代償金を受けた者は相続税と譲渡所得課税の2つを負うことになる）ことをを配慮した判断であろう[51]。しかし，民法909条の遡及効にこのように厳格な宣言主義的効力を認めるのは，実質的に移転主義と異ならないといわれているほど修正されて適用・解釈されている民法とむしろ整合しないように思われる。例えば，遺産共有中の収益についても，判例のような理解では，共有中にある財産から収益が生じた場合には一応法定相続分で所得税の申告をすることになるが，分割後当該財産が1人のものに帰属した場合には，共有期間中の所得についてもすべて当該帰属者が取得したものとして修正しなければならないことになりかねないが，実務上そのようにされているわけではない（本章第5節(2)参照）。

しかも，判例のように解すると，代償金を負担していったん取得した者が，後に譲渡した段階で被相続人が取得してから自己が譲渡するまでの間の値上り益にかかわる税をすべて自分1人で負担することになってしまう。立法論としては，代償後一定年以内に譲渡した場合は代償金を取得費に加算すると同時に代償金取得者も代償金受領時に譲渡所得があったものとみなす，といったような措置が必要と思われる。いずれにせよ，近い将来の譲渡が想定できる場合の代償分割に際してはこの課税問題にも十分留意する必要があるといえよう（なお，後述の個人間の贈与後の譲渡の取得費に関する判例【162】との整合性も検討課題のように思われる）。

【63】 最判平6・9・13 判時1513・97，判タ867・154

　　（評釈：西尾信一・銀行法務2139・5　田中治・租税法研究24196，大崎満・ジュリ1084・116）

判旨　「相続財産は，共同相続人間で遺産分割協議がされるまでの間は全相続人の共有に属するが，いつたん遺産分割協議がされると遺産分割の効果は相続開始の時にさかのぼりその時点で遺産を取得したことになる。したがつて，相続人の1人が遺産分割協議に従い他の相続人に対し代償としての金銭を交付して遺産全部を自己の所有にした場合は，結局，同人が右遺産を相続開始の時に単独相続したことになるのであり，共有の遺産につき他の相続人である共有者からその共有持分の譲渡

---

[51]　この点についてはこの問題については，金子宏「「譲渡所得における『取得費』の意義」『日本税法学会創立30周年記念祝賀・税法学論文集』（日本税法学会，1981年）557頁以下，占部裕典「遺産分割における相続税と所得税の課税関係」税法学541号3頁以下，等参照。

を受けてこれを取得したことになるものではない。そうすると，本件不動産は，上告人が所得税法60条1項1号の「相続」によって取得した財産に該当するというべきである。したがつて，上告人がその後にこれを他に売却したときの譲渡所得の計算に当たつては，相続前から引き続き所有していたものとして取得費を考えることになるから，上告人が代償として他の相続人に交付した金銭及びその交付のため銀行から借り入れた借入金の利息相当額を右相続財産の取得費に算入することはできない。これと同旨の原審の判断は，正当として是認することができ，原判決に所論の違法はない。」

4 被認知者の請求

相続開始後，認知の訴により認知が確定すると，相続人数等に異動が生じる[52]。このような相続人数等の異動はこの他にも相続回復請求権に基づく相続の回復等があるが（相税32条1項2号参照），この場合，それらの事由が申告前に確定していれば，当該事由を反映した申告をすればよい。申告後あるいは分割後に確定した場合の調整が問題になる。【64】によれば，被認知者は裁判で確定した時点が「相続の開始を知った日」になるので，その後10月以内に法27条の通常の申告を行うことになり，被認知者の出現で相続により取得する財産が減少した相続人は更正の請求（相税32条）を行うことになる。認知確定後，長期間価額弁償金をめぐって争った場合の処理については，第6章第3節「更正の請求」を参照。

【64】 仙台地判昭63・6・29税資164・989，訟月35・3・539
（評釈　植田和男・訟月35・3・207）

[判旨]「納税者が相続税を納付すべき遺産を取得すべきことを知った上で認知の訴えを提起した場合，相続税法27条1項（相続税の申告書）にいう「相続の開始があつたことを知つた日」とは，納税者が右認知の裁判の確定により相続人としての地位が生じた日である」

5　分割後の遺産発見

この場合は，当初の分割に加えて新たな遺産について分割をするのであれば，遺産総額が増大し，それに応じて各相続人の相続税負担額が増加するだけなので，修正申告等の手続が必要になる。

単純な遺産発見の場合で納税者が自主的に申告した場合は加算税は問題にならないが，相続人の1人が遺産を隠していたりした場合には当該相続人には重加算税，他の相続人は修正申告に対応して過少申告加算税が課されるのが通常であるが，他の相続人の秘匿行為を全く知らずに自己の取得した財産をきちんと申告した者にまで過少申告加算税を課している実務には疑問がある。なお，高額な遺産が分割後に発見された場合は，当初の遺産分割協議が無効の場合もあり得る。しかし，当初分割の効力を明確にしないまま，当初分割も含めて分割をやり直すと再分割になり，贈与税の問題が生じる。【65】は高額な遺産が

---

52)　認知に関わる問題点については，三木＝関根＝占部186頁。

分割後発見された事例であるが、当初分割を無効にしないまま調整をしたために、その部分が贈与と認定されてしまった事例である。なお判決は合意解除[53]で分割をやり直せることができるとしているが、民法上は問題ないとしても税法上は原則として合意解除の場合は再分割になり、贈与課税問題が生じることに留意すべきと思われる。

【65】 東京高判平12・1・26税資246・205

事実 23億円の遺産の分割終了後、あらたに19億円もの遺産が発見され、相続人と税理士が協議し、第2次分割財産をすべて被相続人の配偶者Aに取得させ、法定相続分である2分の1に不足する分は代償債権により処理することとしたが、配偶者の税額軽減制度の恩恵を最大限活かすために、Aが遺産総額の2分の1を確保し、調整的に相続人間で代償金を交付する方法を採用して第2次分割協議書を作成した。第1次分割を無効にしないまま調整したため、その分が贈与税課税されたため争った。

判旨 原審（東京地判平11・2・25税資240・902、評釈：渋谷雅弘・月刊税務事例33・1・1）の次の判断を支持。

「共同相続人は、既に成立している遺産分割協議の全部又は一部を全員の合意によって解除した上、改めて分割協議を成立させることができる（最高裁判所平成2年9月27日第1小法廷判決・民集44・6・995）。また、現物分割によっては共同相続人間の取得価格の均衡を図れないといった事情があるときは、共同相続人の1人又は数人に他の共同相続人に対する債務、いわゆる代償債務を負担させて、現物分割に代えることも可能であるから（家事審判規則109条参照）、遺産の一部についての遺産分割協議の成立後に、右遺産分割協議を一旦解除した上で、その対象財産と共に残部を含めた遺産全体について、代償債務の負担を含む再度の遺産分割協議を成立させることも可能と解すべきである。そして、右のような再度の分割協議も民法上の遺産分割協議ということができるから、再度の遺産分割協議が有効に成立した場合には、当初の遺産分割協議によって一旦は帰属の定まった財産であっても、再度の遺産分割協議によって、相続開始の時に遡って相続を原因としてその帰属が確定されることになる。……ところで、第1次分割が有効に成立したことは当事者間に争いがなく、第1次分割は、亡貴義の遺産（財産、債務）を列挙した上で、それを分配する、いわゆる現物分割の方法によるものであるから、この分割協議が解除されない限り、第1次分割財産の帰属は第一次分割の成立によって確定したことになる。

そして、右事実関係、特に第2次分割協議書の記載内容及びその作成経過に照らせば、第2次分割協議書は第一次分割協議書を解除することなく、その効力を維持した上で、第2次分割財産のみを対象とする遺産分割協議書として作成されたものというべきであり、その前提として第1次分割協議書の解除が明示的に合意されたと認めることはできない。……そうであれば、X_1、X_2の右代償債務のうちそれぞれが第2次分割により取得する積極財産を超える部分については、X_1及びX_2の相続税の課税価格の算定に当たって、消極財産として控除すべきものではなく、右各部分に相当するX_3及びX_4が取得した代償債権の額は、それぞれ、X_1及びX_2から贈与により取得したものというべきである。」

---

53) 解除と課税関係については、三木＝関根＝占部68頁以下が詳しい。大谷吉夫「合意解除による遺産分割協議の再分割は相続税の「分割」に該当するか」税研101号104頁なども参照。

第5節 遺産分割

6 分割の無効・取消・再分割

　遺産分割協議に錯誤等の無効・取消原因があり，そのことが確定した後に分割した場合には，それが適法な第1次遺産分割になるので，その分割に従って相続税の修正をすればよいことになる。これに対して，当事者で遺産分割を合意解除し，再分割をした場合には，いったん帰属した財産を他人に無償で移転することになるので贈与と一般に解されている[54]。

　再分割なのか，錯誤等による分割協議の無効に基づく調整だったのかは，事実認定に関わるが，判例としては錯誤を理由とする相続登記のやり直しを贈与と認定した事例（【66】）や，逆に相続開始後23年を経て新たな遺産分割協議が成立したとして，滞納者名義の土地に対する所有権移転登記が財産の無償譲渡に当たらず，第2次納税義務無告知処分を違法としたもの（【67】）や遺産分割協議後に多額の相続債務のあることが判明した場合，遺産分割協議が錯誤無効となることがあり得ることを認めた事例（【68】）などが注目されよう。

　なお，当初の分割では，配偶者に対する相続税額軽減規定の適用による利益を最大限に受けるべく通謀して遺産分割協議を整え申告した後，他の相続人からの無効確認の訴えが認められた場合，通謀を図った者が更正の請求を受けられるかにつき【69】はこれを否定した。確かに，このような場合にまで更正の請求を認めることになれば，通謀をした者には減額更正がなされる一方で，配偶者に対する相続税額軽減措置が是正されなければならないが，後者に対しては更正処分の期間制限により是正することができず，きわめて不合理なことになりかねないし，納税者自身が通謀により申告を行った場合には，当初予想できなかった後発的な事由による不合理な結果を除去するための更正の請求制度の趣旨にもそぐわないといえよう。

【66】　東京高判昭58・7・27 税資133・349
　　　　（評釈：吉岡旻・税事16・5・20）

判旨　「原告は，原告が亡Sの遺産を全部1人で相続したものであり，遺産の一部の土地をA不動産に売却するに当たり，譲渡税の負担軽減等を図る趣旨から，A不動産に売却する土地は数名の相続人名義で相続登記し，その余の土地は原告名義で相続登記することとなり，その手続をA不動産に一任したところ，本件土地は売却分でないにもかかわらず誤ってN及びT名義に相続登記がなされてしまったと主張する。

　(1) 原告において，亡Sの遺産たる別紙一の土地を自家用の宅地又は農地として生活の根拠とし，将来もこれを手放すことが困難であるという事情にあれば，原告が単独相続するということも考えられないではない。しかし，相続人間で遺産分割協議書が作成されたのは，右土地の一部をA不動産に売却する話が具体化し，A不動産に移転登記

---

54) 再分割に関しては，三木＝関根＝占部225頁以下が詳しい。岡田利夫「遺産の再分割に係る贈与課税クリアのための合理的立証策」税理41巻3号22頁，中川祐一「遺産再分割をめぐる問題とその留意点」税理40巻3号162頁なども参照。

する前提として相続登記が必要となったためであった。そして，前掲乙第5一号証によると，A不動産では右土地の一部について昭和34年11月ころから広告を出し分譲販売を開始していたことが認められるから，右の事情は各相続人において認識していたと推認されるところ，A不動産に売却する分まで含めて原告が単独相続することにつき，他の相続人が同意し，遺産分割協議書に異議なく署名したと考えることは極めて不自然である。特に，N，Tらは，原告の単独相続ということになると，生前贈与も遺産相続もないこととなり，それにもかかわらず原告が遺産売却により多額の現金を入手することに協力したことになるのである。

(二) 別紙一のとおり，A不動産に売却された土地は，各筆ごとに一人の相続人名義で相続登記がなされているが，税負担の軽減を図るというのであれば，相続人全員の共有財産の形をとった方がより効果的であるにもかかわらず，なぜ一人の相続人に分割したか疑問である。

(三) 本件土地のN及びTの相続登記が錯誤に基づくことの合理的理由について十分な主張立証がなく，特に，2922番1の土地は，前掲乙第49号証によるとA不動産に売却した土地から明確に分離しており，A不動産への売却土地と間違われたとするのは不自然である。……そうだとすれば，本件土地につき，昭和46年6月23日，N及びTが各自の相続登記の抹消登記を行い，原告が相続登記を行ったことにより，N及びTはその相続した本件土地を原告に譲渡したものというべきである。そして，原告が右譲渡の対価を支払った旨の主張立証はないから，原告は対価を支払わないで本件土地を取得したものと認めることができる。したがって，本件土地の取得は贈与による取得とみなされるから，これを贈与税の課税対象とした本件決定に，課税原因のないところに課税を行ったという違法はない。」

【67】 名古屋地判平8・9・30 TKC 28030313

〔事実〕 23年前の遺産分割を無効として，新規の分割により取得した資産を，課税庁は無償譲渡したものと認定し，譲渡者が滞納しているので，国税徴収法39条に基き，原告に対し，限度額1億1,259万3,000円（本件各土地の価格の合計額）の第2次納税義務を課したのに対し，原告は遺産分割により取得したものであることを主張して争った。

〔判旨〕 「右に認定したところによると，新分割合意は，遺産分割，原告が本来有する所有権の確認等を内容とする包括的な合意であるというべきであり，元々遺産に含まれていなかった物件が遺産分割の対象と表示されていても，本件においては遺産の代償としての性質を有するものと認められる。したがって，本件各土地のうち，本件土地(6)((8)の土地)(7)については，その移転登記の原因が時効取得とされていても，なお，新分割合意の履行に当たるというべきである。……したがって，本件各土地については，Aから原告に対して無償譲渡された事実を認めるに足りる証拠はないことになる。」

【68】 大阪高決平10・2・9家月50・6・89，判タ985・257

〔判旨〕 「抗告人らは，他の共同相続人との間で本件遺産分割協議をしており，右協議は，抗告人らが相続財産につき相続分を有していることを認識し，これを前提に，相続財産に対して有する相続分を処分したもので，相続財産の処分行為と評価することができ，法定単純承認事由に該当するというべきである。しかし，抗告人らが前記多額の相続債務の存在を認識しておれば，当初から相続放棄の手続を採っていたものと考えられ，抗告人

らが相続放棄の手続を採らなかったのは，相続債務の不存在を誤信していたためであり，前記のとおり被相続人と抗告人らの生活状況，Ｂら他の共同相続人との協議内容の如何によっては，本件遺産分割協議が要素の錯誤により無効となり，ひいては法定単純承認の効果も発生しないと見る余地がある。そして，仮にそのような事実が肯定できるとすれば，本件熟慮期間は，抗告人が被相続人の死亡を知った平成9年4月30日ではなく，Ａ公庫の請求を受けた平成9年9月29日ころから，これを起算するのが相当というべきである。」

【69】　最判平15・4・25判時1822・51，判タ1121・110

（評釈：神山弘行・ジュリ1266・208，大野重国・税理46・14・126，渡辺徹也・民商130・1・142，伊藤義一＝久乗哲・TKC税研情報13・7・44，岡村忠生・判時1873・172）

判旨　「上告人は，自らの主導の下に，通謀虚偽表示により本件遺産分割協議が成立した外形を作出し，これに基づいて本件申告を行った後，本件遺産分割協議の無効を確認する判決が確定したとして更正の請求をしたというのである。そうすると，上告人が，法23条1項所定の期間内に更正の請求をしなかったことにつきやむを得ない理由があるとはいえないから，同条2項1号により更正の請求をすることは許されないと解するのが相当である。したがって，本件処分は適法というべきであり，これと同旨の原審の判断は是認することができ，原判決に所論の違法はない。」

第6節　相続の承認・放棄

1　熟慮期間と被相続人の租税債務

相続税法は民法の熟慮期間同様に「相続開始があったことを知った日」を基準日とし，民法の3カ月の熟慮期間に対して，「知った日の翌日から10月以内」を申告期限としている（相税271条）。したがって，民法上の熟慮期間を延長しても相続人の相続税の申告との関係では問題は生じないように思われる。しかし，留意しなければならないのは，被相続人の租税債務である。被相続人が所得税債務を負っていたり，限定承認をしたために被相続人に対するみなし譲渡課税が生じていたような場合には思わぬ問題が生じる。例えば，被相続人死亡後，被相続人の所得税に対する税務調査が熟慮期間後に行われ，多額の所得税債務があったことになると相続人が租税債務を承継し（国通5条），場合によっては相続により取得した財産以上の負担を負うべき場合もあるからである。【70】はこのような調査が熟慮期間後に行われたことが違憲だとの主張を退けている。一般論としてはその通りと思われるが，相続人が知り得なかった債務の突然の出現として起算日を配慮する（最判昭59・4・27民集38・6・698）等の調整が必要な場合もあるように思われる。もっとも，

相続・贈与と税の判例総合解説　**67**

第1章　民法上の相続と税法

熟慮期間の存在を知らなかったことは，救済の理由にならないといわざるを得ない（【71】）

また，被相続人の所得税債務の申告期限は相続開始のあったことを知った日から4カ月を経過した日の前日（所税124条）であり，ここから延滞税の納税義務も成立する。【72】は，限定承認等の場合，相続人は，相続開始を知った日の翌日から4カ月を経過した日より更に相当の日数経過後でないと，限定承認申述受理審判の告知を受けることができないため，限定承認に係るみなし譲渡所得に対する所得税の法定納期限を，相続開始を知った日の翌日から4カ月を経過した日の前日と解すると，多くの場合，延滞税の納税義務が発生するので，このような場合は審判の告知後4カ月を申告期限とすべきだという主張を退けている。

「相続開始があったことを知った日」は，特に反証がなければ被相続人の死亡日が基準となるが，特殊なケースについての取扱を通達が定めている（相基通27-4）。判例上では認知に関連して被認知者が相続財産を具体的に把握した時点を「知った日」と解すべきという主張を退けて認知裁判の確定した日を基準日とするものがある（【73】）

【70】　前橋地判平10・8・28 税資 237・1145

判旨　「原告らは，本件調査の結果の通知が相続の承認・放棄の熟慮期間内になされなかったために，Xが相続放棄をする機会を失ったとして，それが本件課税処分の取消事由（憲法30条，84条，31条違反等）となる旨主張する。

2　そこで，租税法律主義（憲法84条，30条）の見地から，まず，租税確定手続についての主要な法源であり国税の確定に関する基本的事項を定めた国税通則法の規定内容をみるに，〔1〕納税義務者が死亡した場合，その租税債務に関する調査を，その相続人の相続の承認・放棄の熟慮期間内に終えなければならないとの規定は存在しない（税務署長の更正処分と決定処分（以下「更正又は決定」という。）について定めた同法24条及び25条は，「その調査により」更正又は決定を行う旨規定しているに過ぎず，更正又は決定の手続を定めた同法28条も，税務署長による更正通知書又は決定通知書の送達の時期を限っていない）のみならず，〔2〕却って，同法は，租税法上の法律関係の早期安定にも配慮して，国税の更正についての排斥期間を法定申告期限から2年間（70条1項），国税の決定についての排斥期間を法定申告期限から5年間（同条3項），偽りその他不正の行為によりその全部若しくは一部の税額を免れる等した場合の除斥期間を各法定申告期限から7年間（同条5項）と一律に定め，右除斥期間内においては，更正又は決定のための調査を行いうることを当然の前提にしていると解されるのである。

この他，所得税等の納税義務者が死亡した場合に，その相続人に係る相続の承認・放棄の熟慮期間内に税務調査を終え，その結果を通知しなければならないという明文規定は現行法上見当たらない。

そして，課税庁には，法律で定められたとおりの税額を徴収する義務がある（租税法律主義の一内容である合法性の原則）ことから，被告としては，除斥期間等の問題がない以上，Aの所得税に関する課税要件に関して調査を行い，適正な税額を確定しなければならなかったと言える。してみれば，本件課税処分は法律に従ってなされているものであり，憲法30条，84条，31条に反するということはできない。」

第6節　相続の承認・放棄

【71】　横浜地判平 9・12・11 TKC 28050525

判旨「原告は，遅くとも右平成8年5月29日当時には，相続財産，特に主たる相続債務の存在や内容について知っていたものというべきである。そうすると，相続放棄についての前記3か月の熟慮期間は右時点から起算されるべきこととなるところ，原告が本件相続放棄の申述をしたのは，右時点から3か月を経過して後のことであることが明らかであり，したがって，本件相続放棄は，3か月の熟慮期間を経過した後のもので，無効といわざるを得ない。

なお，原告が相続放棄の制度の存在や3か月の熟慮期間の存在を知らず，そのために相続債務を弁済したり，熟慮期間を徒過したりしたものであるとしても，しかしながら，右のことは結局法律の不知をいうに過ぎないものであり，したがって，右のような事情をもって，相続放棄の熟慮期間の起算日を遅らせて本件相続放棄を有効とすることはできない。」

【72】　東京高判平 15・3・10 訟月 50・8・2474

判旨「限定承認の申述受理の審判は，法定の形式的要件と申述者の真意を調査するだけであって，複雑な判断を要するものではないから，相続人が相続開始を知った日から3か月以内に限定承認の申述をすれば，通常は，4か月以内に申述受理の審判の告知がされるものと推認される。また，相続人は，限定承認の申述をするに当たって，被相続人の財産調査を行い，価格を認識し，負担する負債を検討するものであるから，これと併せて，みなし譲渡所得の課税標準と納付すべき税額も算定することができる。したがって，相続人が相続開始があったことを知った日の翌日から4月を経過した日の前日をもって法定納期限と定め，これを延滞税の起算日と定めても，納税者に無理を強いることにはならず，不合理なものということもできない。

また，国税通則法60条に規定する延滞税は，法律に特別の規定がある場合を除き，法定納期限までに本税が納付されないという事実が生じれば，納税者に正当な理由があるか否かにかかわらず，一律に課せられる性質のものであるから，申述受理の時期いかんによって法定納期限に差異が生ずることには合理性がない。

なお，相続人が熟慮期間伸長の手続をした結果，法定納期限後に限定承認の申述受理がされることになったとしても，これは当該相続人が自ら選択した結果であるから，これにより延滞税負担の不利益を課せられてもやむを得ないというべきである。ちなみに，控訴人らも，熟慮期間3か月経過後に限定承認の申述をし，これが受理されているので，熟慮期間伸長の手続をしていたものと推認される。」

【73】　仙台地判昭 63・6・29 税資 164・989（【64】と同一判決）

判旨「法定申告期限の起算点について納税者の相続財産の具体的把握状況にかからしめることは相当ではなく，自己に相続の開始がありかつ相続税法27条1項にいう相続財産があることを知つた日を指すものと解すべきである。そうすると，本件において，「相続の開始があつたことを知つた日」とは，原告が認知の裁判の確定により被相続人の相続人としての地位が生じた日であるというべきである。何故ならば，〈証拠略〉によると，原告は自己が相続税を納付すべき遺産を取得すべきことを知つたうえで認知の訴を提起したことが明らかであり，認知の判決を受けてこれが確定したのが昭和59年4月6日（この日認知の裁判が確定したことは当事者間に争いがない。）であるから，

相続・贈与と税の判例総合解説　**69**

第1章　民法上の相続と税法

同日「相続の開始があつたことを知つた」ことになるからである。」

2　単純承認

単純承認したか，限定承認したか等によって課税関係は著しく異なってくるが，単純承認したか否か等について税法独自の判断基準があるわけではなく民法上の判断に従う。単純承認することにより，債務も負担することになるが，債務超過に気づかなかった場合や，相続放棄をするにつき支障がないものと誤信して一部を借金返済のために処分したような場合も単純承認と解され，【74】のように差押処分が肯定されることにある。他方で，限定承認をしたら「みなし譲渡」課税がされることを知り，相続人の１人が「私にこれを消費」したとして単純承認と主張したのを否定した【75】もある。

なお，被相続人の債務を相続人が保証していた場合には，単純承認するとたとえ保証債務の履行のために自己の財産を譲渡しても所得税法64条２項の譲渡所得課税の特例の適用は受けられない。この特例は求償できない場合の特例であり，判例【76】は，相続人が被相続人の債務を承継すると，保証債務履行に対応する求償を自己にすることになり混同により債務は消滅し，これは弁済と同一なので求償権を行使できたことになる，という。しかし，所得税の特例は実際に担税力を喪失している者に対する救済規定であり，混同という法律構成をとるにせよ，経済的には求償に値する利得を得ていない者にはこの特例の

適用を認めるべきであるように思われる。判例のような立場に立つと，息子の事業の保証人となった父親は息子の死後，相続放棄をし，それから保証債務の履行をすべきことになるが，そのような行動を子を失った両親に求めることが果たして現実的・合理的なのであろうか。

【74】　最判昭56・6・30 TKC 22800137

判旨　原審（広島地判昭55・3・26 TKC 22800154）の次の判断を支持。「原告は，本件建物の相続登記及び売買契約が錯誤により無効であるから，単純承認をしたものとみなすことはできない旨主張する。しかしながら，民法921条１号本文所定の処分行為が無効であれば単純承認の効果も発生しないかどうかはともかくとして，そもそも，本件建物の売買が相続放棄の申述につき支障とならないと誤信したことは，意思表示自体の錯誤ではなく，いわゆる動機の錯誤にすぎず，したがって，原告の右動機が売買契約の際表示され，相手方の徳本夫妻もこれを知っていたというのであれば，原告の誤信は法律行為の内容の錯誤となり得るといえるが，本件全証拠によるも右のような事情を認めることはできない。されば，原告が前記のとおり誤信したことは本件建物の売買契約を無効にするものではないというほかはなく，原告の右主張は失当である。もっとも，前認定の各事実によると，原告は本件建物の売買契約を締結するに際して単純承認の意思を欠如していたものと認められるのであるが民法921条１号本文は，相続財産の処分行為があった事実をもって当然に相続の単純承認があったものとみなしているのであるから，相続財産の処分行為が単純承認の意思をもってなされることまで要求しているとは解されず，したがって，相続の開始したことを知って相続財産を処分した

以上，単純承認をする意思がなかったとしても，単純承認の効果の発生を妨げるものではない。」

【75】 東京地判平 13・2・27 TKC 28070355

[事実] 限定承認をしたところ，みなし譲渡課税がなされて返って不利になったため，単純承認だと主張した。その根拠として，相続債権者への催告もせず，また，民法が規定する換価手続である競売にもよらずに譲渡し，右譲渡代金の大部分は相続債務の弁済に充てたものの，本件相続人ら1人につき1,000万円ほどは自己のために消費しているのであるから，右の「私にこれを消費」したことに該当する，という。

[判旨] 「民法921条3号は，相続人が限定承認をした後でも，相続財産の全部又は一部を隠匿したとき，私に相続財産を消費したとき又は悪意で相続財産を財産目録中に記載しないときは，単純承認とみなすことを規定するが，右の趣旨は，右の各行為は，相続債権者等に対する背信的行為であって，そのような行為をした不誠実な相続人には限定承認の利益を与える必要はないとの趣旨に基づいて設けられたものと解される。

そうすると，同号の規定する「私にこれを消費」した場合に当たるためには，みだりに相続財産を消費したものといえることが必要であると解されるところ，本件においては，本件相続人らは，本件譲渡代金2億2,100万円，変額保険の解約返戻金2,687万8,120円及び預金等599万3,082円の合計2億5,387万1,202円をもって，本件被相続人に係る債務と判明した銀行借入金及び葬儀費用等の合計2億1,003万6,321円を支払い，残額を原告に633万4,881円，その他の本件相続人ら3名にそれぞれ1,250万円ずつ分配したものであり，この他に弁済未了の相続債権者が存したことや右売却価額が不相当であったことなどを窺わせる事情も存せず，また，原告自身，本件相続に係る相続財産は相続債務を超えるものであったというのであるから，これらの事情の下では，原告らが，「私にこれを消費し」たものとは認められないというべきである。

また，民法937条は，限定承認をした共同相続人の1人又は数人について，同法921条1号又は3号に掲げる事由があるときは，相続債権者は，相続財産をもって弁済を受けることができなかった債権額について，その者に対し，その相続分に応じて権利を行うことができると定めるところ，右は，そのような事由のない他の相続人が限定承認の利益を受けられないとすることは酷であること，すでに開始した清算手続が全面的に覆滅されることになると，権利関係が複雑化し，相続人，相続債権者その他の利害関係人に混乱と不測の損害を加える虞があること等に鑑みて，限定承認の効果を維持しつつ，その事由のある相続人についてだけ，あたかも単純承認があった場合と同様の責任を負わせる趣旨であるものと解され，そうすると，本件相続に当たっては，本件相続人らが全員で限定承認をする旨の申述を行い，限定承認をしたものであるから，その後，「私にこれを消費」した等の同法921条1号，3号所定の事由が生じたとしても，単純承認をしたものとみなされることはないものというべきである。」

【76】 最判平 9・12・18 税資 229・1047

[判旨] 原審（東京高判平7・9・5税資213・563，静岡地判平5・11・5税資199・779，評釈：三木義一・税研66・35）の次の判断を支持。

「所得税法64条2項の趣旨は右2のとおりであって，これによれば，保証債務の履行をするために資産の譲渡をした場合であっても，弁済のほか，相殺，混同など弁済と同視すべき事由によって求償権が消滅したときには，求償権を行使することができない場合に当たらないから，同項の適

用がないことも明らかである。しかるところ，原告が原告の保証債務の履行として，本件借入金債務のうち原告の負担部分である2分の1相当額を千代田ファクターに弁済したとすれば，原告は主たる債務者に対して右弁済額全部につき求償権を取得することになるところ，原告の保証債務に係る主たる債務に当たる本件借入金債務は，その債務者であるAの死亡に伴い，相続により原告及びBに各2分の1の割合で承継されたのであるから，原告の主たる債務者に対する求償権は結局自己を債務者とする債務として成立することとなり，混同によって直ちに消滅するものである。したがって，求償権を行使することができない場合には当たらないから，所得税法64条2項の適用がないことは明らかである。」

3 限 定 承 認

限定承認をする場合は通常，相続財産とほぼ同額の債務が存在するときなので，相続税問題は一般的には生じないと思われる。しかし，限定承認をすると，思わぬ税負担が生じる。通常の相続と異なりみなし譲渡課税（所税59条1項1号），つまり相続開始の時点で被相続人が財産を譲渡したものとして譲渡所得課税が生じるからである[55]。その理由は，一般に次のように説明されている。

単純承認による相続があった場合には，相続による資産の移転については譲渡所得の課税は行わず，相続人が取得費および取得時期を引き継ぐこととし，その後，相続人が相続財産を譲渡したときに，被相続人の所有期間中に発生した資産の値上がり益を含めて相続人の譲渡所得として課税することとしている。これを限定承認に係る相続の場合にも適用すると，相続債務の額が相続財産の額を超えていた場合には，相続人は困ったことになる。相続財産を一応取得し，清算手続で相続人が譲渡したことになるので，被相続人が本来納付すべき所得税を，相続人の固有財産から納付しなければならない結果を生じることとなるからである。そこで，被相続人のみなし譲渡として，被相続人の債務として限定承認の手続過程で精算すれば，相続人の固有財産には及ばないからである。

しかし，逆に相続財産が相続債務を超えることが判明した場合には，みなし譲渡分負担が増え，しかも，居住用資産の譲渡に係る特例規定が適用されないこととなる結果，単純承認をした場合よりも税負担が増加する場合もある。【77】は，相続財産が相続債務を超えることが判明した場合はみなし譲渡を適用すべきではないという主張を退けている。

このように，限定承認は債務超過が心配なときは民法上確かに有効な方法だが，含み益のある資産が相続財産である場合にはみなし譲渡課税の思わぬ負担が生じるので，選択に際して重要な判断要素であることが忘れられてはならない。

また，債務が訴訟継続中でまだ確定していないとき（例えば，株主代表訴訟などで争われているとき）に限定承認をすると，みなし譲

---

55) 詳しくは三木＝関根＝占部233頁以下参照。実務面では，鈴木新「これだけは注意したい！限定承認の活用と留意点」税理47巻11号160頁，植田卓「相続放棄，限定承認の選択と税務」税理39巻9号43頁なども参照。

渡課税分に，債務が確定していないので相続税の納税義務も生じてくる（後日，訴訟で敗訴が確定すれば更正の請求は可能）ことに留意しておくべきであろう[56]。

【77】 東京地判平 13・2・27 TKC 28070355

判旨 「民法は，相続人は相続によって得た財産の限度でのみ責任を負えば足り，残債務を自己の固有財産で弁済する必要がないこととするために限定承認制度を設けたものであるところ，前記のとおり，本件規定が適用されることによって，相続人は相続により取得した財産の範囲内で，みなし譲渡所得課税により課税された所得税を含めた相続債務を弁済する義務を負うにすぎないこととなり，相続財産が相続債務を超えるか否かにかかわらず，限定承認をした相続人が相続財産の限度を超えて負担することはなくなるのであるから，右民法の趣旨に反して相続人に不利益を課すものとまではいえないことは明らかである。

(2) また，原告主張のとおり，居住用財産を譲渡した場合の譲渡所得の課税の特例規定は，本件規定によりあったものとみなされる被相続人と相続人間での資産譲渡については，基本的に適用されないこととなるものであるが，右の特例規定の適用の有無にかかわらず，前記のとおり，限定承認をした相続人が相続財産の限度を超えて相続債務を負担することとはなり得ないものであるから，限定承認制度を規定した民法の趣旨に反して相続人に不利益を課するものと解すべき根拠となり得るものではない。

原告の主張するところは，結局のところ，相続財産が相続債務を超えた場合に，単純承認に係る相続であるとして計算した相続人の相続税額と所得税額の合計額が，限定承認に係る相続であるとして本件規定を適用して計算した相続人の納付すべき相続税額と所得税額の合計額よりも低廉になる場合には，単純承認に係る相続であるとして課税すべきであるというものであるが，右のように解すべき根拠となる法令上の規定は存在せず，また，本件規定を適用した結果，相続人が相続財産の限度を超えて相続債務を負担することとならない限り，限定承認制度の趣旨に反するものとも解されないから，原告の主張は採用できない。」

4 相続放棄

相続人の 1 人が相続放棄をしても基礎控除額計算に際しての法定相続人数には含まれるので（相税 15 条），基礎控除額には変動がない。他方で，相続放棄をすれば相続税がかからないわけでもない。民法上は相続財産に含まれないが，税法上は相続財産とみなされる財産等（相税 3 条～9 条）があり，これを取得した場合には，その財産が課税対象に含まれて納税義務を負うからである。しかも，生命保険金等の非課税（相税 12 条 1 項 5 号），退職金等の非課税（相税 12 条 1 項 6 号），債務控除（相税 13 条），相次相続控除（相税 20 条）等の非課税規定の適用は，民法上の相続人に該当するものに限定されており，相続放棄した者には適用されないことに留意しておくべきであろう[57]。

---

56) これらの問題点については，佐藤義行「限定承認の手続と税法上の問題点」税理 31 巻 3 号 111 頁，同「限定承認と税法上の若干の問題点に関する一考察」山田二郎先生古稀記念『税法の課題と超克』（信山社，2000 年）103 頁以下，池田秀敏「株主代表訴訟継続中の役員の死亡と相続をめぐる問題」税理 40 巻 10 号 208 頁，関根稔「限定承認」税理 39 巻 1 号 123 頁，等参照。

第1章　民法上の相続と税法

　もっとも，未成年者控除（相税19条の3）や障害者控除（租税19条の2）はみなし相続財産等を取得している場合には，相続放棄していても適用可能である。

　なお，真に相続の放棄をしたのではなく，他の何らかの目的のためにとりあえず放棄し，その後当該財産を取得するようなことも考えられる。このような場合，相続放棄自体が法的に有効であるとすると，後の取得は，【78】がいうように贈与税の対象となることにも留意しなければならない。

【78】　東京地判平4・4・16税資189・78

[事実]　原告は自己の保証債務のために相続財産が債権者から追求されるのを避けるため相続放棄したが，その後遺産分割協議で当該財産を自己の物としたところ，被告税務署長は贈与と認定して課税処分を行った。

[判旨]　「原告は，Aの遺産について相続放棄の申述（本件申述）を家庭裁判所において行った。原告は，これが形式的なものであるとか，錯誤があって無効であるとかいうが，原告本人尋問の結果によれば，原告は，相続放棄が法律上持つ効果は十分承知したうえで，自ら進んでその手続をとったことが認められるから，それが形式的なもので本来の効力を生じないとする余地はない。また，錯誤の点についても，成立に争いのない乙第一号証の3及び右尋問結果によれば，原告は，当時連帯保証債務の履行請求を受けていて，Aの遺産を相続すると，これが債権者から追及されるおそれがあったので，その保全のため相続放棄をした

が，結果として，債権者から追及を受けなかったというのであって，相続放棄をするについて動機の錯誤もないといわなければならない。そうすると，右相続放棄はその効力を生じ，Aの遺産である本件物件は，Bら4名が相続したこととなる。次に，原告及びBら4名は，本件協議をして遺産分割協議書を作成したが，これによると，原告は，Aの遺産の総てを相続したものとされた。原告本人尋問の結果によれば，現にその後原告は，本件物件を誰に図ることもなく他に売り渡し，その売買代金も自分一人のものとしていることが認められるから，本件協議の内容は，そのとおり実現されたものと認められる。そして，相続放棄によって何らAからの相続分のない原告が，Bら4名との本件協議によって，Aの相続財産を無償で総て自分のものとしたということは，結局Bら4名からこれを贈与されたものとみざるを得ない。」

第7節　相続人不存在・特別縁故者

1　相続人不存在

(1)　被相続人の所得税申告

　相続人が不存在の場合は，受遺者や特別縁故者がいない限り，相続税問題は生じない。後日，相続人が発見され，申告義務がある場合には，相続人判明の日から10カ月以内に申告する必要があり，その場合，相続財産管

---

57)　相続放棄に関わる課税問題については，服部弘「知っておきたい相続放棄に係る法務・税務トラブルとその対応」税理46巻12号213頁，宮川博史「相続放棄」税58巻8号107頁など参照。

74　相続・贈与と税の判例総合解説

理人が行った収支は葬式費用等に該当するものでない限り、相続開始後の収支なので、相続税計算には関わりがない。

なお、死亡者のその死亡年分の所得税について、所得税法120条の規定による申告書を提出しなければならないときは、包括受遺者がいる場合には、所得税法上「相続人」に含まれているので（所税2条2項）、その者が申告をする。民法上の相続人も包括受遺者もいない場合（相続人不存在）には、相続財産は相続財産法人になる（民951条）。この相続財産法人の申告手続については、所得税法上何らの規定もされていないが、相続財産法人は、国税通則法5条《相続による国税の納付義務の承継》の規定に基づき納税義務を承継することとされており、所得税法125条の規定が相続財産法人に適用され、管理人が確定した日（裁判所から管理人に通知された日）の翌日から4カ月を経過した日の前日が申告期限と扱われている（質疑応答集）。

(2) 共有者の死亡と相続人不存在

共有者の1人が死亡し、その人には相続人がいなかった場合の課税問題にも触れておこう。この場合は、最判平1・11・24（民集43・10・1220）が民法255条（共有者）よりも民法958条の3（特別縁故者）が優先するとしているので、共有者は、①特別縁故者による財産分与の請求がない場合には、特別縁故者の財産分与の請求期限の満了の日の翌日から10月以内、②特別縁故者の財産分与の請求がある場合には、分与額又は分与しないことの決定が確定したことを知った日の翌日から10月以内に申告をすべきことになる（質疑応答集）。

2 特別縁故者

特別縁故者が相続財産の分与をうけた場合には、その与えられた時における時価に相当する金額を、被相続人から遺贈によりより取得したものとみなされて相続税が課税される[58]（相税3条の2）。これは、相続財産法人において相続財産の清算が行われ、その結果残存すべき物が分与されるので、財産分与までの一連の手続に時間がかかることを考慮したためである。しかし、他方で、この分与は被相続人から遺贈により取得した物とみなされるので、適用される相続税法は相続開始時のものになる。そのため、評価額は分与時の高い評価を適用され、適用法律は相続開始時の相続税法であるため、基礎控除なども低いままの状態で課税されるという不合理がある。この点が争われた事例で、【79】【80】【81】は、分与時の評価で課税するなら分与時の基礎控除なども引き上げられている相続税法を適用すべきだという原告の主張を退けている。しかし、そこで、指摘されている論拠は必ずしも説得的とは思われない。分割協議が長引いた場合というのは、本来早期に分割できる可能性を持った者同士の紛争によるものであり、これと自己の意思で早期に取得する可能

---

58) この問題については、岩崎政明「特別縁故者への相続財産の分与と課税」ジュリ829号87頁、等参照。

第1章　民法上の相続と税法

性のない特別縁故者の分与手続を同視できるとも思えない。現行法は明文で被相続人からの遺贈とみなしているので，解釈論としては判例の結論になると思われるが，立法論としては分与時にはじめて取得があったものとして，分与時の相続税法を適用する方が遺産取得税方式に適合すると思われる。

特別縁故者は相続財産法人に属していた財産を取得することになるので，昭和39年改正までは「法人からの贈与」として「一時所得」による所得税課税がなされてきた。しかし，財産分与制度は遺言制度の補充として，遺贈と同様にする方が妥当と解され，現行のように改められた。

特別縁故者が財産分与をうけるときは通常相続人が不存在もしくは不明なときなので，基礎控除額は相続人数による加算はないと考えられるが，相続人が相続放棄をしている場合には放棄した相続人の数は加算の対象になる（相税15条2項）。

特別縁故者の財産分与は遺贈により取得したものとみなされるので，特別縁故者が相続開始前3年以内に贈与をうけた財産は加算されること（相税19条），他方で相続人でも包括遺贈でもないので債務控除の適用はないこと（相税13条），相続税額の2割加算（相税18条）の適用を受けること等に留意しなければならない。債務控除に関連して，特別縁故者が財産分与を受けるために要した裁判費用を控除すべきだという納税者の主張を【82】は否定している。

特別縁故者以外にみなし相続財産（例えば，生命保険金等）等を取得した者がいるときは，特別縁故者が取得した財産分与額を新たに加算して相続税を再計算しなければならなくなる。これが現行制度の欠陥の1つであるが（「はじめに」参照），再計算によって相続税納税義務が生じた者は，財産分与があったことを知った日から10カ月以内に申告書（相税29条）を，すでに申告した相続税額に不足が生じた者は修正申告書（相税31条2項）を，それぞれ提出しなければならず，すでに申告した相続税額が過大になった場合には財産分与があったことを知った日から4カ月以内に更正の請求（相税32条5項）をしなければならないことにも留意しておかねばならない。

【79】　最判昭63・12・1税資166・652（【32】と同一判決）

判旨　原審（大阪高判昭59・11・13訟月31・7・1692）の次の判断を支持。

「私法上の分与財産取得時期如何にかかわらず，法3条の2が被相続人からその財産を遺贈されたものとみなして相続開始時にその財産を取得したものとした趣旨は，前記のとおり財産分与制度が遺言制度を補充するためのものであるところから，課税面においてもこのことを考慮し，分与財産は被相続人から遺贈によつて取得したとみて相続税の課税対象とすることが相当であり，また分与財産の取得が遺贈によつて被相続人から財産を取得した場合，及び法3条のみなし遺贈の場合とその実質において相違がないと解されたためである。そして分与財産を課税対象とするためには，相続法の課税体系（法定相続分課税方式の導入による遺産取得税）に合致させる必要があるので，分与財産の取得を遺贈による取得（即ち相続開始時の取得）とみなしたものである。従つて本件財産分与による私法上の財産取得時期が相続開始時か

ら長期間を経過したからといつて、そのために法3条の2を別異に解すべきではない。(因みに、相続の場合でも、例えば共同相続人間で相続権の存否等について争いがあるため長期間遺産分割が行われず、そのため共同相続人が実質的にみて相続財産を長期間取得できなかつたと同視できる場合もあることに思いを致すべきである。) なお、法3条の2において、分与財産の価額を分与時の時価としたのは、財産の分与が相続財産法人において相続財産の清算(相続債権者及び受遺者に対する弁済等)が行われ、その後残存する財産のうちから行われるためであつて、財産分与時(審判確定時)に租税債務が成立することを前提とするものではない」。

【80】 京都地判平4・7・27 税資192・165

[判旨]「民法958条の3に定める特別縁故者への財産分与の制度は、被相続人と特別の縁故があった者に対し、家庭裁判所の審判によって遺産の全部または一部を与えるもので、いわば遺言制度を補完するものである。そこで相続税法は、その3条の2において、右財産分与による財産の取得を、同法3条のみなし贈与と同様、被相続人から遺贈により取得したものとみなしている。したがって、相続税法上の右財産分与による財産の取得時期は、民法上のそれとは異なり、遺贈の場合と同じく、被相続人死亡時というべきであり、その当時施行されていた相続税法が適用される(最判昭63・12・1昭和60年(行ツ)第63号税務訴訟資料166・652参照)。

2 原告は、分与財産の時価算定時と相続税法所定の基礎控除を行う時点とが異なることから、基礎控除制度の存在意義が失われて不合理であると主張する。しかし分与財産を取得した者は、相続税法3条の2制定以後は、それ以前の一時所得として所得税が課税されていたのに比して高額の基礎控除を受けられるようになっている。しかも、財産分与制度自体、前示のように、遺言制度を補完するものとして、被相続人の積極財産のみを特別縁故者に分与する恩恵的制度である。

これらのことを併せ考慮すると、原告の主張するような事態が、相続開始時(被相続人死亡時)を基準として相続税の課税を行う相続税法の課税体系を否定しなければならない程の不合理であるとはいえない。」

【81】 名古屋地判平12・12・8 税資249・1037

[判旨]「原告は、納税義務の発生時期を根拠に種々の主張をするが、停止条件付遺贈を受けた者のように納税義務の発生時期が相続開始時と異なる場合であっても、法定相続分課税方式による遺産取得税方式の下では相続開始時を基準として課税を受けると解すべきであるから、納税義務の発生時期を根拠に適用法の基準時を争う原告の主張は失当である。現実的にみても、原告主張のように解した場合、遺贈により相続財産の一部を取得した者と後日特別縁故者として財産分与を受けた者がいる時には、適用すべき法がまちまちとなって相続税法16条により相続税の総額を計算することが不可能になる場合が生じ得るから、その不当性は明らかである。したがって、本件につき適用されるべき法律は、相続開始日に施行されていた相続税法及び相続時措置法であると解すべきであり、右各法律を適用してなされた本件課税処分(ただし、一部取消後のもの)に違法はない。」

【82】 大阪高判昭59・7・6 判タ538・118

(評釈:山田二郎・自治研究62・2・124)

[判旨]「控訴人主張の裁判費用が法13条1項、14条1項所定の控除債務(被相続人の債務および被相続人に係る葬式費用)に該当しないことは前記

第1章 民法上の相続と税法

条項が相続人と包括受遺者にのみ適用されるものであること，およびその控除費目自体からみて明白である。控訴人はさらに本件評価にさいしては相続税基本通達41条の4を適用または類推適用して，あるいは同様の趣旨を汲んで，分与財産の時価から裁判費用等を差し引いた額自体を分与財産価額とすべきである旨主張している。そして，前記通達は前記法条のように分与財産価額から特定の控除費目を控除することを定めたものではなく，分与財産価額算定方法自体に一定の例外的修正を加える方法を採用し，該価額算出の段階で分与財産取得者の負担した被相続人にかかる葬式費用，入院費用等のうちの一定のものを差し引きこれを分与財産価額として取り扱うべきことを定めているものである。しかし，前記通達がこのような手法を採用したのは，そもそも法上は財産分与取得者には法13条・14条のような控除すべき費目の定めがなく，したがつて原則どおり取得した財産の「全部」に課税されることとされているため（法2条1項参照），このこととの論理整合性を保ちつつ，なお実質上は前記法条と似た趣旨を例外的に認め，もつて前記特定費用控除との均衡をはかろうとしたものと解される。しかるところ，本件裁判費用等が前記特定控除費目におよそ該当しないこと明白であるから，これにつき前記通達を適用または類推適用し，あるいはその趣旨を汲み同様の解釈を施すこともまた困難である。のみならず，もともと資産税制の下では所得税制のように投下資本回収部分に対する課税を避ける趣旨の必要経費控除の観念はなじまないものといわなければならない。」

第8節　遺　　言

1　遺言と税

　遺言は相続人らにとって税負担面にも大きな影響を与える。例えば，認知や相続人の廃除がなされれば基礎控除額算定の基礎になる法定相続人の数が変動する。遺贈や寄付が法人に対して行われれば，みなし譲渡課税（所税59条）問題が生じ，遺贈・寄付した者に譲渡所得が発生し，相続人が被相続人の租税債務として申告しなければならない[59]。さらに，財産を処分した上で法人へ寄付することにされていれば，いったん相続取得した相続人の譲渡所得税が問題になることもある。

　遺産分割禁止がなされていると，分割を前提とした優遇措置（例えば，配偶者の税額軽減措置，小規模宅地等の評価減，農地の納税猶予特例など）を適用できないこと（ただし，前二者については法定申告期限の翌日から3年以内に分割できれば適用可能）等の影響もでてくる。

　遺言書を作成するときには，各相続人の課税関係及び納付に際しての物納の可能性なども考慮しておくべきであり，その意味で税金問題を想定しない遺言書は後の紛争のタネに

---

59) この問題については，小林栢弘「遺言と譲渡所得税」信託209号47頁，など参照。

なる。

2 遺　　贈

　遺贈及び死因贈与により財産を取得した個人は相続税の対象になる[60]（相税1条）（法人が取得した場合については2章6節参照）。相続税法上は，公正証書による贈与契約の真実性に疑義があるときに，当該財産が生前贈与なのか，遺贈なのかをめぐって争われることがある（本書第2章第3節参照）。また，条件付遺贈などの場合で，財産取得時期と相続時期とが時間的に乖離している場合でも相続時の相続税法が適用される。

　遺贈と死因贈与も相続税法上は同様に相続税の対象になるが，不動産取得税との関係では異なり，遺言の内容が包括遺贈と認定されれば不動産取得税は課税されないのに対し（【83】），死因贈与と認定されると【84】のように，不動産取得税の課税対象となることに留意する必要がある。両者は機能的には類似しているが，死因贈与を「形式的な所有権の移転」として非課税にするのはやはり無理があろう。

【83】　横浜地判平10・1・28判例地方自治181・51

　判旨　「亡Aは，法定相続人であるBが，自分が産んだ子ではなく，事実上も疎遠となっていたことから，かねてよりBには遺産を相続させたくな

いと考えており，原告らに遺産を承継させる方法がないか思案していたが，原告が，亡Aが住居としていた本件不動産の近所に転居して，しばしば，亡Aを訪れ，話し相手となるなどしていたことから，自分の死後，原告に墓所の管理を委ねるとともに，本件不動産を承継，維持させる意向で，本件遺言書を作成したものと推認される。

　そうすると，本件遺言書の第1文は，亡Aが，法定相続人であるBに遺産を相続させないために，原告らに遺産のすべてを包括遺贈したものであり，第2文は，原告に墓地の管理等を委ねるとともに，遺産のうち，本件不動産については，原告に取得させることとして，その限度で，遺産の分配方法を定め，その余については，特に原告らの取得割合を示さず，原告らに分配を委ねた趣旨と解すべきである。……原告は，本件不動産を包括遺贈により取得したものと認められるから，地方税法第73条の7第1号の「相続（包括遺贈及び被相続人から相続人に対してなされた遺贈を含む。）に因る不動産の取得」に当たるというべきところ，これを否定して被告がした本件賦課決定は，同号の解釈を誤った違法なものであり，取消しを免れない。」

【84】　仙台高判平2・12・25判時1397・15（後掲【137】と同一判決）

　　（評釈　石島弘・判評398・137）

　判旨　「死因贈与契約に基づく不動産持分の移転が地方税法73条の2（不動産取得税の納税義務者等）1項の「不動産の取得」に当たるとしても，これは同法73条の7（形式的な所有権の移転等に対する不動産取得税の非課税）1号の「遺贈」に含まれるから，これについては不動産取得税を課税できないと主張する。しかしながら不動産取得

---

60)　この問題については，首藤重幸「遺贈をめぐる問題」税務事例研究36号61頁以下，浅野洋「遺贈をめぐる諸問題」『争点』35頁以下，等参照。

第1章　民法上の相続と税法

税を課することができない不動産の取得として，73条の7第1号は，単に「遺贈」とのみ規定し，遺贈に死因贈与が含まれる場合の規定，例えば相続税法1条（相続税の納税義務者）の「遺贈（贈与者の死亡により効力を生ずる贈与を含む。以下同じ。）」というような規定の仕方をしていないことからすれば，地方税法73条の7第1号の「遺贈」に死因贈与が含まれないことは，明文上明らかである。また，これを実質的に見ても，死因贈与は契約であるのに対し，遺贈はいわゆる単独行為であって，それぞれの法的性質は異なるのであるから，地方税法上，これを区別に取り扱うことについて，合理的理由がないということはできず，従って，前記の主張は採用することができない。」

3　いわゆる後継ぎ遺贈

いわゆる後継ぎ遺贈（遺言者の意思によって定められた条件の成就によって，第1次受遺者から第2次受遺者へと遺贈利益が移転する遺贈）についての課税関係は，一般論として考えれば2回の相続または遺贈によって財産が移転するので2回の相続税が課されることになると考えればよいであろう。しかし，【85】が後継ぎ遺贈を単純遺贈ではなく，条件付遺贈等と解する余地を認めたので，課税関係は必ずしも明確ではない。負担付遺贈と解された場合には，理論的には1回の遺贈によって移転するので，相続税も1回だけしか課税されずに，YとXの負担割合を調整することに

なるからである[61]。現時点ではこの点が争われてはいないが，民法上の性格が明確にされるとともに，課税関係が異なってくる可能性もある。相続による財産の取得を通じて担税力が生じた者への課税である相続税の趣旨からすれば，2回の相続・遺贈を通じて財が移転したものとみなして課税関係を調整すべきであろう。

【85】　最判昭58・3・18判時1075・115，家月36・3・18

事実　「不動産をY（遺言者の配偶者）に遺贈する。Y死亡後はX（遺言者の兄弟姉妹等）らが不動産を分割所有する」旨の遺言の効力が問題となった。

判旨　「右遺言書の記載によれば，A（遺言者）の真意とするところは，第1次遺贈の条項は被上告人に対する単純遺贈であつて，第2次遺贈の条項は与作の単なる希望を述べたにすぎないと解する余地もないではないが，本件遺言書による被上告人に対する遺贈につき遺贈の目的の一部である本件不動産の所有権を上告人らに対して移転すべき債務を被上告人に負担させた負担付遺贈であると解するか，また，上告人らに対しては，被上告人死亡時に本件不動産の所有権が被上告人に存するときには，その時点において本件不動産の所有権が上告人らに移転するとの趣旨の遺贈であると解するか，更には，被上告人は遺贈された本件不動産の処分を禁止され実質上は本件不動産に対する使用収益権を付与されたにすぎず，上告人らに

---

61)　この問題を理論的に検討したものとして，香取稔「条件・期限・負担付の遺贈についての相続税課税上の問題—後継ぎ遺贈を中心として」税大論叢28号307頁以下，占部裕典「信託による後継ぎ遺贈の課税関係」総合税制研究9号22頁，水野忠恒「跡継ぎ遺贈の効力と課税関係」税務事例研究51号69頁以下，等参照。民法上の議論については岩志和一郎「相続法の課題—いわゆる『後継ぎ遺贈』をめぐって」税研87号47頁以下，参照。

対する被上告人の死亡を不確定期限とする遺贈であると解するか，の各余地も十分にありうるのである。原審としては，本件遺言書の全記載，本件遺言書作成当時の事情などをも考慮して，本件遺贈の趣旨を明らかにすべきであつたといわなければならない」として差し戻した。

4 「相続させる」遺言

遺贈は相続税法上は相続税の対象になるが，登録免許税との関係では「相続」を原因とする場合と「遺贈」を原因とする場合とでは税率にかなりの格差があった[62]。そのため，「相続させる」遺言が実務的に多く使われてきた。民法上・登記法上は【86】のように大きな意味があるが，平成15年の改正で登録免許税については遺贈も相続と同様の税率となったため（登録免許税法17），税負担上の問題は解消している。

【86】 最判平 14・6・10 判時 1791・59
　　　（評釈：古積健三郎・法学セミナー 47・12・116，赤松秀岳・月刊法学教室 268・130，村重慶一・戸籍時報 551・64，松尾知子・判タ 1114・87，水野謙・判評 530・188，池田恒男・判タ 1114・80，など数多い。

[判旨]「特定の遺産を特定の相続人に「相続させる」趣旨の遺言は，特段の事情のない限り，何らの行為を要せずに，被相続人の死亡の時に直ちに当該遺産が当該相続人に相続により承継される（最高裁平成元年（オ）第174・同3年4月19日第2

小法廷判決・民集45・4・477参照）。このように，「相続させる」趣旨の遺言による権利の移転は，法定相続分又は指定相続分の相続の場合と本質において異なるところはない。そして，法定相続分又は指定相続分の相続による不動産の権利の取得については，登記なくしてその権利を第三者に対抗することができる（最高裁昭和35年（オ）第1197・同38年2月22日第2小法廷判決・民集17・1・235，最高裁平成元年（オ）第714・同5年7月19日第2小法廷判決・裁判集民事169・243参照）。したがって，本件において，被上告人は，本件遺言によって取得した不動産又は共有持分権を，登記なくして上告人らに対抗することができる。」

5 法人への遺贈と贈与

個人が遺贈を受けたときは相続税，贈与を受けたときは贈与税，というように遺贈と贈与では課税関係が異なってくる面があるが，法人が受けた場合は遺贈であれ贈与であれ法人税の対象になるし，遺贈と贈与には共通する問題も少なくない。負担付の遺贈・贈与，公益法人への遺贈・贈与，一般法人への遺贈・贈与については「贈与」の章で扱うことにする。なお，法人への遺贈に対して遺留分減殺請求がされた場合の問題は本書第1章第9節2も参照されたい。

---

62) この問題については，水野謙「『相続させる』遺言と遺贈―改正登録免許税法と対抗力をめぐる判例に着目して」みんけん556号3頁，橋本守次「特定遺贈と『相続させる』遺言の違いと税務トラブル」税理46巻4号172頁，などを参照。

第1章　民法上の相続と税法

第9節　遺留分減殺請求

1　遺留分減殺請求と課税

　遺言の普及に伴い，遺留分減殺請求をめぐる紛争も多発している[63]。遺留分減殺請求制度については，税法は民法を前提としているが，それをめぐる課税関係は民法の通説・判例と必ずしも整合的でもないように思われる[64]。

　民法では，遺留分を侵害する被相続人の処分も当然には無効ではなく，単に減殺請求の対象になるにすぎないとされ，減殺請求権が行使されると，遺留分を侵害している限度で当該遺贈等の効力が失われ，減殺された財産の所有権が当然に遺留分権利者に復帰する（物権的形成権説）と解するのが判例・通説だとされている[65]。このように解すると，遺贈等によりまず遺留分を侵害している部分も含めた財産が受遺者等に帰属し，次に減殺請求により，遺留分権利者に侵害されていた部分が帰属し，その後目的物が現物で返還されるか，あるいは価額弁償される，という各段階の課税問題が想定されることになる。

(1)　請求権行使

　まず，遺留分減殺請求権行使段階の課税問題から検討してみよう。民法である物権的形成権説からすれば遺留分権利者は請求権行使により遺留分につき取得することになるので，申告に反映させねばならないことになる。もう既に申告が済んでいる場合で，請求権者が新たに財産を取得する場合には期限後申告（相税30条），請求権者自身が既に申告しており，減殺請求により財産が増える場合は修正申告（相税31条）を行うことになる。他方，減殺請求により財産を減らした者は更正の請求（相税32条3項）をすることになる。このように，両者は表裏の関係になっているので，必ず更正の請求及び修正申告をさせるよりも，当事者間で税負担を調整する余地も残されており，相続税法は更正の請求等をすることが「できる」という規定となっている。

　遺留分の減殺請求がなされる場合には当事者間で紛争が生じていることが多い。このような場合に，遺留分減殺請求をした時点で，遺留分権利者は遺留分を申告し，請求された者は遺留分相当額の更正の請求を求めるのは現実的なのだろうか。【87】は「万一遺贈が有効であるとすれば……相続分を侵害しておりますので，念のため遺留分減殺の請求をい

---

63)　この問題等については，久貴忠彦編『遺言と遺留分・第2巻遺留分』（日本評論社，2003年）を参照。

64)　遺留分減殺請求に関わる課税問題については，首藤重幸「遺留分減殺請求と相続税」税務事例研究18号57頁以下，夏目康彦「遺留分減殺請求に対する価額弁償に伴う課税問題」税理39巻2号209頁以下，占部裕典「遺留分減殺請求権の行使における租税法と民法の交錯」税法学512号2頁，などを参照。

65)　この点については島津一郎・久貴忠彦編『新判例コンメンタール・民法15』（三省堂，1992年）443頁以下（山口純夫），小林崇「遺留分減殺請求と遺産分割の関係」判タ996号158頁以下，等参照。

たしておきます」という請求をしたケースにつき、当該請求を遺留分減殺請求と解し、その形成権としての効果を前提とした課税処分を適法と解しているが、この段階での遺留分通り支払われるとは限らないので、後日具体的返還額等が確定した場合には、その時点で再度修正申告や更正の請求をしなければならないことになる。しかし、実際には、遺留分減殺請求は事の始まりであって、当事者間の協議・調停、和解・判決などで、返還範囲若しくは価額弁償金額などが具体的に決定するのであるし、具体的に返還等を受けていなければ税を負担できないこともありうるので、具体額の確定を待って更正の請求又は修正申告などをすることで足りるのではないか、という疑問があり、このような観点から筆者自身民法への疑問を提起したことがある[66]。

この問題は、結局、平成15年の相続税法改正により、更正の請求事由として「遺留分による減殺の請求に基づき返還すべき、又は弁償すべき額が確定したこと」が明文化されたことにより（相税32条3項）、立法的に解決され、請求権行使段階では課税関係の調整は必ずしも必要ではなく、具体的金額が確定した時点で調整すればよいことになった。

なお、遺留分権利者が遺留分を受けた場合、遺留分支払者が自己の相続分について相続税を納付できなくなった場合は、連帯納付義務を負う。通常の遺産分割の場合と同じである

が、思わぬ悲劇を生むことがある（第6章第6節参照）。

【87】 福岡高判平1・7・20 税資173・287

[判旨]「本件意思表示を合理的に解釈すれば、前記内容証明郵便による「万一遺贈が有効であるとすれば」の文言によって、本件意思表示に原告ら主張の停止条件が付されたとは到底考えられない。そうすると、本件意思表示は、原告らの有効な遺留分減殺の請求であり、その到達と同時に当然に、訴外絹子に遺贈された本件不動産につき、減殺の効力を生じたものというべきである。しかして、相続税法上の租税債権は、納税義務者が相続や遺留分減殺等の所定の原因によって課税財産を取得したことにより成立するものであって、たとえ、課税処分時に、遺贈の効力につき受遺者と遺留分権利者との間に訴訟が係属し、その有効無効が未確定であるからといって、これによって右租税債権の成立とこれに基づく課税処分の効力が左右されるものではないと解すべきであるから、前記のとおり本件意思表示によって、その到達と同時に減殺の効力が生じ、訴外絹子や原告らの課税財産の取得に変動を来たした以上、これを原因として、被告が原告らの課税価額及び納付すべき税額の更正をした本件更正処分は、相続税法35条3項1・に基づく適法な行為というべきである」

(2) 返還・価額弁償

減殺請求権が形成権とすれば、請求時点で課税関係を調整し、実際に返還した時点でさ

---

[66] 三木義一「遺留分減殺請求と税—税法の立場から」久貴編・前掲注63) 301頁以下。これに対する民法側からの検討として、二宮周平「遺留分減殺請求と税—民法の立場から」久貴編・前掲注63) 319頁以下参照。なお、実務家側からの問題提起として山名隆男『遺産分割の法律と税務』（清文社、1999年）第7章参照、小池＝服部415頁、池田秀敏・評釈、シュト377号1頁以下、等を参照。

第1章　民法上の相続と税法

らに課税関係を微調整しなければならないことになる。しかし、現行相続税法は、前述のように、この問題を返還・弁償時でまとめて調整すればよいことにし、簡便化を図ったといえる。とはいえ、現物返還ではなく、価額弁償金の支払が遺産の一部を処分して行われた場合は、当該財産の処分が代償分割なのか（この場合は代償金支払者に譲渡所得税）、それとも価額弁償のために当該財産の取得をあきらめて処分したのか（この場合は、換価分割なので、支払者、請求者双方の持ち分に応じて譲渡課税が行われる）、という問題が生じる。
【88】は複雑な事実関係から、価額弁償のため取得をあきらめて譲渡した場合と認定し、価額弁償者に対する譲渡課税の一部を取り消したが、遺留分減殺請求に絡む譲渡の場合は換価分割か代償分割か事実認定が難しい。

　このように、価額弁償金を支払う場合には譲渡課税に係わる問題が生じるが、仮に弁償金支払い時に目的財産の価格が上昇し、相続開始時の価格を上回っていた場合、弁償金を受けた者は相続開始時の価格で相続税を負担し、上がった分は譲渡課税に服するのかどうかも問題になる。この点は次の法人の事例でまとめて紹介しよう。

【88】　福岡地判平 8・2・2 判タ 901・223

事実　Aは、昭和60年12月死亡し、Aの相続財産の主なものは不動産であったところ、Aの昭和46年5月3日付け遺言状には「此土地其他不動産及ビ動産一切は長男Xにゆずるものであります」との記載があったので、Xは、本件不動産を現況のまま使用したいと思っていたので、相続人B等と分割協議をしたが成立しなかった。その後、Bから本件遺言状の無効、仮に本件遺言状が有効なときは遺留分を減殺する旨の意思表示がなされた。そこで、Xは、本件不動産を処分し、価額弁償金を支払ったところ、Xに本件不動産全部の譲渡所得課税が行われ、これを不服としてXが争った。

判旨　「前記本件の事実関係における本件不動産売却の経緯からすると、原告は、Bからの遺留分減殺請求を契機として、本件不動産を現況のまま自己が取得することを諦め、福次郎の遺産である本件不動産を売却の上、相続人である原告、B等の間でその売得金を分配する意思のもとその旨の遺産分割協議の申出をし、その結果、本件不動産の売得金を分配するという、いわゆる換価分割の方法による遺産分割に合意した上で右遺産分割を実行したものと認めるのが相当である。」

2　法人への遺贈に対する遺留分減殺請求

　法人への遺贈に対する遺留分減殺請求はさらに複雑である。まず、法人に不動産等が遺贈された時点で「みなし譲渡課税」（所税59条）が発生する。被相続人の生存中の値上がり益をここで精算しなければならないからである。その後、遺留分減殺請求がなされると、請求者はその時点で遺留分について相続することになるので、現物が返還されれば「みなし譲渡」もそれだけ縮小することになる。しかし、法人が当該不動産を返還せずに価額弁償で済ませた場合、どう考えるべきなのであろうか。

　価額弁償の場合を民法の通説的に説明する

と次のようになろう。まず，遺留分権利者は減殺請求によって当該土地をいったん自己のものにする。その意味で，土地を現物で返還されたのと同様に「みなし譲渡」は縮減する。次に，それを価額弁償と引き替えることになるので，相続によって取得した遺留分を譲渡したことになり，譲渡所得税問題が発生することになる。したがって，みなし譲渡課税の減額がある反面，遺留分権利者は当該遺留分相当の相続税に加えて，自己の遺留分の譲渡所得税にも服することになる。他方，受遺者たる法人はいったん遺留分権利者の手に渡った部分を価額弁償によって再び手に入れるので当該部分の取得価額になる，と考えることになろう。したがって，法人は価額弁償金を支払った時点では当該資産の取得価額が増えるだけで，損金に算入できないことになる。

以上が民法でいう物権的形成権説を税法的に貫いた場合の課税関係である。最高裁は民法解釈のレベルでは支持している物権的形成権説を課税関係に適用しているのだろうか。

最高裁【89】は右のような考え方を否定し，①減殺請求時点では課税関係を棚上げ，②法人への贈与が遺留分減殺請求によりいったん失われても，価額弁償で遺贈の効力が復活し（復活理論），みなし譲渡課税は当該遺贈全部について生じ，③価額弁償金を取得した者はそれを相続により取得したものとすればよい（つまり遺留分を譲渡したわけではない），ということになる。この多数意見に対して物権的形成権説に立つ少数説が，前述のような課税関係を前提とした批判を展開し，多数意見の補足意見がその批判に答えて，多数説の根拠として，①価額弁償の効果について定めた民法1041条1項の規定の文言に合致すること，②遺贈の遺言をした被相続人の意思にもよく合致すること，③法律関係を簡明に処理し得るという点でも優れている，ということが指摘されている。しかし，学説の大多数は②の論拠は別として，他の論拠では合理的な説明にはならないとして批判的である[67]。

確かに，課税関係の簡明さも，価額弁償がなされた場合にのみ妥当する論拠であり，現物が返還された場合にはみなし譲渡の変動を伴うこと，価額弁償と現物返還とで課税関係がこのように異なることの妥当性には疑問が残る。また，民法上確かに「遺贈の復活」説が存在しているが，この場合は論理的には弁償金の算定時期は相続開始時になるはずであり[68]，公平の理念に基づく実質的な配慮から，特に現実の価額弁償時の価額をもって弁償を行わせるべきこととしている最高裁の論理とは整合しないようにも思われる。特に本件の場合は，価額代償金の中に相続後の価格上昇も含まれているので，価格上昇分まで相続税に服させることには疑問がある。しかし，最高裁がなぜ，課税関係については物権的形成権説の貫徹を緩和して前記のような復活説に立つ説明をしたかについて，次の2点が背景としてあったように思われる。

1) 本件第1審は，「遺留分減殺請求が

---

67) 占部・前掲注64)およびこの判決の評釈参照。
68) この点を批判するものとして，池田・前掲評釈7頁。

あっても，受遺者は目的物を返還するか，価額弁償によりこれを免れるかを選択することができ，その実効がなされるまで遺留分権利者の権利が具体的に確定しないのだから，少なくとも課税上は，遺留分減殺請求権行使の段階で直ちに権利関係に変動を生じたものと考えるのは適当ではない」とし，この段階の課税関係を棚上げする立場に立ち，最高裁もこれを前提としている。そうすると，遺贈された資産を保有したまま，価額弁償金を支払うことになり，企業会計上このような金額は支払時の損金として処理され，受贈益を直接減額したり，資産の取得価額を減額することができないと一般に解されている。したがって，仮に価額弁償金の支払いを根拠にみなし譲渡を減額すると，その分の値上がり益が永久に課税対象外になってしまう。

具体例で説明しよう。被相続人の取得価額2,000万円，時価1億円の土地が法人に遺贈されたとしよう。被相続人の生存中生じた含み益8,000万円がみなし譲渡として課税される。ところが，遺留分減殺請求により価額弁償金として法人が権利者に5,000万円支払い，これによりみなし譲渡も半分になったとすると，4,000万円分の課税となる。ところが法人の土地の取得価額は1億円のままであるから，翌年1億円で法人が売却すると法人の譲渡益はゼロで，縮減した4,000万円を回収できない。つまり，被相続人の含み益がみなし譲渡課税の対象となるわけだが，法人が価額弁償金を支払うと遺留分権利者は現金を相続で受領したことになり，譲渡課税の問題は生じない。他方で，法人が遺贈により取得した資産のみなし譲渡課税を減額すると，その後，法人が当該財産を譲渡しても，縮減した部分が永久に課税漏れになるのである。多数意見には，被告課税庁側が主張した前述の論理[69]に対する困惑があったのではないかと思われる。

2）第2に，一見多数意見は現物返還の場合と価額弁償の場合とで課税関係を異にし，かえって複雑な印象を与えるが，遺留分減殺請求解決のための「さしあたりの公平」を意図したものと思われる。というのは，物権的形成権説を貫くと，課税関係の説明としては一貫するが，遺留分減殺請求に対して現物で返還した場合と価額で弁償した場合とで遺留分権利者の課税効果は著しく異なってしまう。つまり，現物で返還を受けたときは相続税だけの問題ですむが，価額で弁償してもらうと相続税に加えて譲渡所得税まで課されるからである。これでは，遺留分減殺請求を具体的に解決する手段としての機能は著しく低下するし，同一の遺留分減殺請求事案において一方には現物を返還し，他方には価額で弁償する場合，価額で弁償される方が不公平感を持つことになる。そこで，遺留分を受けた時点では現物であろうと価額で代償されようと，遺留分権利者の課税関係は同じにして「さしあたりの公平」感を創出したものと思われる。「さしあたり」というのは，この方法だと現物で返還を受けた場合と，価額弁償金を受け

---

[69] 課税庁の論理については，田川博・前掲評釈・税通46巻7号216〜217頁が参考になる。

た場合とでは，事後の譲渡を考慮すると，かえって不公平になりかねないからである。つまり，現物返還を受けたものがその後現金に換えたいと考え売却すると，被相続人の取得価額を基礎にした譲渡所得課税が行われるが，弁償金を受けた者はそのリスクはないからである。その意味で，多数意見の解決はさしあたりの公平にすぎない面もあるが，現実の遺留分減殺請求の解決には有効であるともいえよう。

このように，最高裁は価額弁償の際に譲渡所得課税問題を生じさせないことを念頭に置いているのではないかと思われる。このことは，代償分割における代償金をめぐる課税関係の理解にも共通していると思われる。

また，法人が支出した弁償金の処理も問題になる。少数説に従えば，弁償金は不動産の取得費ということになろうが，多数説では損失になるが，その損金計上時期が請求時点なのか，確定時点なのかが問題となる。【90】は支払確定時に損金算入が可能であるとしている。

【89】　最判平 4・11・16 判時 1441・66（【40】と同一判決）

事実　遺言で法人への不動産の贈与がなされ，みなし譲渡課税がなされていたが，遺留分権利者が減殺請求をし，価格弁償金をうけとった。減殺請求の分は当然法人への遺贈が効力を失ったのであるから，その分のみなし譲渡の取消等を求めて争った。

判旨　「原審の適法に確定した事実関係の下において，本件土地の遺贈に対する遺留分減殺請求について，受遺者が価額による弁償を行ったことにより，結局，本件土地が遺贈により被相続人から受遺者に譲渡されたという事実には何ら変動がないこととなり，したがって，右遺留分減殺請求が遺贈による本件土地に係る被相続人の譲渡所得に何ら影響を及ぼさないこととなるとした原審の判断は，正当として是認することができ，原判決に所論の違法はない」として，原審（東京高判平 3・2・5 税資 182・286 及び第 1 審・東京地判平 2・2・27 訟月 36・81532）の次の判断を支持した。

「原告 3 名は，本件遺贈は原告 X 外の遺留分減殺請求により遺留分の限度で効力を失って，遺留分権利者が遺留分に相当する本件土地の持分を相続により取得し，A（法人）は，これを価額弁償によって買い受けたものであり，本件遺贈により被相続人から柿木荘に移転したのは残余の持分だけであると主張する。しかし，譲渡所得においては，当該資産の所有者に帰属する増加益を課税の対象とし，当該資産が所有者の支配を離れる都度それまでに生じた増加益を精算して課税するというものであるところ，所得税法 59 条 1 項 1 号は，法人に対する資産の遺贈があつた場合には，その者の譲渡所得の金額の計算については，その事由が生じた時に，その時における価額に相当する金額により当該資産の譲渡があつたものとみなす旨規定しているので，本件では，その遺贈により被相続人から A に対して本件土地の譲渡があつたものとして譲渡所得税を課することになる。そして，本件遺贈に対する遺留分減殺請求については，A は本件土地の一部を返還することによりこれに応じたわけではなく，価額弁償によってこれを免れたのであるから，結局，遺留分減殺請求によっても本件遺贈により本件土地が被相続人から A に譲渡された事実には何ら変動はなく，本件遺贈による本件土地に係る被相続人の譲渡所得には影響がないというべきである。原告 3 名は，遺留分減殺請求権の行使によつて直ちに課税関係に変動を生じるものとしているが，遺留分減殺請求があつても，

第1章　民法上の相続と税法

受遺者は目的物を返還するか，価額弁償によりこれを免れるかを選択することができ，その実行がされるまでは遺留分権利者の権利は具体的には確定しないのであるから，少なくとも課税上は，遺留分減殺請求権の行使の意思表示があつた時点で直ちに権利関係に変動を生じたものと考えるのは適当ではない。価額弁償がされた場合にはその時点で遺留分権利者は当該価額弁償金を相続により取得したものとし，これに対し，遺贈の目的物の全部又は一部の返還を受けることになつた場合には，当該目的物の全部又は一部について，遺留分権利者が相続により取得したものとする一方，遺贈による譲渡はなかつたものとして，被相続人の譲渡所得税については所得税法152条，同法施行令274条2号に基づき更正の請求ができるものと解すべきである。」

【90】　東京高判平 3・2・5 判時 1397・6
　　　（評釈：占部裕典・シュト 366・1，有賀文宣・税理 35・5・273）

判旨　「価額弁償の額は，右に述べたとおり損金として扱われることになるが，本件では，右1に当事者間に争いがない事実として判示したとおり，遺留分減殺請求がされたのは本件事業年度中のことであるから，遺留分減殺請求の効果が意思表示により直ちに生じるものであるとすれば，右の3,000万円の価額弁償も本件事業年度の損金として認めるべきであると考える余地がないではない。しかし，遺留分減殺請求があっても，受遺者は目的物を返還するか，価額弁償によりこれを免れるかを選択することができ，価額弁償によることになった場合でも，遺留分減殺請求の時点では価額弁償の額も未確定であるのが通例であるから，その時点で課税関係に変動を生じたものと考えるのは適当ではなく，その支払が確定した時点で当該事業年度の損金に算入することとするのが相当である。」

第2章　贈与契約と税

第1節　贈与と税

1　税法の基本的考え方

　贈与税は相続税の補完税としての性格を持っている。このことから贈与税の様々な特色が説明されうる。

　まず，贈与税の税率（相税21条の7）が相続税に比して著しく高率であるが，それはもし贈与税の税率が相続税に比して同程度か低ければ，資産家は資産を分散して生前贈与し，相続税が容易に回避されてしまうからである。

　また，贈与税は受贈者が納税義務者である。これも相続税制度と関係がある。というのは，相続税が遺産取得税体系，つまり，相続により財産を取得した者を納税者としているので，贈与時も贈与により財産を取得した者を納税義務者にしているからである。したがって，相続税の体系が遺産税体系であるとき，つまり，被相続人の残す遺産に課税するという方式の場合は，贈与税も当該財産を贈与する者に課税されることになる。このように両者は補完関係にあるのである。

　この贈与税の補完税的性格から，民法上の贈与が必ずしも贈与税の対象になるわけではないことに留意する必要がある。前述のように，贈与税は受贈者に課される税であるが，この受贈者は個人でなければならない。なぜなら，贈与税は相続税の補完税であるので，相続が問題にならない法人が関与した場合には贈与税を課す必要が原則としてないからである。したがって，法人が受贈者の場合は通常の法人税の対象になるだけである。受贈者が個人でも贈与者が法人である場合には，法人には相続はないので，そこからの受贈も贈与税の対象にはならない。所得税の一時所得になるだけである。つまり，贈与税というのは，個人から個人への贈与の場合に受贈者たる個人に課税される税である。したがって，不動産などを贈与した場合には，次のようにケースを分けて課税関係を理解する必要がある。

① 個人から個人への贈与
　　贈与者　　課税なし
　　受贈者　　贈与税

第2章　贈与契約と税

②　個人から法人への贈与
　　贈与者　　みなし譲渡課税(所税59条)
　　受贈者　　法人税
③　法人から個人への贈与
　　贈与者　　法人税(時価で譲渡したことになる)
　　受贈者　　所得税(一時所得)
④　法人から法人への贈与
　　贈与者　　法人税(時価で譲渡したことになる)
　　受贈者　　法人税

　贈与税は民法上の贈与契約を前提にしているが、このように個人間の贈与だけを対象にしていることになる。しかも、個人からの贈与でも政治家や議員秘書への政治献金のように、広い意味での対価性を有し、かつ、相続関係が生じない者の間の贈与行為は、贈与税ではなく、所得税の対象になることにも留意しなければならない(【91】)。

【91】　東京地判平8・3・29税資217・1258

判旨　「議員への政治献金は、政界の実力者としての甲の地位及びその職務としての政治活動を期待して(すなわち政治活動に対する付託を伴って)なされ、その趣旨からして継続的に供与される性質を有するものであり、その中からその期待(付託)に応じた政治活動のための費用を支出することが予定されていたものと認められる。なお、献金者らの殆どと甲議員との間に相続関係が生ずる可能性がないことはいうまでもない。したがって、甲議員の政治献金収入は、個人からのものであっても、贈与税ではなく所得税の課税対象になると解するのが相当である。

　ところで、被告人は議員秘書であって、政治家ではなかったものであるから、被告人に対する裏献金につき、政治献金についてこれまで述べたところと同様に解してよいかを検討する必要がある。……検察官は、被告人は政治家ではなく、政治活動のために費用を支出するものと認める余地はないと主張する。確かに、被告人は、国会議員等の政治家ではないが、前記のとおり、衆議院議員甲の公設秘書として甲議員の政治活動に深く関わっていたのであり(前記のような被告人の地位及び職務の実態に照らすと、被告人が自分への現金供与が政治献金としてなされていると認識していたことも、それなりに理由があるというべきである)、被告人自身において陳情を処理し、それに関して現金の供与を受けることも少なからずあったのであるから、供与を受けた現金の中からそのような秘書としての活動に関わるための費用を支出することが類型的には予定されていたというべきである(現実には、被告人が自己の収入からそのような費用と認め得る支出をしたとは認められないことは、後述するとおりであるが、そのような支出があったと認められれば、その分を裏献金収入から控除することは認めてよい)。なお、献金者らの殆どと被告人の間に相続関係が生ずる可能性がないことはいうまでもない。したがって、被告人に対する裏献金も、課税上は、甲議員に対する政治献金と同様に取り扱うべきであり、被告人の裏献金収入は、個人からのものであっても、贈与税ではなく所得税の課税対象になると解するのが相当である。」

2　贈与事実の認定

　課税処分との関係で贈与事実の有無が争われるケースもきわめて多い。贈与意思の有無をめぐって争われるというよりも、何らかの

第 1 節　贈 与 と 税

理由で財の移動があり，それが贈与に基づくものか，それとも贈与以外の関係に基づくものかの争いである。【92】～【93】は現金，株式について贈与事実が否認された一例であるが，贈与以外の行為により財が移動されてことを合理的に説明できたケースである。逆に【94】は内縁関係の解消としての財産分与の主張が否定され，【95】は真の所有者は会社であるとの名義人の主張が否定され贈与が認定された事例である。なお，親族間では親が子に貸したにすぎないという主張がしばしばみられるが，【96】が指摘するように，特段明確な資料等がない限り，その立証は困難であろう。

　なお，贈与と認定された場合は贈与税の対象になるが，その贈与が課税処分の除斥期間以前になされていたとすると贈与税は課税されずに，しかも相続財産への加算もないので，課税庁はこのような場合は通常の贈与ではなく，死因贈与等と主張する傾向にある。この点は本章第5節を参照。

【92】　大阪地判昭52・7・26行集28・6＝7・745，税資95・199

　　　（評釈：碓井光明・税事10・2・16，河合昭五・税事9・11・4）

判旨　「被告は原告の主張した財産分与，立退料，付添看護料，慰謝料請求権は認めることはできないから，前記1,000万円の支払いはすべて贈与によるものであると主張する。しかしながら，財産の取得が相続税法にいう「贈与」（同法3条ないし9条により贈与とみなされるものを除く）に因るものであるかは民法における贈与と同様に当事者の意図によって定められるべきものであって，本件のように当事者が，ある権利の不存在確認，放棄を金員支払約束の対価とした場合に，その権利が客観的に存在していたか否かは，当事者の対価とする意図が仮装のものではないかの事実認定に影響し，あるいは相続税法7条によりその金員支払いが贈与に因るものと擬制されるかの判断に影響することがあるとしても，それ自体が相続税法の「贈与」性の判断に直接影響を与えるものではない。本件において，被告は右の対価合意が仮装のものである旨の主張はしていないし，しかも前記認定事実によれば原告は故人の内縁の妻であったから従前故人と同居していた居宅に故人死亡後も居住する権利があると故人の相続人らに主張したことには全く理由がなかったとはいえないのであり，また当事者双方が弁護士を代理人として交渉したことなどを考慮すると本件全証拠によるも，前記の権利不存在確認，放棄を対価としたことが仮装のものとは認められない。この点の被告の主張は理由がない。」

【93】　名古屋高判昭34・4・22税資29・355

判旨　「Aは，終戦前から相当の資産もあり，昭和21年頃から，被控訴人と協力して，釘，屑糸，服生地等の闇取引をなすかたわら，株式の売買，株券担保の金融等によつて，相当の収益をあげたことが認められるから，Aが闇取引を自分1人でやつていたとか，A1人でK家の経済を切りもりしていたというようなことはなかつたにしても，右認定からすれば，Aは，右各収益のうち相当の分け前を得て，これを資金として，別紙第2，第3目録記載の株式を取得したものであると推認するのが相当である。……してみると，控訴人は，贈与を確認するに足りる証拠もないのにかかわらず，本件贈与税の審査請求を棄却したものというべく，その判断を誤つたものという外はないから，右

相続・贈与と税の判例総合解説　91

第2章 贈与契約と税

棄却決定は取消さるべきかしのあるものといわざるを得ない。」

【94】 名古屋高判昭和 62・7・28 税資 159・304

判旨 「そして、仮に控訴人とAの前記関係を法的保護に値する内縁関係（重婚的内縁関係）とみることができるとしても、そもそも財産分与の権利義務は、両者が関係を解消されることによって発生するものであるところ、本件契約当時、Aと控訴人間に両者の関係を解消するような協議がされた事実は認められないし、また、前示事実関係によれば、本件契約は、Aの死亡の有無及びその時期を何ら問題とすることなく、一定の期限を定めて履行すべきことが約定されており、現に、その約定期限（清吉死亡前）に支払が履行されているものである。加えて、Aをはじめとする関係者において、本件支払が贈与契約に基づくものであることに些かの疑念を抱いていなかったことも先に認定したとおりである（ちなみに、本件契約に先立ってAから控訴人に対してされた昭和52年6月15日の土地の贈与は、Aが愛知県がんセンター病院に入院中にされているが、控訴人は、これについても贈与として、所定の贈与税を申告、納付しているところである。）。そうであれば、本件支払をもって、清算的な意図にもとづいてされたものであり、財産分与、殊に死亡による内縁関係解消の際の財産分与と同視すべきものとはいえないから、右事実を前提に被控訴人の本件課税処分の違法を言う控訴人の主張も、採用できない。」

【95】 東京高判平 10・8・19 税資 237・1043

判旨 原審・東京地判平 9・12・18 税資 229・1032 の次の判断を支持。

「原告は、本件マンションについては、贈与税対策のため法人所有とする予定であったとし、本件売買契約の後にT総合開発から本件マンションの登記名義の回復を請求されたこと及び贈与税の負担について原告とAの間で明確になっていなかったことを理由として、本件売買契約における実質的な買主はT総合開発であり、原告は単に名義を貸したにすぎない主張する。

しかしながら、本件売買契約が成立する以前の段階で、相続税対策のために本件マンションを法人名義とする話が出ていたという事実は全証拠によってもこれを認めることができず、かえって後記のとおり、本件売買契約の成立する直前である平成4年5月ころには原告とAの間で原告に生ずべき贈与税の取扱いが話題となったことが窺われるうえ、本件売買契約締結の後においても、T総合開発は本件マンションの登記名義の移転を求めただけであって原告が本件マンションから立ち退くよう求めたという事実は窺われず、証拠によれば、原告が平成6年6月21日付けで被告に対して提出した「お買いになった資産の買入価額などについてのお尋ね」と題する書面及び同年9月ころの原告の被告調査担当職員に対する申述においても、名義貸しであるという主張はされていなかったことが認められるのであるから、この点に関する前記原告の主張は、認めることができない。」

【96】 広島高判昭 41・10・14 税資 45・338

判旨 第1審・山口地判昭 39・2・24 訟月 10・4・655 の次の判断を支持。

「以上認定の事実を総合して勘案すれば、右 8,000,000 円は本件物件購入資金の1部として、昭和33年9月20日頃父たる参加人が子たる原告に贈与したものと推認するに充分である。けだし、親が金融機関等に対する経済的信用や支払能力によつて、資金を調達し、子の名義で財産を購入している場合（仮りに購入資金の金額でないとして

も），右調達資金について，子が親に対して真に返還債務を負っているものと認めるには特段明確，確実な事実ならび資料の存在を必要とする。そうでなければ，後日適宜弁済又は免除等の名目により右債務を消滅したことにして関係機関の調査確認を極めて困難にし，ひつきよう，子は親に対し何ら実質的な経済上の負担をこうむることなく，右資金に相当する財産を無償で取得することとなつて，容易に贈与税或は相続税の課税を免れうる結果になり，市民の税負担の公平は著しく阻害されるからである。」

3 名義変更と贈与

通常，名義変更は贈与契約の存在を確かに推定させるが，真の意味での贈与契約が存在せず，単に名義だけが変更されたような場合は贈与税が課されてはならないことはいうまでもない（【97】【98】参照）。したがって，他方で，納税者が課税されてからあわてて名義を形式的に元に戻しても贈与事実がなかったことの証明にはならないことになる（【99】）。もっとも，夫婦間等では不動産等の名義を財産の拠出割合等とは無関係に夫だけのものとか，夫婦半分ずつにすることなどを安易に行い，そのことが贈与になることがわかってあわてて名義を修正することがある。実務では，このような過誤等について，次のような条件を満たしていればあえて課税しない扱いをしている（相続税個別通達昭和39・5・23直資68等参照）[70]。

(1) 贈与契約の取消し又は解除が当該贈与のあった日の属する年分の贈与税の申告書の提出期限までに行われたものであり，かつ，その取消し又は解除されたことが当該贈与に係る財産の名義を変更したこと等により確認できること。

(2) 贈与契約に係る財産が，受贈者によって処分され，もしくは担保物件その他の財産権の目的とされ，又は受贈者の租税その他の債務に関して差押えその他の処分の目的とされていないこと。

(3) 当該贈与契約に係る財産について贈与者又は受贈者が譲渡所得又は非課税貯蓄等に関する所得税その他の租税の申告又は届出をしていないこと。

(4) 当該贈与契約に係る財産の受贈者が当該財産の果実を収受していないこと，又は収受している場合には，その果実を贈与者に引き渡していること。

なお，贈与事実の認定の問題でもあるが，過去に父親が事情により母親名義で取得し，それを息子に贈与し，名義を変更しないでいたため，子供間で紛争になったのを機会に，贈与を原因として，母親から息子への所有権移転登記をした場合にはどうなるのだろうか。課税庁は，贈与の時期が明確でないとしても，登記又は登録の目的となる財産については，特段の事情のない限り，その登記又は登録があったときに贈与があったものと解すべきであるとして，贈与税を課したが，【100】は，本件各土地を購入した当時，この一家は，公

---

70) 実務上の問題点等については，林隆一「親族間での財産の名義変更をめぐる税務トラブル」税理46巻6号186頁，中里昌弘「無償による財産の名義変更と税務上の留意点」税理45巻12号160頁など参照。

務員であった父親の収入によって生活を営んでおり，専業主婦であった母親には，本件各土地の購入資金を出捐するだけの収入はなかったことを認定し，母親の土地を原告に贈与したとする課税処分を取り消している。この事案の場合は，争っている子供間の裁判で双方がこの土地を父親のものであることを前提にしており，その民事判決では実際にこれを買い受けて所有していた者は父親であることを認定しており，さらに，原告の主張する贈与の事実は認められないことが確定していたことも大きな影響を与えたように思われる。

【97】 東京地判平 3・9・3 税資 186・556

判旨 「被告（税務署長）は，贈与の事実についてはその性質上これを第三者から覚知し難いことが多いことから，課税実務においては，対価の授受なしに不動産の名義の変更があった場合には，一定の例外的な事由が認められる場合でない限り，原則としてこれを贈与として取り扱うものとされており，この課税実務の取扱いからしても，本件のような場合には贈与の事実が肯定されるべきであるとも主張する。

確かに，多くの事案を統一的に処理すべき職員を負っている課税庁が，贈与税の課税処分を行う際の贈与の事実の有無の認定に当たって，右のような統一的基準を設け，それに従って処理を行う必要性があることは否定できないところである。しかしながら，本件の場合のように，裁決における証拠調べの結果として，右の贈与の事実を認めるのに合理的な疑いが存在するものとすべき以上，右のような課税実務における取扱いを理由に，右の認定を覆すことが許されないことは，いうまでもないところである。」

【98】 東京地判昭 55・10・22 税資 115・213

判旨 「このように株式の名義変更がなされ，かつその対価の支払いがなされていないときは，特段の反証がない限り，通常は贈与がなされたものと推認すべきであるが，……右名義書換当時原告らは満15歳ないし満11歳であったことは当事者間に争いがないところ，親が未成年の子の名前を使用して株式その他の有価証券を取得したり，形式上の名義を子に移転するなどのことが世上行なわれることも稀ではないことに鑑み，かかる場合における贈与の存否は，該株式その他有価証券の管理運用の実態と利益の帰属等を総合して判断するのが相当である。」

【99】 山口地判昭 41・4・18 税資 44・312

判旨 「尤も本件賦課処分の後である昭和34年5月15日に至つて原告からAに対する本件不動産の所有名義の変更がなされていることは当事者間に争いがなく，原告は右登記名義の変更により贈与の取消がなされたと主張するが，……Aは本件賦課処分がなされたので右納免を免れるため原告と謀つて本件不動産の売渡証書を作成の上右登記名義の変更をしたことが認められ，……贈与取消の事実は認められず，右名義変更は，前記認定に何ら影響を及ぼすものではない。」

【100】 東京地判平 14・9・27 タインズ Z888-0670

（評釈：三木義一＝大力信明・税通 58・1・243）

判旨 「他方，証拠によれば，《甲》から本件各土地を購入した当時，父親Aの一家は，公務員で

あった父親Aの収入によって生活を営んでおり，専業主婦であった母Bには，本件各土地の購入資金を出捐するだけの収入はなかったことからして，本件各土地の購入資金を出捐した者は父親Aであると推認されること，関口の土地について，本件各土地と近接する時期である昭和27年6月18日付けで当時12歳であった原告を登記名義人として所有権移転登記がされているところ，別件民事件においては，このような登記上の所有名義の存在にかかわらず，関口の土地の真実の所有者が父親Aであることは，原告及び子供Cらの間に争いがなかったことがそれぞれ認められる。そうであるとすれば，父親Aが本件各土地又はその購入資金を母親Bに贈与したことを窺わせるに足る証拠もない本件においては，前記の契約における買受人及び登記上の所有者が母親Bであるということだけから，同人が本件各土地の真実の所有者であると認めることは相当でないというべきである。」

4 贈与契約と錯誤

(1) 税務申告上の錯誤

贈与契約と錯誤の問題を検討する場合には，税務申告上の錯誤と私法上の錯誤の2つに分けて検討する必要がある。税務申告上の錯誤というのは，贈与事実について勘違いがあり，うっかり申告してしまった場合である。このような錯誤は，法定申告期限から1年以内に錯誤に気づいた場合と，1年を経過して気づいた場合とで異なる。

1年以内に気づいた場合なら更正の請求をすれば救済されるが（国通23条1項），それを経過した場合には更正の請求期間が過ぎているので，仮に錯誤があったとしても「その錯誤が客観的に明白かつ重大であつて，法定の過誤是正方法，すなわち，修正申告書の提出又は更正の請求による以外の方法による是正を許さないとすれば，納税者の利益を著しく害すると認められる特段の事情がある場合」以外には救済しないのが原則であり，実際に申告の贈与税の申告錯誤無効を認めた判決は見あたらない。【101】は錯誤の存在を否定しつつ，右の原則を指摘した判決である。

【101】 広島地判平14・2・27 タインズZ888-0706

判旨 「以上からすれば，A（＝原告の父）による平成2年分の贈与税の期限後申告につき，錯誤の事実や申告を強要された事実は認められないから，同申告は無効とはいえない。また，仮に，Aにおいて，本件の申告につき，BからAへの贈与の存在に関し錯誤があったとしても，申告書の記載内容の過誤是正については，その過誤が客観的に明白かつ重大であって，国税通則法23条1項所定の更正請求以外にその是正を許さないならば納税義務者の利益を著しく害すると認められる特段の事情のある場合でなければ，上記方法によらないで申告書記載の過誤を主張することはできないというべきところ（被告ら引用の最高裁判所昭和39年10月22日判決参照），上記認定説示に照らし，本件においてBからAへの贈与が不存在であること自体が客観的に明白であるとは到底認めがたいから，本件の申告書の過誤が客観的に明白であるとはいえないことになる。したがって，原告らは，上記方法によらず本件の申告書の過誤を主張することはできないことになり，申告の無効の主張はいずれにしても理由がない。」

(2) 契約の錯誤

贈与契約自体に要素の錯誤があった場合に

第2章　贈与契約と税

は，契約が無効になる[71]。契約の無効が判決等により確定した場合（国通23条2項）や，無効により経済的効果も失った場合（国通71条）は原則として更正の請求が可能と解される。また，税負担の錯誤をめぐる争いも，財産分与に関する最高裁判例（後掲【153】）が要素の錯誤に該当することを認めたのを契機に増えてきた。ただし，判例上贈与契約の錯誤が問題となる事例は，節税目的のための贈与が思わぬ負担になってしまった場合【102】【103】【104】や，贈与に伴う贈与税の贈与がなかったことを理由に錯誤を主張する場合【105】などのように，錯誤主張者を救済する合理性が乏しいものが多く，このような場合には錯誤無効の主張を認めない傾向が見られる。

ただし，その根拠は必ずしも明確ではない。租税回避があたかも脱税同様違法な行為であるかのような感覚が裁判官にあるのだとしたら問題と思われる。

これらの判例からすると，節税や租税回避目的ではなく，適正時価で売買したつもりでいたところ，それが低額譲渡に該当し，高額な贈与税がかかってしまったような場合は，錯誤による無効を問題にしうることになる。【106】はこのような場合に要素の錯誤を認めた事例であるが，時価の判断について契約当事者双方に重大な過失があり，課税庁に対して無効を主張できないとしている。しかし，株式評価を容易に素人が判断できるという前提自体が誤っているし，仮に過失があったと

しても共通錯誤の事例であり，民法95条但し書きを適用すべき事例ではないであろう[72]。

【102】　大阪地判平16・8・27 タインズ Z888-0969

判旨　「(1) 原告らは，本件贈与は錯誤により無効である旨主張する。この点，後記3(3)オ記載のように，Dは，Eに対し，極めて低額の税金の負担で子孫への財産の移譲ができるとの触れ込みでA開発への出資の勧誘を行い，また，A開発の行う事業の成果により，将来的には出資した金額と同程度の金額の回収が見込まれることを説明して，勧誘を行い，Eも，子の原告《甲1》や，孫であり養子である原告《甲2》にEの財産を低額の税金の負担で移譲する目的で，本件出資に及び，その後本件贈与に及んだものと認められることに照らせば，確かに，Eや原告《甲1》において，本件出資に係る贈与税額について動機の錯誤が存したものということはできよう。

(2) しかしながら，申告納税方式を採り，申告義務の違反や脱税に対しては加算税等を課して，適正な申告がされることを期している我が国の租税制度の下において，安易に納税義務の発生の原因となる法律行為の錯誤無効を認めて納税義務を免れさせることは，納税者間の公平を害すると共に，租税法律関係を不安定にし，ひいては申告納税方式の破壊につながるものといえる。したがって，納税義務者は，納税義務の発生の原因となる私法上の法律行為を行った場合，同法律行為の際に予定していなかった納税義務が生じたり，同法律行為の際に予定していたものよりも重い納税義務が生じることが判明したとしても，その法定申告期間を経過した後に，かかる課税負担の錯誤が上記法律行為の動機の錯誤であるとして，同法律

---

71)　この問題についての税務と法務の関係については，三木＝関根＝占部17頁以下参照。
72)　この点については，内田貴『民法I（第2版補訂版）』（東京大学出版会，2001年）74頁，等参照。

行為が無効であることを主張することは許されないものと解するのが相当である。

(3) これを本件についてみるに、原告らにおいて本件出資の評価額が1口5,000円よりも高額であることを認識した時点が、本件贈与に係る贈与税の法定申告期限（平成6年3月15日）経過後であることは、原告らにおいて自認しているところである。

そして、後記3(3)記載のとおり、本件においては、専ら本件出資の評価額を低廉なものとするための方策として1対99の割合をもって資本金と資本準備金への振り分けをしているものであり、評価基本通達188-2に定める配当還元方式を適用して本件出資の価額を評価することは、実質的な租税負担の公平を著しく害することが明らかであるところ、Eも、子の原告《甲1》や、孫であり養子である原告《甲2》にEの財産を低額の税金の負担で移譲する目的で、本件出資に及び、その後本件贈与に及んだものと認められることに照らせば、原告らに本件贈与が無効であるとして納税義務を免れさせることは、納税者間の公平を害すると共に、租税法律関係を不安定にし、ひいては申告納税方式の破壊を招来するものというべきであって、原告らの錯誤無効の主張は許されないものと解するのが相当である。」

【103】 大阪高判平12・11・2税資249・457

判旨 原審（大阪地判平12・2・23税資246・908）の次の判断を支持。
「1 原告らは、あくまでも将来における相続税の節税効果を期待し、本件贈与に十分な節税効果があるとする税理士その他の専門家の説明を信じて本件贈与に合意したのであって、これを信じたことに過失はなく、本件贈与が民法95条により無効であり、それを前提とする本件各処分も無効の処分であり、取消しを免れないと主張し、確かに、前記第2、2の事実からは、訴外A及び原告らにとって節税効果があがることが本件贈与の重要な動機となっており、右動機は表示されていたと認められる。

2 しかし、我が国は、申告税法式を採用し、申告義務の違反や脱税に対しては加算税等を課している結果、安易に納税義務の発生の原因となる法律行為の錯誤無効を認めて納税義務を免れさせたのでは、納税者間の公平を害し、租税法律関係が不安定となり、ひいては申告納税方式の破壊につながるのであるから、納税義務者は、納税義務の発生の原因となる私法上の法律行為を行った場合、右法律行為の際に予定していなかった納税義務が生じたり、右法律行為の際に予定していたものよりも重い納税義務が生じることが判明した結果、この課税負担の錯誤か当該法律行為の動機の錯誤であるとして、右法律行為が無効であることを法定申告期間を経過した時点で主張することはできないと解するのが相当である。

3 これを本件についてみると、原告らは本件贈与に節税効果があるということを本件贈与の合意をなすに当たっての重要な動機としていること、原告Xは訴外Aが本件株式を取得するに当たり課税当局から配当還元方式の評価が否認される可能性を危惧していたことに照らすと、原告らは、原告らの本件贈与に係る本件株式の評価に問題があることを認識していたことが認められ、さらに、本件贈与にかかる贈与税の法定申告期限が既に経過していること、原告らが本件贈与により取得した本件株式を本件贈与者に返還しておらず、むしろ、その大部分をAに売却することにより収益を得ていることも合わせ考えると、原告らに本件贈与が無効であるとして納税義務を免れさせることは、納税者間の公平を害し、租税法律関係を不安定ならしめ、ひいては申告納税方式の破壊を招来するものといわざるを得ない。したがって、原告らが本件贈与の錯誤無効を主張することは許されないというべきであり、原告らの主張は採用でき

第2章　贈与契約と税

ない。」

【104】　千葉地判平 12・3・27 税資 247・1
　　　　（評釈：平石雄一郎・ジュリ 1205・153）

判旨　「原告は，本件貸付は，本件節税対策の一環として行われており，本件節税対策が効を奏しなかった以上，本件貸付は錯誤により無効であると主張する。

　しかしながら，一定の経済目的の達成や経済的効果の発生を実現する複数の手段が存在する場合，そのうちいかなる法形式を用いるかは，私的自治の原則の下では当事者の自由な選択に委ねられており，節税もこのような原則の下で，これを選択する当事者自らの責任と負担において行われるものであるから，その意図に反して課税されたとしても，それは単に節税対策を誤ったに過ぎないというべきであり，そもそも節税対策であることの認識がある以上，それが功を奏して他の法形式を選択した場合よりも税金の点で利益を享受することがある反面，場合によっては期待するような節税効果があげられないことのあり得ることも当然想定すべきものである。そして，現実に課税された時点で当初の期待に反することを理由にいったん選択した法形式を否定することは，自らの判断の誤りを理由に，しかもそれが誤っていた場合にのみ，右法形式を前提に形成された租税法律関係を覆すことを意味し，一方で法形式選択の自由を享受しながら，他方で自らの選択を自らの判断の誤りをもって撤回する行為であって，もはや意思主義の観点から取引安全に制約を加えることによって表意者を保護しようとする錯誤の適用場面とは異なるものというべきである。本件についてこれをみれば，本件節税対策もまさに節税のためにひとつの法形式を自由に選択して行われたものであり，結果的に期待した節税効果があげられなかったとしても，その選択した法形式をいまさら否定することはできず，また，これを錯誤という

ことはできない。

　また，仮に原告主張のような錯誤があるとしてみても，申告納税方式が採用され，申告義務の違反や脱税に対しては加算税等が課されるものとされていることに照らせば，納税義務者において法律行為の要素たりうる課税負担に関する錯誤が存するからといって，それによる法律行為の無効を理由にいつでも納税義務を免れうるものとしたのでは，租税法律関係が不安定となるばかりでなく，申告納税方式の破綻につながるおそれもあることからすれば，右錯誤による法律行為の無効については，法定申告期限を経過した後においては，更正の請求（国税通則法 23 条）によってその救済が図られるべきであり，更正の請求以外にその是正手段を許さなければ納税義務者の利益を著しく害するような特段の事情がある場合を除いては主張できないものと解すべきである。本件では右特段の事情も認められず，したがって，本件貸付の錯誤無効に関する原告の主張は理由がない。」

【105】　東京高判平 10・8・19 税資 237・1043
　　　　（【95】と同一判決）

判旨　「控訴人は，Ａから本件マンションの贈与を受けるに際し，その贈与税をＡが負担することが条件となっていたと誤信した旨を主張する。

　しかし，引用原判決の説示するように，そもそも控訴人が贈与を受けたのは本件マンションではなく，本件マンションの売買代金等相当額の金員である上，甲第 15 号証及び原審における控訴人本人の供述によっても，控訴人とＡとの間で，控訴人が本件マンションを取得することによって生ずべき贈与税の負担が話題となったこと，控訴人は，何らの金銭的負担なしに本件マンションの所有権を取得することを期待していたことがうかがえるにとどまるのであって，控訴人は，本件訴状において，控訴人とＡとの間で，贈与税を誰が，いつ，どのようにして支払うか，贈与税の支払方法，支

払原資を誰が負担するのかが本件では全く考慮されていないと主張しているのであるから、控訴人とAとの間で、右贈与税の負担に関する双方の意図ないし思惑等が明確な条件として表示されたとは認められないというべきである。

また、仮に、控訴人に右贈与税の負担に関して錯誤があったとしても、本件売買代金相当額の金員の贈与契約と贈与税相当額の金員の贈与契約とは、その趣旨、目的、履行期を異にする別個の契約であるから、後者に関する錯誤が当然に前者の無効原因となるものではない。そうすると、控訴人の主張するような贈与税の負担に関する事柄が本件売買代金相当額の金員の贈与契約の要素となったことはないというべきであり、また、右契約に際し、控訴人主張の動機が表示されたものということもできないから、この点に関する控訴人の主張はいずれも理由がない。」

【106】 高知地判平17・2・15判例集未登載

[事実] Xは平成9年1月ごろ大学生であったが、父Aが白血病を宣告され、余命いくばくもないことが判明したため、大学を中退し、B鉄工所の後継者として働くこととした。そして、Aは、自分が元気なうちに、B鉄工所の出資口を可能な限りXに取得させようと考え、Xの祖母Cに対し、その所有していた出資口をXに売却するように頼み、Cはこれを了解した。XもAが自分を後継者として態勢を固めるために奔走しているのを見て、可能な限り、Aの意向に従いたいと思い、購入可能な金額であれば出資口を購入したいと考えた。Aは、B鉄工所の取引先であったD社の株式の時価を調査するなどした上、Xらに対し、本件出資口の売買代金額を1口当たり1万5,000円（総額1,687万5,000円）とすることを提案し、その際、E南国税務署に相談に行って了解を得た旨述べた。そこで、Xは、平成9年2月当時所有していた約1,000万円の預金に加えて銀行からの借入金約700万円によって、本件出資口を購入することとし、同月Cとの間で、売買契約を締結した。なお、Xらは、Aの言い分を聞いたほかに、自ら又は税理士等の専門家に相談するなどして、本件出資口の実際の価値を調査したことはなかった。

ところが、Aが死亡したあとの相続税の調査において、本件売買契約当時の本件出資口の評価額は、類似業種比準価額方式によると1口当たり12万7,268円、純資産価額方式によると1口当たり10万2,590円であることが判明し、少なくとも、1口当たり10万2,590円と売買価額の差額は低額譲渡にあたることになる。

Xは売買契約当時大学を中退したばかりで、預金が少なく、このときあわてて購入しなければならない事情にはなかった。むしろ、Aの気持ちを斟酌して購入したので、もし時価がこのような高額でしかも贈与税の問題になるのであれば売買契約を締結することはなかったとして、Cとともにこの契約が無効であったことの確認書を作成し、出資口数や代金・配当金をそれぞれ返還していた。しかし、課税庁は要素の錯誤があったとは認めず、約6,000万年の贈与税決定処分を行ったため、その取消しを求めて争われたのである。

[判旨] 上の事実関係のもとで、契約の錯誤の存在を肯定した。しかし、重過失を認定し、課税庁には主張し得ないと判示した。

「本件売買契約において、本件出資口の実際の価値及び原告武が贈与税を課されないことが、原告らにとって重要な要素であったのであるから、原告らとしては、売買代金額及び贈与税を課されるか否かについて、税理士等の専門家に相談するなどして十分に調査、検討をすべきであり、そのような調査、検討を十分に行わないまま、安易に課税されないものと軽信した場合は、通常人であれば注意義務を尽くして錯誤に陥ることはなかったのに、著しく不注意であったために錯誤に陥った

ものとして，重大な過失が認められる……本件売買契約における本件出資口の売買代金額は，その実際の価値の約7分の1の低額であったから，仮に，南国税務署の職員が，Aから，本件出資口の売買代金額を1口当たり1万5,000円とすることについて，具体的な事実関係を示した上で，Xが贈与税を課されないかどうかを相談されたのであれば，Xが課税されないなどと教示するとは到底考えられず，特段の事情も認められない以上，そのような教示がされたと認めることはできない。」

「税理士等の専門家に相談するか，評価通達を検討するなどすれば，その売買代金額が実際の価値よりも低額であることを容易に認識できたにもかかわらず，安易にAの言い分を信用して，その売買代金額が実際の価値に見合った適正な金額であり，Xが贈与税を課されることはないと誤信したものといえるのであって，その誤信について重大な過失がある」。

第2節　みなし贈与

　民法上の贈与契約は諾成・片務・不要式の契約であるが，このような契約とは異なる行為，例えば，単独行為としての債務免除などからも実質的に無償による資産の移転がなされる。これらの行為によりもたらされる経済的利益が贈与でないことになれば，租税回避が容易になるので，贈与とみなして贈与税の対象に取り込んでいる。

　具体的には，信託行為（相税4条），生命保険金（相税5条），定期金給付契約（相税6条），低額譲渡（相税7条），債務免除（相税8条）その他の利益（相税9条）があるが，判例上問題となってきたのは低額譲渡と，その他の利益である（生命保険金は第1章3節2を参照）。

1　低額譲渡

　低額譲渡に関しては，【107】が，当時の財産評価通達169（上場株式の価額は，その株式が上場されている証券取引所の公表する課税時期の最終価格又は課税時期の属する月以前3カ月間の最終価格の月平均額のうち最も低い価額によって評価する旨定めている）を利用し，意図的に3カ月前に安かった株を負担付で取得し，当該安い価格で譲渡したケースにつき（例えば，3カ月前に2億円であった株を4億円取得し，その際2億円借金をし，息子にその借金を負担することを条件に贈与すると，贈与価格は2億円の株から2億円の借金を控除したゼロとなる），通達と異なる評価で行った課税処分を適法としている。

　同判決は通達を信頼した納税者の信義則違反の主張に対し「原告のいう財産評価通達の定める方法によって財産の評価が行われるという納税者側の信頼の保護という点は，本件に関していえば，要するに，実質的な租税負担の公平に反するような方法で租税負担の軽減ないし回避を享受し得る利益をいうにすぎず，そのような利益が法的に保護されるに値するものとはいえない」と一蹴し，安易な通達利用に警鐘を鳴らしたともいえる。

　株式については，取引相場のない株式の場

合，類似業種比準方式による評価額と譲受価額との差額が低額譲渡になるとされた事例【108】，従業員持株制度の運営としてされた退職従業員から会社役員への譲渡が低額譲渡に該当するとされた事例【109】などもある。

　低額譲渡で問題となるのは，相続税法がいう「著しく低い」かどうかを判断する具体的な基準である。所得税法59条や国税徴収法39条に同様の規定があり，これらは一般に時価の2分の1を下回る場合，とされているので（所令169条），相続税法の場合も同様に解されるべきかが問題となる。【110】は同様に解すべきとする原告の主張を退け，当該財産の譲受の事情，当該譲受の対価，当該譲受に係る財産の市場価額，当該財産の相続税評価額などを総合勘案するという立場を採用した。【111】は明確な根拠を示さないまま，原告の主張を退けているが，同様な前提に立っているものと思われる。【112】も同様の立場から低額譲渡を認定している。確かに，2分の1を形式基準とすると様々な租税回避が行われる虞もあるが，他方で総合勘案では納税者の予測可能性も担保できないので，具体的基準を立法化すべきであろう。

【107】　東京地判平7・4・27 判タ921・178

[判旨]　「このことからすれば，右取引は，J株式の市場価格と財産評価通達169に基づいて計算される価格との間に相当の開差があることを利用して，Aから原告への実質的な財産の移転につき贈与税の負担を回避するために行われたものであるということができる（なお，原告も，財産評価通達169に基づく同株式の平成2年4月の最終価格の月平均額を考慮すれば，右経済的利益について贈与税が課税されることはないとの判断に基づいて，本件売買契約を締結したことは自認しているところである。）。以上のように，本件売買契約を含む一連の取引は，専ら贈与税の負担を回避するために，財産をいったん株式に化体させた上，通常第三者間では成立し得ない著しく低い価額により本件売買契約を締結し，かつ，証券取引所における株価の変動による危険を防止する措置も講じた上，Aから原告への相続対象財産の移転を図る目的で行われたものというべきである。そうすると，このような取引について財産評価通達169を適用することは，偶発的な財産の移転を前提として，株式の市場価格の需給関係による偶発性を排除し，評価の安全を図ろうとする同通達の趣旨に反することは明らかである」

【108】　最判昭63・7・7 税資165・232

[判旨]　原審（大阪高判昭62・6・16訟月34・1・160，第1審・大阪地判昭61・10・30税資154・306）の次の判断を支持した。

　「類似業種比準方式による算定は一応合理的と思料され，これにより算定された本件株式の譲受時の評価額は別表2の5欄記載のとおりとなり（この事実は当事者間に争いがない。），これが本件株式の時価であるから，本件株式譲受価額の時価に対する割合は同表6欄記載のとおりであり，これによれば本件株式譲受価額は著しく低いというべきである。従って，別表2の8欄記載の差額合計額が贈与とみなされ，なお受贈株式の評価額については争いがないので，結局，同表13欄記載の金額が原告らの係争各年贈与税の課税価格となる。」

第2章 贈与契約と税

【109】 仙台地判平3・11・12判時1443・46
（評釈：石倉文雄・ジュリ1032・118，石倉文雄・租税法研究22・172，品川芳宣・税研46・29）

[判旨]「決算期が間近で配当金の計算などの必要があるときは原告が取得した株式として扱い，その後株主を探さずにそのまま原告所有の株式として確定したことがあったというのであり，しかも，本件株式についてみても，原告はこれを2年以上にわたり保有し，本件株式の株主としてその配当をも受けていて，また，本件株式を保有することは，筆頭株主であった原告の地位をより一層確固たるものにすることに役立つものであったということもでき，原告の主張するように，原告が本件株式を取得した際の動機・目的が次に株式を保有させるべき従業員が決まるまでの間一時的に保有するというものであったとしても，その後の経緯からすれば，原告は現実に本件株式の取得により右のような経済的利益を受けているから，本件株式の取得価格と本件株式の時価との差額分については，相続税法7条により贈与があったものとみなされるべきである。」

【110】 東京高判昭58・4・19税資130・62
（評釈：新井三郎・税通39・15・182）

[判旨] 原審（横浜地判昭57・7・28判タ480・140，評釈：岩崎政明・税事15・10・2）の次の判断を支持。

「相続税法7条は，著しく低い価額の対価で財産の譲渡を受けた場合においては，当該財産の譲渡を受けた時において，当該財産の譲渡を受けた者が，当該対価と当該譲渡があった時における当該財産の時価との差額に相当する金額を贈与により取得したものとみなす旨規定している。ところで，右規定にいう著しく低い価額の対価の意義については，所得税法59条1項2号に係る同法施行令169条のような規定がないところ，相続税法7条は，著しく低い価額の対価で財産の譲渡を受けた場合には，法律的には贈与といえないとしても，実質的には贈与と同視することができるため，課税の公平負担の見地から，対価と時価との差額について贈与があったものとみなして贈与税を課すこととしているのであるから，右の規定の趣旨にかんがみると，同条にいう著しく低い価額の対価に該当するか否かは，当該財産の譲受の事情，当該譲受の対価，当該譲受に係る財産の市場価額，当該財産の相続税評価額などを勘案して社会通念に従い判断すべきものと解するのが相当である。……所得税法59条1項2号は「著しく低い価額の対価として政令で定める額による譲渡」と規定し，同法施行令169条はこれを受けて右の政令で定める額とは「資産の譲渡の時における価額の二分の一に満たない金額」と規定している。しかしながら，右所得税法の規定は譲渡所得に関する規定であるところ，譲渡所得に対する課税は，資産の値上りによりその資産の所有者に帰属する増加益を所得として，その資産が所有者から他に移転するのを機会に，これを清算して課税する趣旨のものである。そして，所得税法は，資産の譲渡により収入として実現した増加益にのみ課税するのを原則とするが，例外的に，増加益に対する課税が繰り延べされることを防止するために，未実現の増加益に対して課税することのできる場合を同法59条に定めている。すなわち，一定の無償譲渡（同条1項1号）又は著しく低い価額の対価による譲渡（同項2号）があった場合には，時価による譲渡があったものとみなし，増加益の全額を課税の対象としているのである。そして，所得税法施行令169条は，前記のとおり，右の所得税法59条1項2号の規定を受けて，著しく低い価額の対価として政令で定める額を資産の譲渡の時における価額の2分の1に満たない金額と規定しているが，これらの規定はどのような場合に未実現の増加益

を譲渡所得としてとらえ，これに対して課税するのを適当とするかという見地から定められたものであつて，どのような場合に低額譲受を実質的に贈与とみなして贈与税を課するのが適当かという考慮とは全く課税の理論的根拠を異にするといわなければならない。したがつて，前記所得税法の規定の文言と相続税法7条の低額譲受の規定の文言が同一であることや前記所得税法施行令の規定を，原告の前記主張の根拠とすることはできないといわざるをえない。なお，右の所得税法施行令の規定にいう資産の譲渡の時における価額が，時価すなわち客観的な取引価格を意味し，相続税評価額を意味するものでないことは，前記のとおり譲渡所得に対する課税が値上りによる客観的な増加益に対する課税であることにかんがみればいうまでもないところである。」

【111】　東京地判昭44・12・25 税資 57・840

判旨　「原告は，相続税法7条にいう「著しく低い価額」とは時価の2分の1に満たない金額を指すものと解すべきである旨主張し，そのことを前提として本件賦課処分の違法をいうが，所詮，独自の見解に基づくものであつて，採用の限りでない」

【112】　東京高判平 10・5・28 税資 232・353

判旨　原審（東京地判平9・11・28 税資229・898）の次の判断を支持する。
　「財産の譲渡が相続税法7条の規定にいう「著しく低い価額」による譲渡に該当するかどうかは，当該財産の譲渡の事情，当該財産の譲渡価額と相続税評価額との対比，同種の財産の市場価額の動向等を勘案して社会通念に照らして判断すべきものと解される。

証拠及び弁論の全趣旨によれば，本件土地の売買の当事者であるAと原告とは親子関係にあり，売買価額を自由に設定できる事情にあったこと，本件土地の譲渡価額は前記第2の1記載のとおり6億1,000万円であり，右譲渡価額は，評価通達に基づき算定された本件土地の譲渡時の時価である12億2,056万8,384円の約2分の1にすぎないこと，本件土地が接する道路に付された昭和63年分の路線価（昭和62年7月を基準に評価されたもの）は1平方メートル当たり142万円であり，昭和62年分の路線価（昭和61年7月を基準に評価されたもの）は1平方メートル当たり71万円であって，当時，本件土地付近の地価は著しく高騰していたこと，B税理士は，Aらに対し，本件土地の売買価額は，昭和62年分の路線価によって算定したところにより6億1,000万円とするのが相当である旨アドバイスをし，これによりAと原告は本件土地の代金額を6億1,000万円と定めたこと，当時，各年分の相続税財産評価基準による路線価のうち県庁所在地の最高路線価及び各税務署管内別の最高路線価は当年の1月中旬ころ発表され，新聞にもその主要な部分が掲載されていたこと，また，全体の路線価については，当年の4月中に路線価図を各国税局及び当該土地を管轄する各税務署に備え置き，納税者の閲覧に供して知らせることとされていたこと，……Aは，その営業上の必要から地価の動向については十分にこれを把握をしており，昭和63年1月中旬ころ公表された県庁所在地等の最高路線価の状況をみて昭和63年の路線価が昭和62年の路線価を大きく上回る事態になることを知ったものと推認される。以上の事実関係の下では，Aから原告に対する本件土地の譲渡は，社会通念に照らし，相続税法7条に規定する「著しく低い価額」による譲渡に該当するものと認めるのが相当である。」

2 その他の経済的利益

相続税法は「その他の経済的利益」についても，贈与とみなして課税する余地を認めている。社会生活上の利益は多様であり，それらの利益のうちどこまでがみなし贈与の対象となるのか必ずしも明確ではなく，その意味では租税法律主義との関係で疑問のあるところであるが，多くの判例は「相続税法9条は，法律的には贈与によって取得したものとはいえないが，そのような法律関係の形式とは別に，実質的にみて，贈与を受けたのと同様の経済的利益を享受している事実がある場合に，租税回避行為を防止するため，税負担の公平の見地から，その取得した経済的利益を贈与によって取得したものとみなして，贈与税を課税することとしたものである」として，同規定に基づき課税することを肯定してきている。

この規定に基づき課税する場合と贈与と認定して課税する場合とでは紙一重の差にすぎず，贈与契約が明確に認定できた場合は通常の贈与として課税し，贈与契約の有無が必ずしも明確ではないが，実質的経済的利益が供与されている場合に本条の規定が適用されるという関係になろう。

判例上争われたものとして，新株を引き受けた父親が自己の名義で子供に新株を引き受けさせた場合（【113】）があり，この事例では，原告は新株の払込金額を支払い，新株の時価（317円）と払込金額（285円）との差額は僅か32円であって，みなし贈与の要件としての「著しく低い価額」に該当しないと主張した。前記判決は，この場合は「対価を支払わないで」利益を受けた場合に該当するとして退けているが，この事例は子供3人がそれぞれ100万株を取得しているので，1株あたりでは少額でも合計すれば3,200万円もの差額が生じたため，「著しく低い価額」による財産の譲渡と考えたほうが合理的なようにも思われる。

類似の事例として，増資時に一方が増資前の所有株式の割合に応ずる数を超えて新株を引受け，他の親族が増資前の所有株式の割合に応ずる数を下廻って新株を引受けた場合（【114】），増資前の出資割合を超えて新出資の引受がなされた場合（【115】）等がある。

夫婦間の行為でもそこに経済的利益の移動が伴うとみなし贈与の対象となる。夫名義の定期預金の満期払戻金を妻名義の定期預金にした場合【116】や妻名義の建物の増改築費用を負担した場合【117】等がある。【118】は妻が夫から土地を使用貸借した場合につき，無償の地上権であることを前提として借地権割合により本件土地の使用に伴う原告の経済的利益の金額を計算すべきであるとの被告の主張を退け，利益が生じることは認めつつ，その利益は賃料相当分にすぎず，基礎控除以下であるとして課税処分を取り消した。この判決により，使用貸借の場合の課税の取扱いが変更されたのである（相続税個別通達・昭48直資2-189参照）。

第 2 節　みなし贈与

【113】　東京高判平 9・6・11 税資 223・1002

判旨　原審（東京地判平 8・12・12 税資 221・861）の次の判断を支持。

「T 農機は，取締役会決議をもって，S に対し，本件新株 300 万株を割り当てることとしたものであるから，これにより，S は，所定の方法で引受の申込みをすることによって，本件新株を発行価額で取得し得る地位（第三者割当による新株発行の場合には，株主割当の場合と異なって，取締役会の決議だけでは，当該第三者が当然に新株引受権を取得するものではないと解されているが，前記に認定したような本件増資に至る経緯からすれば，S がその引受の申込みをすることにより，S が本件新株を取得することになることは当然に予定されていたものであり，S の右地位は，広い意味においてはこれを一種の新株引受権とみることも可能である。）を得たものであり，当該株式の時価が発行価額を上回るものであれば，その差額相当分の利益を得ることとなるということができるところ，S は，自ら引受の申込みをせず，本件新株を原告らに取得させるために，原告らの借入金を用いて，S の名義で原告らに本件新株を引き受けさせ，原告らは本件新株を取得するに至ったものであるから，これによって，S は，結局のところ，本件新株を引き受けたとすれば取得するであろう当該株式の時価とその発行価額との差額に相当する経済的利益を失い，他方，原告らは，S の名義で本件新株を引き受けたことにより，何らの対価の支払なくして右の経済的利益を享受したものということができ，その間に実質的に利益の移転があったことは明らかであるから，原告らは，その利益を受けた時における当該利益の価額に相当する金額を S から贈与により取得したものとみなす（相続税法 9 条）のが相当である。……原告らは，被告の主張によっても本件新株の時価（317 円）と払込金額（285 円）との差額は僅か 32 円であるから，この程度の差額があることは，みなし贈与の要件としての「著しく低い価額」に該当しない旨主張するが，原告らは，前示のとおり，本件新株の時価とその発行価額との差額分相当の利益を受けたものであり，右利益の取得につき何らの対価を支払っていないことは明らかであるから，本件においては，「著しく低い価額」の問題ではなく，「対価を支払わないで」利益を受けたものとして相続税法 9 条のみなし贈与の対象となるのであって，原告らの右主張は理由がない。」

【114】　大阪高判昭 56・8・27 税資 120・386

　　　　（評釈：上杉幸雄・税通 40・4・284，尾崎三郎・税通 39・15・180）

判旨　原審（神戸地判昭 55・5・2 税資 113・258）の次の判断を支持。

「一般に，含み資産を有する会社が増資をすれば，旧株式の価額は増資額との割合に応じて稀釈され，新株式の価額が逆に増加することとなるため増資に当たり増資前の株式の割合に応じて新株の引受がなされなかったときは，右新株の全部又は一部を引受けなかった者の財産が，旧株式の価額の稀釈に伴いそれだけ減少する反面，右割合を超えて新株を引受けた者の財産は，それだけ増加するから，後者は前者からその差額分の利益を取得したことと評価しうる。従って，右利益を無償で取得すれば，相続税法 9 条所定の「みなし贈与」に該当すると解すべきである。そうして，これらの新株引受権による利益が，相続開始前 3 年以内に発生しておれば相続税法 19 条により相続税の課税価格に加算することとなる。」

【115】　名古屋高判昭 53・12・21 税資 103・838

　　　　（評釈：小林栢弘・税通 39・15・216）

判旨　原審（名古屋地判昭 51・5・19 行集 27・5・

682，税資88・786）の次の判断を支持。「増資によつて出資口数が増加しただけ旧出資の価値は減少（本件では，16,659円から2,584円に減少）したのであるが，新出資は旧出資と平均化されることにより1口当りの価額は払込金額を上廻ることになる。この価額が出資引受権の評価額であるが，増資前の出資割合を超えて新出資の引受がなされた場合には，その者は増資前の出資割合に応ずる新出資の引受をしなかつた者から出資引受権の評価額に相当する利益を取得したことになる。そして右利益は，相続税法9条の贈与により利益を取得した場合に該当するということができる。」

【116】 東京地判平1・10・26 税資174・178

事実 原告は，夫名義の定期預金の払戻金を自己の定期預金としたが，それは，夫の支払うべき生活費，交際費，医療費等を同人に代わって立て替えて支出してきたので，右立替金の返済および以後の立替金の先払いの趣旨で，自己の定期預金としたものであって，対価を支払わなかったのではないから，原告の右利益享受は贈与ではないと反論した。

判旨 「原告が主張する立替払いの項目は，いずれも認められないものといわざるを得ない。そうすると，原告は，対価を支払わないで，Aから定期預金の払戻金合計4,446万1,297円の利益を受けたものというべきであるから，相続税法9条の規定に基づき，原告がAから当該利益を受けた時における当該利益の価額に相当する金額4,446万1,297円を贈与により取得したことになるというべきである。」

【117】 東京高判昭52・7・27 税資95・245

判旨 「前記認定のように，控訴人夫婦の間においては，本件増改築に当りあらかじめ増改築後の建物の所有権のすべてを控訴人に帰属せしめる合意をしたか，もしくはAにおいて右増改築による利得の償還義務を免除したものと認められ，その前者の場合には控訴人の債務は生じないし，そうでなくて附合による利得償還義務が生じ右の免除の合意がないとしても，控訴人の主張によればその履行期はAが将来弁護士を廃業してその事務所として使用する必要のなくなった時というのであって，いつのことかわからない不確定なもので，履行期がそのようなものであるとすると債務が有ると云っても無きに等しいのである。」

【118】 大阪地判昭43・11・25 行集19・12・1877
（評釈：碓井光明・税事6・9・19，小林栢弘・税通34・15・216，中川一郎・シュト87・1，白崎浅吉・税事7・2・11，北谷健一・税務弘報17・6・120）

判旨 無償の地上権であることを前提として借地権割合により本件土地の使用に伴う原告の経済的利益の金額を計算すべきであるとの被告の主張を退け，使用貸借であることを前提に「土地の使用関係が使用貸借であることは経済的利益の存在を認定する上においては何らの妨げとなるものではなく，証人Kの証言によれば原告は本件土地を使用して共同住宅を建築し，これを他人に賃貸して賃料収入を挙げている事実が認められるから夫婦別産制をとるわが法制下においては，原告は，自己の営む事業によって自己の所得をえているのであり，原告は税法上の見地においては独立の経済主体として本件土地を夫から借用することによって相当の経済的利益をうけている」と認定し，「しかるに使用貸借においては，かかる交換価値の関係は，一方的に貸主の側にのみ存し借主の側には存しないため借主の利益を考察する場合においては，対価関係を有する賃貸借における賃料相当額をもって右の使用料すなわち借主の利益と観念す

るのが相当である。」とした。この結果，賃料相当額は贈与税の基礎控除以下となり，処分は全部違法として取り消された。

第3節 贈与による「取得」時期と課税

1 口頭贈与と「取得時期」

　民法上贈与契約は諾成・片務・不要式の契約であり，口頭による贈与も可能である。しかも，通常贈与契約は親族間で行われるため，贈与契約成立により贈与税納税義務の成立すると解すると，成立時の翌年の申告期限から課税権の除斥期限（6年）が進行するため，第三者および課税庁に贈与事実が判明した時点では，課税の機会が失われてしまうことになる。

　この問題は，口頭による不動産贈与契約成立後，長期間経過後登記をしなかったケースにつき【119】が，「「取得の時」とは贈与契約（意思表示の合致）が成立した時をいうものであって，これは書面によらない贈与の場合においても変りはないものと解するのが相当である」と判示したのが契機となって多くの論議を呼んだ。

　確かに，民法の贈与契約の成立時期をそのまま税法にも適用するならば，このような解釈は自然であろう。しかし，このように解す

ると，口頭で贈与契約を締結したままで，履行や登記もせずにその後も無申告のままでいれば，容易に除斥期間を経過することができる。課税庁には強力な調査権限があるとはいえ，親族間での口頭贈与を調査把握するのはやはり困難であろう。逆に，そのようなものまで把握できるほど，恒常的で，強力な調査権限を導入すること自体も疑問である。むしろ，外部が認識しうる徴表を示したときに原則として税法上は「贈与による取得」があったと解する方が公正性は担保しうるように思われる。その意味で，【120】が前記京都地裁の事実認定を覆し，登記時に贈与契約がなされたと認定したのは，事実認定のレベルで問題を解決しようとした点に疑問があるが，結論は妥当であったように思われる。その後，【121】【122】等が書面によらない贈与の場合は，贈与税の納税義務はその履行が終わった時に成立する，という判断を示し，この問題は一応の決着を見た。

【119】　京都地判昭52・12・16判時884・44
　　　（評釈：西野敞雄・税大論叢13・561，西野敞雄・税理22・3・153，村山文彦・税通34・3・191，中野昌治・税務弘報27・1・144）

判旨　「右「取得」の概念について税法上格別に定義づけた規定も見当たらないので，右国税通則法にいう「贈与による財産の取得の時」についても，民法の一般理論と別異に解すべき根拠も特に見出しがたいところ，判例通説の一般理論によれば贈与は贈与者の贈与の意思表示を受贈者が受諾することにより成立し，他に特段の行為なくして財産権移転の効力を生ずる（民法549条）ものとされているから，右「取得の時」とは贈与契約（意思

第2章 贈与契約と税

表示の合致）が成立した時をいうものであつて，これは書面によらない贈与の場合においても変りはないものと解するのが相当である。……つぎに，被告は親族間の書面によらない贈与例では租税回避防止のためにも贈与登記の時と解すべきというが，成程右例においては特殊な情誼関係を背景に法律行為として不明瞭な道義的情誼的関係を随伴してなされることが予想されるので，申告ないし登記等がなければ課税権者において了知が困難であることは否定しえないことも確かであるが，そのような困難さは贈与税のみに特有のこととはいえず，そのために税務職員に対し強力な質問検査権が与えられており（相続税法60条1項，2項，70条2号，4号）及び不申告に対する罰則が設けられている（同法68条，69条）のであり，又，申告のない場合に了知が困難なことは書面による贈与の場合も同じである（最判昭和51年10月12日裁判集民事199号97頁の趣旨参照）のみならず，今日の公法，私法における法律行為の解釈における表示主義理論によれば，贈与の合意も両当事者間の内心的意思のみでは足らず，表示行為を必要とするのであるから，贈与のゆえに直ちに外部的に常に了知困難ともいえず，他方登記するまでに至らなくとも，当事者の合理的平均的意思によれば，固定資産税における実質的納税負担者の変動，占有等使用収益関係の変動，ひいては民法550条による取消阻止のための受贈者自身の権益保全行為がいずれも外部的現象として生ずるのが通常といえなくもない。」

【120】　大阪高判昭54・7・19訟月25・11・2894

（評釈：村山文彦・税通34・14・183）。なお，本件は上告されているが，最判昭56・6・26判時1014・53，判タ450・73（評釈：石島弘・民商86・1・141，中村勲・百選106）では贈与時期自体は争点とされなかった。

判旨　「被控訴人は，A死亡後その相続人妻B，長男C，4男D，長女E，2女F，3女Gに対し本件土地について所有権を移転して貰うための格別の申出をすることもなく過ぎていたが，昭和46年6月頃被控訴人2男Hの商売上の失敗の穴埋めをする資金獲得のため本件土地の一部を分筆して売却する必要にせまられ，その頃死亡したBの祭りに親族一同が集った際，Dに対しA及びBの他の相続人4名と相談し本件土地を被控訴人に贈与して所有権移転登記手続をされたい，その対価として被控訴人においてA及びBの相続人5名に対し，金100万円（1人20万円宛）を支払う旨を提案し，Dが右提案をC，E，F，Gに伝えて5名で相談したところ，右5名の者は，被控訴人の窮状に同情し，本件土地は被控訴人所有の建物の敷地で従来無償使用を認めてきたいきさつもあるので，右提案を承諾することにきめ，登記の日に本件土地を被控訴人に贈与することとし，その旨をDを通じて被控訴人に伝え，それぞれの委任状，印鑑証明書等登記に必要な書類を被控訴人に交付した。被控訴人の支払うことを約した100万円は現在まだ支払われていないが，被控訴人において支払義務があるものである。

被控訴人は本件土地の贈与を受けた日を自己の誕生日とすることとし，昭和46年6月8日本件土地につき登記原因を昭和4年6月11日贈与として所有権移転登記手続をし，昭和46年7月5日本件土地から京都市……宅地73・04平方メートルを分筆し，これを同月10日Jに売渡して同月17日所有権移転登記手続をした。……以上認定の事実によれば，被控訴人は昭和46年6月8日A及びBの相続人Cほか4名から贈与により本件土地の所有権を取得したものであることが明らかである。」

【121】　東京高判53・12・20訟月25・4・1177，税資103・800

（評釈：柿谷昭男・税通39・15・170）

判旨　「ところで，書面によらない贈与は，その

履行が終らないうちは，各当事者において何時でもこれを取消すことができる（民法550条）のであるから，受贈者の地位は，履行の終るまでは不確実なものといわざるを得ない。

右のような書面によらない贈与の性質に鑑みれば，贈与税の納税義務者について規定する相続税法1条の2にいう「贈与により財産を取得した時」とは，書面によらない贈与の場合においては「贈与の履行の終つた時」を意味するものと解するのが相当である。」

【122】　福岡地判昭54・2・15訟月25・6・1666

[判旨]「贈与により財産を取得したこととは，本件のような書面によらない贈与にあってはその履行の終了を意味すると解すべきであるから，原告Xが相続開始前3年以内に贈与により財産を取得したとしてなした被告の本件処分は適法である」

2　書面による贈与と取得時期

こうして，書面によらない贈与については「その履行の時」（相基通1の3・1の4共-8），とする取扱が判例上も肯定されたが，他方で「書面によるものについてはその契約の効力の発生した時」（相基通1の3・1の4共-8）とし，「その贈与の時期が明確ではないときは，特に反証のない限りその登記又は登録があったとき」（相基通1の3・1の4共-11）として取り扱われてきている。

しかし，このような取扱基準を利用して，まず書面で贈与契約成立日を明確にしておき，登記を遅らせた場合はどうなるかが問題となった。つまり，書面，特に公正証書で不動産の贈与契約が締結され，当該不動産の登記が遅れたような場合は，課税権の除斥期間が徒過しているため，課税し得ない事態が考えられるからである。【123】は贈与契約の覚書が作成されたことを根拠に，作成時の贈与契約の成立を認定し，課税処分を違法としているが，覚書作成から長期間登記しなかったことにつき，沖縄の特殊事情をふまえて合理的な理由があると判断したためであろう。そのような合理性が疑わしいとき，従来の裁判例の多くは贈与事実の認定のレベルで公正証書作成時の贈与契約の成立を否定することで解決を図ってきているように思われる（【124】，【125】）。

つまり，公正証書まで作成しておきながら，受遺者にとって重要な登記を遅らせる合理的な理由がない場合には，証書作成時には贈与の意思はなかったと認定し，そうすると，当該贈与は口頭贈与になるので，贈与の履行時として登記時に贈与があったと認定するのである。

しかし，その事実認定には相当強引な印象を与えるものもある。例えば，【126】の事案では，原告Xの父親はある税務セミナーに参加し，「不動産の売買や贈与については，取引を完結した後で，登記をしないでおいて，ある程度の年数がすぎると不動産取得税や贈与税がかけられなくなる」という説明を聞いて，これを実行したのである。したがって，当事者には（脱税を前提とした）贈与意思は少なくとも存在していたと思われるし，仮に，原告が本件公正証書を根拠に所有権移転登記を訴訟でAに対して求めれば，原告の請求は

認められると思われる。この点を認めると，本件課税処分が除斥期間を経過した処分になりかねないこと，あるいは，脱税目的の贈与契約の対課税処分との関係における効力という問題に踏み込まねばならないこと等を避けるために，強引に公正証書による贈与契約の成立を否定したものであろう。しかし，この事案では書面の効力を否定しただけでは，なお不十分であった。というのは，本件では贈与対象不動産を原告が公正証書作成後単独で利用しているので，贈与の履行としての引渡しを受けたともいえるからである。引渡しの事実を認めると，仮に本件登記が公正証書による贈与ではなく，その後の口頭による贈与だとしても，引渡し時点で「履行」があったということになりかねず，結局，除斥期間が経過してしまうことになるからである。そのため，従来から親夫婦と利用していた場合は，親夫婦が引っ越し，単独利用し，租税公課を負担しても引渡しとはいえないという強引な結論を引き出さざるを得なかったように思われる。従来，複数家族で住んでいた場合に，他の家族が移動し，単独利用になったのが引渡しでない，というのは疑問である。

しかし，結論自体は肯定されるべきであろう。そうするとどのように課税関係を理解すべきなのだろうか。2つの考え方がありうるように思われる。

1つは，このような贈与契約も公正証書作成時にやはり成立したといわざるを得ない，と解し，同時に，贈与契約の成立が直ちに「贈与による取得」（相税1条の2）となるわけではなく，贈与税は贈与により財産を「取得」することによって初めて課税要件を充足したことになり，契約の成立だけでは不十分である，という立場である。「取得」という要件に独自の意義を見いだし，契約の成立ではなく，引渡等の「取得」につながる行為があって初めて課税要件が充足されるという立場である。

もう1つは，公正証書を作成しながら，合理的理由もなく登記を遅らせる贈与契約は「登記請求権」を停止条件とする贈与契約と解する立場である。「登記請求権」を停止条件と解するならば，登記請求権があったときに初めて贈与契約は成立し，登記時に除斥期間のために課税できなくなるという不合理な自体は避けられよう。

【127】は後者のような観点から「贈与税が払えないために，贈与税が払えるようになるまで登記はしない贈与契約」を条件・期限付の贈与契約，具体的には死因贈与契約と解して，課税問題との調整を図っているように思われる。

このように，贈与時期の特定は課税権の除斥期間等との関係で重要であり，その時期の誤認は課税処分の取消につながる場合もあるが，他方，2〜3日の贈与時期のずれは課税処分の効力に通常は影響を与えるものではないといえよう（【128】）。

【123】　那覇地判平7・9・27税資213・743

事実　原告は昭和40年ころ，居住用建物を建築

第3節　贈与による「取得」時期と課税

したいと考え，父に相談したところ，同人から，その所有する従前の土地のうち，約80坪を贈与するので，同所に建築するよう勧められ，従前の土地の一部に建築したが，その建築資金の融資を受ける際に，銀行員から，子供の代になって紛争にならないように，書面を作成した方がよいとの助言を受けた。そこで，原告は，昭和41年5月8日，父Ａとの間で，Ａを贈与者，原告を受贈者として，従前の土地のうち，約80坪を武次から原告に対し贈与する旨記載した書面を作成したが，登記をしたのは平成2年2月であった。そこで，課税庁は平成2年2月に贈与が履行されたとして課税処分を行い，これを原告が争った。

[判旨]「加えて，本土復帰前の沖縄においては，贈与税の制度はなく，贈与による財産の取得については，所得税の一時所得の適用を受けるところ，昭和42年に資産評価調査員規程が制定され，評価基準の作成作業が始まるまでは，不動産の評価基準はなく，不動産の一時所得についての課税実績がほとんどなかったことが認められる。したがって，昭和41年当時，贈与による財産の取得における納税意識は一般的に低かったと推認されることからすれば，原告において，本件贈与当時に移転登記を直ちに行わなかったことに，租税回避の意図を認めることはできない。……以上からすれば，昭和41年ころ，原告とＡの間で，ほぼ本件土地に相当する部分について，Ａから原告に贈与する旨の合意が成立し，右贈与を証明するため，同年5月8日付けで覚書が作成されたものと認められる。そうであれば，本件贈与は，基本通達にいうところの，書面による贈与であることとなるから，基本通達1・1の2共-7により，その契約の効力の発生したときである昭和41年を財産の取得時期とすべきであり，同取得時期を平成2年とした被告の本件各処分は，いずれも誤りである。」

【124】　神戸地判昭56・11・2税資121・218
　　　（評釈：小幡隆・税事14・12・27，林武文・税通39・15・4）

[事実]　当該財産が公正証書による贈与契約によってすでに相続人のものになっているか，それとも相続財産に含まれるか，が争点。

[判旨]「原告甲は，本件土地以外の個別的に贈与を受けた土地については，直ちに所有権移転登記を経由する等しているのに，本件土地については，それがなされないままになっていることをも考え合せれば，本件公正証書を作成したときの乙の意思は，直後に作成する遺言書で原告両名に遺贈する目的財産の範囲（本件土地）を，親族間に存する事情にかんがみ，関係者間に明確ならしめておくところにあったものであり，公正証書を作成したのは，右の事情にかんがみ，特に慎重を期したものであって，条件付であるとはいえその時点で直ちに原告両名に対して本件土地を贈与するというようなものではなかったと推認され，また，原告甲もこのことを了知していたものと推認」したうえで，公正証書作成時には「本件贈与契約は成立していないものというほかはない」と認定した。

【125】　名古屋地判平5・3・24訟月40・2・411
　　　（評釈：高津吉忠・税理37・5・285）

[判旨]「本件不動産につき，わざわざ公正証書を作成しながら，所有権移転登記をしなかった合理的な理由を見出すことができず，本件公正証書は，いずれも租税の負担を免れるための方便として作成されたものであり，事実は被相続人が死亡した場合には本件不動産をそれぞれ原告，丙及び丁に贈与することを約したのであるが，相続税の課税を回避するため，あたかも即時に贈与したかの如き条項にしたものと認めるのが相当である」として，証書作成時の贈与を否認した。

相続・贈与と税の判例総合解説　**111**

第2章 贈与契約と税

【126】 名古屋高判平 10・12・25 訟月 46・6・3041

（評釈：品川芳宣＝安屋謙一＝小林隆・TKC税研情報 8・5・18，三木義一・ジュリ 1176・120）

[事実] 原告Xの父であるAは，昭和60年3月14日当時，本件不動産を所有していた。AとXは名古屋法務局所属公証人Sに昭和60年3月14日公正証書作成を委嘱し，Sは昭和60年第590号不動産贈与契約公正証書（以下，本件公正証書という）を作成した。本件公正証書には，次の記載がある。
第壱条　昭和60年3月14日贈与者Aは，その所有にかかる後記不動産をXに，贈与し，受贈者は，これを受諾した。
第弐条　贈与者は，受贈者に対し前条の不動産を本日引き渡し，受贈者はこれを受領した。
第参条　贈与者は，受贈者から請求があり次第，本物件の所有権移転の登記申指手続をしなければならない。
第四条　前条の登記申捕手続に要する費用は，受贈者の負担とする。

その後，原告Xは，平成5年12月13日，Aから，本件不動産について，昭和60年3月14日贈与を原因として所有権移転登記を受けた。そこで，Y税務署長は原告Xに対し，平成7年7月5日付で贈与税決定処分および無申告加算税賦課決定処分をしたところ，原告Xは異議申立，審査請求を経て，本件訴訟を提起したが，原審・名古屋地判平10・9・11でも請求を棄却されたため控訴した。

争点はAがXに本件不動産を贈与したのは公正証書記載通り昭和60年3月14日なのか，それとも平成5年12月13日頃なのか，という点にあった。

[判旨] 「本件公正証書は，将来原告が帰化申請する際に，本件不動産を原告に贈与しても，贈与税の負担がかからないようにするためにのみ作成されたものであって，Aに本件公正証書の記載どおりに本件不動産を贈与する意思はなかったものと認められる。他方，原告は本件公正証書は，将来，本件不動産を原告に贈与することを明らかにした文書にすぎないという程度の認識しか有しておらず，本件公正証書作成時に本件不動産の贈与を受けたという認識は有していなかったと認められる。よって，本件公正証書によって，AからXに対する書面による贈与がなされたものとは認められない。そうすると，AがXに対し，本件不動産を贈与したのは，書面によらない贈与によるものということになるが，書面によらない贈与の場合にはその履行の時に贈与による財産取得があったと見るべきである。そして，不動産が贈与された場合には，不動産の引渡し又は所有権移転登記がなされたときにその履行があったと解されるところ，本件においては，すでに判示したように，原告は本件不動産を従前から居住しており，本件証拠上，本件登記手続よりも前に，本件不動産の贈与に基づき本件不動産の引渡を受けたというような事情は認められないから，控訴人は，本件登記手続がされた平成5年12月13日ころにAから本件不動産の贈与を受け，その履行として本件登記手続がされ，これによって控訴人は本件不動産を取得したものであるから，控訴人の本件不動産の取得時期は平成5年12月13日である」

【127】 京都地判平 16・1・30 タインズ Z888-0959

[事実] 被相続人であるAは，独身で子供がいなかったため，昭和56年に弟の子であるXおよびその妻であるBを養子にしていた。ところがXの兄であるCが自分の借金の返済のためにAが家督相続していた財産を処分しているので，それを防止するために昭和57年に公正証書で不動産をXに贈与することにした。ところが，Xは贈与税を支払

えないので，名義はAのままにしておいた。その後A死亡時に，課税庁はこの財産を相続財産に加えたため，Xが処分の取消しを求めた。

[判旨]「本来，法律上当然に納付すべきことなる相続税や贈与税の負担を違法に免れる目的で，贈与契約の表示行為がされて贈与契約が仮装されることは勿論あり得るけれども，本件事実関係によっても，また，本件各証拠によっても，AもXも，本件贈与不動産の贈与をする意思がないのに，相続税や贈与税の負担を免れる目的で本件公正証書の作成依頼をしたとまでは到底認められない。むしろ，本件事実関係及び本件各証拠によれば，Aとしては，当時，本件贈与不動産の所有権をXに無償で取得させる意思はあったものと認められる。」

「本件公正証書作成当時，原告とAは，本件約定に拘わらず，Aが本件贈与不動産の所有権を直ちに原告に移転させるのではなく，結局，Aの死後，本件贈与不動産を原告に贈与するとの意思で，そのような合意をしたもの，すなわち，死因贈与の契約をしたものと認めるのが相当である」

【128】 大阪高判昭45・6・2税資59・972

[判旨]「いわゆる贈与財産の時価を評価するについての基準時となるべき贈与の時というのは，右の如く農地を転用のため贈与した場合には，特段の事情がない限り，贈与による権利移転の効力が発生する農地法5条による県知事の許可があった時を指すものと解すべきであるから，本件の場合贈与の時は前記県知事の許可のあった昭和35年12月7日とすべきところ，前記のとおりY税務署長が本件贈与の時を同月9日と認定しても，右12月7日と同9日とのわずか2日の相違は，本件土地の時価の算定上なんら影響を及ぼすものではないから，右2日間の相違をもって本件各更正処分を違法視することはできず，右税務署長が本件各更正処分につき本件贈与の時を昭和35年12月9日と認定したことは結局相当であって，なんら違法の点はないことに帰する。」

第4節　定期贈与・負担付贈与

1　定期贈与

　定期贈与については判例上争われたケースはない。基礎控除を利用して税負担を軽くする方法の1つとして連年贈与することがあるが，この場合，それぞれの年にそれぞれの金額を贈与する意思なのか，それとも最初に契約したときに全額を贈与する意思があり，ただ履行が各年にまたがったにすぎないのか，に留意する必要があるようにも思われる。後者の場合は契約時に全額贈与として課税される余地も理論的にはあるからである。

2　負担付贈与

　負担付贈与は消極財産とともに積極財産が贈与されるので，贈与税の対象となるのは当該受贈財産から当該負担額を控除した金額である（【129】）。
　この場合の負担は受贈者自身が負うものでなければならないから，受贈財産が抵当権付

というだけで当該抵当債務を受贈者が引き受けていない場合は、負担付き贈与にはならない（【130】）。

負担付贈与の場合に留意しなければならないのは、まず贈与者は受贈者に負担される債務分だけ自己の負担が軽くなり、したがって、その経済的利益分で当該財産を譲渡したことになる、ということである。つまり、贈与者に譲渡所得課税が生じうるのである。通常の個人間贈与の場合には贈与者は譲渡所得課税を受けることはなく、受贈者が将来譲渡したときに贈与者の取得価格を引き継ぐという（所税60条1項）方法で調整しているが（本章第1節参照）、負担付贈与は取得価格の引継の対象になる「贈与」には該当せず、譲渡所得課税の繰り延べが適用されないことに留意しなければならない（【131】）。

ただし、負担させた債務等が当該財産の2分の1以下で、取得費や譲渡に要した費用に満たない程度の金額であるときは、その損失はなかったもの（所税59条2項）とされ、取得価格も受贈者に引き継がれる（所税60条1項2号）ので、通常の贈与と同じことになる。なお、受贈者が法人で、負担させる債務等が当該資産の時価の2分の1以下の場合には低額譲渡（所税59条1項2号）に該当し、時価で譲渡したものとみなされることにも留意する必要がある（【132】）。

このように、負担付贈与は贈与者にも譲渡所得税の可能性がでてくることに留意すべきであるが、他方で、受贈者の贈与税についても留意しなければならないことがある。というのは、通常は相続税評価額に基づいて贈与税の課税価格が算定されるが、時価よりも低い評価額と負担付贈与を利用して贈与税回避が図られたためである。例えば、時価4億円の土地の評価額が2億円である場合、当該土地を2億円の借金して購入し、当該負債付で贈与すれば課税価格は2億円から負担である2億円を控除した金額、つまりゼロということになるからである。このような回避行為を防止するため、負担付贈与の場合の財産評価は評価額ではなく、時価を適用することにしたため、通達の適用を否認したことが信義則違反で争われた事例がある。【133】は「そうした納税者等の確信ないし信頼等の保護という点を考慮するとしても、本件に関していえば、要するに、実質的な租税負担の公平に反するような方法で租税負担の軽減ないし回避を享受し得る利益をいうにすぎず、そのような利益が法的に保護されるに値するものともいえない」と判示している。通達は評価の安全性・課税の謙抑性の観点から安めに評価しているが、そのことを意図的に利用した納税者の行為は保護に値しないということになる。しかし、通達で基準が定められていればそれを前提に納税者が行動するのも当然であり、通達に対する信頼を保護する場合とそうでない場合との区別は容易ではない。

負担付贈与は、バブル期に節税策として用いられたが、各種規制が講じられ、判例もそれを肯定してきているので、もはや節税策としての利用は考えられないといってよいであろう。

【129】 最判昭 56・6・26 判時 1014・53, 判タ 450・73

（評釈：石島弘・民商 86・1・141, 中村勲・百選 106, 渋谷雅弘・税研 106・31）

[判旨] 原審（大阪高判昭 54・7・19 訟月 25・11・2894）が適法に確定したところによれば，上告人は昭和 46 年 6 月 8 日訴外亡 A 及び同 B の各相続人らに合計 100 万円を支払うという債務の負担附で右相続人らから時価 360 万円相当の本件土地の贈与を受けたというのであるから，右贈与に係る贈与税の課税価格は本件土地の右時価から右債務負担額を控除した残額の 260 万円であると解するのが相当である。」

【130】 山口地判昭 41・4・25 訟月 12・9・1324

[判旨] 「また被担保債務の債務引受など負担付贈与がなされないかぎり抵当権の設定がなされている不動産が贈与された場合であつても，受贈者はいつでも抵当権の滌除をなし贈与者に対する求償債権を取得しうるから，権利確定主義による税法上の取扱としては贈与税の賦課にあたつて右被担保債務の額を課税価格から控除すべきではないと解すべきであり，原告らの右主張は失当である。」

【131】 最判昭 63・7・19 判タ 678・73, 判時 1290・56

（評釈：下山芳晴・百選 64, 吉良実・民商 100・4・698, 高梨克彦・シュト 329・9, 佐藤孝一・税通 43・12・17, 山田二郎・判タ 706・328, 増井和男・ジュリ 923・62, 波多野弘・判評 363・178）

[判旨] 「上告人らに訴外 X の合計 2,600 万円の債務の履行を引き受けさせた本件土地所有権（共有持分）移転契約は負担付贈与契約に当たるところ，所得税法 60 条 1 項 1 号にいう「贈与」には贈与者に経済的な利益を生じさせる負担付贈与を含まないと解するのを相当とし，かつ，右土地所有権（共有持分）移転契約は同項 2 号の譲渡に当たらないから，上告人らの昭和 52 年分の譲渡所得については，同項が適用されず，結局，租税特別措置法（昭和 55 年法律第 9 号による改正前のもの）32 条所定の短期譲渡所得の課税の特例が適用されるとして，本件更正処分及び過少申告加算税の賦課決定処分に違法はないとした原審の認定判断は，原判決挙示の証拠関係及び説示に照らし，正当として是認することができる。」

【132】 東京高判平 4・6・29 訟月 39・5・913

（評釈：占部裕典・シュト 394・13）

[事実] 原告 X が法人 A と不動産の売買契約を締結したところ，被告税務署長は売買契約は形式にすぎず，実質は負担付贈与と判断し，負担額（合計 977 万 0,430 円）が本件資産の時価に 1 億 2,915 万円比べて著しく低い価額であるため，低額譲渡として，時価で譲渡があったものとして課税したところ，原告がこれを不服として争った。高裁判決は原審判決（横浜地判平 3・6・10 判タ 779・146, 訟月 38・3・519）の次の判断を支持した。

[判旨] 「原告らと A 電設との間には，一応形式的には売買契約書が作成されているが，代金授受の合意はないか，仮にあっても双方当事者の真意に基づくものではないから，売買契約が有効に締結されたものということはできない。そして，原告らが本件各資産を譲渡し，A 電設が原告らの公租公課等を負担する旨の合意を法的に評価すると，負担付贈与と解するのが相当である。そして，原告らの本件各資産の贈与に伴って A 電設が負担すべきこととなった原告らの公租公課等は，所得税法 59 条 1 項 2 号にいう「対価」に該当し，右価額

第2章　贈与契約と税

は本件各資産の時価の2分の1に相当する金額をはるかに下回るものであるから，被告が本件について同号の規定を適用して原告らの昭和58年分の所得税を算定したことは適法である。」

【133】　東京高判平 7・12・13 行集 46・12・1143

[事実]　当時の財産評価通達169が，上場株式の評価に関して，上場株式の価額は，その株式が上場されている証券取引所の公表する課税時期の最終価格又は課税時期の属する月以前3カ月間の最終価格の月平均額のうち最も低い価額によって評価する旨定めているのを利用して，3カ月前に安かった株を負担付で取得し，当該株を負担付で贈与し，3カ月前の評価額と負担額とが同額なので贈与税納税義務はないとする納税者に対して，通達の適用を否認し，時価で課税したことの信義則違反等を納税者が主張した。

[判旨]　「なお，控訴人らの当審における主張に照らして，付言すると，財産評価通達自体が法規性を有するものではないことは，先に説示したとおりであり，納税者は，これによらないで目的財産の正当な時価を主張することができることは，いうまでもない。また，これまで一般に，株式の負担付贈与については財産評価通達の定める評価方法によって評価したところに従って納税ないし課税がなされてきたことは，控訴人ら主張のとおりであるとしても，先に認定したところによれば，本件負担付贈与は，予め贈与時点における株式の時価と財産評価通達を適用して評価される株式の時価との間に一定の乖離がある株式を選定して，贈与者の資金及び借入金によって購入し，税額が零になるように計算した額の借入金債務の負担付で株式を受贈者に贈与することによって，贈与税の負担を回避して贈与者から受贈者に財産を移転することを目的としたものであることが明らかであって，これと株式の負担付贈与一般とを同一に論じることはできず，控訴人らの右のような形態による贈与税の負担の回避が容認されることになれば，租税負担公平の原則が損なわれることになるのであって，控訴人らの主張は，到底採用することができない。」

第5節　死因贈与

死因贈与は遺贈と同様に相続税法上は相続税の対象になる[73]。したがって，相続に際してある財産が生前中に贈与されていれば贈与税（ただし，相続開始前3年以内の贈与の場合は相続財産に含まれる），他方，死因贈与の場合は相続税ということになる。しばしば，問題になるのが公正証書による贈与に関して，当該公正証書が将来死亡した際の紛争を回避するための死因贈与を定めたものなのか，それとも生前贈与なのか，という事実認定である。どちらの事実関係が納税者に有利であるかどうかは一概にはいえない。課税庁が贈与と認定した贈与税課税処分に対しては，納税者は死因贈与を主張して争うし，課税庁が死因贈与と認定し行った相続税課税処分に対しては，当該契約は生前贈与の契約であり，相続税の対象にならない（また贈与も既に更

---

73)　この問題をめぐる法務については仲隆「遺贈と死因贈与」法律実務研究18号91頁，税務については山本和義「死因贈与契約の有利・不利と実行上の留意点」税理42巻12号256頁，など参照。

第5節　死因贈与

正・決定の期間制限を徒過しているので課税できない）と主張して争うからである。この点に関連する裁判例として，【134】では納税者の死因贈与の主張が認められず，贈与税課税処分が適法とされ，【135】【136】では逆に課税庁の死因贈与の主張が認められず，相続税課税処分が取り消されたもの，などがある。

なお，「贈与税が払えないために，贈与税が払えるようになるまで登記はしない贈与契約」の効力を死因贈与と解した，前記【127】にも注目しておきたい。

なお，公正証書を利用した租税回避行為が横行したこともあり，近時の判例は公正証書を作成しても，すぐに登記等をしていない場合には贈与事実の認定に消極的である（本章第3節参照）。

なお，死因贈与は相続税との関係では遺贈と同様だが，不動産取得税との関係では遺贈と異なり課税対象になる，とされていること（【137】）に留意する必要もある。

【134】　最判平1・6・1税資170・622

[判旨]　原審（大阪高判昭63・9・27税資165・775）および第1審（奈良地判昭62・1・14税資157・1）の次の事実認定を支持。「Aは，原告とは年が離れ，高血圧と糖尿病の持病があつたが，Aの死自体は急のことで，本件公正証書作成の際に，とくにAの死期が迫つているとの事情にはなく，具体的に芳弘の財産の処分が，遺族等の間で問題となる機会を知覚に予想して本件公正証書が作成されたような事情はないこと以上の各事実が認められるのであつて，右各事実を総合すれば，本件公正証書をもつてなされた行為の内容については，当事者の明示の意思表示としては，本件公正証書の文言を含めて，贈与以外にはなく，また，Aあるいは原告が右公正証書の記載と相容れない意思を表明したこともなく，他にも，強いて右文言を死因贈与と解釈しなければならないほどの事情は見当たらないので，結局本件公正証書を贈与契約と解するほかはない」

【135】　大阪地判昭48・9・17行集24・8・9952，税資71・133

（評釈：熊本敬一郎・シュト145・7）

[判旨]　「右公正証書には，原告の受贈の意思表示は記載されていないが，原告本人尋問の結果によれば，昭和19年ごろ，Aと原告が右土地を耕作していた際，Aは右土地を原告に贈与する旨述べたこと，証人Bの証言によれば，Bが原告と結婚した昭和32年ごろ，Aは，原告の住居を建てるために，右土地を既に原告に贈与してある旨述べていたことがそれぞれ認められるから，右公正証書の内容は，遺贈または死因贈与と解すべきではなく，贈与契約と解すべきであり，原告の受贈の意思表示は，Aが当時未成年者であつた原告の法定代理人として，原告を代理して行つたものと解するのが相当である。」

【136】　静岡地判平17・3・30タインズZ888-0976

[判旨]　「Xは，本件10億円の交付当時，Aがいわゆるワンマン経営者として形成したfグループのグループ会社の取締役等を務めていたところ，グループ会社のいずれかから借入れをして，当該借入金を株取引資金として利用していたものであるが，いわゆるバブル経済崩壊の影響により，金融機関の融資先に対する審査が厳格になり，企業グループ内の融資や会社の取締役に対する融資を厳しく規制するようになり，上記Xの借入れもグ

ループ内の借入れであったことから，上記規制の対象とされ，金融機関からその返済を求められることになったこと，そのため，fグループのトップの地位にあったAは，同グループの金融機関に対する信用を維持するため，Bに指示して，Xが上記借入金を返済する資金として，Xに対し本件10億円の交付を行ったこと，その際にAからBに出された指示は，単に必要な金員を「出してやれ」という程度のもので，Xに対する金員交付の趣旨は明確ではなかったが，Bは贈与の趣旨に理解したこと，その後AからXに対して交付した金員の返還請求はなく，Xも金員交付の事実に関しAから贈与されたものと考えていたと推認されること，B及びXがこのように考えたことについては，Aが大変ワンマンな人物で家内でも万事がAの考えや指示で動いており，Xが株取引をして借金を抱えるようになったことについては，Aの指示が影響していて同人にも責任の一端があったことが背景にあることの各事実を認めることができ，上記金員の交付は，10億円と高額であるものの，父から子に対する金員の交付であって，Aは，生前，Xに対し，交付した金員の返還を請求せず，また，Xには，Aから返還を請求されたところで，上記金員のような高額な金員を返済するだけの資力はなかったことが認められる。

以上の事実関係に照らせば，Aは，自ら築き上げてきたfグループの信用維持を図り，実子であるBの急場を救うため，Bに対し，その借入金の返済資金として，上記金員を贈与し，Xもこれを承諾していたと認めるのが自然かつ相当であり，被告主張のように，Aが，Xに対する上記金員の返還請求につき，自らの死亡を始期として始期付免除をしたと評価するのは技巧的に過ぎるといわなければならない。

(2) 被告は，上記金員の交付が贈与ではなく立替金の交付であることの根拠として，上記金員の交付がfグループの信用維持という経済的必要性に基づくものであること，高額の金員の贈与であ

るにもかかわらず贈与契約書等の作成がないこと，Aが他の親族に対してこのように高額な金員の贈与をしたことがないこと，Xにその借入金を返済する資力があったことなどをるる主張するが，いずれも上記金員の交付が贈与ではなく立替金の交付であることを根拠付ける事実としては薄弱であることに加え，Xに返済資力はなかったと認められることを考え合わせれば，被告の主張は採用できない。

(3) また，被告は，B，C及びその他の関係者が，贈与税の申告を行っておらず，その納付のための資金繰りをしていないことをもって，上記金員の交付が贈与ではないことの根拠として主張するが，贈与税の申告の有無と贈与の有無とは直ちに結びつくものではないから，贈与税の申告あるいはその準備行為をした形跡がないからといって，この事実を過度に重視するのは相当でなく，前記認定の事実関係に照らし，被告の主張は採用できない。」

【137】 仙台高判平2・12・25判タ756・179，判時1397・15（【84】と同一判決）

判旨 「死因贈与契約に基づく不動産持分の移転が地方税法73条の2（不動産取得税の納税義務者等）1項の「不動産の取得」に当たるとしても，これは同法73条の7（形式的な所有権の移転等に対する不動産取得税の非課税）1号の「遺贈」に含まれるから，これについては不動産取得税を課税できないと主張する。しかしながら不動産取得税を課することができない不動産の取得として，73条の7第1号は，単に「遺贈」とのみ規定し，遺贈に死因贈与が含まれる場合の規定，例えば相続税法1条（相続税の納税義務者）の「遺贈（贈与者の死亡により効力を生ずる贈与を含む。以下同じ。）」というような規定の仕方をしていないことからすれば，地方税法73条の7第1号の「遺贈」に死因贈与が含まれないことは，明文上明ら

かである。また，これを実質的に見ても，死因贈与は契約であるのに対し，遺贈はいわゆる単独行為であつて，それぞれの法的性質は異なるのであるから，地方税法上，これを異別に取り扱うことについて，合理的理由がないということはできず，従つて，前記の主張は採用することができない。」

第6節　個人・法人間の贈与

1　一般法人等への贈与等

個人が法人へ贈与および遺贈（以下「贈与等」とする）をした場合には，個人間の贈与と少し課税関係が変わってくる[74]。受贈した法人の受贈益は相続・贈与税ではなく，通常の法人税に服するし，贈与等をした者も原則としてみなし譲渡課税に服するからである。受贈法人が公益性等の一定の要件を充たしているときは，法人税やみなし譲渡課税も非課税となる余地があるが，他方，それが相続税負担を回避するための贈与等である場合には，当該法人を個人とみなして相続・贈与税の対象にされることがある。また，個人が法人ではなく，人格なき社団や財団に贈与等を行った場合も，当該社団等は個人とみなされて相続・贈与税に服することになる（相税66条）。これは，個人が自己の資産を自己の管理下にある社団等へ移して，実質的に利用しつつ相続税の回避を図ることなどを防止するための規定である。以下では，これらの場合に分けて，判例を概観しておこう。

(1)　法人への贈与

個人が法人に資産の贈与等をすると，当該個人に対してみなし譲渡課税がなされる。資産を無償で譲渡したときも，所有期間中に発生した値上がり益を精算する必要があるからである。したがって，本来は個人が贈与・相続を通じて資産を移転する場合には譲渡所得課税が生じることになるが（旧法時代の判例【138】参照。当時はまだ個人間の贈与にもみなし譲渡課税を行っていた。1962年から個人間の贈与はみなし譲渡の対象からはずれた），相続・贈与税に加えてみなし譲渡課税をすることについては納税者の理解が得られず，徐々に適用範囲が縮小され，現行法は法人等への贈与等と限定承認の場合に限定して（所税59条参照），みなし譲渡課税をすることにしている。個人間の場合は，被相続人もしくは贈与者の取得価格を引き継いで，受贈者が将来譲渡したときに贈与者に生じていた値上がり益も含めて課税することにしたわけである。

しかし，法人へ贈与等をした場合，法人は時価で受け入れるため，この段階で贈与者に生じた値上がり益を課税することにしたわけである。もちろん，理論的には，法人にも取得価額を引き継がせることも可能であるが，そうなると個人所得税と法人税の税率等の格

---

[74]　詳しくは三木＝関根＝占部84頁以下も参照されたい。

第2章　贈与契約と税

差を利用した租税回避が懸念されるので、所得税の問題はこの時点で精算することにしたものと解される。したがって、この場合は、時価で法人に譲渡したとみなされ、その時価というのは相続税の評価額ではなく、通常の土地取引を想定した取引価額が基準となる（【139】【140】）。

また、法人への遺贈の場合、受贈時期は死亡開始時であり、この時点の事業年度の益金に算入すべきことになる【141】。

【138】　最判昭43・10・31訟月14・12・1442

（評釈：岡村忠生・百選60、吉良実・シュト86・8、佐藤孝行・判評202・28、山田康王・税事9・4・13、清永敬次・別冊ジュリ79・70、石井健吾・曹時30・11・1834、浅沼潤三郎・民商77・2・274、大塚正民・税法学306・307、大島隆夫・税通39・15・8、竹下重人・シュト100・107、藤田良一・税通33・14・98、波多野弘・シュト36・15）

[判旨]「資産の値上りによる増加益（譲渡所得）は、当該資産が、有償にせよ、無償にせよ、その所有者の支配を脱して他へ譲渡される際従来の増加益が実現し、又は実現されたとみなされこれに課税されるのであつて、譲渡に際し対価を得たか否かは課税の対象としての資格を左右するものではない。」

【139】　神戸地判昭59・4・25シュト270・24、税資136・221

[判旨]「このように考えると、所得税法59条1項にいう「その譲渡の時における価額」（時価）とは、当該譲渡の時における客観的交換価値（市場価値）、すなわち、自由市場において市場の事情に十分通じ、かつ、特別の動機を持たない多数の売手と買手とが存在する場合に成立すると認められる価格であると解すべきである。」

【140】　最判平4・11・16判時1441・66、訟月39・8・1602（【40】【89】と同一判決）

原審（東京高判平3・2・5税資182・286）および第1審（東京地判平2・2・27訟月36・8・1532）の次の判断を支持した。

[判旨]「所得税法59条1項1号所定の「その時における価額」とは通常の取引価額と解されるところ、地価公示法に基づき公示される地価（公示価格）は、都市及びその周辺の地域等について自由な取引が行われるとした場合におけるその取引において通常成立すると認められる1平方メートル当たりの価格とされており（同法1条、2条参照）、実際にも時価に近いものであるが、通常は、標準地の時価をある程度下回るものであり、その意味で控え目な評価であるとされていることは公知の事実であり、〈証拠略〉によれば、この点は本件土地についても妥当するものであることが窺われる。」

【141】　福岡高那覇支判平11・5・11税資242・527

（評釈：津田明人・税事35・8・34）

[判旨]「遺言は、遺言者の死亡のときからその効力を生じるのであるから（民法985条1項）、遺贈の効力は、受遺者の意思とは無関係に遺贈者の死亡によって当然にその効力が生じ、遺贈のなされた特定物の所有権は直接受遺者に移転すると解すべきであり、ただ、受遺者が、遺贈を放棄したときには、遺言者の死亡の時に遡ってその効果が生じることになる（民法986条）。したがって、前記認定事実によれば、控訴人会社は、亡Aが死亡し

た時点で，当然に本件各土地の所有権を取得したのであり，本件遺言により遺言執行者が指定され，本件各土地の所有権移転登記をきわめて容易に受けられ，また，これを第三者に処分すること等が可能となっているのであるから，本件事業年度にその受贈益が発生したことになると解すべきであって，たとえ，他の相続人が本件遺贈の効力を争っていたとしても，控訴人会社において，その主張を認めて本件遺言の無効を確認し，あるいは本件遺贈を放棄するなどしていない以上，本件事業年度にその受贈益を計上しなければならないというべきである。」

(2) 人格なき社団等への贈与等

ある団体が人格なき社団に該当すると，税法上は必要に応じて法人とみなしたり，個人とみなしている[75]。多くの税法では人格なき社団を法人とみなしているが，相続税法では逆に個人とみなしている（ただし，当該贈与又は遺贈に係る財産の価額が法人税法の規定により当該社団又は財団の各事業年度の所得の金額の計算上益金の額に算入される場合は除かれる。相税66条）。

したがって，宅地等を人格なき社団に遺贈すると，2つの課税問題が発生する。

1つは，人格なき社団に相続税の納税義務が生じるのである。この場合に，小規模宅地等の特例の適用を受けることができるかが実務上問題になるが，「小規模宅地等の特例の適用を受けることができる者は個人に限られており（措法69条の4第1項），人格なき社団は含まれない」とされている（国税庁質疑応答集）。相続税法の適用上「個人」とみなしている以上，特別措置も同様にすべきとも思われるが，措置法は人格なき社団の扱いについては個別に規定する建前をとっているため，個人に含める規定が明記されていない以上，上記のような解釈もありうる。

もう1つは，所得税法では人格なき社団も法人とみなされるから（所税4条），個人から法人格なき社団に対する贈与等もみなし譲渡課税の対象となる。

つまり，相続税とみなし譲渡課税が生じてしまうのである。平成6年の「政党交付金の交付を受ける政党等に対する法人格の付与に関する法律」により，政党も法人格取得が可能になっているが，【142】はそれ以前に政党に遺贈した事案であり，原告側が，政党の憲法上の位置づけ等を根拠にみなし譲渡課税を違法と主張したが，政党の憲法上に位置づけから直ちに課税問題が決せられるわけではないとして，課税処分が適法とされている。

ところで，法人への贈与等があった場合，受贈法人においては当該受贈益が法人税の対象になる。しかし，人格なき社団や財団は税法上法人とみなされるが（例えば所税4条，法税3条），収益事業しか課税対象にならないので（法税4条1項），受贈益は課税されないことになる。この点を利用し，社団や財団設立のために財産を贈与したり，自己あるいは親族が管理している人格なき社団や財団に

---

[75] 碓井光明「人格なき社団と租税」ジュリ777号73頁，渡辺基成「任意組合と人格なき社団の税務」企業経営研究2号83頁，北野弘久「人格なき社団等の課税」税経新報497号41頁，遠藤和子「公益法人・人格なき社団等をめぐる課税問題」『争点』174頁以下，など参照。

第2章　贈与契約と税

自己の財産を贈与し，その後も実質的に当該財産を利用することが考えられる。相続税法66条1項はこのような行為を規制するために，当該社団や財団を個人とみなして相続・贈与税の対象にしているのである。しかし，判例で主に争われてきたのは，(3)で述べる公益法人の場合である。

【142】　東京地判平10・6・26訟月45・3・742，判時1668・49

[判旨]「原告は，亡Aから原告に対する本件土地等の遺贈は，憲法の定める議会制民主主義に不可欠な，極めて高い公共性を有する政党に対する政治献金であるところ，これにみなし譲渡所得課税を適用することは，政治資金の拠出に関する国民の自発的意思を抑制することがないように適切に運用されなければならないとする政治資金規正法の趣旨（同法2条1項）や政党に対する贈与等につき相続税，贈与税を課さないとしている相続税法12条1項3号，21条の3第1項3号，政党に対する個人の政治献金につき寄付金控除の対象としている措置法41条の16の各規定に示される個人の政党に対する政治献金について当該個人に租税負担をさせないという現行法制の基本的立場に反するものであり，受遺者たる原告により政党活動に利用される本件土地等に含まれている未実現のキャピタル・ゲインに対して課税すべき理由は全くないと主張する。しかし，政党が課税上どのように扱われるべきものであるかということは，政党の憲法上の位置づけから直ちに結論が導かれる問題ではなく，立法政策に委ねられたものというべきであり，原告が指摘する税法の諸規定をもってしても，原告の主張を基礎付けることはできない。

すなわち，政治資金規正法は，政治団体及び公職の候補者により行われる政治活動が国民の不断の監視と批判の下に行われるようにするため，政治団体の届出，政治団体に係る政治資金の収支の公開並びに政治団体及び公職の候補者に係る政治資金の授受の規正その他の措置を講ずることにより，政治活動の公明と公正を確保し，もって民主政治の健全な発展に寄与することを目的とするものであり（同法1条），原告が指摘する同法2条は，同法の運用が，政治資金の拠出に関する国民の自発的意思を抑制することのないように，適切になされなければならない旨を規定したにとどまり，政治資金への拠出について課税問題を生じさせない旨を規定するものではないから，本件土地等の遺贈につき，みなし譲渡所得課税を適用することが，政治資金規正法の趣旨に反するということはできず，原告が指摘する相続税法上の非課税措置は，受遺者，受贈者たる政党の取得した資産に係る相続税，贈与税課税の問題であって，遺贈者，贈与者のもとに存したキャピタル・ゲインに係るみなし譲渡所得課税とはその適用場面を異にするものというべきである。」

(3)　公益法人への贈与等
(a)　公益法人への贈与の特例

前述のように，法人への贈与はみなし譲渡課税の対象になるが，これを画一的に適用すると，個人が公益法人へ寄付してもみなし譲渡課税が生じる。また，公益を目的とする事業を行うものが相続又は遺贈により財産を取得し，それを公益事業の用に供する場合には相続税が非課税（相税12条1項3号）とされているのに，個人がいったん相続した財産を公益法人等へ贈与しても非課税とはなっていない。これでは，個人が公益法人等へ寄付することは極めて難しくなる。そこで，租税特別措置では一定の要件の下でみなし譲渡課税

第6節　個人・法人間の贈与

（措置法40条）や相続税（措置法70条）を課さないこととしている[76]。なお，これらは特別措置であるので，適用要件は厳格に解される傾向になることに留意すべきであろう。

裁決例では退職手当金を相続した者がいったん国債ファンドを購入し，その解約金を公益法人に寄付したケースにつき，相続した財産そのものを寄付したのではないので特例の適用ができないと主張した課税庁の主張を退け，「相続等により取得した財産のうち現金・預貯金は，その表示された金額が経済的価値そのものであるから，その他の資産と異なり，個別性，特定性が極めて薄いので，取得した後に運用されても最終的にその代替物が現金・預貯金であれば相続財産としての変質を招来するものではない」として，特例の適用を肯定したものがある（裁決昭63・11・14事例集36・193）。

他方で，措置法70条2項により「当該贈与があつた日から2年を経過した日までに……当該贈与により取得した財産を同日においてなおその公益を目的とする事業の用に供していない場合」に非課税の特例が適用されなくなるが，株式を譲渡したものの，2年間配当がなされなかった場合がこの要件に該当するかが問題となった。【143】は原審（京都地判平12・11・17訟月47・12・3790）の判断を覆して，「事業のように供されていない」と判断しているが，株式の場合に配当の有無だけでこのような判断が可能とは思われない。基本的にはその意味で地裁判断の方が妥当と思われるが，高裁の判断は本件の場合に租税回避的要素が濃厚であるとの心証があったように思われる。

【143】　大阪高判決平13・11・1判時1794・39
（評釈：品川芳宣＝竹本守邦・TKC税研情報11巻2号16頁，占部裕典・判評531号168頁）。

[事実]　株式の寄付があった時から2年間，株式の配当がなかったことをもって，受け取った財団が株式を公益を目的とする事業の用に供していないといえるかどうかが問題となった。原審・京都地判平12・11・17訟月47・12・3790は次のように判示した。「措置法70条2項所定の贈与があった日から2年を経過した日においてもなお贈与を受けた財産を法人がその公益を目的とする事業の用に供していないとの要件は，同項の文言上も，それが後発的に課税要件を納税者に不利益に変更させる事由であることからも（後発的な新たな課税要件事実である。），更にはそれが納税者側の事情ではないことからも，課税庁において具体的に主張立証すべき事由であるといわざるを得ない。……被告は，A財団が本件寄付を受けてから2年間を経過した日までに本件株式について配当がなかったから，A財団は本件株式を公益を目的とする事業の用に供していないと主張する。しかしながら，前判示の判断によると本件株式について配当がなかったというだけで右の要件を充たすものと解することはできず，また，少なくとも，配当の有無によって右の要件を判断する合理的な理由は全くないといわざるを得ない（仮に，配当があっても，それだけでは，配当金が公益を目的とする事業の

---

[76]　この制度の問題点については粕谷幸男「公益法人等への遺贈等をめぐる非課税制度」『争点』46頁以下，上松公雄「公益法人等に対する寄附と相続税・贈与税の課税・非課税要件(1)～(3)」非営利法人 717号20頁～719号18頁，等参照。

用に直接に供されたとはいえない。）。被告は，措置法の通達70-1-12を挙げるが，その趣旨が被告主張のようなものであるなら，それは措置法70条2項の解釈を誤ったものといわざるを得ない。」

これに対して，被告が控訴した。

[判旨]「確かに，これらの財産について上記公益目的の法人に対する権利の移転に必要な行為が終了しただけでも，当該法人の資産が増加するのが普通である（ただし，本件では，被控訴人らは本件株式の価額は零であると主張しているから，事情が違う。）から，当該法人にとっては有用であることは否定できない。被控訴人らは，この権利の移転が終わっただけの状態で措置法70条2項にいう『その公益を目的とする事業の用に供』していると認められると主張する。しかし，この権利の移転が終わっただけの状態は，措置法70条1項の贈与がされたことや，相続税法12条の相続又は贈与を受けたことを意味するすぎない。措置法，相続税法がさらに「その公益を目的とする事業の用に供していない場合」を規定していることからして，いわば権利の移転が終わった状態では，「その公益を目的とする事業の用に供し」たとはみていないことが明らかである。

……A財団は平成6年11月16日に被控訴人らから本件寄付を受けたが，その後2年間を経過した日まで本件株式について配当を受けたことがないほか，これを使用収益処分したことがないものと認められる（弁論の全趣旨）。したがって，措置法70条1項にいう公益を目的とする法人であるA財団が「当該贈与により取得した財産（本件株式）を同日においてなお公益を目的とする事業の用に供していない」と認められる。」

(b) 個人とみなされる公益法人

人格なき社団や財団に対する贈与は原則として社団等を個人とみなして相続・贈与税を課すが，公益法人及び公益を目的とする事業を行う法人に対する贈与は，それが贈与者の親族等の相続税や贈与税の負担を「不当に減少する結果となると認められる」場合に限って，当該法人等を個人とみなして相続・贈与税の対象にしている（相税66条4項）。この規定の趣旨は，【144】が指摘するように，公益法人を利用した租税回避の防止である。例えば，自己の子供が支配している公益法人に贈与して，当該法人には法人税も相続税も課されずに，当該財産を子供が実質的に利用できるのであれば，贈与税は形骸化されてしまうからである。この「不当に減少する結果となる」という概念および「公益を目的とする事業を行う法人」という概念については不確定概念で租税法律主義に反するという疑問がないではないが，後述の裁判例はすべてこれを否定している。具体的に本条が適用されて争われたのはいわゆる医療法人に対する贈与が中心であるが[77]，相続税等の「不当」な「減少」をもたらす私的に支配されている法人といえるかどうかは，事実認定の問題である。対象となる公益法人とは，出資持ち分の定めのない法人を意味し（【145】），個人経営の時代と変化がなく，贈与者等の親族による支配のおそれがある法人への贈与（【146】），他の理事が実質的に関与していない法人への贈与（【147】），等が本規定に該当するとされ

---

[77] 医療法人課税をめぐる問題点については，水野忠恒「医療法人の設立と課税関係」税務事例研究45号57頁，首藤重幸「医療法人の出資持分の払い戻しと相続税」税務事例研究80号39頁，などを参照。

第6節　個人・法人間の贈与

ており，逆に【148】は私的支配の可能性は客観的に判断すべきで，課税庁の主張する事実だけでは「私的支配をうけているとは客観的に認められない」としている。この一連の訴訟で，本条の存在を納税者も注意するようになり，昭和51年以降は訴訟がみられなくなっている。

【144】　東京高判昭50・9・25 判時804・24，判タ339・303

（評釈：荻野豊＝上杉幸雄・税通39・15・192，杉岡映二・税通34・15・200，扇沢義弘・税理19・9・145，竹下重人・シュト167・16）

判旨　「個人がその財産を個人に無償で取得させた場合には相続税または贈与税（以下贈与税等という）を課しうるけれども，公益法人等に対しなされた場合には贈与税等を課しえないとされているところから，相続税法66条4項は，当該財産の使用収益から生ずる利益が，直接または間接に当該財産の提供者または贈与者（以下贈与者等という），その相続人その他の同族関係者などがうけることができるような仕組──いわゆる私的支配──を有する公益法人等に財産を譲渡するときは，当該法人を通じて実質的には当該贈与者等又は同族関係者が当該財産を私的に支配し，その利益を享受するのと同様であって，結局贈与税等の課税の回避にひとしいこととなるので，租税負担公平の原則の立場から，かような場合は，譲渡をうけた当該公益法人等を個人とみなしてこれに課税しようとするものである。」

【145】　東京地判昭37・5・23 訟月8・6・1146，判タ132・99

（評釈：山田二郎・ジュリ17・12，北野弘久・シュト14・5）

判旨　「法第66条第4項の「公益を目的とする事業を行う法人」というその「法人」とは，少なくとも出資持分の定めのない法人を意味するものと解するのが相当である。したがって一定の出資持分にもとづき構成員たる社員の利益を目的とする法人，換言すれば社員に対する利益の配当又は残余財産の分配を目的とする営利法人についてはたとえそれが交通，通信，報道，出版等の公益に関する事業を営むことを目的とするものであつても右に該当しないものといわなければならない。これに反し公益社団法人及び財団法人は，同条の「公益を目的とする事業を行う法人」に該当するものというべきである。けだし公益社団法人，財団法人は本来公益を目的とし営利を目的せざる法人であり，公益社団法人の社員は公益法人の性質上利益配当請求権や残余財産分配請求権を有しないから，財産上の権利としては，せいぜい社団の設備を利用する権利等が考えられるにすぎず，それを課税の対象としてとらえることは無意味であり，また財団法人は一定の目的に捧げられた財産を中心とし，これを運営する組織を有するものであつて構成員たる社員は存在しないから，財団法人については社員の出資持分ということを構想する余地は全くないからである。」

【146】　東京高判昭49・10・17 行集25・10・1254

（評釈　広瀬正・別冊ジュリ79・108，田辺安夫・百選103，島村芳見・税事7・10・17，福岡右武・税通32・11・22）

事実　原審（東京地判昭46・7・15 判時644・29）同様，(1)理事長及びその同族関係者3名を除く他

相続・贈与と税の判例総合解説　**125**

の理事は全く納税者の管理運営等に関心がなく，これに関与することもなかつたこと，(2)寄附行為により提供した財産は積極財産に限られていたにもかかわらず，Xの貸借対照表には，理事長の債務が計上されていること，(3)Xは同族関係者に対する賞与を損金に計上して法人税の申告をしたところ，利益処分であるとして更正を受けたがなんらの不服申立てをしなかつたこと，(4)寄附行為により提供された家屋の所有権移転登記が経由されていないこと，(5)Xと同族関係者の預金が混同していること等の事実を認め，次のように判断した。

[判旨]「認定事実を総合して考えると，原告の経営の実態は，亡Aが個人として経営していた病院をその相続人であるXらが承継して従前同様に経営していたものであつて，原告が医療法人となつたことにより特に変化があつたとは認められず，原告はAおよびその同族関係者による私的支配を受けるおそれがあるばかりでなく，現にその事実があるというべく，右Aおよびその同族関係者の相続税または贈与税の負担が不当に減少する結果となると認められるので，かかる事実が存しないとする原告の前記主張は失当たるを免がれない。」

【147】 東京地判昭49・9・30訟月20・12・140，税資76・1010

[判旨]「右理事のうち，甲，乙，丙，丁の4名は，全く名目的な存在で，理事会の招集を受けたことも同会に出席したこともなく，したがつて，原告の経営とか決算に関与したことはなく，議事録や決算書を承認はおろか見たことすらなかつたことが認められ，右認定に沿わない原告代表者尋問の結果は，前掲証拠及び弁論の全趣旨に照らして採用できず，他に右認定を覆すに足りる証拠もない。更に，成立に争いのない乙第3号証の1の1によると，理事会の決議は，原則として出席役員の過半数により，可否同数のときは，議長（理事長）の決するところによる旨寄附行為により定められていることが認められる。
したがつて，原告の運営は，A及びその同族関係者の意向に沿つて行われるおそれが十分にあつたということができる。」

【148】 東京高判昭50・9・25判時804・24，判タ339・303（【144】と同一判決）

[事実] 課税庁は，(1)法人の事業はその規模が小さく事業目的に具体性がないこと，(2)助成金の分配が適正になされることの保証がないこと，(3)財産の提供者およびその特別関係者が理事その他役員の3分の1以上を占める虞れがあること，(4)法人は故個人の銅像建立資金として本来の公益目的外の支出をなし，しかもその額は各年度の支出総額の半分以上に及び右支出は提供者ないし特別関係者に対し特別の利益を与えるものであること，(5)法人が取得した財産である訴外会社の株式の半数以上は，その基本財産としてそこから生ずる配当収入を経費等にあてるのみでそれ自体は公益目的に供される財産とは認められないこと，等を根拠に私的支配可能な法人への贈与としてみなし個人課税をし，これを控訴人が争つた。

[判旨]「被控訴人が主張するごとき各事実（その評価，判断については既述のとおりである）のほか，他に特段の事情——例えばX家のものが，助成した結果完成した工業的権利を独占的に取得しているとか，事業費以外の支出経費をその利益において計上しているとかの事実——の認められない本件にあつては，控訴人はA家のものの私的支配をうけているとは客観的に認められないから，これに対する故Aの寄附行為を目して相続税の負担が不当に減少する結果となる場合にあたるとして，被控訴人がした本件決定処分は違法であり，取消しを免れないものというべきである。」

2　法人等からの贈与

　法人への贈与とは逆に法人から贈与された場合はどうなるのであろうか。前述のように，贈与税は相続税の補完税であるから個人間の贈与の場合にしか問題にならない。法人からの贈与は不労利得として所得税の対象になるが，法人と個人の関係によって所得区分は多様にわかれる。

　まず，全く関係のない法人からの一時的贈与であれば一時所得になるのが原則であり，関係ない法人から継続的に受けるのであれば雑所得，取引先から業務に関して受けるのであれば事業所得（裁決平14・1・23事例集63・153参照），雇用されている法人から業務に関連して受ければ給与所得となるのが原則である。いわゆるストックオプションの権利行使益について，外国法人から受ける場合についても【149】は対価性を認めて給与所得としているが，わが国の所得区分基準から見て疑問が多い[78]。

　なお，株主が当該法人から受ける利益供与は配当所得と解されることになろう（【150】）。

【149】　最判平17・1・25裁時1380・11

判旨　「本件権利行使益は，上告人が代表取締役であったA社からではなく，B社から与えられたものである。しかしながら，前記事実関係によれば，B社は，A社の発行済み株式の100％を有している親会社であるというのであるから，B社は，A社の役員の人事権等の実権を握ってこれを支配しているものとみることができるのであって，上告人は，B社の統括の下にA社の代表取締役としての職務を遂行していたものということができる。そして，前記事実関係によれば，本件ストックオプション制度は，B社グループの一定の執行役員及び主要な従業員に対する精勤の動機付けとすることなどを企図して設けられているものであり，B社は，上告人が上記のとおり職務を遂行しているからこそ，本件ストックオプション制度に基づき上告人との間で本件付与契約を締結して上告人に対して本件ストックオプションを付与したものであって，本件権利行使益が上告人が上記のとおり職務を遂行したことに対する対価としての性質を有する経済的利益であることは明らかというべきである。そうであるとすれば，本件権利行使益は，雇用契約又はこれに類する原因に基づき提供された非独立的な労務の対価として給付されたものとして，所得税法28条1項所定の給与所得に当たるというべきである。」

【150】　東京高判昭54・5・15税資105・393

判旨　東京地判昭53・4・24税資101・161の次の判断を指示

　「N法人の実質的株主が原告1人であり，原告以外の他の株主がいわゆる名義株主に過ぎないことは当事者間に争いがなく，また，前掲甲第3号証によれば，本件金員が原告に給付された当時原告はNの役員でも使用人でもなかったことが認められる。そうすると，原告がその株主であること以

---

[78]　この判決に対する批判として，大淵博義「親会社株式によるストックオプションの権利行使益を給与所得とした判決の波紋（上）（下）」税通2005年4月号17頁，5月号17頁およびそこに引用されている諸文献を参照。

外にNが原告に対し右給付をする理由を考えることはできないから，右給付は，Nから原告の株主たる地位に基づいてされたものと判断すべきである。したがつて，本件金員の給付は，旧所得税法第9条第1項第2号の「法人から受ける利益の配当」に該当する」

第7節　財産分与

1　財産分与制度

民法第768条は財産分与制度を規定している。この制度の法的性質等については，①夫婦が婚姻中に有していた実質上共同の財産を清算分配すること（清算的要素），②離婚後における一方の当事者の生計の維持をはかることを目的とすること（扶養的要素）を含むことについては異論がないが，慰謝料については対立がある。協議や審判等によって分与の内容が確定すると，1つの財産権になり，相続の対象にもなる。さらに，分与義務者が第三者に対して有している権利を行使しない時は，債権者代位権を行使でき（民423条），分与義務者が財産を不当に処分している場合には，詐害行為取消権（民424条）も行使できる。逆に，財産分与が分与義務者の債権者から詐害行為として取り消されることがあるか否かについては，最判平12・3・9（判時1708・101）が原則として，詐害行為とはならないとしつつ，不相当に過大な部分については，その限度において詐害行為として取り消されると判示したのが，民法上の判例としては注目されている。また，最判平12・3・10（判時1716・60）が「内縁の夫婦について，離別による内縁解消の場合に民法の財産分与の規定を類推適用することは，準婚的法律関係の保護に適するものとしてその合理性を承認し得る」と原則として財産分与を肯定し，争点であった死亡による内縁関係の解消の場合には財産分与を準用できないとしたのも注目される。

税法では，財産分与をすると，分与した者に譲渡所得課税が行われる[79]。この問題に最高裁がはじめての判断を示したのが【151】であった。判決は，不動産の分与により財産分与義務が消滅するのであるから，分与義務相当の対価を受け取ったといえるのであり，譲渡所得が発生しているとしたのである。学説・実務からは，これに対する批判も多かったが，その後も【152】のように譲渡所得課税を肯定している。しかし，この理屈は一般には理解されにくく，財産分与契約に際して税負担の錯誤をめぐる多くのトラブルが生じ，【153】は，夫には財産分与について譲渡所得課税が行われるとの事実について錯誤があるとして契約を無効とする判断をし，課税関係

---

[79] 宮川博史「離婚に伴う贈与・財産分与とそれをめぐる問題」税理39巻13号27頁，益子良一「財産分与と贈与・譲渡所得」『争点』118頁，今井猛「財産分与と譲渡所得について」税通58巻15号202頁，など参照。

第7節　財産分与

を誤解して財産分与した者を救済している。この最高裁判決以後，課税関係を誤解したことを要素の錯誤として契約を無効にする余地が広がったことは注目されてよい（本章1節4も参照）。現金を分与した場合には，譲渡所得の対象になる資産ではないので譲渡所得の問題は生じない。

なお，妻が実質的に負担して購入した不動産で，名義だけ自分のものにしてきた不動産を分与する場合には，財産分与という形式をとっていたとしても，それは妻の持分を返還にすぎないので，譲渡所得課税の問題は生じない（裁決平6・6・30事例集47・138）。

他方，離婚による財産分与請求権に基づき分与される財産は，贈与税の対象にはならない（相基通9-8）。この取扱いは，財産分与を婚姻中の夫婦財産の清算的なものと理解しているようにも思われる。この点とも分与者に対する譲渡所得課税は整合性を欠いているように思われる。なお，分与された不動産をすぐに譲渡した場合は，財産分与によって譲り受けたので，時価（財産評価通達の評価額ではなく，贈与の場合のように，贈与者の取得価額を引き継ぐこともない）で取得したことになり，それを時価で譲渡しているので，通常は譲渡益は生じないと思われる。しかし，①その分与に係る財産の額が婚姻中の夫婦の協力によって得た財産の額その他一切の事情を考慮してもなお過当であると認められる場合における当該過当である部分，②離婚を手段として贈与税若しくは相続税の逋脱を図ると認められる場合における当該離婚により取得

した財産の価額は，贈与によって取得した財産とされることにも留意する必要がある（相基通9-8但書）。ただ，その具体的判断は難しい。【154】は，分与額が夫の資産の半分以下であることや婚姻期間，婚姻中の生活状況，離婚に至る経緯および離婚後の子供の養育関係等を総合勘案して，18億円もの高額な財産分与でも過当なものとはいえないと判断している。

内縁関係の解消に際して財産を分与した場合の課税関係も基本的には同じである。留意しなければならないのは，内縁関係の解消に際して行う分与が，実質的にも分与の性質を有していなければならず，単に内縁関係中の贈与の約束の履行等にすぎないときは贈与税の対象になることであろう。これは事実認定の問題でもあるが，分与ではなく，贈与にすぎないと認定された事案としては【155】などがある。

【151】　最判昭50・5・27民集29・5・641，判時780・37

（評釈：一杉直・税事9・4・23，橋本守次・税通39・15・62，佐藤義行・判評202・28，斉藤明・税理27・5・25，石井健吾・法曹時報30・11・1835，浅沼潤三郎・民商77・2・274，大塚正民・税理19・4・170，竹下重人・百選66）

判旨　「譲渡所得に対する課税は，資産の値上りによりその資産の所有者に帰属する増加益を所得として，その資産が所有者の支配を離れて他に移転するのを機会に，これを清算して課税する趣旨のものであるから，その課税所得たる譲渡所得の

発生には，必ずしも当該資産の譲渡が有償であることを要しない（最高裁昭和41年(行ツ)第102号同47年12月26日第3小法廷判決・民集26巻10号2083頁参照）。したがって，所得税法33条1項にいう「資産の譲渡」とは，有償無償を問わず資産を移転させるいっさいの行為をいうものと解すべきである。そして，同法59条1項（昭和48年法律第8号による改正前のもの）が譲渡所得の総収入金額の計算に関する特例規定であって，所得のないところに課税譲渡所得の存在を擬制したものでないことは，その規定の位置及び文言に照らし，明らかである。

ところで，夫婦が離婚したときは，その一方は，他方に対し，財産分与を請求することができる（民法768条，771条）。この財産分与の権利義務の内容は，当事者の協議，家庭裁判所の調停若しくは審判又は地方裁判所の判決をまつて具体的に確定されるが，右権利義務そのものは，離婚の成立によつて発生し，実体的権利義務として存在するに至り，右当事者の協議等は，単にその内容を具体的に確定するものであるにすぎない。そして，財産分与に関し右当事者の協議等が行われてその内容が具体的に確定され，これに従い金銭の支払い，不動産の譲渡等の分与が完了すれば，右財産分与の義務は消滅するが，この分与義務の消滅は，それ自体一つの経済的利益ということができる。したがつて，財産分与として不動産等の資産を譲渡した場合，分与者は，これによつて，分与義務の消滅という経済的利益を享受したものというべきである。してみると，本件不動産の譲渡のうち財産分与に係るものが上告人に譲渡所得を生ずるものとして課税の対象となるとした原審の判断は，その結論において正当として是認することができる。論旨は，採用することができない。」

【152】 最判平7・1・24税資208・3

判旨 原審（東京高判平6・6・15税資201・519）の次の判断を支持。「また，夫名義の資産形成に対する妻の貢献が顕在化するまでの間，妻が夫名義の財産に対しなんらかの潜在的な持分を有するとしても，それは未だ持分割合も定まっていない抽象的な権利というべきものであり（右資産形成の態様には種々様々なものがありうるし，夫婦の財産は通常複数のものから成るものであるから，それらのすべてについて一律に妻が2分の1の共有持分を有するとみることはできない。），現実の財産分与手続がされて初めて具体的な権利として確定するものである。したがって，財産分与が単に右潜在的持分を顕在化させ，それを正式に帰属させるだけの手続とはいえないのであって，財産分与によって初めて夫名義の財産に対する妻の所有権又は共有持分が発生するといわざるを得ないから，そこに資産の譲渡と目される実質があることは明らかである。」

【153】 最判平1・9・14判時1336・93，判タ718・75

（評釈：高梨克彦・シュト338・1，采女博文・鹿児島大学法学論集26・1・135，山田二郎・税事22・2・4，山田二郎・判タ762・142，鹿野菜穂子・ジュリ956・110，小林一俊・民商102・4・488，塙陽子・摂南法学4・243，副田隆重・法学セミナー35・12・120，野口恵三・NBL435・52，野村豊弘・ジュリ952・67）

判旨 「意思表示の動機の錯誤が法律行為の要素の錯誤としてその無効をきたすためには，その動機が相手方に表示されて法律行為の内容となり，もし錯誤がなかったならば表意者がその意思表示

第7節 財産分与

をしなかったであろうと認められる場合であることを要するところ（最高裁昭和27年（オ）第938号同29年11月26日第2小法廷判決・民集8巻11号2087頁、昭和44年（オ）第829号同45年5月29日第2小法廷判決・裁判集民事99号273頁参照）、右動機が黙示的に表示されているときであっても、これが法律行為の内容となることを妨げるものではない。

本件についてこれをみると、所得税法33条1項にいう「資産の譲渡」とは、有償無償を問わず資産を移転させる一切の行為をいうものであり、夫婦の一方の特有財産である資産を財産分与として他方に譲渡することが右「資産の譲渡」に当たり、譲渡所得を生ずるものであることは、当裁判所の判例（最高裁昭和47年（行ツ）第4号同50年5月27日第3小法廷判決・民集29巻5号641頁、昭和51年（行ツ）第27号同53年2月16日第1小法廷判決・裁判集民事123号71頁）とするところであり、離婚に伴う財産分与として夫婦の一方がその特有財産である不動産を他方に譲渡した場合には、分与者に譲渡所得を生じたものとして課税されることとなる。したがって、前示事実関係からすると、本件財産分与契約の際、少なくとも上告人において右の点を誤解していたものというほかはないが、上告人は、その際、財産分与を受ける被上告人に課税されることを心配してこれを気遣う発言をしたというのであり、記録によれば、被上告人も、自己に課税されるものと理解していたことが窺われる。そうとすれば、上告人において、右財産分与に伴う課税の点を重視していたのみならず、他に特段の事情がない限り、自己に課税されないことを当然の前提とし、かつ、その旨を黙示的には表示していたものといわざるをえない。そして、前示のとおり、本件財産分与契約の目的物は上告人らが居住していた本件建物を含む本件不動産の全部であり、これに伴う課税も極めて高額にのぼるから、上告人とすれば、前示の錯誤がなければ本件財産分与契約の意思表示をしなかったものと認める余地が十分にあるというべきである。上告人に課税されることが両者間で話題にならなかったとの事実も、上告人に課税されないことが明示的には表示されなかったとの趣旨に解されるにとどまり、直ちに右判断の妨げになるものではない。」

【154】 最判平10・4・14 税資231・612

判旨　原審（東京高判平9・7・9税資228・26）の次の判断を支持。

「控訴人は、本件財産分与額は極めて高額であり、分与財産の大部分は控訴人が父から承継したものであるから、本件財産分与は、財産分与としては明らかに過当なものであり、過当部分は贈与に当たるものであるから、右部分について譲渡所得税の対象とすることは許されないと主張する。

確かに、本件財産分与の総額は、前認定のとおり時価にして18億円を超えるものであって、極めて高額であることは事実であるが、控訴人の総資産からすれば、半分以下にとどまるものであり（配偶者の相続分が2分の1以上であることを想起すべきである。）、このことに控訴人と絹子との婚姻期間、婚姻中の生活状況、離婚に至る経緯及び離婚後の子供の養育関係等（この点の原判決の認定は、挙示の証拠によって十分認められ、控訴人の論難は採用できない。）を総合勘案すれば、本件財産分与に係る財産の譲渡が財産分与として過当なものとはいえないこと、引用に係る原判決の理由欄記載のとおりであり、本件財産分与が財産分与に仮託した財産処分（贈与）と認めることはできない。」

【155】 東京地判平9・10・28 税資229・398

判旨　「以上の事実によれば、本件譲渡合意は、

第2章　贈与契約と税

本件マンション購入時から予定されていた贈与を，甲社の破局及び原告XとAとの内縁関係の破綻を契機として，確定的な合意としたものであり，その際のAの「とりあえず本件マンションをあげるので，売るなり貸すなりしろ。」との発言も，本件マンションの処分権が原告らにあることを確認するものにすぎず，……Aは，遅くとも平成3年4月ころから，本件マンションの登記名義を原告らに移転するための準備を進めていたことが窺われるが，原告Xから本件登記手続を一任されている状態のもとで，自己が代表取締役をつとめている甲社の再建が絶望的となった直後に，税理士とも相談の上，本件契約書を作成し，本件契約書と同日付の贈与を原因として本件登記手続を行ったことをも考慮すれば，本件契約書及び本件登記に示されている平成3年6月18日をもって，確定的に原告らに対する本件マンションの各持分を贈与する旨の本件譲渡合意がされたものというべきである」る。

る高齢者が勤労世代に資産を移し，それを勤労世代が活用しうることが期待された制度であるが，これは実質的に生前遺産分割を認めたに等しいといえよう。民法上の理念からすると，相続開始前の遺産分割は許されないはずであるが（相続開始前の相続分譲渡につき，東京地判平6・11・25判夕884・223はこれを無効としている），贈与税の改正で実質的にこれが可能になったといえる。

新しい制度なので，まだ訴訟で争われるには至っていないが，節税策として利用される一方で，相続時に思わぬ課税問題（贈与を受けた者が相続時には贈与財産を使い果たしてしまっていた場合などの連帯納付義務など）が生じ，様々な問題が出てくることが予想される。また，本来このような制度は相続税の課税制度を遺産取得税に整備しないと対応できないとも思われ，その意味で疑問も少なくない。

第8節　生前遺産分割と相続時精算贈与

平成15年の改正で，相続時精算課税制度が導入された（相税21条の9）。これは65歳以上の親が20歳以上の子供に贈与するときにこの制度を選択することができ，選択すると贈与税非課税枠が大幅に引き上げられ，しかも非課税枠を超えた部分も一律に20％の税率だけが適用され，相続時に精算するものである。この制度によって，資産を有してい

第9節　贈与税の非課税財産

相続税法は，①法人からの贈与により取得した財産，②扶養義務者相互間において生活費又は教育費に充てるためにした贈与により取得した財産のうち通常必要と認められるもの，③宗教，慈善，学術その他公益を目的とする事業を行う者で政令で定めるものが贈与により取得した財産で当該公益を目的とする事業の用に供することが確実なもの，など

を非課税にしている（相税21条の3）。

これらは，その性質上課税に相応しくないものや，所得税の対象となるので贈与税からはずしたもの（①など）等がある。このうち問題となったのは，②の扶養者相互間の生活費や養育費としての贈与であり，使途が明らかでないと通常の贈与と推認されてもやむを得ないであろう（【156】）。また，夫が妻名義の家屋に施した増改築工事が生活費等に該当しないことは異論ないと思われる（【157】）。

【156】 東京地判昭47・11・20 税資66・979

判旨 「㈠ 証人Ｋの証言，原告本人尋問の結果および弁論の全趣旨によると，故Ｓ夫妻は，昭和26年頃から息子にあたる原告方住居において同原告夫妻と同居し，その生活費等も同原告の家計のもとにまかなわれていたこと，故Ｓは，昭和35年ころ訴外会社の会長として報酬と株式配当とを併せて約300万円の年収を取得しており，交際範囲が広くて人を招待する機会が多かったほか，妻が病身であったためその関係の出費も相当あったが，原告から生活費の請求をされたり，生活費の精算についての約定などをしたりしたことはなく，ただ年に1，2度生活費として原告Ｘに対しかなり纏った金額を支払っていたことが認められ，右認定に反する証拠はない。

㈡ しかしながら，原告本人尋問の結果によると，原告は，当時故Ｓが自己の預金口座に前記の金員を振り込んだことさえ全く知らなかったことが窺われ，右金員が故Ｓ夫妻に必要な生活費に充てられるべき旨の表示もなかったことが推認され，また，右金員が故Ｓ夫妻のいつからいつまでの生活費であって，実際にはその中いくらがどのような生活費として支出されたかも，本件では証拠上全く不明であるから，これを生活費の支払いあるいは概算払いとみることは困難であり，むしろ，親子間におけるこのような費途の明らかでない漠然とした財産の移転は，贈与と推認するのが相当である。」

【157】 東京高判昭52・7・27 税資95・245
（【117】と同一判決）

判旨 「本件の増改築部分が相続税法21条の3，1項3号の非課税財産に該当すると主張するが，これが生活費にあてるためにした贈与により取得した財産で通常必要と認められるものにあたらないこと明らかであるから，右主張も理由がないものである。」

第3章　相続・贈与と資産の譲渡

これまでも再三ふれてきたように、相続・贈与も広義の資産の譲渡であるし、そこから派生する諸問題の調整のために相続・贈与と連動して資産の譲渡が行われる場合が少なくない。本章では、これまで紹介してきた譲渡課税問題を整理しておこう。

第1節　遺産分割過程での譲渡

まず、資産の譲渡が遺産分割過程で行われることがある。この場合は、いわゆる換価分割となるので、相続人が法定相続分で取得したことになり、その割合に応じて所得税の申告をすることになる（第1章第5節4参照）。ただし、民法では当事者がこの換価代金を遺産分割の対象に含めることも有効としているので、この売却代金が特定の相続人に帰属することもあり得る。その場合に、先に行った申告について更正の請求をしうるのかについては、実務はこれを否定している。もっとも、申告時期までに代金の取得割合が確定した場合には、その割合での申告も認められている（質疑応答集）。

第2節　遺産分割後の譲渡

これに対して、遺産分割後の譲渡は分割によって所有権がいったん確定した者の譲渡であるから、基本的には帰属者の所得の問題となる。

代償分割で取得した場合は、共有者の所有権と引き替えに代償金を引き渡すのであるから、まず代償金支払者の所有となる。その後、当該資産を譲渡した場合には、代償金支払者が譲渡所得税も負担することに留意しなければならない。分割が揉めて、「代償金」名義の金銭の支払による調整が、取得をあきらめた上での換価分割なのか、代償分割なのかの事実認定はそう容易ではない（第1章第5節4参照）。

分割後、資産を譲渡するとき、取得費は被相続人のを引き継ぐので、相続人は譲渡によ

相続・贈与と税の判例総合解説　**135**

第3章　相続・贈与と資産の譲渡

り被相続人の時代の含み益も含めて清算することになる。この場合の取得費については，第4節を参照されたい。

　分割後の譲渡との関係では措置法39条の適用が問題となることがある。この特例は，相続による財産の取得をした個人で当該財産につき相続税法の規定による相続税額があるものが，当該相続の開始があった日の翌日から一定期間内に相続した資産を譲渡した場合には，その資産にかかった相続税分を取得費に加算して，その分譲と課税を軽減する措置である。相続開始があった日から一定期日内の譲渡に限定されているため，遺留分減殺請求などで揉めていたために，その期間内に譲渡不可能である場合がある。この場合には「遺留分減殺請求の争いが解決した日」から起算すべきとの主張を【158】が退けている。また，バブル崩壊で売却できなかったような個別事情を理由に適用を認めるべきとの主張も退けられている（【159】）。特例の適用要件は厳格に解するのが裁判例の傾向である。

　また，被相続人の保証債務を承継し（この保証債務が「債務控除」の対象になるかどうかについては第1章第3節3を参照），結局，保証債務の履行のために資産の譲渡を余儀なくされることがある。保証債務の履行のためであっても，資産を譲渡すれば譲渡益が生じることがあり，この場合には所得税が問題になる。しかし，現実には債権者に返済して，しかも主たる債務者から求償もされないので，さらに所得税を負担させるのは酷なので，所得税法64条2項の特例がある。この特例の適用要件の裁判例を詳細に検討することは本書の課題ではないので，ここでは【160】がこの適用要件を簡潔にまとめているので掲載をしておく。もっとも厳密に言うと，さらにもう1つあり，保証債務契約時に主たる債務者に求償能力があることも重要である。求償能力がないのに保証債務している場合には，その時点ですでに求償を放棄し，贈与等と解されてしまうからである（【161】）。

【158】　東京地判平12・11・30 訟月 48・1・147
　　　（評釈：川田剛・ジュリ1217・140，松井宏・税事34・7・18，田中治＝高正臣・税通59・10・205）

判旨 「本件特例は，その文言上，本件特例が適用となる譲渡の時期を明確に限定しており，その始期については「当該相続の開始があった日の翌日」とし，その終期については，当該相続に係る相続税法27条1項又は29条1項の規定による申告書（これらの申告書の提出後において同法3条の2に規定する事由が生じたことにより取得した資産については当該取得に係る同法31条2項の規定による申告書）の提出期限の翌日以後2年（注＝現行法は3年）を経過する日と規定しており，その意義は一義的に明らかなものであること，また，相続税法32条1号ないし4号の定める事由が生じたため新たに納付すべき相続税額が生じた者が同法30条に基づいてする期限後申告がなされた場合については何ら言及せず，この場合につき始期又は終期の基点を変更すべきことを定めていないことからすると，本件特例について，その始期を限定する「当該相続の開始があった日」との文言を，原告が主張するように，遺留分減殺請求権の行使があった場合においては「遺留分減殺請求に係る争いが和解，調停あるいは判決によって解決した日」と解釈することは，到底採用し得ない

ものというほかはない。」

【159】 名古屋地判平 10・9・7 税資 238・42

判旨 「原告は，措置法39条1項の本件特例の2年間内である平成4年9月28日ころから本件ゴルフ会員権売却のために買受人を探し始めたが，バブル崩壊後，売買価格下落傾向という特段の状況下において売却できなかった特別な事由があるので，本件特例の適用を認めるべきであると主張する。

しかし，所得税法にいう譲渡所得とは，資産の譲渡による所得をいい（所得税法33条1項），譲渡所得の金額は，当該年中の当該所得に係る総収入金額から当該所得の基因となった資産の取得費及びその資産の譲渡に要した費用の額の合計額を控除し，その残額の合計額から譲渡所得の特別控除額を控除した金額をいうところ（同条3項），譲渡所得の金額の計算上控除する資産の取得費は，別段の定めがあるものを除き，その資産の取得に要した金額並びに設備費及び改良費の額の合計額であるとされている（同法38条1項）。措置法39条1項は，右所得税法38条1項の特則として，相続により取得した資産を譲渡した場合における所得税の譲渡所得の取得費について，本来，取得費とならない相続税負担部分を一定の期間に限定して取得費と認める特別の措置であり，行政法規であることも考慮すると，このような規定に該当しない場合にその例外を拡張することには慎重であるべきである。原告は，本件ゴルフ会員権が売却できなかった特別の事情があるというが，売却することが社会通念上不可能ともいえず，右原告の主張する事情のみで措置法39条1項を類推ないし準用することはできないものといわざるを得ない。」

【160】 さいたま地判平 16・4・14 タインズ Z888-0836

（評釈：平沢勝・税研116・82，岸田貞夫＝脇博之・TKC 税研情報 14・1・21）

判旨 「所得税法64条2項に定める保証債務の特例の適用を受けるためには，実体的要件として，納税者が

(ｱ) 債権者に対して債務者の債務を保証したこと
(ｲ) 上記(ｱ)の保証債務を履行するために資産を譲渡したこと
(ｳ) 上記(ｱ)の保証債務を履行したこと
(ｴ) 上記(ｳ)の履行に伴う求償権の全部又は一部を行使することができないこと，

となったこと必要であり，かつこれで足りるものであって，それ以上に債権者の請求があったことや主債務の期限到来が要求されているとは解し得ない（その理由は後述する。）。……保証人は主債務の弁済期の前後を問わず弁済でき，弁済したときは求償権は発生する（民法459条）。しかも，期限の利益は債務者の利益の為の定めと推定され（民法136条1項），債務者は期限の利益を原則として放棄することができる（同条2項本文）。もちろん債務者の側で期限の利益を放棄しても直ちに保証人に対抗できないが，保証人が債務者と歩調を合わせ期限の利益を放棄することは何ら差し支えない。そして有限会社が解散した場合には，清算の早期結了の要請から，会社は期限未到来の債務についても弁済することができるとされている（有限会社法75条，商法125条）。本件でも保証人である原告が期限前に代位弁済したのは主債務者であるAと保証人である原告がともに期限の利益を放棄した結果とみて差し支えない。すなわち，債務者本人たる有限会社が解散し，清算の早期結了の要請から期限の利益を放棄して，保証人に対し代位弁済を要請し，保証人がこれに応じた場合

は，保証人の立場は，主債務の弁済期到来による代位弁済とほぼ同様であって，前者と後者について所得税法64条2項の適用上取扱いを異にすべき合理的理由はない。所得税法64条2項の適用について，主債務について期限が到来しあるいは遅滞に陥ってなければならないとするのは，所得税法64条2項の条文にも判例通達にも見当らない要件である。被告の上記のような主張は，商法や有限会社法では会社が解散した場合，清算の早期結了のためむしろ期限前の弁済を奨励しているとみられること（商法125条，430条，有限会社法75条）とも矛盾したこととなろう。」

【161】 仙台高判平14・8・7 タインズ Z888-0764

[判旨]「そうすると，本件債務が成立した最初は平成4年であり，同年9月30日現在のA社の累積欠損額は1億8,853万7,000円，債務超過額は1億7,053万7,000円であること，その余の本件債務の発生は平成5年及び6年であるが，平成5年9月30日現在のA社の累積欠損額は2億1,061万2,000円，債務超過額は1億9,261万2,000円であることが認められることからすると，本件保証債務成立の当初から，その保証債務を履行した場合には，主債務者に対する求償権の行使が困難となる危険が客観的に明らかであったともいえるものであって，以上の観点からしても所得税法64条2項の適用は認められないものと解せられる。」

第3節 贈与・遺贈と譲渡

贈与および遺贈自体が資産の譲渡であるが，現行税法はこの場合には譲渡所得課税はせずに，受遺者に贈与者の取得価額を引き継がせ，受遺者が譲渡した時点で譲渡益を清算する制度を採用している。したがって，含み益ある資産を受贈して贈与税を負担しなければならず，その贈与税負担のために資産を譲渡すると，贈与者が保有していた期間の含み益についての譲渡所得課税まで負わねばならないことになる。贈与過程において，特に注意を要するのは法人への贈与・遺贈であり，この場合は贈与・遺贈した者に「みなし譲渡課税」がなされる（詳しくは第2章第6節参照）。

第4節 受贈・受遺後の譲渡

個人が受贈・受遺後，当該資産を取得したときには贈与者・被相続人の取得費を引き継ぐことになる。所得税法60条の規定内容は「居住者が次に掲げる事由により取得した前条第1項に規定する資産を譲渡した場合における事業所得の金額，山林所得の金額，譲渡所得の金額又は雑所得の金額の計算について

は，その者が引き続きこれを所有していたものとみなす」となっているが，受贈後譲渡した場合に「その者が引き続き所有していた」とみなされるのは「贈与者」ではなく，「居住者＝受贈者」なので，受贈者が受贈時に負担した名義書換料等が「取得費」に含まれるのかどうかが問題となった。実務はこれを否定していたが，【162】が譲渡所得課税の本質を強調し，名義書換料等が取得費に含まれると判断した。これを受けて実務も受贈者が負担した不動産取得税，株式の名義書換手数料や特許権などの権利についての登録費用等を譲渡所得計算上の取得費に含めるように取扱いを変更している。

【162】 最判平 17・2・1 タインズ Z888-0933

判旨 「譲渡所得課税の趣旨からすれば，贈与，相続又は遺贈であっても，当該資産についてその時における価額に相当する金額により譲渡があったものとみなして譲渡所得課税がされるべきところ（法59条1項参照），法60条1項1号所定の贈与等にあっては，その時点では資産の増加益が具体的に顕在化しないため，その時点における譲渡所得課税について納税者の納得を得難いことから，これを留保し，その後受贈者等が資産を譲渡することによってその増加益が具体的に顕在化した時点において，これを清算して課税することとしたものである。同項の規定により，受贈者の譲渡所得の金額の計算においては，贈与者が当該資産を取得するのに要した費用が引き継がれ，課税を繰り延べられた贈与者の資産の保有期間に係る増加益も含めて受贈者に課税されるとともに，贈与者の資産の取得の時期も引き継がれる結果，資産の保有期間（法33条3項1号，2号参照）については，贈与者と受贈者の保有期間が通算されることとなる。このように，法60条1項の規定の本旨は，増加益に対する課税の繰延べにあるから，この規定は，受贈者の譲渡所得の金額の計算において，受贈者の資産の保有期間に係る増加益に贈与者の資産の保有期間に係る増加益を合わせたものを超えて所得として把握することを予定していないというべきである。そして，受贈者が贈与者から資産を取得するための付随費用の額は，受贈者の資産の保有期間に係る増加益の計算において，「資産の取得に要した金額」（法38条1項）として収入金額から控除されるべき性質のものである。そうすると，上記付随費用の額は，法60条1項に基づいてされる譲渡所得の金額の計算において「資産の取得に要した金額」に当たると解すべきである。」

第4章　渉外相続と渉外贈与

第1節　国際相続と税

1　「住　所」

　相続が複数国間で生じる場合，相続税を課しうるのは日本なのか，相手国なのか，という問題がある[80]。わが国で実際に問題になるケースの多くは在日韓国人の場合であるので，日本と韓国を例にして少し解説をしておくことにする[81]。

　まず，日本は遺産取得税方式をベースにしているので，「相続人」の「住所」が基準となり，日本国内に住所を有している者が相続人になった場合には，その人が相続により取得する全世界財産が日本の課税対象になる（無制限納税義務）。日本に住所を有しない者が相続した場合は，日本国内の財産を取得した場合にのみ日本の相続税が及ぶ。贈与税の場合も同様であった。ところが，この住所基準が贈与税の課税方式と相まって租税回避の手段として利用されてしまったのである。例えば，アメリカのように遺産税方式を採用している国との間で「住所」をうまく利用すると次のような回避策が可能であった。

　息子がアメリカに住所を移し，そのあとで日本に住んでいる父親が一定の外国債券を購入し，アメリカに住んでいる息子に贈与するのである。日本は受贈者課税なので，父親に課税できないし，息子は日本に住所がないので国外財産には課税できない。一方，アメリカでは贈与者課税なので，受贈した息子は納

---

[80]　渉外相続の課税関係については，菅野敏恭「相続税・贈与税の納税義務者と国際間にわたる課税関係」『争点』57頁，大塚正民「相続および贈与に関する国際的課税の研究」『日本税法学会創立40周年記念祝賀論文集』109頁以下，同「相続および贈与に関する国際的課税の研究——日本の相続税と米国遺産税との交錯」税法学536号17頁以下，水野忠恒「国際間における株式等の贈与をめぐる課税問題」税務事例研究10号57頁以下，同「相続税・贈与税の国際的側面」税務事例研究82号65頁以下，佐藤英明「相続税と国際的二重課税」日税研論集33号271頁以下，等参照。

[81]　この問題についての詳細は，三木＝西山＝高編『日韓国際相続と税——その理論と実務』（日本加除出版，2005年）を参照されたい。

税義務を負わない。他方，贈与した父親はアメリカの居住者ではないのでアメリカの財産を贈与した場合にしか課税されないし，たとえアメリカの財産を贈与してもそれが債券であれば非課税とされる特例があった。結局，どちらの国でも贈与税がかからないということになる。

その意味で「住所」はどの国が課税できるかを判断する重要な要素であった。この住所概念について，税法は特別な規定を設けてはいないので，民法の住所概念を基礎に判断することになる。【163】は国外にすでに住所を移していたという主張を，納税者の諸事情を総合判断して否定しているが，真に生活の本拠を国外に移動した場合には日本は課税できないことになる。

このような回避策が横行したために，日本の相続税には，「住所」以外に「国籍」基準が導入され，次の者が日本の無制限納税義務を負うことになった（相税1条の3）。

「①　相続又は遺贈（贈与をした者の死亡により効力を生ずる贈与を含む。以下同じ。）により財産を取得した個人で当該財産を取得した時においてこの法律の施行地に住所を有するもの

②　相続又は遺贈により財産を取得した日本国籍を有する個人で当該財産を取得した時においてこの法律の施行地に住所を有しないもの（当該個人又は当該相続若しくは遺贈に係る被相続人（遺贈をした者を含む。以下同じ。）が当該相続又は遺贈に係る相続の開始前5年以内のいずれかの時においてこの法律の施行地に住所を有していたことがある場合に限る。）」

つまり，日本国籍を有している限り，国外に被相続人とともに5年以上日本から離れていない限り，日本の相続税から逃げることはできない，ということになったのである。

渉外相続と税の問題については，上記のことを考慮しなければならない。日韓を例にすれば，在日の被相続人が日本に居住していたとしても，相続人が日本に居住しているとは限らない。また，日本と韓国等相手国の相続税の課税方式が同じではない。例えば，韓国の相続税は一見わが国と似ているがアメリカ同様の遺産税方式が基礎になっている。韓国相続税の場合，無制限納税義務を負うかどうかの基準は日本同様住所であるが，相続人の住所ではなく「被相続人」の住所である。被相続人の遺産に課税する遺産税的仕組みを前提としていることになる。

そこで，在日韓国人に相続が開始された場合，日韓どちらが課税できるのかを整理してみると次のようになる。

①　韓国居住の被相続人の韓国所在の財産を在日の相続人が相続
　　韓国・課税／日本・課税

②　韓国居住の被相続人の日本所在の財産を在日の相続人が相続
　　韓国・課税／日本・課税

③　日本居住の被相続人の韓国所在の財産を在日の相続人が相続
　　韓国・課税／日本・課税

④　日本居住の被相続人の日本所在の財産を在日の相続人が相続

韓国・×／日本・課税
⑤ 日本居住の被相続人の韓国所在の財産を韓国居住の相続人が相続
韓国・課税／日本・△（韓国居住者が日本国籍有している場合は前述のように，被相続人及び相続人ともに日本を5年以上離れている場合にのみ非課税）
⑥ 日本居住の被相続人の日本所在の財産を韓国居住の相続人が相続
韓国・×／日本・課税

このような厄介な問題は，遺産取得税方式を採用している国との関係でも生じる。例えば，日本の母親がドイツに住んでいる子供を尋ねていた最中にドイツで亡くなると，その子はドイツの無制限納税義務者なので日本にある財産はドイツの相続税の対象にもなる。日本で払った相続税分は控除されるが，ドイツの相続税は不動産の評価額が低く，基礎控除も低い。ところが，日本の不動産は国外財産なので日本の異常に高い評価額がそのままドイツでも適用され，他方基礎控除は低いままなので高額の税負担を負うことになってしまうからである。いずれにせよ，相手国の相続税法の仕組みとの関係を慎重に検討する必要があるといえよう。

【163】 東京地判平17・1・28 タインズ Z888-0983

判旨 「およそ法令において人の住所につき法律上の効果を規定している場合，反対の解釈をなすべき特段の事由のない限り，その住所とは，各人の生活の本拠を指すものと解するのが相当である（最高裁判所昭和29年10月20日大法廷判決・民集8巻10号1907頁参照）。そして，租税法において人の住所につき法律上の効果を規定している場合に，生活の本拠がいずれの土地にあると認めるべきかについては，租税法が多数人を相手方として課税を行う関係上，便宜，客観的な表象に着目して画一的に規律せざるを得ないところからして，住居，職業，国内において生計を一にする配偶者その他の親族を有するか否か，資産の所在等の客観的事実に基づき，総合的に判定するのが相当である。

……以上のとおり，①原告が平成9年12月9日に香港に赴いた主目的が，税務対策上香港での居住という外形を作出することにあり，当面平成10年3月までの勤務が決まっていたこと，②本件贈与契約が締結された平成9年12月18日当時は，ホテルに10泊して，短期契約のアパートに移ろうとしていた時期であって，居住の安定性にも乏しいこと，③原告は，翌月及び翌々月も日本にいったん帰国した上，平成10年3月27日以降，同年7月16日までは大部分の期間日本に滞在していたこと，④その後も毎月日本に帰国していること，⑤原告の香港での当初の勤務形態は，語学研修の色彩が強いこと，⑥日本でも，A社のため労務を提供していること，⑦原告に対する給与は，終始，A社から支払われていたこと，⑧原告の家族は，従前どおり日本国内の本件マンションに居住していて，原告もそこに再三帰っていること，⑨家族とともに香港で生活する予定はなかったこと等を総合勘案すると，原告は，本件決定によって提供された勤務地である香港に赴任すれば，原告の住所が国外にあり，原告が相続税法1条の2第2号にいう非居住者に該当するという外形を作出することができるものと企図して，平成9年12月9日に日本を出国して香港に入国したにすぎず，同月18日当時，原告の生活の本拠が移転しているとまではいえず，生活の本拠は，依然として日本国内の本件マンションに存在していたものと認めるの

第4章 涉外相続と涉外贈与

が相当である。」

2 相続人の数

国際相続の場合，日本の相続税法が適用されるとしても，相続人数を日本の民法で計算するのか，相手国の民法で計算するのかという問題も生じてくる。基礎控除額が相続人の数で大きく変動するので，きわめて重要な問題である。原則として，相続関係は法例26条により「被相続人の本国法」が適用されるが，相続税の場合は，実務上相続人の数はあくまでも日本の民法に従った場合に相続人に該当する者の数であり，税額計算の第1段階で考慮する法定相続分で取得したと仮定する場合の法定相続分も日本民法によるものとされている。したがって，日本民法上相続人に該当しない者（例えば，子供が死亡している場合の子の配偶者）が相手国にいても，相手国民法では相続人にならない者が日本にいても基礎控除額が増えるということはない。

他方で，日本の民法上相続人に該当しない者が相手国民法により相続した場合には相続税が適用されることになる。

3 財産の不均衡配置

国際課税の場合，留意しなければならない特殊問題がある。仮に被相続人の全世界遺産の積極財産と消極財産とを総合すると，多少プラスなので相続をし，日本の相続税は基礎控除額以下で課税されないが，相手国の財産は積極財産のみで高額だったとしよう。この場合は，相手国については相手国が課税するが，これを日本の相続税から控除することはできないことになり，結果的に相続により取得した資産よりも負担が重くなることもあり得るからである。

第2節 財産の所在

以上のように，日本で課税されるかどうかの判断基準は「住所」に加えて，「国籍」も要素になってきたが，もう1つ，その財産の所在地も重要である[82]。日本国籍のない非居住者であれば，日本国外財産であれば日本に課税されることはないからである。

相続税法は10条で財産の所在地の判定基準を規定してしているが，例えば，現金を外国居住の子供に日本国内の銀行を通じて送金した場合はどうなるか，など判断が難しい場合もある。贈与に基づく送金の場合は，贈与契約を締結した上で送金した場合は，履行時は国内財産であった現金を送付することになるが，送金後子供が受領したときに目次の贈与契約が締結されたと解するならば国外財産

---

[82] 川田剛「国外所在財産を取り巻く"税の網目"二国をまたがる財産の相続・贈与と税」旬刊国税解説速報 1600号6頁，関野泰子「相続税・贈与税の課税管轄をめぐる諸問題――財産の所在の判定を中心として」税大論叢25号225頁，など参照。

と解する余地がある。外国為替による海外電信送金をした事案について,【164】は贈与契約の時期についての立証責任は課税庁にあるとした原審（東京地判平14・4・18タインズZ888-0619）を取り消し,更正の請求の場合は納税者に立証責任があるとした上で,贈与契約が送金前にあったとしても,口頭契約である以上,履行される時期の所在地で判断すべきであるとの主張を退け,送金時に受贈者の権利が確定していたとして,国内財産と判断し相続財産に加算した処分を適法としている。

【164】 東京高判平14・9・27 判時1811・58
（評釈：西山由美・ジュリ1243・157,林仲宣・法律のひろば57・6・66）

[判旨]「この贈与は書面によるものではないから,贈与者は履行が終わるまでは贈与を取り消すことができその間受贈者の権利は不確定であるとの見地から,履行が終わった時に受贈者の権利は確定し,その時点をもって課税すべきであるとの立場もあり得る。租税実務上書面によらない贈与についてはその課税時期を履行の時としている。

しかし,本件のようにアメリカ合衆国に在住する者に金銭の贈与を約束しその履行として電信送金の手続をとった場合は,受贈者の預金口座に入金されるのはいわば時間の問題で,送金された金銭は贈与者の手を離れ事実上その支配下にない状態になったということができる。法的,観念的にはなお贈与を取り消す余地はあり,電信送金手続上送金依頼人が支払停止の指示をすることも可能であるが,電信送金をする者の通常の意思としてはその手続を了した時に贈与に係る金銭は自己の支配下を離れ受贈者がこれを受け取るのを待つ（何らかの事故で送金されないというような事態にならないことを願う。）というものであると考えられる。そうすると,上記のような立場に立っても,受贈者の預金口座に入金された時あるいは受贈者が支払銀行に支払を請求し実際に支払がされた時まで待たずとも,贈与者が送金の手続を了した時に受贈者の贈与を受ける権利（贈与契約に基づく請求権）は確定的になったものということができる。履行という概念は権利の確定との関連で相対的にとらえるべきものであって,金銭の贈与の場合に受贈者の権利が確定したというためには,完全な履行があったこと,すなわち受贈者が当該金銭を現実に入手したことまで要するものではないというべきである。このように解することは前記租税実務に反するものではないと考えられる（なおこの実務は納税者の経済的負担（実際上の担税力）を考慮した扱いであるということもできる。）。被控訴人は電信送金の法的性質に基づいて贈与の時期を争うが,電信送金の法的性質いかんによって「財産を取得した時」の解釈が変わるものではない。すなわち,被控訴人はAが取得するのは支払銀行に対する預金払戻請求権であると主張するが,これは贈与契約の履行過程における別個の法律関係から生ずるものであって,贈与契約によりAがどのような権利をいつ取得したかという見地からすれば上記のような被控訴人の立論を是認するのは困難である。」

第5章　財産の評価

第1節　相続財産評価と通達

　相続税の財産評価は相続開始時の時価を基準にする。遺産分割協議に時間がかかり、相続開始時と分割時の価格に乖離がある場合、法務実務では分割時の価格を基礎にするのが相続人間の納得をえられると思われるが、課税上はあくまでも相続開始時の評価額が適用されるので注意が必要である（特別縁故者に対する例外については、第1章第7節参照）。つまり、相続人同士が分割時の価格で分割をしても税負担は相続時の価格に応じて負担することになる。相続税法は財産の評価基準を「時価」とすることしか規定していない（相税22条）。この時価の算定方法の具体化は実務上財産評価基本通達に委ねられている[83]。一番重要な財産評価を法律が具体化せず、課税庁の通達に委ねているのは、ドイツのように評価法という法律で財産評価を定めている制度と比較すると疑問がないわけではないが[84]、判例は一貫して租税法律主義違反を否定し（【165】【166】等）、通達により評価することを基本的に合理的であると解している（【167】【168】等）。

　もっとも、法律が要求している「時価」は通常の取引価格と考えられるので（【169】【170】等）、通達による評価額が取引価額を上回るときは評価額を適用することができないのは当然であるし、従来は原則として通達による評価額の方が取引価額を下回っていた。

---

83) この点については北野弘久「『時価』評価課税と通達課税」『争点』193頁以下、佐藤義行「租税法における時価を巡る諸問題」税法学471号1頁以下、碓井光明「相続財産評価方法と租税法律主義」税通45巻15号9頁以下、高野幸大「相続財産の評価と納税」『相続税法の原理と政策（租税法研究23）』所収25頁以下、石島弘「相続税の課税標準と公的評価の一元化」税法学535号3頁以下、村井正「資産の評価」日税研論集28号373頁以下。評価と平等原則の問題についてはドイツ憲法裁判所の判断が示唆に富む。中島茂樹＝三木義一「所有権の保障と課税権の限界」法時68巻9号47頁以下、谷口勢津夫「財産評価の不平等に関するドイツ連邦憲法裁判所の2つの違憲決定」税法学535号153頁以下、等参照。

84) ドイツの不動産評価については、日本住宅総合センター編『ドイツの住宅・不動産税制』（同、2005年）104頁以下が詳しい。

第5章　財産の評価

　そのため，通達の低い評価を意識的に利用する行為がしばしばみられ，課税庁はこのような意図的通達利用と見られる行為に対しては通達を適用せず，取引価格で課税しはじめた。そこで，納税者が信義則違反等を理由に争う事例が続出した。

　判例は通達が法規ではないこと，法律は時価で課税することを要求していること，租税回避を享受する利益は法律で保護するに値しない利益であること，等を根拠にこのような場合は通達によらずに時価で課税することを適法としてきた（【171】【172】）。

　しかし，通達が果たしている現実の機能を考えると，このような判断を安易に行うと納税者の実務への信頼を著しく損なうおそれがある。通達の評価額が一般に時価よりも低いのは，時価というものにも幅があり，時価以上の評価額で違法な課税が行われることがないための安全弁的な機能を果たしている。その意味で，通達を公表している以上，それを信頼した納税者の信頼にも配慮すべきである。通達評価の適用を否定しうる場合というのは，通達の低評価を意図的に利用し，法が要求している時価課税の趣旨に著しく反する例外的な事例に限定すべきであろう。

　なお，バブル崩壊前は地価の右肩上がりを前提とした評価システムで，かつ，通達による評価額時価が低かった。この点を利用した租税回避を防止するためにバブル期に相続開始前3年以内に取得した土地については取得価格で課税する特例が設けられ（当時の措置法69条の4），それがバブル崩壊後の相続にも適用され，相続開始時における価額が11億円である土地に対し，取得時の価格である23億円で課税し，14億円という相続税額を求めた更正処分の適否が争われた。【173】が，このような特例をバブル崩壊後も適用し相続した財産価値よりも多い税額を納付することの不合理性を指摘し，特例の適用を否定したが，実質的に憲法29条違反を認めたものとして注目すべきであろう。なお，本件特例は平成8年に改正され，経過措置として平成3年1月1日から平成7年12月31日までの間に相続により取得した本件特例対象土地等または建物等を有する場合には，その者の各種の税額控除の額を控除する前の相続税の金額を，本件特例の適用を受けた本件特例対象土地等について本件特例の適用がなく（すなわち，本件特例対象土地等についても相続税法22条により原則として相続取得した時における時価で評価した価額を課税価格とする），かつ建物等について本件特例の適用があるものとした場合（すなわち，建物等については原則として被相続人が取得に要した金額等から建物等の取得の日から相続開始の日までの期間に係る定額法による減価償却費の額を控除した額を課税価格とする）におけるその相続人に係る課税価格に相当する金額に，相続税法15条に規定する遺産に係る基礎控除額を控除しないで，100分の70の割合を乗じて算出した金額とされ，本件にもそれが適用されていた。【173】の控訴審【174】は，この経過措置を合憲として，原審の課税庁敗訴部分（時価での課税上回る部分の取消し）を取り消している。

　いずれにせよ，この一連の経過は，右肩上がりの地価を前提としていた相続税法の仕組

みがもはや妥当しなくなったことの象徴でもある。

【165】　最判昭 49・6・28 税資 75・1123

判旨　「相続税法 22 条の規定が「時価」の算定を課税庁に一任したもの，又は一任したと同視すべきものであると解することはできず，したがつて，所論違憲の主張は前提を欠き，また，同条の規定が所論申告納税方式に反するものとはいえない。論旨は，採用することができない。」

【166】　最判昭 59・9・18 税資 139・537
（評釈：中原敏夫・税通 39・15・206）

判旨　原審（東京高判昭 57・11・1 税資 128・229）および第 1 審（東京地判昭 55・7・17 税資 114・207）の次の判断を支持。「原告は，通達によって相続財産の時価を定めることは租税法律主義に違反すると主張するが，租税法律主義は，申告において時価評価をする際の標準価額を通達等によって設定することまでも禁止しているものではない。」

【167】　大津地判平 9・9・23 税資 223・1046
（評釈：品川芳宣・税研 75・89，白石信明・税通 53・9・258）

判旨　「租税平等主義という観点からして，評価基本通達に定められた評価方式が合理的なものである限り，これが形式的にすべての納税者に適用されることによって租税負担の実質的な公平をも実現することができるものと解されるから，特定の納税者あるいは特定の相続財産についてのみ，右通達に定められた方式以外の方法によって評価を行うことは，たとえその方法による評価額それ自体が同法 22 条の定める時価として許容できるものであったとしても，納税者間の実質的負担の公平を欠くものであり，原則として許されないというべきである。」

【168】　千葉地判平 7・12・20 税資 214・930

判旨　「これら評価通達及び評価基準の内容，その運用の実情に照らすと，これらの方法によらないことが正当であると是認されるような特別の事情が認められない限り，その評価方法は妥当性を有すると解されるところ，本件各相続財産の評価については本件では，右特別の事情は見出せない。したがって，被告 Y 税務署長が，本件各更正処分において本件各相続財産のうちの不動産と株式については評価通達と評価基準に基づき評価し，預金・貸金及び債務についてはその金額どおりと評価して，別表 1 の番号 1 ないし 10 のとおりの課税評価額を算出したことは，相当であると認められる。」

【169】　大阪高判平 10・4・14 判時 1674・40

判旨　「ここにいう時価とは，当該財産の客観的な交換価値，すなわち不特定多数の独立した当事者間の自由な取引において通常成立すると認められる価額と解される。」

【170】　東京高判平 7・12・18 税資 214・860

判旨　「相続税法 22 条は，相続により取得した財産の価額は，特別に定める場合を除き，当該の財産の取得のときにおける時価による旨を定めており，右にいう時価とは，課税時期において，それぞれの財産の現況に応じ，不特定多数の当事者間

第5章　財産の評価

で自由な取引が行われた場合に通常成立する価額，すなわち，当該財産の客観的な交換価値をいうものと解するのが相当である」

【171】　最判平5・10・28　税資199・670

判旨　「原審の適法に確定した事実関係の下において，本件マンションの相続税法22条にいう時価がその購入価額であるとし，本件各更正等に違法はないとした原審の判断は，正当として是認することができる。」として，原審・東京高判平5・1・26税資194・75および第1審・東京地判平4・3・11判時1416・73（評釈：長屋文裕・判タ821・274，八ツ尾順一・税理35・15・15，武田昌輔・税弘40・10・83，峰岡睦久・税事24・8・24）の次の判断を支持。

「本件の場合のように，被相続人が相続開始直前に借り入れた資金で不動産を購入し，相続開始直後に右不動産が相続人によってやはり当時の市場価格で他に売却され，その売却金によって右借入金が返済されているため，相続の前後を通じてことがらの実質を見ると当該不動産がいわば一種の商品のような形で一時的に相続人及び被相続人の所有に帰属することとなったに過ぎないとも考えられるような場合についても，画一的に評価通達に基づいてその不動産の価額を評価すべきものとすると，他方で右のような取引の経過から客観的に明らかになっているその不動産の市場における現実の交換価格によってその価額を評価した場合に比べて相続税の課税価格に著しい差を生じ，実質的な租税負担の公平という観点からして看過し難い事態を招来することとなる場合があるものというべきであり，そのような場合には，前記の評価通達によらないことが相当と認められる特別の事情がある場合に該当するものとして，右相続不動産を右の市場における現実の交換価格によって評価することが許されるとするのが相当である。」

【172】　東京高判平5・12・21　税資199・1302

判旨　「右通達に定められた評価方式によるべきであるとする趣旨が右のようなものであることからすれば，右の評価方式を画一的に適用するという形式的な平等を貫くことによって，富の再分配機能を通じて経済的平等を実現するという相続税の目的に反し，かえって実質的な租税負担の公平を著しく害することが明らかである等の特別の事情がある場合には，例外的に他の合理的な時価の評価方式によることが許されるものと解するのが相当である。このことは，右通達において「通達の定めによって評価することが著しく不適当と認められる財産の価額は，国税庁長官の指示を受けて評価する。」と定められていることからも明らかなものというべきである。」

【173】　大阪地判平7・10・17　判時1569・39

　　（評釈：岡田幸人・判タ945・324，高津吉忠・税理39・3・296，高野幸大・判評457・191，渋谷雅弘・ジュリ1090・99，増井良啓・月刊法学教室184・104，品川芳宣・税研65・73，愛敬浩二・憲法判例百選(1)（第4版）212頁）

判旨　「(2)　ところで，当該不動産の実勢価格が取得時に比べ相続開始時において下落している場合には，本件特例を適用し，取得価額をもって課税価格とするならば，相続開始時の資産価値を基準とする限り，不動産の相続については，他の資産により同額の資産価値の財産を相続した場合に比べて税負担が過大となり，本件特例によって課税の実質的公平を図ろうとしたこととは逆の意味での課税の不公平が生ずることがあり，殊に地価の下落が急激かつ著しい場合には，相続により取得した不動産の価値以上のものを相続税として負

第1節　相続財産評価と通達

担しなければならないという極めて不合理な事態さえ起こり得るのである。……

　もし，本件特例が右のような事案についてまで適用されるべきものとすれば，右土地のような財産を相続した相続人は，相続により取得した財産以上の財産的価値を相続税の名の下に国家に収奪されることになるのであるが，このようなことは本件特例が租税回避行為に対する制裁等として租税を賦課することを目的としているような場合でもない限り，全くその合理性を欠き，到底許されるものではない。ちなみに，本件特例の立法目的に右のような制裁目的が含まれていないことは，前記のとおり，右法律を適用するために，租税回避の意図の有無等，土地取得者の主観的要件を必要としていないことからも明らかである。この意味において，本件特例を(2)の事案のような場合にまで無制限に適用することについては憲法違反（財産権の侵害）の疑いが極めて強いといわなければならないが，仮にこのような考え方が容れられないとしても，少なくとも本件特例を適用することにより，著しく不合理な結果を来すことが明らかであるというような特別の事情がある場合にまでこれを適用することは，右法律の予定していないところと言うべきであって，これを適用することはできないといわざるを得ない。」

【174】　大阪高判平10・4・14判時1674・40
　　　　（【169】と同一判決）

判旨　「憲法14条1項は国民に対して合理的な理由なくして差別することを禁止することを定めるものである（最高裁昭和25年（あ）第292号同年10月11日大法廷判決・刑集4巻10号2037頁，同昭和37年（オ）第1472号同39年5月27日大法廷判決・民集18巻4号676頁等参照）。そして，前記のとおり，本件特例は，地価の急激な高騰による租税負担回避行為を阻止することを目的として昭和63年に立法されたものであるところ，当時の情勢に照らすと，右立法は時機にかなったもので，その目的も極めて正当であり，かつ，当該立法において具体的に採用された課税要件も，その目的との関連で著しく合理性を欠くことが明らかであるとまではいえないものであったが，平成2年を頂点として地価の異常な高騰が終息した後は一転して地価が急落し，実勢価格と路線価等による評価額との開差が縮まるばかりか，一部地域では前者が後者を下回る状況が生じたことなどもあって，右の租税負担回避行為が減少するのに応じて本件特例の適用件数も年々減少したため，本件特例は平成8年度の税制改正において将来に向かって廃止された。しかし，その一方で，平成3年1月1日以降に開始した相続に本件特例をそのまま適用して取得価額をもって課税価格としたままとするならば，相続開始時の資産価値を基準とする限り，不動産の相続については，他の資産により同額の資産価値の財産を相続した場合に比べて税負担が過大となり，本件特例によって課税の実質的公平を図ろうとしたこととは逆の意味での課税の不公平を来したようにもみえる事態を放置することとなるため，このような税負担が過大ともみえる事態を救済し，課税の実質的公平を図ることを目的として，本件特例を廃止するのに伴い，本件経過措置を設けて相続税額の上限を画し，本件特例の適用による課税を制限したものであり，しかも，本件課税規定部分は，相続開始時における遺産の時価額を下回るように課税価格の100分の70に相当する金額を相続税額とするものであるから，本件経過措置及び本件課税規定部分の立法目的は正当性を有するものというべきである。そして，右目的との関連において，本件課税規定部分が具体的に採用する前記の相続税法上の措置と区別すること，すなわち，遺産に係る基礎控除を設けていないこと，及び税率を一律に100分の70としたことについては，所詮，立法政策の問題であって，相続税の性格又は憲法14条1項の規定からは，遺産に係る基礎控除を設けることや，税率

相続・贈与と税の判例総合解説　**151**

第5章　財産の評価

を一律に100分の70とせずに取得金額所定の超過累進税率とすることが当然に要求されるものではない。なお，本件課税規定部分に係る100分の70の税率は，相続税法18条が，同法17条の規定により算出した相続税額に，当該相続税額の100分の20に相当する金額を加算した金額とする場合において，その金額が課税価格の100分の70に相当する金額を超える場合には，当該100分の70に相当する金額にとどめる旨を規定していることとも整合性を有するものであり，相続税法が予定している負担水準と合致させたものといえる。もっとも，相続に本件課税規定部分が適用されるためこれが採用する右の区別した措置に基づいて相続税額を算出した場合には，このような区別をせずに相続税法上の措置に基づいて相続税額を算出した場合と比べて，必然的により多額な相続税額が算出される結果となるが，本件課税規定部分が適用される相続については，被相続人の居住の用に供されていた土地等又は建物等や，収用，換地，相続，遺贈，時効等により取得した土地等が本件特例対象土地等の範囲に含まれていないこと，及び本件課税規定部分を適用して算出した相続税額よりこの本件経過措置を適用する前の相続税額の方が低い場合には本件課税規定部分の適用がないことからすれば，相続税法上の措置に基づいて，すなわちその相続財産をその中に含まれる本件特例対象土地等を含めて相続税法22条に従い相続取得した時における時価で評価して算出しても，事実上多額な課税価格が算出されることになり，このため右基礎控除額も相対的に少額といえるものとなるうえ，相続税法16条が定める各相続人等の取得金額に区分して適用される累進税率も事実上相当高率になるのであり，しかも本件課税規定部分自体も本件特例対象土地等を相続税法22条に従い相続取得した時における時価で評価した価額を課税価格とする（附則19条3項）のであるから，本件課税規定部分により算出される相続税額が相続税法22条，13条ないし18条等の規定により算出される相続税額との対比において著しく乖離して相当性を欠くような差を生じることになるものではないと考えられる。

したがって，本件課税規定部分が14条1項に違反するものということはできない。

(7) 次に，本件課税規定部分が憲法29条1項，2項の規定に違反するか否かについて検討する。前記(5)(6)記載のとおり，課税要件の定立については，立法機関である国会の裁量に委ねるほかないのであるが，本件経過措置及び本件課税規定部分の立法目的は正当性を有するものというべきであり，また，右目的との関連において，本件課税規定部分が具体的に採用する措置，すなわち，遺産に係る基礎控除を設けていないこと，及び税率を一律に100分の70としたことは，所詮，立法政策の問題であって，相続税の性格又は憲法29条1項の規定からは，遺産に係る基礎控除を設けることや，税率を一律に100分の70とせずに取得金額所定の超過累進税率とすることが当然に要求されるものではないこと，また，本件課税規定部分は相続開始時における遺産の時価額を下回るように課税価格の100分の70に相当する金額を相続税額とするものであるが，右100分の70の税率は既に現行の相続税法に規定されているものと同じでこれと整合性を有するものであることを総合すると，本件課税規定部分が国民の財産権を侵害し，憲法29条1項に違反するものとはいえない。また，財産権の内容を公共の福祉に適合するように法律で定めることを規定する憲法29条2項に違反するものでもない。」

第2節 不動産

1 土地一般

　土地も原則として財産評価基本通達に基づいて各種財産に対する評価が行われることになる[85]。まず、評価単位は一筆ごとではなく、利用単位としての一画地ごと（農地の場合は一枚ごと）で評価されている（【175】【176】）。

　土地の通達上の評価額が取引価格より低かった時代には、節税策として土地の取得が盛んに行われたが、様々な規制が入り、また、裁判例でもそのような規制を適法とするものが現れた【177】。

　しかし、バブル崩壊後、逆に通達による評価額の方が時価を上回る事態が生じ、このようなケースについては通達ではなく、不動産鑑定評価等によって時価を申告することが認められた[86]。納税者の行った不動産鑑定評価と、課税庁の行った鑑定評価とが食い違う場合、納税者の評価額が時価の範囲内であれば、当然適法な申告であり、課税庁が自己の高い鑑定評価額で更正処分を行うことはできないと解すべきであるが、【178】は、納税者と税務署の鑑定評価が食い違うときは税務署の鑑定に基づいて更正できるかのようにも読める。しかし、この判決は原告側の鑑定評価額が客観的な時価とかけ離れたものであることを前提としているといえよう。原告と被告双方が鑑定を出してきた場合の「時価」の判定方法は【179】のように考えるのが基本的に妥当であろう。【180】【181】【182】などは納税者側の鑑定が不合理だとして、課税庁の評価を適法としたものである。他方で【183】は土地の評価を課税庁が鑑定で行う場合には収益的評価も加味すべきだとして、一部の評価を減額している。【184】は鑑定評価を妥当とし、原審を覆した事例である。

　しかし、地価評価という専門的な問題に法律家がどこまで介入できるのか、という根本問題があるようにも思われる。

　評価通達には不整形地補正などの減額要素が規定されているが、不整形だからといって常に補正しなければならないわけではなく【185】、倍率方式で評価する場合、大字ごとに倍率が定められていることは不合理ではない（【186】）。私道も一般宅地の60パーセントで評価されても違法ではないし（【187】）、平成4年3月に公表された資産評価企画官情報第1号「不整形地補正率について」（「参考情報」という）に基づく修正も適法【188】

---

85) 沿革等については、藤井保憲＝井上一郎「相続税における土地の時価評価──その沿革と性格」税大論叢31号353頁以下、いわゆる路線価の問題点については、小池幸造「路線価方式批判」『争点』216頁以下、などを参照。
86) 高橋靖「相続税と鑑定評価」税務事例研究65号55頁、井出真「不動産鑑定評価と税務上の評価の基本的問題点」『争点』200頁以下、など参照。

第5章　財産の評価

とされている。

　要するに、時価を上回っている評価であることを立証できない限り、基本的には評価通達に基づく課税は適法とされていることになる。【189】は公示価格とそれに基づく路線価の合理性を指摘しているが、地価下落を争う納税者の本音は相続開始後の地価下落を一切配慮しない現行制度への根本的疑問であるように思われる。

　なお、評価通達では「贈与、遺産分割等による宅地の分割が親族間等で行われた場合において、例えば、分割後の画地が宅地として通常の用途に供することができないなど、その分割が著しく不合理であると認められるときは、その分割前の画地を「一画地の宅地」とする（7-2(注)）とされているが、この点が争われた【190】では不合理分割と認定されている。

　なお、不動産上に将来発生する賃借権等がある場合の評価はどうするのだろうか。【191】はこれを無視してもよいとの判断を示しているが、相続開始時に客観的に確定しているといえる負担は考慮すべきであろう。【192】は不動産の地理的条件等は路線価評価に含まれているという。

【175】　最判平7・6・9税資209・981

[判旨]　原審（東京高判平6・1・26税資200・131、静岡地判平5・5・14税資195・298、評釈として佐藤孝一・税通49・6・287）の次の判断を支持。
　「贈与により取得した財産の時価が現況に応じて評価されるべきものである以上、右財産の評価に際しては、その財産の価額に影響を及ぼすべきですべての事情を考慮すべきこと（評価基本通達1項の(3)）はもとより当然である。そして、かかる見地に立てば、贈与により取得した宅地の価額を評価するに際しては、必ずしも贈与された土地の一筆としての範囲に拘泥することなく、その宅地の利用状況に応じ、当該宅地の筆が他の宅地と一体となって利用されているのであれば、他の筆の宅地をも併せた利用の単位となっている一画地の宅地ごとに評価したうえで、個別の宅地を評価することとするのが相当であり（評価基本通達10項）、このことは、贈与された土地がその当時土地区画整理事業による仮換地指定をされている宅地であって、その価額を指定された仮換地の価額によって評価すべき場合（評価基本通達24項）においても同様であるというべきである。」

【176】　大阪地判平2・5・22税資176・873

　　　　（評釈：吉川弘人・香川法学12・2・187）

[判旨]　「ところで、Ａモータープール用地の評価方法につき、被告は、分筆前の宅地全体を一画地として評価し、分筆後のそれぞれの宅地が分筆前の宅地のなかで占める割合を乗じて価額を算出しているのに対し、原告は、分筆後の各宅地ごとに評価すべき旨主張する。よつて按ずるに、宅地を評価するにあたつては、一筆の宅地ごとに評価するのではなく、利用の単位となつている一画地の宅地ごとに評価すべきであると解すべきところ、右争いのない事実によれば、Ａモータープール用地は、分筆の前後を通じてその全体が貸駐車場として利用されてきた（看板用地も含まれることは、後記認定のとおり。）のであるから、分筆前のＡモータープール用地全体を一画地として評価した被告の評価方法には、何ら違法な点はない。」

【177】 東京高判平 5・3・15 判タ 854・175

（評釈：岸田貞夫・ジュリ 1059・212, 岸田貞夫・租税法研究 23・186, 佐藤孝一・税通 48・12・221, 谷口勢津夫・租税法研究 23・184）

事実 高齢で病気のため入院中であったAが, その死亡の直前の時期に, 銀行から18億2,000万円もの多額の資金を借り入れて購入し, Aの死後間もなく, 原告らがこれを他に売却し, その売却代金をもって右銀行からの借入金債務を返済して相続に係る財産内容をほぼ原状に復した場合の当該土地評価額が争われた。

判旨 第1審（東京地判平 4・7・29 判タ 854・179）の次の判断を支持。

「そして, 原告らに対する相続税の課税に当たって, 本件土地の価額を評価基本通達に基づき1億2,102万2,498円と評価してこれを相続財産に計上し, その購入資金である本件借入金18億2,000万円をそのまま相続債務として計上すると, 右借入金のうち本件土地の価額から控除しきれない余剰債務16億9,897万7,502円が他の積極財産の価額から控除されることとなり, その結果として, 本件土地の価額を右の客観的な市場価格である16億6,100万円と評価した場合に比べて, この価額と右の評価基本通達に基づく評価額との差額である15億4,000万円近くもの金額分だけ課税価格が圧縮されることとなる。これを税額についていえば, 本件土地を評価基本通達に定める方法によって評価すると相続税の総額は原告らの修正申告のとおり5,004万0,200円となるのに対して, 本件土地を右の客観的な市場価格で評価した場合の相続税の総額は, 8億1,595万8,800円となる。すなわち, 本件土地を客観的な市場価格によらず評価基本通達に定める方法によって評価した場合には, Aにより18億2,000万円の借入れと本件土地の購入という行為が行われたことによって, 本件相続に係る相続税について, 7億円以上もの多額の負担が軽減されることとなる。以上のような事実にかんがみると, 本件においても画一的に評価基本通達に基づいてその不動産の価額を評価すべきものとすると, 当該不動産以外に多額の財産を保有しているAについては, 経済的合理性を無視した異常ともいうべき取引によってその他の相続財産の課税価格が大幅に圧縮されることになるわけであるが, このような事態は, 他に多額の財産を保有していないため, 右のような方法を採った場合にも結果として他の相続財産の課税価格の大幅な圧縮による相続税負担の軽減という効果を享受する余地のない納税者との間での実質的な租税負担の公平という観点からして看過し難いものといわなければならず, また, 租税制度全体を通じて税負担の累進性を補完するとともに富の再分配機能を通じて経済的平等を実現するという相続税法の立法趣旨からして著しく不相当なものというべきである。」

【178】 東京地判平 9・9・30 訟月 47・6・1636

（評釈：小柳誠・税通 53・4・252, 品川芳宣・税研 78・99, 品川芳宣・税事 30・8・15, 三木義一・税研 77・92）

事実 バブル崩壊時の相続事例で, 評価通達をそのまま適用すると時価を上回るおそれがあったため, 原告が鑑定評価に基づいて申告したところ, 課税庁も通達ではなく, 自己側の鑑定評価に基づき更正し, その更正処分の妥当性が争われた。

判旨「すなわち, 税額は, 国税に関する法律に規定された課税標準等の算定の要件となる具体的な事実（課税要件事実）の認定及び右事実についての法律の適用によって算出されるものであるところ, 税務署長が納税申告書を調査した結果, そこに記載された事実を前提としても法律の規定に従っていないために税額が過少となる場合に更正

第5章　財産の評価

をなし得ることは当然であるが，かかる場合のみならず，税務署長が調査により真実と判断したところに照らして課税要件事実について過誤があると認められる場合にも更正をなし得るのである。

　以上によれば，税務署長の処分である更正（通則法24条）は，税務署長の調査したところと納税申告書に記載された課税標準等又は税額等が異なる場合にはなし得るものというべきであって，更正を行い得るのは納税申告書に記載された課税標準等又は税額等の計算が『国税に関する法律の規定に従っていなかったとき』に限定されるとは解されないのである。……原告ら鑑定の評価額につき検討するに，証拠（甲第22号証，乙第2号証，第12号証）によれば，原告ら鑑定は，取引事例比較法を重視し，公示地価格との均衡に留意し，収益還元法を参考にしてなされたものであるところ，その取引事例比較法における比較対象として採用した5件の取引事例のうち3件は，異なる売主から同一の買主に対して一括売却された，隣接した一団の土地を形成する物件に関するものであり，その中には，細い通路でのみ接道している土地も含まれており，右土地の取引単価は，他の隣接地に比べて極端に低くなっており，他方，被告鑑定が採用した取引事例4件は，いずれもが独立した取引事例であって，採用した取引事例4件の対象土地は原告ら鑑定が採用した取引事例の対象土地（右一団の土地を形成する3件を除く。）に比べて，本件土地に近接した位置に所在していることが認められるのであるから，取引事例の採用の仕方においては，原告ら鑑定に比べ，被告鑑定の方がより適切であったというべきであり，また，原告ら鑑定における時点修正率は平成4年12月から平成5年11月までで11パーセントというものであって，原告ら評価額における時点修正率（年率）26.5パーセントに比しても，著しく低いものといわざるを得ないのであって，その結果，原告ら鑑定においては，取引事例比較法に基づく比準価格がより低額になっているものと認められる。したがって，そのようにして求められた比準価格を採用した原告ら鑑定の評価額をもって本件土地の客観的時価ないしそれに接近した価額であるとはいい得ないものというべきである。」

【179】　名古屋地判平16・8・30 タインズ Z888-0882

判旨　「不動産鑑定評価基準に従った客観的な交換価値の評価といっても，自然科学における解答のような一義的なものではあり得ず，現実には鑑定人の想定価格としての性格を免れるものではないので，どのような要素をどの程度しんしゃくするかによって，同一の土地についても異なる評価額が算出され得ることは避けられない。したがって，ある土地について複数の異なる評価額の不動産鑑定が存在する場合は，まずそれらの合理性を比較検討した上で，より合理性が高いと判断できる鑑定の評価額をもって時価と評価すべきであり（仮に合理性について優劣の判断が全くなし得ない場合には，その平均値をもって時価と評価すべきである。），その上で通達評価額とを比較して，当該課税処分の適法性を判断すべきである。」

【180】　京都地判平14・12・27 タインズ Z888-0711

判旨　「Aが死亡した平成3年12月当時は，経済事情の激変により，著しく地価が下落していたことから，例外的に，従来の路線価方式のままの評価によらずに，本件相続開始の直前の本件各土地の近隣に所在する地価公示価格及び基準地価格をも参考として算定し，比較検討した結果，納税者に有利となるよう一番低い価額を基として，地価の下落を反映させるように時点修正，場所的修正を行って本件各土地の本件相続開始時における価額を算定した。このようにして算定された被告主

張額は，法22条にいう時価として妥当である。なお，原告提出に係る各評価書は，本件各土地の評価額を算出する過程において不合理な点が多く，種々の問題点があり，採用できない。」

【181】 岡山地判平14・8・21 タインズZ888-0765

判旨 「確かに，地域分析や価格形成要因格差の判断は不動産鑑定士の経験則によるものであり，証拠上，当不当の判断をすることはできないが，A鑑定（＝納税者側鑑定）は，基準地の選択に合理性が認められず，実勢価格と路線価との逆転現象が存在するものとし，本件分離帯の価格への影響が多大であることを前提として評価していることからすれば，A鑑定による本件両土地の価格評価は相当とはいえず，A鑑定は評価通達及び評価基準によらないことが正当として是認されうるような特別な事情とはなり得ない。したがって，本件両土地につき，路線化方式によりその価額を評価した本件更正処分は適法である。」

【182】 東京高判平12・9・12 税資248・711

判旨 「控訴人は，被控訴人鑑定書についてるる非難するが，原判決が説示するとおり，右鑑定は，取引事例について道路幅，系統による地域による地域要因格差の修正等が適切にされており，不合理ということはできない。」

【183】 東京地判平15・2・26 タインズZ888-0730
　　　（評釈：品川芳宣・税研110・76，白井文緒・税事35・6・33）

判旨 「本件N町の土地の価格算定に際しては，取引事例比較法による比準価格は無視できないものの，これが収益還元法による収益価格を上回る規範性を有しているとは認め難く，双方を同等に用いるべきものと考えられる。そして，規準価格については，評価に直接反映させるべきでないことについて当事者間に争いがない上，前記のように乙公示地の公示価格が激しく変動している状況からすると，これを規準として用いることは相当でないというべきである。そうすると，本件N町の土地についての更地価格は，適切に算定された比準価格と収益価格を単純平均して求めるのが相当である。」

【184】 東京高判平13・12・6 訟月49・11・3234

判旨 原審（東京地判平12・2・16 税資246・679）を覆して次のように判示した。
「弁論の全趣旨によれば，本件土地の評価上の特性としては，路地状敷地であること，再建築が不可能なこと，規模が大きいことであるところ，当審鑑定は，これら一般的基準にはなじみにくい特性を含む本件土地の評価にあたり，その個別的要因，特殊性を十分考慮して，土地価格比準表等に基づく個別格差率だけでなく，路地状敷地の取引事例分析，土地残余法による効用格差分析に基づく検討も加えており，適正な鑑定方法と評価することができる。」

【185】 東京地判平8・1・26 税資215・93

判旨 「財産評価基本通達20は，不整形地について，その不整形の程度，位置及び地積の大小に応じ，路線価に補正を施した上で，その価額を評価することとしているが，これは，土地の形状が悪いことによって，整形地に比べ宅地としてその効用を十分に発揮できない等のため，整形地の価額

に比してその価額が低くなることから，その程度に応じて減価補正をする余地を認めたものであり，あくまでそれぞれの個別事情に応じその不整形のためにその価値が減少していると認められる範囲で補正することとしたものであって，単に整形地でないということから必ず補正をしなければならないという性質のものではないというべきものである。」

【186】 千葉地判平7・4・24 税資209・155

判旨 「評価倍率表においては，原則として市町村内の町（丁目）又は大字ごとに倍率が定められており，市原市内の本件相続により取得した各土地が存在する地域については大字ごとの評価倍率が定められている。これは，右のような地域の単位が行政区画としてまとまった地域であり，ことに大字は，歴史的にみても道路，河川，水路，山の尾根，谷，崖，湖沼等で区画されている場合が多く，このため土地の地目ごとの利用形態は勿論のこと，地勢，土性，土層，水利，農林産物の搬出の便等の状況も比較的似通っており，土地の価額も類似していると考えられるとともに，納税者にとっても風土，慣習，行政上の地域区分等から評価上の単位として最もなじみやすく，かつ，課税行政における経済性，技術面等をも含めて総合的に判断した場合，この方法が合理性を有することによるものと考えられる。」

【187】 大阪地判昭60・3・28 税資144・960
（【4】と同一判決）

判旨 「本件私道は，不特定多数の者の通行の用に供されているものとはいえないことは，明らかである。そうとすれば，本件私道について，遺産である宅地の一部が私道の用に供されているときは，その私道の用に供されている宅地部分の価格は，一般の宅地として評価した価格の60パーセント相当で評価する旨の基本通達に則って，その財産的価値があるものと認め，その評価額の60パーセントをAの遺産に計上することは，何ら違法ではなく，適法であるといわなければならない。」

【188】 仙台地判平15・9・25 タインズZ888-0869

判旨 「以上のとおり，不整形地補正を要しない宅地の評価額が鑑定評価額の75.7％，参考情報を基に不整形地補正率を適用した宅地の評価額が鑑定評価額の76.1％とほぼ同一水準になっていることが認められるから，参考情報による不整形地補正は，その内容においても合理性を有しており，少なくとも参考情報に基づく補正率が不十分であり，それに基づく評価額が時価を超えているとの事情はうかがわれない。これに対し，原告らの主張する不整形地補正率は，ほとんどが参考情報の蔭地割合を，参考情報の地積区分表及び不整形地補正率表に当てはめることなくそのまま補正率としているものである。しかも，原告ら主張の程度の補正をしなければ，不整形地が時価を超えること等を示す的確な証拠はない。

以上によれば，参考情報に基づく不整形地補正率を適用する被告の評価額は，いずれも相当なものとして採用すべきであり，これに反する原告らの主張は，採用することができない。」

【189】 東京高判平12・11・14 税資249・502

判旨 「公示価格は，標準地の正常な価格を公示することにより，一般の土地の取引価格に対して信用度の高い指標を提供し，公共事業用地の取得価格の算定の基礎を与え，適正な地価の形成に寄

与することを目的として，2人以上の不動産鑑定士または不動産鑑定士補が法令に定められた方法で行った標準地についての鑑定評価に基づいて，土地鑑定委員会が判定，公示しているものであるから，標準地の正常な価格を適正に表したものということができるし，路線価は，売買実例価格，公示価格，精通者意見価格等を基としてその路線に面する標準的画地の価額として国税局長が評定するものとされ，最近においては原則として公示価格の80パーセントとなるよう価額決定されているものであるから，相続税の取得財産の価格評価に当たり，相続税法22条にいう時価を示すものとして右路線価を用いることは適法であり，租税負担の公平と効率的な税務行政の遂行という観点からも合理性があるものというべきである。」

【190】 神戸地判平14・1・24 タインズ Z888-0674

[判旨]「上記のとおり，本件土地上には，鉄筋コンクリート造陸屋根地下1階付6階建の大規模で堅固な建物（本件駐車場）が，本件土地のほぼ全体を敷地として建てられており，各階層毎に収益も管理もできるものではない。したがって，本件駐車場は，建物の区分所有等に関する法律1条による「構造上の独立性」と「利用上の独立性」を具備している区分所有が可能な建物ではない。そうすると，本件駐車場に関する本件遺産分割協議の内容は，本件駐車場建物を区分所有できない以上，持分割合による共有というべきであり，本件遺産分割協議書には，本件駐車場についても持分的単位が記載されているにすぎない。

そうだとすると，本件駐車場について本件遺産分割協議で共有と定めながら，その敷地のみを分筆して3分割する旨の分割協議は，特段の事情がない限り不自然であり，このような特段の事情を認めるに足りる証拠もない」

【191】 徳島地判平14・7・26 タインズ Z888-0760

[判旨]「将来効力が発生する賃借権等をも価額控除の対象とすべきかどうかについては，これを明確に示した規定がなく，評価の原則を定めた相続税法22条の解釈によらざるを得ないが，効力の発生が相続開始後の事由に委ねられているような用益権については，相続税法23条に準ずるような簡潔で明快な評価基準を定立することが困難であり，その評価方式，基礎資料の選択の方法等により異なった評価価額が生じ，納税者間の公平が損なわれたり，課税庁の課税事務の迅速な処理が困難になったりするおそれが大きいことにかんがみると，相続税額算定のための財産の評価にあたり，このような用益権について価額控除の対象としないという取扱いをすることも，相続税法22条の許容するところと解するのが相当である。」

【192】 仙台地判平13・6・28 タインズ Z888-0648

[判旨]「原告らは，亜炭廃坑がある地域の評価は，路線価から40パーセント減じた額でされるべきである旨主張する。しかしながら，本件物件が亜炭廃坑の存在する区域内にあるという自然的条件は，同区域の取引価格に一定の影響をもたらし，売買実例での価格にその影響が及んでいるものであるから，本件物件に関する固有の自然的条件が本件物件の価格をある程度下落させているとしても，それは同地域における売買実例，公示価格，精通者意見価格等を基礎にして決定された路線価に織り込み済みであるというべきである。」

2　売買契約中の不動産

土地・建物は，基本的には評価通達により評価されるが，土地・建物の売買契約を締結した後，買主に引き渡される前に，相続が開始した場合，相続財産は土地として評価されるのか，それとも売買代金債権（売主死亡の場合），所有権移転請求権（買主死亡の場合）としての評価を受けるのだろうか[87]。最高裁はこの問題を【193】以来，一貫して所有権移転請求権等の債権と理解し，当該取引価額で評価している（【194】【195】）。

判例に従うと，5億円で売買契約された土地（相続税の評価額3億円）の所有権移転前に売主が死亡した場合は，5億円が評価額となり，買主が死亡した場合は引渡請求権5億円から未払金を控除した残高が評価額となる。実際の取引価額がわかっている場合にはできるだけそれで評価すべきだ，という考え方が根底にある。また，通達の土地評価が時価に比して低いことから，このような場合に土地として通達に基づく評価をすると，例えば土地評価額1,000万円からこの土地代金の未払金3,000万円を債務として控除するということになり，かえって不合理で租税回避を誘発しかねないという点を危惧しているようにも思われる。しかし，このような評価方法は通達上の土地と比べた場合納税者にきわめて不利な判断であり，かつ，納税者に理解されにくい判断である。

したがって，納税者にとっては所有権移転時期がきわめて重要になってくる。所有権移転時期については【196】がいうように，「特定物の売買契約による所有権の移転については，その移転時期についての特別の合意がない場合，売買契約締結により直ちに買主に所有権移転の効力を生ずるものと解されるところ，所有権移転時期の特別の合意の有無については，その旨の明示の合意に限らず，売買契約において最も重要な部分である代金の支払，所有権移転登記手続，引渡し等の時期をも考慮し，当該売買契約の内容に照らして合理的に判断」されることになろう。

【193】　最判昭61・12・5 判時1225・56，判タ631・119

（評釈：吉良実・民商96・6・854，高橋靖・ジュリ899・111，小川正雄・シュト311・9，田中舘照橘・法令解説資料総覧65・130）

事実　Aは，昭和49年1月30日訴外P株式会社との間で，本件土地を代金1,916万4,000円で同社より買受ける契約を締結し，同日手付金200万円を支払った。Aは，本件土地の所有権を取得するため，昭和49年2月13日農業委員会に対し，農地法3条の定めによる許可申請をした。農業委

---

[87]　この問題点については，田中治「相続財産の取得とその評価」『日本税法学会創立40周年・税法学論文集』（日本税法学会，1991年）53頁以下，首藤重幸「契約当事者の死亡後に完成する土地の譲渡と相続税」税務事例研究1号63頁以下，白坂博行「当事者死亡後に完成する土地譲渡と課税」『争点』237頁以下，宮川博史＝角田益雄「被相続人が締結した買戻特約付譲渡と買戻権行使前の死亡」税理40巻3号209頁，三宅浩一「土地等の売買契約締結後に相続が開始した場合の課税財産及び評価等について」税大論叢41号501頁，等参照。

員会は右申請を許可し，昭和49年3月7日付でBに対しその旨通知したが，Aは昭和49年2月28日既に死亡していた。原告は本件農地について農地としての評価額約300万円を適用し，そこから未払い金を債務等約1,800万円を債務として控除したが，被告は課税価格に算入すべき価額は，相続開始日までにAが支払ずみの手付金相当額（前渡金）のみとすべきとして更正し，原告がこれを争った。

判旨　「本件相続税の課税財産は本件農地の売買契約に基づき買主たる被相続人が売主に対して取得した当該農地の所有権移転請求権等の債権的権利と解すべきであり，その価額は右売買契約による当該農地の取得価額に相当する1,965万1,470円と評価すべきであるとした原審の判断は，正当として是認することができ，原判決に所論の違法はない。所論違憲の主張のうち，農地の譲渡に係る譲渡所得課税等における取扱いとの不均衡を前提とする主張は，右取扱いは専ら所得税等の課税時期に関するものであつて相続税の課税対象となる財産いかんの問題とは全くその性質を異にするから，その前提において失当というべきであり，また，「相続税財産評価に関する基本通達」（昭和39年直資56，直審（資）17）の定める評価方法による農地の評価との不均衡を前提とする主張は，本件相続税の課税財産は具体的な売買契約によりその時価が顕在化しているとみられる前記債権的権利であつて，これを所論の通達の定める評価方法により評価するものとされている農地自体と同様に取り扱うことはできないから，やはりその前提において失当というほかない。論旨は，採用することができない。」

【194】　最判平 2・7・13 税資 180・44

判旨　次の原審（差戻控訴審・東京高判昭 62・9・28 税資 159・833，シュト 312・8，評釈：青木康一・税事 21・4・4）の判断を支持。

「右残代金の支払，所有権移転登記申請手続はいずれもAの死亡の時までに行われなかったのであるから，Aはその死亡の時までに本件宅地の所有権を取得したものということはできず，Aは単に本件売買契約締結により同契約に基づく本件宅地の所有権移転請求権を有していたにすぎないから，第1審原告は本件相続により本件宅地所有権を取得したのではなく，その所有権移転請求権を取得したにすぎないものといわなければならない。」

【195】　最判平 5・2・18 税資 194・462
（評釈：佐藤孝一・税通 48・10・248）

事実　Aは，昭和60年8月1日，株式会社Bとの間に，甲土地について，売主をB，買主をAとする売買契約を締結したが，Aは，売買代金全額を支払う前に死亡したのであるから，甲土地売買契約の成立により，Bに対し甲土地の所有権移転請求権，所有権移転登記請求権等の債権を取得したとして，土地の取得価額で課税した。納税者はこれは土地として評価すべきだとして争った。

判旨　次のような原審（名古屋高判平 4・4・30 税資 189・428，名古屋地判平 3・5・29 税資 183・837，評釈：佐藤孝一・税通 47・1・232）の判断を支持した。

「本件相続開始時である同月23日の時点では，N不動産は甲土地の所有権をBへ移転しておらず，しかも，NはXから代金全額の支払を受けていなかったのであるから，本件相続開始Xは，甲土地売買契約によりNに対する甲土地所有権移転請求権を取得していたものの，甲土地の所有権は取得していなかったものというべきである。そこで，次に，甲土地所有権移転請求権の評価について検討するに，相続税法22条は，特別の定めのある場合を除き，相続により取得した財産の価額は，当

該財産の取得の時における時価による旨規定しているところ、土地の所有権移転請求権の価額については、特別の定めがないので、相続開始時の時価によることになるが、右時価とは、不特定多数の当事者間で自由な取引が行われる場合に通常成立する価額をいうと解すべきであるから、本件相続開始時の約3週間前という極めて近接した時期に甲土地売買契締が締結され、本件相続当時その履行途上にあった本件の事案においては、甲土地の仲介手数料を含めた取得価額が一般的な取引実勢からはずれた価額であるなどの特段の事情がない限り、いわば時価が顕在化しているものとして、右取引価額をもって甲土地所有権移転請求権の時価と評価することが合理的である。そうすると、甲土地の取得価額は、甲土地売買契約に定められた代金額2億6,739万4,200円と前記仲介手数料800万円の合計額2億7,539万4,200円であるところ、前記認定の取引経過に照らし、右取引価額が一般的な取引実勢からはずれた価額であると認めるべき事情は窺われないのであるから、甲土地所有権移転請求権の本件相続開始時の時価は、2億7,539万4,200円であったと解するのが相当である。」

【196】 東京高判平6・3・28税資200・1197

判旨　原審（東京地判平5・7・20税資198・295）の次の判断を支持。

「特定物の売買契約による所有権の移転については、その移転時期についての特別の合意がない場合、売買契約締結により直ちに買主に所有権移転の効力を生ずるものと解されるところ、所有権移転時期の特別の合意の有無については、その旨の明示の合意に限らず、売買契約において最も重要な部分である代金の支払、所有権移転登記手続、引渡し等の時期をも考慮し、当該売買契約の内容に照らして合理的に判断されるべきものである。

……本件売買契約は、ホテル事業経営のため、売主所有の土地に家屋を建築して土地付き建物として購入するという契約であり、本件土地と本件家屋を一体として売買の目的としており、本件土地及び本件家屋の売買価額構成比等からみても、契約の主たる目的は本件家屋の取得であるとみることができる。そして、右契約時点において本件土地の地積等は確定していたものの、売買の主たる対象である本件家屋は未だ完成していないこと、本件家屋の引渡時期については、昭和63年4月25日とされていること、代金は手付金3億6,000万円が支払われていたのみで、中間金2億8,090万円の支払期日は同年1月20日とされ、本件家屋の表示登記に必要な書類は、右中間金支払時に売主から買主に引き渡すとされていること、残金は、本件家屋の完成引渡後、7日以内に支払うこととされていること、また、本件売買契約書（甲1号証、乙2号証の7）では、買主が右中間金及び残金の支払を怠ったときは、売主は無催告で契約を解除できる旨が規定され、さらに、本件不動産に係る収益及び負担の帰属、付属の権利義務の移転時期、危険負担等はいずれも引渡しの前後によって決せられる旨規定されていること等からみると、本件売買契約においては、本件家屋が完成して本件不動産の引き渡しがなされたとき、あるいは、本件土地の所有権移転登記及び本件家屋の保存登記等が完了したときに、本件不動産の所有権が移転する旨の特約があったものと解すべきである。」

3　貸家建て付け地

評価通達は貸家建て付け地や貸家について一定の評価減をすることを定めているが、それは自用地と比べると種々の制約があり、例えば土地上の建物が借家権の目的となっている場合、賃貸人は、自己使用の必要性などの

正当事由がある場合を除き，賃貸借契約の更新を拒んだり解約の申入れをすることができない（借地借家法28条）から，借家権を消滅させるためには立退料の支払を要することになること，等を考慮したものであるといえる。したがって，立ち退き料の問題が生じない使用貸借のような場合や，一時使用にすぎない場合には貸家建て付け地としての評価減は適用されない（【197】【198】）。無償で借り受けて建物を建築し第三者に貸し付けているような場合も，借地権等の設定の事実がないので，本件土地の使用関係は使用貸借となる（【199】）。

事実認定で問題になるのは，相続開始の時点で賃貸していたかであり，相続開始後の賃貸には適用しないとしている【200】。相続開始後の事情を評価に組み込むと租税回避に用いられることを恐れているものだが，相続開始時には賃貸されていなくとも客観的にみて相続人が賃貸用に使わざるを得ない場合には評価減の適用を認めるべきであるように思われる。

この問題との関係で，特に奇妙なのは，相続開始時マンションに空室があった場合は，空室部分の評価減の適用は認めないという【201】の論理である。確かに，当該部分には立ち退き料等の支払は不要であろうが，賃貸マンション用に建築した場合にたまたま相続開始時に空室だったからといって貸家等として評価されないというのは説得的ではない。同型のマンションで，一方は満室で，他方は空室がある場合，満室の方が評価が安くなるというのは一般常識にも合致しないと思われ

る。相続税が遺産取得税であることからすれば，相続した財産が相続人にとって客観的にどのように利用せざるを得ないものか，という観点から評価をすべきものであろう。

もっとも，この事例については，平成11年の通達改正で「上記算式の「賃貸されている各独立部分」には，継続的に賃貸されていた各独立部分で，課税時期において，一時的に賃貸されていなかったと認められるものを含むこととして差し支えない」（財評通26注2）と改められた。最高裁判決で勝訴したにもかかわらず，改正せざるを得なかったということは，それだけ従来の扱いが実態に適合していなかったということを意味していよう。また，そのような事例についてさえも，裁判所がチェックをかけずに，通達追認型の判断を繰り返していることも批判されねばならない。なお，右通達改正でかなりの問題は改善されたが，相続開始時までに賃貸されていない部屋の場合には，客観的に相続人が賃貸用に利用するしかない場合であっても，評価減の適用はないという問題は残されている。

借地権について財産評価通達は，「借地権の価額は，その借地権の目的となっている宅地の自用地としての価額に，当該価額に対する借地権の売買実例価額，精通者意見価格，地代の額等を基として評定した借地権の価額の割合（以下「借地権割合」という。）がおおむね同一と認められる地域ごとに国税局長の定める割合を乗じて計算した金額によって評価する。ただし，借地権の設定に際しその設定の対価として通常権利金その他の一時金を支払うなど借地権の取引慣行があると認めら

相続・贈与と税の判例総合解説 **163**

第5章　財産の評価

れる地域以外の地域にある借地権の価額は評価しない」（財評通27）とし、事実関係等の総合判断に委ねているといえる。

　一般論としては判例【202】の次の指摘が妥当しよう。すなわち、「借地権が設定されている土地について、その設定の際に権利金等の名目で一時金が支払われている場合には、土地所有者においてこれに相当する土地使用の対価を取得したものとして、その一時金の法的性質いかんにかかわりなく、地代の額がそれだけ低く定められているのが通常である。この場合、借地人は、その土地使用の適正な対価としての相当地代を下回る地代を支払うことによって当該土地を独占的に利用することができるので、賃借期間中右相当地代と実際に支払う地代との差額に相当する経済的利益が借地人に帰属することとなる。借地権の設定に際し権利金等を授受する慣行のある東京都のごとき大都市において、借地権それ自体が独立の取引対象とされ、借地権価額あるいは借地権割合なるものが形成されているのは、主として、借地人に帰属している右の経済的利益を評価したものであると解される。したがって、このようなものとしての借地権価額は、実際に支払う地代の高低と密接な関係をもち、同一の借地であっても、地代の高いものは借地権価額が低く、地代の低いものは借地権価額が高いという関係に立つということができる。このことを底地価額のほうからいえば、借地権の設定により土地所有者に留保されている底地の権利は経済的・実質的には主として地代収受権能にほかならないから、高額の地代が定められている土地ほど底地価額は高いものとして評価されることとなるのである」。

　判例【202】はこのような観点から高い地代を受けている土地の借地権割合を2割しか評価しなかった処分を適法と解している。

　なお、自動車教習所としての利用に限定されている借地の評価が問題となった【203】では、納税者側の主張した特殊事情の考慮を否定している。この事例では納税者の特殊事情からくる減額要因の立証が合理的でなかったことが敗因であり、一般論としては減額すべき特殊事情がある場合にはそれを適切に考慮すべきことは当然であろう。

【197】　東京高判平1・1・31 税資169・219

(判旨)　原審（静岡地判昭63・7・1 税資165・4）の次の判断を支持。

　「相続財産の価額は、取得時の時価によるが（相続税法第22条）、右時価とは、課税時期においてそれぞれの財産の現況に応じ不特定多数の当事者間で自由な取引が行われる場合に通常成立すると認められる価額、すなわち客観的な交換価値をいうところ、被告の主張2(2)のとおり使用貸借による土地の使用権は、借地権のように法律上の手厚い保護を与えておらず、また当事者間の好意、信頼関係等にその基盤を持ち、交換経済の外にあるものなので、借地権のような客観的な交換価値を有するものと見ることが困難である。
3　原告は被告の主張に対する反論1(2)において、本件土地A上の建物を乙が賃借している関係は、貸家建付地と変わらないのでその評価をすべきであると主張する。しかしながら、貸家建付地の場合は、敷地所有者と建物所有者が同一人なので敷地所有者の借家人に対する明渡し請求には借家法第

1条の2に定める正当事由が必要となるのに対し，本件土地Aの場合は，被相続人甲は，乙に対し借家法の制限を受けずに土地の返還請求ができるから，両者の法律関係が同様であるとはいえない。」

【198】 東京地判平13・1・31 タインズ Z888-0536

判旨 「このような評価通達の趣旨に照らすと，建物及び土地について，貸家建付地及び貸家として評価額を減額するには，右のように交換価値が低くなるような事情がある場合に限られるというべきである。すなわち，右評価通達にいう貸家建付地及び貸家とは，現に賃貸借契約の目的となっている家屋の敷地の用に供されている土地及び当該家屋をいうものと解すべきである。しかるところ，本件和解による明渡猶予期間中の本件建物の使用関係は，実質的には一時使用の賃貸借と異なるものではなく，本件地価税各更正処分等に係る平成6年分の地価税の課税時期である平成6年1月1日の時点はもとより，本件相続開始時においても，右の使用関係は継続していたのであるが，その終期は，平成7年12月31日と確定しており，その期間が比較的短期であること及び賃借人から期間の延長を請求する余地がなくなっていることからすると，右使用関係の存在は，本件土地建物の交換価値の評価に当たってはそれを無視し得るものということができ，本件土地建物については，評価通達が前提としているような経済的な価値を減少せしめる事情があるとはいえない。よって，被告が本件相続税各更正処分等において本件評価通達を適用せずに本件土地の時価を評価したことは適法であるというべきである。」

【199】 東京高判平4・2・6 行集43・2・123（【22】と同一判決）

事実 納税者が土地を貸家建て付け地として申告したところ，課税庁は被相続人から無償で借り受けて建物を建築し第三者に貸し付けていた土地であるので自用地として課税したので，納税者がこれを不服として争った。

判旨 第1審（静岡地判平1・6・9判時1332・63，判タ719・15，評釈：荻野豊・税事21・124，佐藤孝一・税通44・13・245，山戸利彦・訟月35・11・102）の次の判断を支持。

「使用貸借による土地の使用権は，借地権のように法律上の手厚い保護を与えられておらず，また，当事者間の好意・信頼関係等にその基盤を持ち，通常，正常な経済取引になじまないものであるから，借地権のように客観的な交換価値を有するものと見ることが困難である。

(2) 原告は，本件土地上の建物を第三者が賃借している関係は，土地所有者自身が地上建物を所有しその建物を第三者に賃貸するいわゆる貸家建付地と変わらないので，本件土地を貸家建付地として評価するべきである旨主張する。

しかしながら，貸家建付地の場合は，敷地所有者と建物所有者が同一人なので，敷地所有者の借家人に対する明渡し請求には借家法1条の2に定める正当事由が必要となるのに対し，本件土地の場合は，Aは，地上建物の借家人に対し借家法の制限を受けずに土地の返還請求ができるものというべきであるから，両者の法律関係が同様であるとはいえない。

3 したがって，本件土地の使用借権の価額を零とし，本件土地を更地として評価する被告の主張は相当であると解される。」

【200】 東京高判平6・12・22 行集45・12・2063，税資206・804

判旨 「このような評価通達の趣旨に照らすと，建物及び土地について，貸家及び貸家建付地として評価額を減額するには，右のように経済的価値

が低くなるような事情がある場合に限られるというべきである。」

　そうすると，右評価通達にいう貸家及び貸家建付地とは，現に借家権の目的となっている家屋及びその敷地の用に供されている土地をいうと解するのが相当である。そして，相続税法22条が，相続により取得した財産の価額をその取得の時における時価によるものとしていることからすると，貸家及び貸家建付地に当たるか否かは，相続開始時を基準として判断されるべきである。

　これを本件についてみると，M信託とT企業が本件建物1，2階部分について本件賃貸借契約を締結したのは，本件相続の開始後である昭和63年12月7日であることについては当事者間に争いがないから，本件相続の開始時において，本件建物1，2階部分及び本件敷地部分は，貸家及び貸家建付地に該当していたとはいえないことは明らかである。」

【201】　最判平10・2・26 税資230・851

[判旨]　原審（東京高判平8・4・18 税資216・144，横浜地判平7・7・19 税資213・134）の次の判断を支持。

「本件のように，相続開始時点において，いまだ賃貸されていない部屋がある場合の建物全体の評価については，前述のように，建物の自用家屋としての評価額から，賃貸されている部屋に存在すると認められる借家権の価額を控除して算出するのが相当である（評価通達93項，94項）。すなわち，相続税法22条所定の相続開始時の時価とは，相続等により取得したとみなされた財産の取得日において，それぞれの財産の現況に応じて，不特定多数の当事者間において自由な取引がされた場合に通常成立すると認められる価額をいうものと解するのが相当であるから（評価通達1項(2)参照），相続開始時点において，いまだ賃貸されていない部屋が存在する場合は，当該部屋の客観的交換価値はそれが借家権の目的となっていないものとして評価すべきである。」

【202】　最判昭56・10・30 税資121・179

（評釈：高津吉忠・税通39・15・213）

[判旨]　第1審（東京地判昭54・6・25 訟月25・11・2867）および原審（東京高判昭55・10・21 税資115・125）の次の判断を支持。

「借地人たるS不動産は，本件土地を利用するために近隣の多くの借地権の地代率を10パーセント以上，市中金利を4パーセントも上回る著しく高額な地代の支払いを必要とするのであって，借地権価額を評価する基礎となる前記の経済的利益を享受しているものとみることはできず，一方，土地所有者としては，右高額な地代を収受することによって投下資本に相当する利益をあげることが可能なものということができる。してみると，このような異例の借地権の評価については，国税局長の定めた前記の標準的借地権割合80パーセントをそのまま適用する余地はないものというべきであり，借地人に帰属する経済的利益のみを基準として右借地権を評価する限りは，これに価額を認めることは困難であって，底地価額が自用地としての価額とほぼ等しくなるとみるほかない。しかしながら，このような借地権であっても，前記のとおりその法的保護等のゆえに土地の価額の評価になんらかの影響を及ぼすものであるし，また，権利金授受の慣行のない地域についても従来から一般に借地権割合が20パーセントとみられているという証人外山喜一の証言をも勘案すれば，本件において，被告が借地権割合を20パーセントとし底地価額を自用地としての価額の80パーセントと評価したことは相当として首肯しうるものというべきである。」

【203】 福岡地判平 3・10・15 判タ 791・134, 税資 186・887

（評釈：関根稔・シュト 373・11）

[事実] 本件土地においては，1万5,700平方メートル余の土地のうち4.5パーセントの部分（約700平方メートル）に建物が存在しているに過ぎず，しかも，賃貸借契約において，建物の増改築・新築や教習コース部分への建物の建築は禁止されている（当事者間に争いがない），等の特殊事情がある。このような借地権は，一般の借地権と比較して土地の利用価値が低く，その価額も一般の借地権よりも低く評価すべきである，として原告が争った。

[判旨]「本件土地全体に借地法の適用があることについては当事者間に争いがなく，前記最高裁判決も，建物敷地部分と教習コース部分の一体性を認定して，本件権利が借地法の適用のある借地権である旨判示している。ところが，相続税法には，借地権評価についての特別の定めはないので，本件権利の評価は，原則として右評価通達の評価基準によるべきであるところ，本件権利につき，同基準によらないことが正当として是認されうるような特別の事情を認めるに足りる証拠はない。

原告は，本件土地の現況及び賃貸借契約上の利用制限から，本件権利を一般の借地権よりも低く評価すべきであると主張し，不動産鑑定士K作成の不動産鑑定評価書及び同人の証言が右主張の裏付けであるとするが，同人の右鑑定評価の根拠が明らかでない上，借地権価額0円という評価額そのものも原告の主張と矛盾するものであり，いずれも採用できない。

そうすると，本件各処分は，相続税法22条に基づいて行った処分であるといわなければならず，右条項の解釈通達である評価通達によることが正当とされる本件事案において，右通達に従いなされた本件各処分は適法である。」

4 小規模宅地等

相続開始の直前において事業又は居住の用に供されている宅地に対して，大幅な評価減が認められている（措置法69条の4）。相続開始の直前において，被相続人等の事業の用または居住の用に供されていた宅地は，相続人等の生活基盤の維持のために不可欠のものであること，特に事業用宅地については，雇人，取引先等事業者以外の多くの者の社会的基盤にもなり，事業を継続させる必要性が高いことなどから，その処分について相当の制約を受けるであろうことを配慮し，相続税の課税価格の計算上減額を認めたものである[88]。判例は，この特例適用の前提として被相続人が相続の『直前』において当該土地を事業もしくは居住用に用いていたかを重視している（【204】【205】など）。したがって，相続直前にまだ事業を開始していなかったが，事業をはじめようと考え，立体駐車場を建築中に死亡した場合は，相続開始直前には事業に供していなかったので，特例の適用を否認し（【206】），逆に，相続開始直前に駐車場に供していた土地で，相続時は新しい事業のために建物を建築中で，全体の55％程度しか完

---

[88] この問題については植田卓「小規模宅地等特例」税理 47巻11号46頁，「特集／小規模宅地等の特例を巡る諸問題」税務事例 36巻5号17頁，成田順二「小規模宅地等特例制度の問題点」『争点』295頁，北野弘久「小規模宅地等の相続税課税価格の縮減措置」税理38巻12号263頁，などを参照。

成しておらず，しかも相続後相続人の都合で事業を行わなかったケースについては被相続人に事業再開の意思があったとして特例の適用を肯定している【207】。

相続税が遺産取得税であることも考慮すると相続開始時点のみではなく，その取得時の状況も判断に入れているべきであり，判例は被相続人が事業に供していたことを重視しすぎている。相続人が事業にしか使えない状況で相続した財産が事業用の特例の対象にならず，逆に，被相続人は確かに事業に供していたが，相続人が事業に供しなくなった土地に特例が適用される，というのは合理的とは思われない。その意味で，【208】がこの要件を広く解していることは評価すべきであろう。この控訴審は，納税者が申告に際してほかの土地を特例の対象とし，本件土地を選択していなかったことを根拠に救済を否定しているが（【209】），申告当時の課税庁見解に従わざるを得ない一般納税者を救済すべき裁判所としての基本的な視点に疑問を感じざるを得ない。

なお，信託受益権の目的となっている信託財産である土地が事業用宅地になる時点の問題については後掲の【254】を参照。

被相続人が事業といえる程度のものに供していたかについて，かつて課税庁は不動産賃貸業について5棟10室基準で判断してきたが，【210】は事業概念を所得税と同様に諸事情を総合判断して解すべきで，形式基準に満たない場合でも事業といえると判断している。他方，【211】は，相続開始の直前における客観的な状況からみて，営利性，有償性を有していたと認められることが必要であるとして，事業性を否定している。これは，営利性の乏しい事業を相続税対策のために行ったと判断し，租税回避を防止するために事業性を厳格に解したものと思われる。

平成6年改正により特定居住用宅地等に該当するものについては軽減率が高くなったが，措置法は，被相続人の居住の用に供されていた宅地等を取得した親族が「相続開始前3年以内にその者又はその者の配偶者の所有する家屋に居住したことがない者」である場合には，当該宅地等の上に存する当該被相続人の居住の用に供されていた家屋に居住していなかったとしても，それは勤務の都合等やむを得ない事情による一時的なものであり，その居住を継続することが特に必要と認められることから，特例に加えられた。この規定は自己が所有権がない場合を前提としているので，共有状態の場合は「小規模宅地等」には該当するものの「特定居住用宅地等」に該当しない（【212】）。

【204】 最判平10・6・25 税資 232・821

判旨　原審（東京高判平9・2・26 税資 222・597，東京地判平8・3・22 税資 215・938）の次の判断を支持。「建築中の居住用建物の敷地を居住用宅地として扱うことは合理的であるが，その取扱いは，居住用建物が建築中であることにより，当該土地について，既に居住用建物の敷地としての使用が具体化ないし現実化しているとみることができることによるものというべきであるから，そのためには少なくとも相続開始時に当該土地上において現

実に居住用建物の建築工事が着手され，当該土地が居住用建物の敷地として使用されることが外形的・客観的に明らかになっている状態にあるといえることが必要であると解すべきであり，相続開始時において，単に当該土地上に居住用建物を建築する計画があるとか，居住用建物の建築請負契約を締結しているというだけで，現実には未だその建築工事に着手していない場合には，その土地は単なる建築予定地でしかなく（居住用建物の敷地としての土地の使用が未だ具体化ないし現実化しているということができない。），これを居住用宅地として扱うことはできないというべきである。」

【205】 東京地判平13・1・31 タインズZ250-8830

[判旨]「賃借人は実質的には一時使用の賃貸借に基づいて本件建物を有償で占有していたのであるから，Aの遂行していた右事業は，本件賃貸借契約に関する紛争処理の段階にあったものの，本件相続開始の直前においても未だ終了していたものとはいえないというべきである。したがって，本件土地は，被相続人の事業の用に供されていた宅地等に該当し，本件特例が適用されるべきであると解される。

もっとも，前記……で認定したとおり，本件賃借人は本件相続開始後間もなく本件建物を明渡したものであるが，本件特例は，「当該相続開始の直前において……当該相続……に係る被相続人の事業……の用……に供されていた宅地等」と定めるにすぎず，相続開始後も相当な期間被相続人の事業が継続していることをその適用の要件とするものではないから，右事情は，本件特例の適用の妨げとなるものではない。」

【206】 東京高判平9・5・22 行集48・5＝6・410

（評釈：品川芳宣・税研76・60，佐藤英明・ジュリ1147・153，山岸敬子・自治研究75・4・114）

[事実] 被相続人が事業のために立体駐車場を建築したが，業者とのトラブル等のために営業開始が遅れ，その間に死亡してしまった。この土地に事業用宅地等の特例が可能かが争われた。

[判旨]「前記1認定の本件特例の趣旨及び本件特例の文言，並びにその適用は課税の公平，迅速という観点からできる限り一義的かつ明確な客観的基準によるべきであることからすれば，本件宅地が駐車場事業の用に供されていたか否かは，前記のように，相続の開始直前において，「現実に」駐車場事業の用に供されていたか否か，少なくとも駐車場利用者において現実に利用できる状態になっていたか否かという観点から判断すべきであるから，右観点の考慮を必ずしも必要としないとの控訴人らの右主張は，採用することができない（本件特例の趣旨は，前記一1（一）の冒頭に述べたようなものであり，控訴人ら主張のような趣旨が含まれていないわけではないが，そこにいう社会的基盤の形成は瞬時にして完成するものではなく，これには一定の時間的経過が必要であるところ，本件特例は，当該宅地等が相続開始の直前において，現実に事業の用に供されていた場合に初めて，関係者の社会的基盤が形成されていたものとみて，これを保護しようとするものであるということができる。）。」

【207】 名古屋地判平10・2・6 税資230・384

（評釈：品川芳宣・税研83・108，佐野豊子・税理41・15・20）

[判旨]「したがつて，本件特措法の文言では，事業の用に供されていた宅地等は，「相続の開始の直

第5章　財産の評価

前において」存在していなければならないが、このような本件特措法の趣旨からすれば、相続の開始の直前においてはたとえ当該宅地が事業の用に供されていなくても、相続の開始の以前において事業をしていたが、相続の開始の直前においては偶々事業を中断していて、相続後も再び事業を再開することが認められる場合には、右要件に該当するものとして、その適用を認めるべきである。なお、被告は、相続後に再び事業を再開するか否かを現実に相続人が事業を承継した点に求めると主張している。確かに、本件特措法の趣旨からすれば、そのように解釈することの合理性が認められるが、被相続人が相続直前に当該宅地を事業の用に供していれば、相続人が現実に事業を承継したか否かを問うことなく、本件特措法が適用されることとの均衡からすると、そのように解するのは妥当でなく、相続後に再び事業を再開する否かは、あくまでも相続時点においてそのような態度が被相続人に認められるか否かによつて決するべきである。」

【208】　東京地判平 14・7・11 訟月 50・7・2192
　　　　（評釈：伊藤義一＝宮寺正美・TKC 税研情報 12・3・1、渕圭吾・ジュリ 1241・116）

判旨「事業は、その性質上開始に当たってある程度の準備を要するものであるし、その開始後も諸々の事情の変化に応じて、その内容に変更を加える必要が生じ、そのために事業を一定期間休止して所要の変更を施した後に事業を再開することも珍しくないと考えられる。このような事業というものの性質と上記のような立法目的からすると、同条にいう「事業の用に供されていた土地」の解釈に当たっては、当該土地上において、外形的に明らかな形で特定の事業の準備が開始された時点以降、当該事業が廃止されるまでの全ての段階を含むものと解するのが相当であり、従前事業が行われていなかった土地であっても、相続開始時において当該土地上で外形上明らかな形で事業の準備が行われている場合はもとより、従来行われていた事業が相続開始時に一時中止されているものの、その再開が確実に予定されている場合もまた、当該土地は「事業の用に供されていた土地」に該当すると解するのが相当である。」

【209】　東京高判平 15・3・25 訟月 50・7・2168

判旨「措置法69条の3第4項は、税務署長は、相続税の申告書の提出がなかった場合又は本件特例の適用を求める旨の記載等がない相続税の申告書の提出があった場合においても、その提出又は記載若しくは添付がなかったことについてやむを得ない事情があると認めるときは、当該記載をした書類並びに計算に関する明細書及び大蔵省令で定める書類の提出があった場合に限り、本件特例を適用することができる旨を定めているが、本件特例は、被相続人若しくは当該相続人と生計を一にしていた当該被相続人の親族の事業の用若しくは居住の用に供されていた宅地等のうち200平方メートルまでの部分について、相続税の課税価格に算入すべき価額において特例を認めるものであるところ、本件相続人らは、前記のとおり、本件相続に係る相続税の申告の際、本件相続人らの1人である被控訴人Xが相続により取得した東京都……に所在する貸家建付地を本件特例を適用する宅地として選択し、被控訴人Xは、当該土地のうち200平方メートル部分について本件特例を適用して同土地を2億3,797万3,201円と評価し、それを前提とした相続税の申告をし、被控訴人Xの相続税債務は既に確定をみているのであるから、もともと本件更正処分について同条4項の規定を適用すべき前提を欠いているものである。」

【210】 東京地判平 7・6・30 訟月 42・3・645

（評釈：石井敏彦・税通 50・13・224，田中治・租税法研究 25・153，三木義一・税研 65・61，後久亮・税研 106・139）

[判旨]「A及びBは，右貸付けによる賃貸料等を原資とする返済を予定して銀行から建築資金を借り入れて本件ビルを建築したものであり，右賃貸料等の収入以外に返済の原資となり得るような収入は特になかったこと（自己の危険と計算における企業遂行性），本件ビルは，A夫婦と原告夫婦の同居等をも目的として，従前からA夫婦が居住していた建物を取り壊して建築されたものであり，専ら相続税負担の軽減の目的で借入金により貸付け用の不動産を購入して相続後にこれを売却するなどといった場合と異なり，当初よりその貸付けを継続することが予定されていたこと（不動産貸付けの目的），現に，本件ビル建築後本件相続開始時まで，相当期間反復継続して貸付けが行われており，本件相続開始後も貸付けが継続されていること，本件ビルの本件建物部分及び3階部分は，当初より，法人等の事務所として賃貸することが予定され，そのような構造のものとして建築されており，また，法人等の事務所として利用されることから，その貸付けが相当程度継続することが予想されたこと，貸付けのための管理業務のうち，その仲介業務は，不動産業者に委託し，清掃業務の一部を清掃業者に委託しており，その余の業務等についても本件ビルの居住用の部分の管理と重複する部分はあるものの，一定程度の精神的肉体的労力を費やしているとみられること，その貸付け規模は，本件建物部分については2室，3階部分については一室ではあるが，いずれも100平方メートル近い1フロア全体を1室として貸し付けていること（不動産貸付けの継続性・反復性，不動産貸付けに費やした精神的肉体的労力の程度，人的物的設備等），Aについては挿花教室をやめた昭和62年から後，Bについては当初より，本件建物部分及び3階部分の貸付けによる賃貸料等の収入以外には定期的な収入はなく，その賃貸料等による収入は，本件建物部分については年間1,000万円近く，3階部分については年間500万円近くに上っていること，本件ビルの賃貸に係る収支は，一応別途管理されていたこと（不動産貸付けの営利性・有償性，取引者の職歴・社会的地位・生活状況）等の諸点を総合して勘案すれば，本件建物部分及び3階部分の貸付けは，社会通念上事業といい得るものと解すべきである。」

【211】 東京地判平 10・4・30 税資 231・905

[判旨]「本件特例にいう事業用宅地と認められるためには，当該被相続人が行っていた行為が，相続開始の直前における客観的な状況からみて，営利性，有償性を有していたと認められることが必要である。……本件特例の適用があるかどうかは，相続開始の直前の客観的な状況を基に判断すべきであるところ，既に認定したとおり，日本橋の建物は，2階ないし4階部分の賃借人の立退きをKに委託したものの，思うようにはかどらず，かえって1階部分を月額30万円で同社に賃貸しており，神田の建物1は老朽化して取り壊しが予定されていたし，神田の建物2はH地所が購入した当時空き家となっており，その後H開発に賃貸されているにすぎない状況であったのであって，いずれも新築オフィスビルではなく，また，現に1坪当たり10万円の賃料を得て賃貸していたものでもない。しかも，原告が主張する本件ビル新築計画については，後記4で述べるとおり，未だ構想段階にとどまっていたにすぎないから，本件各貸付けが「事業」の要件である営利性，有償性を有するかどうかを判断するに当たってこれを考慮すべきではなく，結局，原告の主張はその前提を欠くものといわざるを得ない。」

第5章　財産の評価

【212】 東京地判平 15・8・29 タインズ Z888-0894

判旨「原告らは，法69条の3第2項2号ロ所定の「その者又はその者の配偶者の所有する家屋……に居住したことがない者」とは，単に，その者又はその者の配偶者の所有する家屋に居住したことがない者ではなく，その者又はその者の配偶者の所有する家屋にその所有権を行使して居住したことがない者をいうと解すべきであると主張する。しかし，このように限定的に解すべき根拠がない上，むしろ，このように解した場合には，法69条の3第2項2号ロの適用の有無を判断することが困難となり，租税法規の明確性を害するというべきである。したがって，原告らのこの主張も，採用することができない。」

5 農地・生産緑地

(1) 農　　地

　農地についても通達により評価方法が規定されているが，この通達によるべきでない特別な事情に，耕作権者が納税猶予等を受けていることや農地法の制約などがあたるかにつき【213】はこれを否定している。また，減額要因となる耕作権は農地法20条の賃貸借契約でなければならず，許可前のヤミ耕作権について【214】は減価の対象にならないという。

　農地についても評価通達が適用できない特殊事情がある場合は，鑑定などで判断されるが，【215】は納税者側の鑑定が合理性なしとして通達評価を適法とした事例である。

【213】 東京地判平 15・8・28 タインズ Z888-0800

判旨「原告らが主張する，上記の各事情は，結局のところ，本件耕作者が，納税猶予の特例の適用を受けているために，本件第1土地の賃貸借契約の解約に応じる見込みに乏しいことを主張する限度において意味を持つにすぎないというべきであるところ，賃貸借契約が締結されている農地について，耕作者が当該農地の賃貸借契約の解約に応じる見込みに乏しいということは，上記のように耕作者が納税猶予の特例の適用を受けているような場合に限らず，その他の場合においても，容易に想定できる事態であるから，このような事情をもって，上記特別な事情に当たるとすることは相当でない……本件耕作者が本件第1土地を取得したとしても，その取得後において耕作の事業に供すべき農地の面積の合計が50アールに達しないこと，また，その取得後における耕作の事業が草花等の栽培で，その経営が集約的に行われる見込みに乏しいこと，本件相続の開始直後，原告らの側において本件第1土地を本件耕作者に譲渡しようとしてS農業委員会に相談したところ，同委員会の担当者から，本件耕作者への譲渡は許可されないであろうとの説明を受けたこと，本件第1土地の耕作料は年額1万5,000円であるのに対し，その固定資産税等は年額約50万円であることがそれぞれ認められ，これらの事情は，実際上は本件第1土地を農地として譲渡することが困難であることを窺わせる事情である。しかし，そもそも原告らの主張する農地法上の制約は，本件第1土地のみならず，耕作権の設定されている農地一般に課されるものであるし，市街化区域内で耕作権の設定されている農地については，その取得後において耕作の事業に供すべき農地の面積の合計が50アールに達しないことや，農地の取得後における耕作の事業が草花等の栽培で，その経営が集約的

に行われる見込みに乏しいこと，あるいは，当該農地について支払うべき固定資産税等が耕作料を上回ることなどの各事情は，本件のような場合に限らず，その他の場合においても，容易に想定できる事態であるから，このような事情をもって，上記特別な事情に当たるとすることは相当でない。」

【214】 大阪高判平13・5・30 税資250・8911

判旨 原審（大阪地判平12・12・15 税資249・1086）の次の判断を支持。

「評価通達では控除の対象となる耕作権を限定しているが，その理由を検討するに，これは，農地法20条1項が，賃貸借の当事者は都道府県知事の許可を受けなければ賃貸借の解除をし，解約の申入れをしてはならないと規定し，民法の原則を小作人に有利に修正するものであること，すなわち，農地法上の賃借権つまり耕作権が，当該規定によって，宅地及び雑種地に係る賃借権と比較し，より強い保護を受けていること，そして，右強い保護の故にこのような権利が一定の価額で取引きされている現状に鑑みて，耕作権の目的となっている農地の価額の評価に当たりこれを参酌しようとするものであると解される。……以上のとおり，相続財産である農地の評価に当たり耕作権の価額を控除するには，当該農地につき農地法20条1項本文の規定が適用される賃借権が成立していなければならない。そして，農地法3条1項は，農地について所有権を移転し，又は地上権，永小作権，質権，使用貸借による権利，賃借権もしくはその他の使用及び収益を目的とする権利を設定し，もしくは移転する場合には，当事者が農業委員会ないし都道府県知事の許可を受けなければならない旨規定し，同項の許可を受けないでした行為は，その効力を生じないとされている（農地法3条4項）。したがって，農地法3条1項に基づく許可が賃借権の設定の法律上の効果を完成させる条件と

なっているのであるから，相続開始前に被相続人が農地の賃貸借契約を締結し，その生存中に当該農地の賃借権の権利設定について右許可を受けていない限り，原則として控除の対象となる耕作権に当たるとは言えない。」

【215】 大阪高判平13・4・20 タインズZ888-0657

判旨 原審（神戸地判平12・2・29 税資246・1031）の次の判断を支持。

「原告鑑定評価書による本件各土地の鑑定評価は，右(1)説示のとおり本件各土地の種別が宅地見込地地域内の宅地見込地であるにもかかわらず，農地地域内の農地であることを前提として行ったものであるから，鑑定の方法自体に問題があることになり，これに示された原告鑑定評価額は採用し難いものといわざるを得ない。」

(2) 生産緑地

生産緑地については，評価通達の40-3が課税時期（相続時）において，取得者たる相続人が市町村長に対して生産緑地法10条に基づく買取りの申出をすることができたか否かに場合分けし，後者についてはさらに買取りの申出が可能となるまでの期間に応じて細分し，それぞれに対応して，生産緑地でないとして評価した価額からの控除率を定めている。この控除率の適用に関して申し出ができない場合にあたるという主張を【216】が退けている。

【216】 名古屋高判平15・4・16 タインズZ888-0792

判旨 原審（名古屋地判13・7・16 タインズZ888-

相続・贈与と税の判例総合解説 173

0541）の次の判断を支持。

「原告は，被相続人が買取りの申出をしていない限り，課税基準時に買取りの申出ができたとはいえない旨主張するが，後記のとおり，買取りの申出が可能な土地であったか否かは，課税基準時において，被相続人が当該生産緑地に係る農林漁業の主たる従事者に該当するか否かによって決せられるべき問題であり，だれが当該生産緑地を相続するかとか，相続人が現実に生産緑地を維持管理する意思，能力を有しているかといった事後的，主観的，不確定的要素によって左右されることになれば，課税基準時における時価によって一律的に相続財産の価額を定める旨の相続税法22条の趣旨に反するといわざるを得ない。また，原告は，相続時において被相続人が主たる従事者に該当すると，かなり時間が経過した後も買取りを認めることになって非常識な結果となるとも主張するところ，生産緑地法には買取りの申出ができる期間についての定めがないことは原告指摘のとおりであるが，そうであっても，相続後相当期間が経過し，新たな態勢の下で農業等が展開される事態になれば，新たに法10条所定の事由が生じない限り，買取りの申出をすることができないと解することができるので，原告の上記主張は採用できない。」

6　土地区画整理事業区域内の土地

　土地区画整理事業施行中の宅地の評価については，「財産評価基本通達」が，その仮換地が指定されている場合には仮換地の価額によって評価するとしているが（24-2），仮換地指定が行われていない土地については特段の定めはない。【217】は，このような場合は，従前の土地について適切な鑑定評価を行うべきである，としている。この事案では，納税者側の鑑定と課税庁側の鑑定双方に合理性がある標準的画地の価額については，その標準値を採用し，土地区画整理事業による使用収益開始までの間建物が建築できないことによる減価割合についてはどちらの鑑定も否定し，割引期間等を独自に判断して原告の主張を一部認めた。これに対して【218】は，このような場合も評価通達に基づく課税は適法であるとされている。

【217】　さいたま地判平17・1・12タインズ Z888-0930

判旨「土地区画整理事業施行中でありながら仮換地指定が行われていない土地については従前の土地について適切な鑑定評価を行うべきである。……

　(ア)　標準的画地の価格

　本件においては，A鑑定（納税者側）は別紙5-1記載の取引事例10ないし14を用い，B鑑定（課税庁側）は別紙6-1記載の取引事例AないしEを用い，これにより得られた比準価格と近似の公示地の地価（16万9,000円／平方メートル）を参酌し，A鑑定は標準的画地の価格を16万5,000円／平方メートルとし，B鑑定は17万6,000円／平メートルとしているところ，これらの評価過程にともに不合理なところはない。そうすると，標準的画地は，それらの平均である17万0,500円／平方メートルと判定するのが相当である。……本件土地は本件土地区画整理事業による仮換地指定がなされる前の更地であり，現在の場所で通常に利用される建物の建築が許可される可能性は極めて少ないと考えられる（甲14等）。そして，甲31，乙7によれば，このような土地の価格を算定するためには，本件土地が仮換地指定・使用収益開始後の建物の建築が可能となるまでの期間及び割引率を考慮して割り引くことによって価格を算定す

るのが相当であり，具体的な算定方法としては，本件売買契約時から仮換地指定後・使用収益開始後の建物の敷地として利用できるまでの期間（割引期間）と通常の宅地としての使用・収益ができないことによる割引率を求め，複利現価計算をして本件土地の時価を算定するのが相当である。」

【218】　東京高判平 13・5・23 判タ 1126・114

[判旨]「控訴人らは，本件土地は，本件土地区画整理事業の施行区域内にあり，仮換地の指定もなかったから，評価基本通達を適用すべきでない特別な事情があるというべきであり，本件土地の時価は，相続税法22条に立ち戻り，澤野鑑定により求められた鑑定評価額によって決すべきである，……と主張している。

……しかしながら，土地区画整理事業は，同事業における従前の土地の権利者に対し，同事業施行後の土地を換地として与えるものであり，換地は，従前の土地とその位置，地積，環境等が照応するよう定めなければならず，その照応上不均衡が生ずると認められるときは相当額の清算金をもって清算することとされている（土地区画整理法89条，94条等）ほか，土地区画整理事業は，公共施設の整備改善及び宅地の利用増進並びにこれらによる健全な市街地の造成を図ることを目的として行われる（同法1条，2条）ものであるため，同事業施行後の土地は，相当の開発利益が付加され，又はこれを随伴するものとなる蓋然性が高く，したがって，同事業施行後の土地の価額は，少なくとも合理的に見て相当の上昇が見込まれる（このことは，特に都市計画事業として施行される土地区画整理事業の場合に顕著となる。）ものであって，実際にも従前の土地よりも価格が上昇するのが通例と認められる。そうすると，土地区画整理事業が施行中の土地について，その評価上，上記の減価要因のみを考慮に入れ，同事業の結果（又はその結果を見込んであらかじめ）従前の土地の価額が上昇する要因を考慮に入れない方法は，一面的な偏りがあるといわなければならない。それと同時に，前記の減価要因にせよ，このような上昇要因にせよ，客観的な交換価格を評定する上でどのように考慮するのが正確で実行可能な方法といい得るかは，事柄の性質上単純に論ずることができないところである。それでも，都市計画事業として施行される土地区画整理事業が，施行主体による施行規程及び事業計画の決定，これらについての公衆縦覧，利害関係者の意見書の提出，事業計画の公告，これらの手続を経た上での換地計画の決定及び公衆縦覧など当該事業に係る基本的な情報（施行地域の範囲，設計の概要，事業施行期間，資金計画，換地設計，各筆換地明細，保留地その他の特別の定めをする土地の明細等）を関係地域社会に広く公開し，担当の期間をかけて関係者の周知徹底を図りながら実施されるものであって，こうした計画的で公共的な手続が開始され，進行するに連れて，施行区域内の土地及び近隣の土地について，不動産市場が相当の関心を示し，これらの土地についての前記のような減価要因も，上昇要因も，それなりに当該市場における評価に折り込まれていく関係に立つことは何人も否定し難いところというべきである。このような意味合いにおいて，路線価方式の採用は，その路線価に係る標準地（標準的な土地，公示地及び基準地）に係る売買実例価額，公示価格及び精通者意見価格等を通じて，前記のような減価要因や上昇要因をも時間的及び空間的な相当の関連性をもってその評価に間接的ながら折り込む機能を果たすものということができるのである。

こうした考察を踏まえると，本件土地が本件土地区画整理事業の施行区域内にあるものの，まだ仮換地の指定がなかった状況については，前記のような減価要因のみを特に重視する評価の方法は，合理的ということができず，同時に，こうした減価要因があることをもって，評価基本通達を適用

すべきでない特別な事情があると解することもできないから，路線価により算定された本件土地の価額は適正な時価を示していないという控訴人らの主張を採用することはできない。」

7　庭　　　園

庭園については，それが土地とは別個の評価になるとするのは，本格的な庭園である場合には一般論としては不合理ではあるまい（【219】）。

【219】　名古屋高判昭61・8・26税資153・548
（【42】，後述【220】と同一判決）

判旨　「庭園（別表6の番号8）について判断するに，一般に庭園とは土地及び庭園設備（庭木，庭石，あずまや，庭池等）により一体として構成されるものであり，少なくとも庭園設備については，立木若しくは工作物または動産として相続財産としての時価評価の対象となるものであるから，これらをその一体性に着目して，一括して庭園として評価することも合理性があるものというべきところ（前掲乙第1号証の1によれば，前記基本通達も92(3)において庭園設備の価額について評価方法を定め，125において庭園内の立竹木については庭園設備と一括しての評価を基準としているところである。），証人甲の証言により成立を認め得る乙第32ないし第34号証及び同証人の証言並びに弁論の全趣旨によれば，別表6の番号8の所在地番等欄記載の所在地（亡Aの相続財産中に含まれる土地）に庭園が存すること，右庭園設備を原告を除く亡Aの共同相続人はすべて金75万円と評価して申告していること（但し，修正申告書においては右をすべて立木として評価している。）の各事実を認めることができる。従つて右からすれ

ば右庭園設備は亡Aの相続財産に含まれるものと推認され（右推認を覆すべき証拠は本件においては何ら存しない。），その価額についても金75万円をもつて本件相続開始時における時価と認めるのが相当である。」

8　建　　　物

家屋については固定資産税評価額に一定倍率を乗じて求められ，現在の倍率は1.0となっている。【220】はこのような評価方法を適法と解しているが，固定資産税における建物評価方法が再建築価格をベースとしたものになっているため，築10年を経ても新築時とあまり評価が変わらないことや近年の固定資産税の評価額の引き上げなどの影響で，特に中古家屋の評価額が実際の取引価格よりも高めになる可能性がでてきている。

固定資産税評価基準によるといっても，相続開始直前に改造工事などを行った場合にはそれだけ資産価値が上がっているので，固定資産税評価額に工事費の70％を加算した評価を適法としたものがある（【221】）。時価で評価するという法律の建前を重視したものであると思われるが，低い固定資産税評価を意識的に利用しようとした場合でない限り，固定資産税評価額で評価されるという納税者の信頼保護も重要であると思われる。なお，建物付属設備が他人の建物と附合していても建物とは別に評価の対象となる（【222】）。

建物が差押え中の場合には減額されるのかについては【223】が原則として評価に影響しないと判示している。建築中の建物の評価

については,【224】が通達の評価方法を合理的としている。

【220】 名古屋高判昭61・8・26 税資153・548

（【42】【219】と同一判決）

判旨　原審（名古屋地判昭61・1・31 税資150・132）の次の判断を支持。

「相続税法における相続財産の価額は，同法23条ないし26条（財産の評価）に規定する財産を除き，財産の取得の時における時価による（22条）ものとされているところ，相続財産の時価を評価するについては，国税庁長官が各国税局長あてに通達した「相続財産評価に関する基本通達」が存すること，この基本通達は，相続財産に属する家屋については原則として1棟毎に固定資産税評価額に一定の倍率（1.0倍）を乗じて計算した金額をもって時価と評価すべきこととしていること，……そして，右基本通達及び相続財産評価基準に従って相続財産に属する家屋の時価を評価することには合理性があるから，特段の事由の存する場合は格別（そのような事由は本件には存しない），そうでない場合は，基本通達及び相続財産評価基準に従った相続財産に属する家屋の評価は，時価の評価として適正なものというべきである。」

【221】 最判昭56・12・8 税資121・493

（評釈：米山鈞一・税通39・15・228）

判旨　原審（東京高判昭56・2・19 税資116・286）および第1審（東京地判昭53・12・21 判タ387・104）の次の判断を支持。

「成立に争いのない乙第4号証によれば，前記昭和47年度分固定資産税評価額は2階の改造工事を考慮しないで算定されたものであることが認められるのであるから，右に述べた1階，3階，4階と2階との評価額のみでは，右改造工事による資産価値の増加が評価されていないことになる。それゆえ，本件家屋の時価は，1階，3階，4階の評価額と2階の評価額に，さらに右改造工事による資産価値の増加額を加えた額によって評価すべきものであり，右増加額については，通常の場合に家屋の価額を評価する基礎となる固定資産税評価額が存しないのであるから，実際に要した改造費用を基礎として評価するほかはなく，その価額は，被告の主張するように固定資産税評価額が存しない建築中の家屋の評価方法（基本通達91）に準じて，所要費用の100分の70に相当する金額と評価してもあながち不合理であるとはいえない。」

【222】 大阪高判平8・1・26 税資215・148

判旨　「控訴人らは，本件建物附属設備が本件建物に附合していることは当事者間に争いがなく，したがって本件建物附属設備は富士製作所の所有ではなく，独立した相続税法上の財産に該当しないと主張する。しかし，本件建物附属設備が本件建物に附合したからといって，前説示のとおり，取り外すことのできる動産であるから，本件建物から分離して他に売却して譲渡することが可能であり，相続税法上の財産というべきであり，このように解したからといって，法人税法上の資産の概念と相続税法上の財産の概念との間に混同はない。

控訴人らは，評価基本通達92(1)は権原を有する者が付加したか否かを問わず，建物と構造上一体となっているものについては，その建物に含めて評価することとしていると主張するが，権原を有する者の付加した附属設備が財産性を有する場合に，これを建物とは別に評価することを許さない趣旨であるとは解されない。」

第5章　財産の評価

【223】　名古屋高判平13・10・3タインズZ888-0610

判旨　「本件において，控訴人は，本件建物に本件差押等がなされているから，本件建物の評価に当たり，評価基本通達の定めによらないことが相当と認められる特別の事情がある旨主張する。たしかに，相続人が，被相続人以外の者への滞納処分による差押えがされた不動産を相続して，相続税を賦課徴収されたところ，公売等の実行により，その不動産の所有権等を喪失した場合，相続人に格別の落ち度がないのに相続税を納付しなければならず，また徴収された相続税の返還を求めることができないというのは，正義公平の原則に反し，国は，納税者に対し，喪失した不動産の価額の限度において，課税処分の効力を主張し得ないものとなり，同処分に基づいて税を徴収し得ないとすべき場合が考えられないではない。しかし，そもそも相続税は，相続などによって財産を取得した者に対して，その取得財産の価額を課税標準として課税される租税であるところ，相続税法22条は，相続等により取得した財産の価額は，取得時の時価によるとの評価の原則を定め，相続財産の価額は，相続開始時の現況によって確定するものとしている。そして，相続不動産の上に，滞納処分による差押登記がある場合，将来における公売等の実行や求償の可能性の程度を勘案してその不動産の価額を評価しようとしても，その客観性を担保することはまず不可能であるから，相続開始時において，公売等が実行されることが確実であり，かつ債務者に求償して弁済を受けうる見込みがない等の特段の事情が認められないときには，この滞納処分による差押えは相続財産の評価に影響しないものとするのが相当である。」

【224】　東京高判平11・8・30税資244・387

判旨　「控訴人らは，建築中の家屋の評価方法として，投下資本の額を基礎にこれから30パーセントを控除して算定するという被控訴人主張の評価方式は，一般に完成建物の投下資本額は，その固定資産額を大幅に上回るものであり，完成建物と未完成建物との評価の均衡を図る観点からすると，右の控除率は低率に過ぎる旨主張する。

　しかしながら，そもそも控訴人が30パーセント以上の控除率が相当であるとする根拠自体明確でないのみならず，先にその合理性を有することに触れた前記評価通達によれば，家屋の価額は，当該家屋の固定資産評価額に所要の調整をして算出するが，課税時期において現に建築中の家屋の価額については，当該家屋の費用現価の100分の70パーセントに相当する金額によって評価することとしており，右費用現価とは，課税時期までに投下された建築費用の額を課税時期の価額に引き直した額の合計額をいうものと解されることは，原判決判示のとおりであり，また，相続財産の評価は，相続開始時における時価によるべきものであり，相続開始時に建築中である家屋について相続開始時には未だ明らかになっていない完成後の価額に基づいて評価することは非現実的である上，相続財産評価の原則に反するものであることも，原判決判示のとおりである。控訴人らは，被控訴人主張に係る評価方式によると，完成建物と未完成建物との評価の均衡がはかれない旨主張するが，右にみたとおり，建築中の家屋と完成後の家屋については，相続財産評価の原則に照らし，自ずとその各評価方法を異にする理由が認められるのであり，そうである以上，投下資本額による評価額が完成後の家屋の評価額である固定資産税評価額と異なる場合の生じることは避けられないのであって，たまたま完成後の家屋の固定資産税評価

額が投下資本の額を下回る場合があるからといって，被控訴人主張に係る前記評価方式が不合理であるとはいえない。控訴人らの右主張も採用することができない。」

第3節　地上権・借地権

　相続税法は地上権については永小作権と共に土地の更地価格から残存期間に応じた一定割合を控除する評価方法を定めている（23条）。この地上権にいわゆる区分地上権が含まれるか否かが争点となった事例で，【225】は同条にいう地上権には含まれないとし，その具体的評価は補償基準等による当該区分地上権の阻害率0.1が妥当だとしている。区分地上権は地下鉄などの場合に利用されるが，地下鉄に利用されている土地だからといって必ず区分地上権というわけではない。【226】は地上権が設定されているという納税者の主張を認めたものである。

　また，本条は地上権および永小作権に対する評価方法を定めたものであるので，民法602条2号のいわゆる短期賃貸借等の場合には適用されないことになる（【227】）。

　なお，自己の不動産に相続税対策のために不合理な地上権を設定したと認定され，法64条を同族会社の行為計算否認規定を適用され，通常の場合の借地権割合しか控除されなかった事例もある（第6章第4節参照）。

【228】は親子間の賃借に関して借地権の存在を肯定し，相続税の対象とした処分を適法としたものである。他方で，地上権の存在が否定され，使用貸借の場合は減額しないことを【229】が肯定している。

【225】　東京高判昭58・10・13 行集34・10・1769
　　　　（評釈：有賀喜政・税通39・15・224，有賀喜政・税大論叢18・647）

|判旨|　原審・東京地判昭58・3・7 行集34・3・401，判時1073・51の次の判断を支持。「相続税法23条の規定内容について検討するに，同条は，地上権の価額は，その目的となっている土地の地上権が設定されていない場合の時価に，当該地上権の残存期間に応じて定められた割合を乗じて算出した金額による旨規定している。民法265条の地上権は，一定の土地の全体・全層を客体としてこれを排他的に使用する物権であるから，その価額は相続税法23条が規定するように当該土地の更地価額と残存期間に応じて評価することができる。しかし，区分地上権は，一定の土地の地下又は空間につき，上下の範囲を区分し，その区分層のみを客体とするものであって，当該区分層以外の地表等の利用は土地所有者に留保されているのである。したがって，区分地上権の評価に当たっては，その法的性質からして，当該土地の更地価額及び残存期間だけでなく，当該区分地上権の効力の及ぶ範囲，換言すれば当該区分地上権が当該土地の利用を妨げる程度・割合を当然考慮に入れる必要があり，それなくしては区分地上権の評価は不可能である。しかるに，相続税法23条は，区分地上権の評価に必要不可欠な要素である右の程度・割合に関する規定を欠いているから，同条の規定は区分地上権を予定したものではなく，区分地上権の法的性格に適合するものではないというべきである。

3　更に，区分地上権の法的性格からして，一の土地につき，民法265条の地上権と区分地上権とを設定し，あるいは2以上の区分地上権を設定することが可能であるが，例えば，一の土地につきともに残存期間が50年を超える地下の区分地上権が設定された場合，その価額を相続税法23条の規定により評価するとすれば，両者の価額の合計が更地価額の100分の180となり，更地価額を超えるという矛盾が生じるのである。この点からも，相続税法23条の規定が区分地上権の法的性格に適合しないことが明らかである。……そうだとすれば，本件借地権及び本件底地の価額を相続税法22条の規定により評価すべきである以上，その減額要素たる本件区分地上権の価額も，本件借地権及び本件底地の価額評価の一環として時価により評価すべきものといえる。しかるところ，公共事業に必要な土地等を取得し又は使用する場合の損失補償額については，昭和38年以来補償基準等に基づいて算出されており，原告及び正行は，本件区分地上権を設定した際，補償基準等により本件区分地上権の阻害率が0.1であるとして，更地価額に0.1を乗じて算出された金額の損失補償を受けていること，成立に争いのない甲第5及び第6号証並びに弁論の全趣旨によると，本件区分地上権は，本件土地の東京湾平均海面の下22メートル30センチメートル以下の区分層を客体とするもので，土地所有者，借地権者らが本件土地上で法令上認められた最有効階層の建物を所有するにつき妨げとなるものではないことが認められること，本件土地上には現に鉄筋コンクリート造陸屋根4階建塔屋地階付きの本件家屋が建築されていること，成立に争いのない乙第1号証によると，補償基準等は，区分地上権の阻害率は底地割合を最高限度として適正に定めるべきものとしていることが認められること，そして，本件土地の存する地域の底地割合は0.1であることを総合考慮すれば，本件区分地上権の価額は，更地価額に0.1を乗じて得られる金額により評価するのが相当と認められる。すなわち，本件区分地上権の阻害率は0.1と認めるのが相当である。」

【226】　大阪地判平13・4・13タインズZ888-0534

判旨　「本件契約は，昭和48年8月4日に締結されているところ，区分地上権の規定は，昭和41年に新設され（昭和41年6月30日法律第93号），しかもこの規定は地下鉄の地下利用等を念頭に置いていたものであることからすれば，本件契約締結当時，大阪市が「区分地上権」の概念を知らなかったとは到底いうことができない。にもかかわらず，本件契約書においては，「区分地上権」ないしそれに準ずるような文言は一切なく，通常の地上権設定契約として契約書が作成されているのであり，しかも通常の地上権として登記もされている。また，本件A建物の建築に至る経緯〔上記第2，2(5)〕をみると，本来，亡乙らに排他的な使用権原があるならば，自由に建築・改築が可能であるはずであるのに，本件A建物の建築について昭和56年に本件協議が執り行われているし，この際には，本件A建物の3階の軒天井と本件吸気施設の上部との空間距離は3メートル以上とすることなど，種々の条件が設定されていることからしても，亡乙らに留保された使用権は，区分地上権が設定された場合の所有権の場合のような排他的なものとは言い難い。しかも，本件協議に際して，本件契約書ないし登記内容を区分地上権として明確化しようとした形跡は証拠上なんら認められない。」

【227】　東京地判昭47・5・税資65・1072

判旨　「原告らは，本件賃貸借が民法602条の短期賃貸借にあたるとして，その賃借権の評価は相

第3節　地上権・借地権

続税法23条の定める方法によるべきであると主張する。

　昭和7年当時施行中の明治6年7月17日太政官布告第249号および明治9年2月2日教部省達第3号等は、寺有地の処分につき監督官庁の許可および檀徒総代の同意を得ることを要件としていたが、民法602条所定の期間を超えない賃貸借を締結することは右にいう処分には含まれないから、右の許可および同意なくしてこれをなしうる反面、その賃借権の存続期間については借地法2条の規定は適用されないものと解される。そして、前記甲第6号証および証人Tの証言によると、本件においては右の許可および同意を得ていなかつたことが認められるので、存続期間を3年と定めた本件賃貸借は、借地法2条の規定にかかわらず、いわゆる短期賃貸借として更新されることになるわけである（なお、本件土地が豪徳寺の境外地であることは証人Tの証言から認められるところであり、昭和26年4月3日から施行された宗教法人法のもとでは境外地の処分について前記許可等を要しないこととなったけれども、当該寺院が同法の適用を受ける宗教法人となつたことあるいはその後に契約の更新が行なわれたことにより、当然に従来の短期賃貸借が長期賃貸借に転化するものではない。）。しかし、この賃貸権の価額の算定について原告らが適用を主張する相続税法23条の規定は、その文言自体から明らかなとおり、地上権（ただし、借地法に規定する借地権に該当するものを除く。）および永小作権の評価方法を定めた規定であつて、賃借権の評価については、その存続期間の長短を問わず同条を適用する余地はない」

【228】　大阪高判平13・5・24税資250・8905

判旨　原審（神戸地判平12・9・29税資248・1062）の次の判断を支持。

「被相続人丙は、昭和62年6月15日、所有していた本件土地を原告甲に売却してその所有権を移転した後、原告甲から本件土地を地代月額20万円で借り受け、同土地上に本件建物を建築し、本件建物について、昭和63年2月29日新築を原因とする所有権保存登記を経由したこと、その際、本件土地は、借地権の設定に際し、その対価として通常権利金を支払う取引上の慣行のある地域に存するが、被相続人丙は、原告甲に対して権利金を支払うことはなかったこと、原告甲は平成2年分ないし平成6年分の所得税の確定申告において、本件土地に係る受取地代240万円（ただし、平成6年分については1月分ないし11月分の金額として190万6,849円）を右各年分の不動産所得の収入金額に計上して同所得を算出し、右各年分の確定申告書を被告に提出している、というのであり、すなわち、被相続人丙は、原告甲所有の本件土地上に本件建物を建築、所有して同土地を使用し、その対価として月額20万円の賃料を支払っていたものである。そして、同じく第2の1の争いのない事実によれば、本件土地に係る固定資産税は、平成5年度が21万8,050円、平成6年度が23万2,970円、平成7年度が24万4,610円である、というのであって、右賃料額は固定資産税額の10倍前後という額である。したがって、本件土地の利用関係は、親子間の貸借とはいえ、使用貸借ではありえず、建物所有を目的とした土地の賃貸借であることが明らかであり、被相続人丙は、本件土地上に借地借家法に定める借地権を有していたものといわざるを得ない。」

【229】　大阪高判平12・5・31税資247・1150

判旨　「原告らは、仮に本件土地の利用が使用借権に基づくものであるとしても、使用借権も地上権に類似する権利であるから、その相続財産にお

ける評価に当たっては，その価額を零とすべきではなく，土地収用法における取扱いにならい，更地価格の4割と評価すべきであると主張する。

たしかに，原告らが指摘するとおり，土地収用法には，使用借権であってもそれが制限される場合には正当な補償を要するとの規定があるが，同法は，特定の公共事業の用に供するために私人の財産権を強制的に取得することを目的として定められたもので，私人の財産権を直接に侵害するものであることから，正当な補償をすべきことを定めて公共の利益の増進と私的財産の保護との調整を図ったものである。

これに対し，相続税法は，相続によって被相続人から相続人に移転する財産に対し租税を課すことを目的とし，相続財産を取得した相続人などの担税力に着目して課税するものであって，土地収用法とはその趣旨・目的を異にするから，土地収用法に右のような規定があるからといって，相続税の課税において，使用借権について土地収用の場合と同様の評価をすべきことにはならず，このように解したからといって憲法29条に違反するということはできない。……使用借権は，借地権などとは異なり，法律上の保護は極めて薄く権利性が弱いもので，ほとんどの場合貸主・借主間の特別の情誼に基づく信頼関係を基盤として成立しているものであるから，市場における客観的な交換価値は無いに等しく，土地の時価（交換価値）に特段の影響を与えるということもできないといってよく，したがって，格別の事情のない限り，相続財産の価額の評価においては，使用借権の時価は零と評価しても違法ではないと解するのが相当である。」

第4節　動　産

動産は1個または1組ごとに評価されるが，家庭用動産については一括して1世帯ごと等の単位で調達価格で評価されるが（財評通128～129），固定資産税評価額の一定割合で評価した処分を適法と解したものもある（【230】）。

なお，建物付属設備は建物と一体となっているものは建物に含めて評価されるが，他人の建物に附合している場合は建物とは別に評価されることについては【222】を参照。

【230】　名古屋高判平3・3・28税資182・849
（【12】，【235】と同一判決）

判旨　原審（名古屋地判昭61・7・21税資153・186）の次の判示を支持。

「被告は，本件相続財産の範囲に含まれる家具，什器，室内装飾品，衣類及び寝具等の家庭用動産の評価額を金9万1,240円と主張するところ，弁論の全趣旨によれば，右金額は，明細表番号37（亡伝治の居住していた家屋）の固定資産税評価額に係数0.40を乗じた額と同額であることが認められる。

2　一方，成立に争いのない乙第110号証の1ないし3によれば，名古屋国税局管内（愛知，静岡，三重，岐阜の4県）の各税務署に提出した昭和42年分の相続税の申告における被相続人1人当たりの家庭用財産の平均価額は金17万3,000円であること，成立に争いのない乙第111号証の1ないし

9（経済企画庁編昭和42年版生活白書）及び弁論の全趣旨によれば，亡Aの死亡前3年間（昭和40年ないし同42年）における全国労働者の実収入に対して家具什器費支出（1世帯当たりの年額）の占める割合が被告の主張2の五(2)記載の表の③欄のとおりであつて，亡Aの同時期における所得に対して家具什器費支出が右同割合を占めるものと仮定すると，その額は同表⑤欄記載のとおりとなることが各認められる（右認定に反する証拠はない。）。

3 ところで，前記家具，室内装飾品等の家庭用動産は，通常の家庭生活に必要なものであり，その程度の差こそあれ，何らかのものが家庭において保有されていることは当然であるが，その内容には多種多様なものがあり，数量的にも相当多数にのぼり，被相続人の他に同居家族等が存する場合，その所有，占有関係を明確にすることに困難が伴うことは明らかである。それ故，相続税の課税価額の計算上，これを或る程度包括的に評価することは已むを得ないこととして，許容されるべきである。

4 そこで，右観点から検討するに，一般に，保有物の居住家屋が広ければ，またその所有金額が多ければ多いほど，その所有の家庭用動産が多額となることは見易い道理である。

従つて，被告主張の居住家屋の固定資産税価額を基礎とする方法も一応の合理性を有するものと考えられるのであつて，本件における被告主張額は前記認定の名古屋国税局管内における被相続人1人当たりの家庭用財産の平均額を下廻るものであること，前記の亡Aの死亡前3年間における家具什器費についての推計支出額（被告の主張2の五(2)の表の⑤欄に記載された金額）から右支出に対応する家具，什器の減価償却費を控除した残額（被告の主張2の五(3)記載の表を参照）をも下廻るものであることの各事情に徴すれば，前記被告主張額をもつて，家庭用動産の額としては，相当なものと認める。」

第5節　株式・出資

株式の評価は銘柄の異なるごとに1株単位で評価することとされており（財評通168），公開株式については市場取引価額で評価されるが（【231】），取引相場のない株式（上場株式及び気配相場等のある株式以外の株式をいう）の価額は，評価しようとする株式の発行会社（以下「評価会社」という）を事業規模に応じて大会社，中会社，小会社に区分し（財評通178。なお資本金が1億円以上の会社は大会社に該当するとされている），それぞれの区分に応じて，次のように評価するものとされている[89]（財評通179）。

取引相場のない株式のうち大会社の株式は，原則として，「類似業種比準方式」（評価会社の配当，利益および純資産の各要素を評価会社と事業内容が類似する上場会社のそれらの平均値と比較の上，上場会社の株価に比準して評価

---

89) 株式評価については多くの問題点がある。渋谷雅弘「資産移転税（遺産税，相続税，贈与税）と資産評価（1～5）──アメリカ連邦遺産贈与税上の株式評価を素材として」法協110巻9号～111巻6号，緑川正博「取引相場のない株式の評価の動向」税研108号13頁，後藤正幸「取引相場のない株式の評価について」税法学546号101頁，増田英敏「通達課税の現状と租税法律主義──取引相場のない株式の評価をめぐる裁判例を素材として」税法学546号245頁，などを参照。

第5章　財産の評価

会社の株式の1株当たりの価額を算定する方法をいう。財評通180）により評価し，小会社の株式は，原則として，「純資産価額方式」（評価会社の課税時期現在における各資産を評価通達に基づいて評価した合計額から各負債の額の合計額を控除して，純資産の金額を算出し，さらに，右金額と帳簿価額から算出された純資産の金額との差額に対する法人税額等相当額を控除した額を発行済株式総数で除して，1株当たりの価額を算出する方式をいう。財評通185）により評価することとされ，中会社の株式については，大会社の評価方法と小会社の評価方式の「併用方式」によって評価すると定められている。これに加えて，少数株主を対象とした配当還元方式という有利な評価方法も規定されている。

このような評価方法のうち純資産価額方式は事業をいったん清算する場合の時価であり，他の評価方法に比して不利であり，かつ，事業承継を困難にしているので，収益性を加味した評価方法に改めるべきである等の批判も多い90）。しかし，判例はこのような通達による評価方法を適法と解し（例えば【232】等），純資産価額を計算する場合には，未納法人税額計算に際してはみなし相続財産に該当する死亡退職金等を損金の額に含めること（その分債務としての未納法人税額が低くなるので，評価額はあがる）を当然とし（【233】)，また，積極財産の中に営業権や借地権を含むことを肯定している（【234】【235】）。

しかし，債務など控除すべき者についてはその確実性を要求している以上，資産評価に際しては将来の不安定な要因に係わる不確かな営業権のようなものを加算すべきかは疑問である。裁判例はこのように通達による評価を合理的なものであることを前提にすることが多く，評価の一部過大を認定する場合も，通達の評価方法を前提として判断している【236】。

配当還元方式という有利な評価方法が同族グループ内の場合には持ち株割合5％未満の株主に限定されていることの合理性は確かに問題があるが，この措置を違法とするには，通達による評価額が時価を超えていることの立証が要求されるといえよう【237】。他方，課税庁が通達通りに常に評価するわけではなく，納税者が租税回避行為をしたと判断される場合は通達に基づかない評価法で課税し，裁判例もそのような評価を肯定している（【238】【239】）。

また，配当還元方式を利用し，出資者を常に少数株主にし，株式を配当還元方式で評価することによる節税方法を説明し，その株式の売却を希望するときはその株式の純資産価額で売却できる方式については，【240】【241】【242】などが評価通達を適用しない課税処分を適法としている。他方，納税者の出資方法が不合理でそのまま配当還元は適用できないとしながらも，会社を支配できない出資者には課税庁のいう純資産で評価するのも

90）　高橋靖「非上場株式の純資産価額方式による評価」税務事例研究55号59頁，同「非上場株式評価の理論的検討」税研102号55頁，金子寿一「純資産価額方式の留意点」税務弘報48巻10号67頁，などを参照。事業承継については，澁谷雅弘「事業承継税制の現状」法学69巻1号30頁も参照。

不合理であるとして，独自の配当還元方式で評価した事例や（【243】），50％未満の場合であっても会社を実質的に支配していると判断される場合には配当還元方式を適用しないことを肯定しているものもある（【244】）。

株式評価と租税回避との関係では，いわゆるA社B社方式が訴訟でも問題となった。これは，純資産価額方式において，課税時期における相続税評価額による純資産価額から評価差額に対する法人税額等に相当する金額を控除して出資1口当たりの純資産価額を算出することを利用したもので，次のような方法であった。

① 親が金融機関等から多額の借入れをし，自己資金と合わせてこれを原資として第1法人を設立する。

② 第1法人の株式等を現物出資して持ち株会社たる第2法人を設立し，その際の受入価額を著しく低い価額とすることで，第2法人の純資産価額に膨大な評価差額を意図的に作出する。

③ 親から子に対して，第2法人の株式等を評価基本通達を形式的に適用して算定される価額で売却する。この場合，②により意図的に評価差額が作出されているので，評価基本通達185および186-2を適用すると，評価差額に対する法人税額等に相当する金額として評価差額の51パーセントが控除されるため，この価額は時価（いわゆる純資産価額）のおよそ2分の1の金額となる。

④ この際，子は第2法人の株式等の取得資金を金融機関等からの借入金によって賄う。

⑤ その後，第2法人が第1法人を吸収合併する。

⑥ 第2法人が減資払戻しを実行することにより，親が出資した資金を子が取得し，子は第2法人の株式等の取得資金に充てた金融機関等からの借入金を返済する。

この方法を課税庁は租税回避として規制し，評価通達を適用しない処分を行い，多くの訴訟が提起されたが，【245】【246】【247】などをはじめ，いずれの判決も評価通達を適用しない処分を適法としている。

要するに，通達評価と時価評価が事情に応じて適用され，それを判例も肯定しているといってよいが，納税者の予測可能性を担保するためにも通達適用を排除する場合には相当な慎重性を要求すべきで，その意味で評価を一部否認した【248】の判断姿勢は評価されてよいであろう。

なお，土地保有特定会社の株式評価については純資産価額方式が採用されているが，その趣旨は【249】が指摘するとおりであろう。しかし，この事例で問題になったのは，相続開始後に実際に譲渡したケースであり，バブル崩壊で安くしか売れなかったので，その価額で評価すべきだとの主張が退けられている。この問題については本章12節も参照されたい。なお，売買実例があるといっても同族関係者間で行われている場合には通達評価を否定する根拠にはなりにくいのは【250】の指摘するとおりであろう。

企業組合の出資については，通達196はいわゆる純資産価額で評価するとしている。定款により組合脱退時の持分払戻を出資額（1口50円）制限している場合の評価が問題と

第5章　財産の評価

なるが，【251】は，このような場合，企業組合に対する出資金は投資というより加入保証金として機能しているにとどまり，純資産価額は適用できないとする主張を退けている。

【231】 東京地判昭47・11・20税資66・979
（【156】と同一判決）

[判旨]「上場株式のように市場性を有するものについてはその市場価格をもって時価とするのが相当というべきである。ただ，被告は，本件におけるように，株式の相続開始日における最終価格のみならず，これと同日の属する月の毎日の最終価格の平均値とのうちのより低い方の価格による評価方法によっているが，右は，上場株式については日々の人気による著しい騰落の可能性があって，前者のみによるときは相続税上の評価としては適当でないこともありうるので，この欠点を補正するための方法とみることができるから，このような評価方法は合理的であって右の株式価格の評価方法によって本件株式を1株当り650円と評価して行なわれた本件更正処分および本件再更正処分には，原告ら主張の違法はないものというべきである。なお，原告らは，本件株式は，上場株式とはいえ，2部のそれであって，経営者個人の人的要素による影響が大きく，市場性も乏しいので，原告らが一時に大量の本件株式を売り出すとすれば，株価は1株当り220円位にまで暴落するから，被告のような本件株式の評価は誤りである旨主張する。なるほど，大量の株式が一時に市場に売り出された場合には，株価が暴落するであろうことは経験則上首肯できるが，相続財産の価額は，前記のとおり客観的交換価値，すなわち，当該財産を現状において保持し，使用・収益すること，あるいは通常の取引方法により換価することを前提にして客観的に想定される交換価値によるべきであるから，本件株式を一時に市場に放出するような異常な換価方法によって現出される価額によるべきであるとする原告らの右主張は失当である」

【232】 最判昭63・7・7税資165・232（【108】と同一判例）

[判旨]　原審（大阪高判昭62・6・16訟月34・1・160）の次の判断を支持。

「控訴人らは類似業種比準方式，配当還元方式，純資産価額方式の3方式を定める評価通達は，一物三価を認めるものであつて，評価の合理性を欠くと主張する。しかして，上場株式については，株式市場で取引される株価が前掲原判決理由2説示の時価，即ち客観的交換価格を反映するものとして，その価格を評価することが可能であるが，本件非上場株式については右自由な取引市場は存在せず，それ故にこそ，まさに控訴人らの主張するように，同族株主の企業支配を行うことを前提とした株式の売買は，限定された範囲の者の間で行われる特殊な取引であり，また同族株主以外の者の右株式売買だからと言つて，右時価による取引が成立したとは容易に決し難いものがある。従つて，前記説示のとおり，大会社につき，類似業種上場会社の平均株価に比準して株式評価をなす方式は，一応合理性を有するものと解し得，小会社につき，個人企業の事業規模と変らないその実態から，右株式が会社財産に対する持分的性格が強いことに着目して評価を行なう純資産価額方式もまた，右合理性を認め得るものである（評価通達179，188）。そして，以上の原則的評価方式に対し，配当受領にしか関心のない，いわゆる零細株主の取得した株式の評価について，特例的に認められる配当還元方式が合理性を欠くものでないことも，原判決理由2に説示のとおりであるから，控訴人らの主張は独自の見解に基づくものであつて，採用できない。」

【233】 最判昭61・7・3税資153・17

判旨 原審（名古屋高判昭60・12・23行集36・11=12・2011，評釈：武田昌輔・ジュリ882・128）の次の判断を支持。

「評価会社の1株当りの純資産価額の計算上右退職手当金等を負債に計上する以上，未納法人税額等の計算においてもこれを損金に計上することとするのが相当である。控訴人らは，死亡退職手当金を評価会社の資産計算にあたつて損金とすることには実質的な二重課税を防ぐという合理的理由があるが，未納法人税額等の計算においてはそのような理由がないから，通常の事業年度末における法人税の所得計算例にならい，かかる未確定の債務は損金に算入しない取り扱いをすべき旨主張するが，同一の時期に同一の目的のためにする評価計算において彼此差別した扱いを正当とする実質上の理由を見出し難い。なお，この場合の法人税額の計算については，事業年度の途中で仮決算を組むのである（本件でもとられている直前の事業年度終了の日の決算を借用したやり方はこの仮決算に代るものである。）から，事業年度終了の際になされる確定決算にもとづき評価会社の現実に負担することとなる法人税額と過不足の生ずるのはやむを得ないところであるが，それは主として仮決算時においてはその後に生じうべき所得の変動を事前に考慮することが不可能なためであつて，発生することの確実な，一般的で客観的な事情まで無視してよいということまでを意味するものではない。ここで問題の死亡退職手当金のごときは，正にかかるものに属する。したがつて，評価会社の1株当りの純資産価額計算の一方においてこれを考慮に入れながら，他方でこれを度外視して未納法人税額等を計算すべきだという控訴人らの主張には同調できない。」

【234】 最判平3・11・14税資187・91

事実 純資産価額の評価にあたり評価会社の営業権を約3億5,000万円と評価し，加算したことの違法性が争われ，原告は営業権を変動激しい経済情勢の下で不安定な超過利潤から算定するのは適切でないこと等を主張して争った。

判旨 原審（東京高判平1・5・30税資170・536）および第1審（東京地判昭63・1・27税資163・23）の次の判断を支持。

「株式の評価において純資産価額方式を採用した場合における，その算式中にある総資産価額とは，課税時期における企業の各資産を評価した価額の合計額をいうものと解すべきところ，総資産価額を構成すべき企業の各資産は，貸借対照表上に資産として計上されているか否とにかかわらず，経済的価値を有する有形無形の財産のすべてを含むものというべきである……原告らは，営業権の評価を変動激しい経済情勢の下で不安定な超過利潤から算定するのは適切でないと主張するが，営業権自体が前記のとおり将来にわたり他の企業を上回る収益を稼得できる財産価値としてとらえられ，その評価が必要とされる課税時期において，当該営業権に右の財産価値が認められる以上，その価額を課税時期において算出される超過利益金額を基本として算定することも許されるものというべきであり，また，評価通産による営業権の評価方法は，後記のとおり，課税時期から過去3年間の収益状況を考慮の上，更に50％の危険率を見込んで算定するというものであるから，これをもって不適切，不合理なものであるということができない。」

第5章　財産の評価

【235】　名古屋高判平3・3・28税資182・849
（【12】【230】と同一判決）

判旨　次の第1審（名古屋地判昭61・7・21税資153・186）の判断を支持。

「株式会社A商店の帳簿に計上されていない借地権を同会社の純資産価額の計算上、算入した点について考えるに、前記のとおり、純資産方式は、同族株主の有する株式がその経済的な観点からみれば会社資産に対する持分としての性質を有するものと考えられる点に着目するものであるから、右計算上は、当該資産が評価会社の帳簿に計上されているか否かはさして意味を有するものではなく、また、その資産の評価についても、評価時点において現に有する経済的価値を前提とすべきことは当然である。」

【236】　東京地判平10・10・30税資238・1042

事実　原告は純資産価額方式の適用を争ったが、裁判所は同法式の適用を肯定し、ただ、同方式を定めた通達では固定資産税等の未払い分も負債に含めていたので、同通達の基準に従い、次のように判示した。

判旨　「前記争いのない事実等によれば、本件会社の平成3年4月10日現在の未納固定資産税及び都市計画税は合計2億8,279万7,000円であることが認められるところ、被告の採用した純資産価額方式の適用に当たつては、評価時点以前に賦課期日のあつた右固定資産税及び都市計画税の合計2億8,279万7,000円を未納公租公課として負債の部に計上すべきとされているから、本件株式の評価に当たつても、右金額を負債の部に計上すべきである。したがつて、本件株式の評価に係る純資産価額方式には、右の点についての違法がある。」

【237】　最判平11・2・23税資240・856

事実　配当還元方式という比較的有利な評価方法を適用できるのが、持株割合5％未満の者にされていることの違法性を争った。

判旨　原審（東京高判平10・3・30税資231・411および東京地判平8・12・13税資221・879）の次の判断を支持。

「たしかに、複数の同族グループの一つが株式の過半数を有し、経営支配力の差が明らかである場合には、持株割合が過半となる同族グループの株主のみが同族株主となり、他の同族グループの取得株式は持株割合にかかわらず配当還元方式によって評価されることは原告の指摘するところであり（評価通達188の(1)）、類似の事態は、同一の同族グループ内において複数のグループが存在するときにも想定できるところであるから、持株割合5パーセントをもって同族グループ内における配当還元方式の採用を画する基準とするときは、右指摘の場合との均衡を欠く結果となることもあり得るところである。しかし、同一の同族グループ内における支配グループとその余のグループの形成は、2親等の血族といった近親者間にも生じ得るものであり、ときには近親者間の個人的関係によってグループが形成されることも考えれば、右のグループを親等の距離によって客観的に確定することは困難であり、近親者間の個人的関係に起因することもあり得る会社経営への影響力の優劣を株式評価に反映させることはかえって評価をあいまいなものとすることになるのである。そして、既に説示したとおり、持株割合5パーセントをもって区分することは一般的な合理性を有するものということができ、純資産価額方式も株式の資産価値の評価方法としての合理性を有すると解されるから、右通達の取扱いが個別的に不当となるというためには、右基準によった場合の評価額

が「時価」を超え，これをもって財産の価格とすることが法の趣旨に背馳するといった特段の事情が存することの立証が必要というべきである。」

【238】 大津地判平9・6・23税資223・1046
（【167】と同一判決）

（評釈：品川芳宣・税研75・89，白石信明・税通53・9・258）

[事実] 被相続人が約20億円もの巨額の借入を行って取得したR商事の出資を約3,200万円という著しく低い価額によってS商事に現物出資し，原告は，相続開始後のR商事およびS商事の合併，増資によって，右の約20億円の大部分を回収し，この結果，仮に純資産価額方式に基づいて法人税額等相当額を控除して本件出資を評価するとその価額は約10億円となる一方，借入金約20億円は全額が債務控除の対象となるため，課税価額が約10億円（借入金約20億円と本件出資の評価額約10億円との差額）も低額に算出されるケースについて，課税庁は通達に基づく法人税相当額の控除をせずに純資産価額で評価し，その妥当性が争われた。

[判旨]「(1) そこで本件について検討するに，被相続人が相続開始直前に，借入金により第1会社（R商事）を設立し，その会社に出資した後，右出資のすべてを極めて安価に現物出資する方法により第2会社（S商事）を設立したこと，まもなく生じた相続開始後，相続人が，第1会社からの借入により被相続人の前記借入金を弁済したこと，第1会社が第2会社を吸収合併した上，第1会社の出資を減資により回収し，それを会社からの借入の弁済に充てたこと，右一連の行為の結果，相続税評価額による純資産価額と帳簿価額による純資産価額との間に極めて大きな差額を作り出し，多額の法人税等相当額の控除を受け得たこと等については，前記争いのない事実3のとおりであり，右一連の行為は，その時期，期間等の事情も考慮すれば，相続税負担の軽減を図る目的でなされたものであり，なんら経済的合理性を見出すことはできないというべきである。したがって，この点に関する前記原告の主張(6)は採用できない。

(2) 右事情を前提にすれば，相続開始時において，既に，将来，法人を清算すること及びこれにより生じる清算所得に対する法人税を生じる余地は全くなかったことが認められるのであり，そのような場合にまで，評価基本通達185及び186-2により評価することは，その趣旨に反し，相続税法22条の趣旨を没却する結果になると考えられる。

(3) さらに，前記の事実関係によれば，実質的に，被相続人の出資が，ほぼそのまま原告に移ったものと評価できるにもかかわらず，本件評価基本通達により法人税額等を控除して計算すると，被相続人の資産は，洛北商事の出資から本件出資に形を変えた時点で直ちにほぼ半額となり，その分課税価額が著しく圧縮されることになるのであり，このような場合にまで，法人税等相当額を控除して計算することは，富の再分配機能を通じて経済的平等を実現するという相続税法の立法趣旨にも反することが明らかである。

(4) そして，前述した評価基本通達185の趣旨に鑑みれば，本件出資の評価については，小会社における純資産方式により評価することとなるが，法人税相当額等を控除しないことによる方法により評価する方法が妥当であり，それにより時価が算定できるというべきである。」

【239】 東京地判平12・1・21税資246・148

[判旨]「原告Xは，本件譲受けを含む一連の取引を計画的に行い，証券取引所における株価の変動による危険をも防止しながら，実質的にAからXに対して移転された財産に係る贈与税の負担を回避しようとしたものであるところ，このような状

況で取得された株式について本件通達169を適用することは，たまたま一時的に形成されたにすぎない特別な価格によって評価される危険性を排除し，評価の安全を確保しようとする本件通達169の趣旨に著しく反することは明らかである。そして，このような取引についてまで，本件通達169を形式的，画一的に適用して財産の時価を評価すべきものとすれば，計画的な取引を行うことにより，多額の財産の移転を行った納税者が贈与税の負担を免れ，このような計画的な取引を行うことなく財産の移転を行った者との間で実質的に租税負担の公平を著しく害するという不当な結果を招来することとなるというべきである。したがって，本件譲受けに係る本件株式の時価評価については，本件の財産評価通達に定める評価方法以外の他の合理的な方法により評価することが許されると解すべきである。」

【240】　東京地判平11・3・25訟月47・5・1163
　　　　（評釈：伊川正樹・名城法学51・3・117，一杉直・税事32・12・1，品川芳宣・税研93・102）

[判旨]「評価通達が，同族株主以外の株主の有する取引相場のない株式の評価に際して配当還元方式を採用しているのは，通常，少数株主が株式を保有する経済的実益は主として配当金の取得にあることを考慮したものであるところ，本件株式については，同族株主以外の株主がその売却を希望する場合には，時価による価額の実現が保障されており，本件株式に対する配当の額と比較して本件株式を売却する場合に保障される売却代金（時価）が著しく高額であることからすると，本件株式を保有する経済的実益は，配当金の取得にあるのではなく，将来純資産価額相当額の売却金を取得する点に主眼があると認められる。そうすると，同族株主以外の株主の保有する株式の評価について配当還元方式を採用する評価通達の趣旨は，本件株式には当てはまらないというべきである。

　また，本件株式を配当還元方式で評価し本件借入金等を相続債務として控除した場合の相続税額は約3億円となるのに対し，本件株式が取得されなかった場合の相続税額は約21億円となり，約17億円もの税額差が生じることからすれば，形式的に評価通達を適用することによって，かえって実質的な公平を著しく欠く結果になると認められる。

　また，前記争いのない事実等及び弁論の全趣旨によれば，亡Aは，本件株式の評価を評価通達に従い配当還元方式で行うことによって，相続税の軽減を図るために本件株式を取得したものと認められるところ，右のように租税負担の実質的な公平を著しく害してまで，相続税回避という意図を保護すべき理由はない。」

【241】　東京高判平15・7・31タインズZ888-0826

[判旨]　原審（東京地判平13・7・5タインズZ888-0598）の次の判断を支持。

「Aにおいては，常時，関連会社のB及びその同族関係者による本件株式の保有割合が，Aの発行済株式総数の50パーセント以上になる状態が維持されており，本件株式を取得する第三者は，同族株主以外の株主となることから，その株式について相続，贈与等による承継があった場合，評価基本通達を形式的に適用すれば，配当還元方式により評価すべきことになるところ，証拠によれば，平成5年3月31日までの1年間の本件株式（普通株）1株当たりの配当額が約10.2円となることが認められ，純資産価額に比べて，極めて低い配当しか行われず，かつ，出資のうち資本準備金に組み入れられる額が極めて大きいAの場合，相続税又は贈与税に係る課税価格の計算上，その価額は，時価純資産価額方式により計算した価額より著しく低くなる仕組みであったことが認められる。

次に，証拠によれば，Aの株主が株式の売却を希望したときは，同社がその株式の購入希望者を探し，購入希望者が見つからない場合には，Bをはじめとする日本Sの関連会社において買い取ることとし，これらの関連会社が買い取ることができない場合には，Aの減資により対応することとして，株主の希望に応じることとされており，現に，平成10年4月23日までは，このような希望に応じた処理がされていたこと，その際における本件株式の売買価額は，原則として，売却時の前月末現在におけるAの時価純資産額を基に定められていたこと，本件株式の取得者は，取得時にこれらに関する説明を受けていたことが，それぞれ認められる。そこで，これらの事実によれば，Aは，本件株式を取得した株主に対し，同人が本件株式の売却を希望するときには，上記のいずれかの形式によって，時価純資産価額によって評価した価額をもって，その希望に応じることを内容とする買取り保証をしていたものと認めるのが相当である。……以上によれば，本件贈与における本件株式の評価については，評価基本通達の定める評価方法によることが不当な結果を招来すると認められるような特別の事情があるというべきである。」

【242】 大阪高判平16・7・28 タインズZ888-0968

[判旨] 原審（大阪地判平15・7・30 タインズZ888-0841）の次の判断を支持。

「A開発は，本件相続開始日の約1年3か月前に設立された有限会社であるところ，本件出資は4億9,000万円という多額のものであり，しかもその原資は，本件被相続人が所有する土地を売却して調達するのではなく，敢えて，当時95歳という極めて老齢であった本件被相続人が借入金によって調達したものであること，本件出資に当たって作成された「会社設立に伴う出資の御依頼」には多額の利益配当がされる旨記載されているものの，実際に利益配当はなく，借入金にかかる多額の利息の支払いのみがなされていることに鑑みれば，本件被相続人が本件出資を行ったことはすこぶる不自然なことというほかはなく，本件出資は本件被相続人にとって全く経済的合理性のないものであるといわざるを得ない。……そうすると，相続税の負担の軽減を図ることを主たる目的としてなされた本件出資は，およそ本件通達において評価することを予定している出資に該当しないというべきであるし，また，前述のように，同族株主以外の株主の保有株式等の評価について配当還元方式を採用する評価基本通達の趣旨が単に配当を期待するにとどまる少数株主等を対象とした特例的な評価方法であることに鑑みても，同通達の趣旨は本件出資には当てはまらないというべきである。加えて，このような場合にまで形式的に配当還元方式を適用することは，客観的な交換価値によって評価した場合に比べて相続税の課税価格に著しい格差を生ぜしめ，他の納税者との実質的な租税負担の公平という観点からして看過し難いものというべきであり，また，相続制度全体を通じて税負担の累進性を補完するとともに富の再分配機能を通じて経済的平等を実現するという法の立法趣旨からしても著しく不当なものというべきである。したがって，本件出資については，本件通達に定める配当還元方式を形式的に適用することはなく，本件相続開始日における客観的な交換価値に評価することが相当と解される。」

【243】 大阪地判平16・8・27 タインズZ888-0969（【102】と同一判決）

[判旨] 通常の配当還元方式も純資産価額方式も否定した上で，「そこで，この場合の本件出資の価額の評価をいかにするかが問題となる。この点につ

いては、上記認定のように、乙ないし乙から本件出資の贈与を受けた原告らにおいて、A社に対する支配権を有するものではなく、また、A社からの本件出資の払込金額相当額の回収を期待していたとはいえ、同回収が確実なものとして約束されていたとはいえないことにかんがみれば、本件出資の時価すなわち客観的交換価値としては、結局本件出資に対する配当を期待する限度に止まるものと解さざるを得ない。この点、A社の事業の性格から、当面の配当は期待し難いものの、同事業が順調に推移した場合には、多額の配当あるいは状況に応じて払込金額相当額の回収自体も可能と認められるが、これらもあくまでそのような可能性があるというに止まり、確実なものとはいえない。

したがって、本件出資の客観的な交換価値を把握することは非常に困難なものといわざるを得ないが、評価基本通達188-2の定める配当還元方式の考え方そのものは優れて合理的なものであることは(2)ア記載のとおりであることに照らせば、本件出資を評価するについても、上記配当還元方式の考え方を参酌して評価するのが、客観的な交換価値の把握方法として相当であると解される。

もっとも、本件において、専ら本件出資の評価額を低廉なものとするための方策として1対99の割合をもって資本金と資本準備金への振り分けをしており、評価基本通達188-2に定める配当還元方式を適用して本件出資の価額を評価することが実質的な租税負担の公平を著しく害することが明らかであって、上記評価方法によらないことが正当と是認される特別の事情が存するものといえることは、(3)オ記載のとおりである。この場合、イ記載のとおり評価基本通達188-2の定める配当還元方式の考え方自体には合理性があり、上記資本金と資本準備金への1対99の振り分けが合理性の存しない租税回避目的のものと認められることにかんがみ、また、イ記載のように、本件事業が順調に推移した場合には多額の配当あるいは状況に応じて払込金額相当額の回収自体も可能となるこ

とをも踏まえると、本件出資に係る払込金額（1口当たり100万円）全額を資本金に当たるものとした上で、評価基本通達188-2に定める方式に準じて本件出資の価額の評価をするのが相当と解される。……以上から、評価基本通達188-2に定める方式に準じ、出資1口当たりの資本金額を払込金額全額の100万円とした上で、本件出資の価額を評価するのが相当であるところ、これによれば、本件出資の価額は1口当たり50万円と評価すべきこととなる。」

【244】 東京地判平16·3·2 タインズ Z888-0878

（評釈：品川芳宣・税研117·65）

[判旨] 「本件有限会社においては、原告Xらにおいて、50パーセント以上の出資割合を有していなくても、なお本件有限会社を実効的に支配しうる地位にあると認められるところ、前記のとおり、類似業種比準方式による株式評価を原則とし、経済的に配当を期待する程度の価値のみ把握しているにすぎない少数株主についてのみ配当還元方式を採用すべきとする評価通達の趣旨からすれば、本件有限会社が保有していた国分株式会社の株式を例外的評価手法である配当還元方式で評価することは相当でないと解されるのであり、本件においては、評価通達を画一的に適用することが著しく不適当と認められる特別の事情があるものと認められる。」

【245】 最判平14·10·29 タインズ Z888-0780

[判旨] 「原審の適法に確定した事実関係の下において、本件出資の相続税法22条にいう時価が20億5,297万3,824円であるとし、本件各処分に違法はないとした原審の判断は、正当として是認することができる。また、本件各処分が憲法14条に

第5節　株式・出資

違反するものでないことは，最高裁昭和55年（行ツ）第15号同60年3月27日大法廷判決・民集39巻2号247頁の趣旨に徴して明らかである。論旨は採用することができない。」

【246】　東京高判平15・3・25訟月50・7・2168
　　　　（【209】と同一判決）

判旨　「以上のような事情に照らすと，Xが相続した本件出資の時価の評価につき，評価基本通達をそのまま適用して法人税額等相当額を控除することとすると，前記のような一連の行為の前後においてAが直接又は間接に所有する財産の価値にはほとんど変動がなく，かつ，吸収合併後に存続する高芳管財が解散した場合に清算所得が生じることは想定されていないにもかかわらず，本件相続において生じた財貨の移転が著しく過少に評価されることになり，取引相場のない株式等の評価につき法人税額等相当額を控除して課税標準を算出することとされた趣旨に反し，他の納税者との間での実質的な租税負担の公平を著しく害することが明らかであるから，評価基本通達の定めによって評価することが著しく不適当と認められる特別の事情があるものというべきであり，したがって，評価基本通達を形式的，画一的に適用することなく，他の合理的な評価方式によって評価すべきこととするのが相当である。……結局，純資産価額方式に従って，本件譲受け当時におけるB社の各資産を評価基本通達に定めるところにより評価した価額の合計額から課税時期における各負債の金額の合計額を控除して算定することとするのが相当であ（る）」

【247】　東京地判平13・11・2タインズZ888-0602

判旨　「本件売買における本件出資の評価につい

ても，評価基本通達の定める評価方法によることが不当な結果を招来すると認められるような特別の事情があり，評価基本通達を形式的，画一的に適用することなく，他の合理的な方法により評価するのが相当であるというべきである。そして，本件では，評価基本通達の定める評価方法，すなわち，本件出資の評価において，評価基本通達を形式的に適用して法人税額等相当額を控除することが相当でなく，本件出資の時価を純資産価額（相続税評価額によって計算した金額）によって評価することに不当な点は認められないから，本件では，A及びBの出資の評価は，純資産価額方式に従いつつ，法人税額等相当額の控除の措置を取らない方法，すなわち，出資1口当たりの時価を，課税時期における当該有限会社の資産を評価基本通達に従って評価した価額の合計額から，課税時期における当該有限会社の負債の金額の合計額を控除した金額を出資数で除して計算した金額とするのが相当というべきである。」

【248】　最判平4・12・4税資193・736
　　　　（評釈：品川芳宣・税研53・54）

事実　問題となった株の評価会社は通達によれば大会社に分類され，それゆえ，通達によれば類似業者批准方によって評価されるべきなのに，課税庁は極めて同族性の強固な会社で，かつ，圧倒的な支配株主としての原告の地位を重視し，純資産価額方式で評価したので，その適法性を原告が争った。最高裁は，原告の主張を一部認容した原審（名古屋高判平4・2・27税資188・431，名古屋地判平1・3・22判タ714・14，税資169・630）の次の判断を支持した。

判旨　「通達は，一般には上級機関がその監督権の一環として下級機関の権限の行使について指図するものであり，当該行政機関の間で効力をもつ行政組織内部の規範にすぎないから，行政庁が国

第5章　財産の評価

民に対し，通達に違反する処分を行っても，その処分は直ちに違法となるものではなく（最高裁昭和27年（オ）第268号・同28年10月27日判決民集7巻10号1141頁参照．），逆に当該行政処分が通達に適合しているからといって，その処分の適法性を根拠づけることはできないことは被告の主張するとおりであると解されるが，そうであるとしても，当該通達による画一的な事務処理が確立している場合に，特段の合理的な理由がなく，特定の者に対してのみこれに拠らずに，不利益な処分をすることは，平等原則に違反するものとして適切でないといわざるを得ない。……以上を総合すれば，純資産法が訴外会社や本件株式の特質に照らして合理的であるとしても納税者に対する平等的取扱いの観点から，比準価額法を排除すべきものではなく，これらを総合した方式，具体的には，通達に定める比準価額法による評価額が，純資産法によるそれよりも下回る場合には，これをもって純資産法による評価額を修正すべきものと解するのが相当であり，この意味で，被告が主位的に主張する純資産法と予備的に主張する類似会社，類似業種比準価額法の重畳的適用が，本件においては最も合理的というべきである」

【249】　東京地判平10・5・29判タ1002・144
（【260】と同一判決）

（評釈：長野信明・税事30・7・21）

判旨　「土地保有特定会社の株式について評価通達が純資産価額方式を採用した趣旨は，土地保有特定会社の保有する資産の大部分が土地であることから，当該会社の資産性に着目し，その保有する土地等の価値を株価に反映させることにある。評価会社の資産の大部分が土地である場合には，当該評価会社はいわば，「土地の固まり」，すなわち土地そのものであるとみなすことができ，また，しばしば，その会社の所有する土地の価格に着目して会社の身売り（株式の売買）が行われるなど

租税回避行為に利用されるという実情があることにかんがみれば，右のような会社の株式の評価に当たって，当該会社の資産性すなわち土地保有の状況に着目して純資産価額方式を適用するものとした右評価通達の定めを不合理なものということはできない。」

【250】　東京地判平15・2・26タインズZ888-0730（【183】と同一判決）

判旨　「K社の株式は，1,220株が同族関係者により所有されていることが認められるから，人的色彩の濃い同族会社の側面を持つものと認めることができる。他方で，原告らの主張するK社の株式の売買は，本件相続開始後，K社を解散させることを前提として行われたものであり，しかも，そのすべてが，同族以外の株主から上記K社に対して売却するものであったことに照らせば，このような経緯の中で決定されたK社の株式の売却価格が，K社が営業を継続していた本件相続開始当時における同株式の客観的交換価値であるということができないことは明らかである。」

【251】　名古屋高判平15・9・18タインズZ888-0914

判旨　「企業組合においては，組合員が脱退した場合，「定款の定めるところにより」その持分の全部又は一部の払戻を請求することができ，その持分は，「脱退した事業年度の終における組合財産によって定める」とされている（中小企業等協同組合法20条1，2項）ところ，本件定款は，組合脱退時の持分払戻額は出資額である1口当たり50円を限度とすると定めている（13条，15条）。このように，脱退の際の払戻額につき出資額を限度とする旨定款で定めている場合に，なお持分の評価を純資産価額方式によるとすることには問題がな

いではない。しかしながら、純資産価額を基礎とした持分の価額が払込済出資額を上回っておれば、その差額は当該企業組合の内部に留保された状態であり、最終的に解散して清算することになれば、純資産価額に基づく財産が分配されることになり（中小企業等協同組合法69条、商法131条）、あるいは、定款を変更して脱退の際の払戻額を純資産基準に改めれば、純資産価額に基づいて計算した払戻が得られるのであるから、企業組合の持分は、究極的には当該組合の純資産価額を体現していると考えられる。また、本件持分は（本件組合の承諾を要するが）、他の組合員に対して譲り渡すことができるところ（中小企業等協同組合法17条1項、2項、なお、10条3項1号参照）、その場合の譲渡価額は、一般に、払込済出資額ではなく、純資産価額を基礎とした価額を反映したものになると考えられる。なぜならば、持分の払戻を受けて脱退する方法によらず、持分を他へ譲渡する方法を採るのは、持分の実質的価値が払込済出資額を超えている場合であり、その実質的価値には純資産価額を基礎とした持分の価額が反映していると見られるからである。」

第6節　代償金

代償金については、原則として当該金額で評価されるが、不動産の代償として取得した場合、当該不動産の時価と相続税の評価額に格差があると代償金取得者に著しく不利な結果となる。例えば、時価6億円の土地（評価額3億円）の半分を3億円で代償してもらっ

第7節　担保権および担保権の設定された財産

た場合、代償金を支払った方は3億円の評価額から3億円の代償金を支払い、すなわち、ゼロとなり、代償金取得者は3億円でそれぞれ課税されることになりかねないからである。代償分割のところで指摘したように、その場合は代償金は時価と評価額の割合に応じて按分計算され、3億円ではなく1億5千万円となることに調整されている。この点については第1章第5節を参照されたい。

第7節　担保権および担保権の設定された財産

担保権は独立した経済的価値はないので評価に含まれないが、担保権の設定されている財産はどうなるのだろうか。【252】は一定の場合には求償できない部分を減額できる余地を認めつつ、当該事例においてはそのような減額可能な状態ではなかったとしている。

【252】　東京地判昭57・5・13訟月28・12・2347、税資123・301
　　　（評釈：佐藤孝一・税通38・1・186、石倉文雄・税理27・5・97、前田繼男・税通39・15・198）

判旨　「一般に、相続財産の評価において、担保権の設定された財産の価額は、担保権が実行されるか否かが不確実であり、また、担保権を実行されても債務者に求償することが可能であるから、

第5章　財産の評価

担保権を度外視した当該財産の時価により評価するのが相当である。しかし、相続の時点において、債務者が弁済不能の状態にあるため担保権を実行されることが確実であり、かつ、債務者に求償して弁済を受ける見込みがないという場合には、債務者が弁済不能の部分の金額を控除して当該財産の価額を評価するのが相当といえよう。したがって、このような場合に、担保権を度外視した価額を取得財産の価額に計上したときは、債務者が弁済不能の部分の金額を控除して課税価格を算出するのが相当といえる。これを本件についてみるに、本件相続開始当時、債務者たるP商会は、多額の負債を抱えていたことは事実であるが、担保権者たる4銀行に対し債務不履行の状態にあったわけではなく、期限の利益の喪失事由（仮差押、差押又は競売の申請、破産、和議開始、会社整理開始又は会社更生手続開始の申立て、支払停止、取引停止処分等）も発生しておらず、債権者集会の協議等による資産整理に入っていたわけでもない。同商会は、本件相続開始の前後を通じて、営業を通常どおり続行し、F銀行池袋西口支店等との銀行取引も継続しており、新規融資を受けたり、新規の資本投下等も行っているものである。同商会について会社整理の申立てがなされたのは、本件相続開始から約3年半後のことである。とすると、同商会は、本件相続開始当時弁済不能の状態にあったとはいえ」ない。

第8節　信託受益権

信託財産については、元本と収益との受益者が同一の場合は実務上通達に基づく課税時期の価額で評価されているが、被相続人の死亡後5年間は相続人全員の同意の下でのみ信託契約を解除することができるという制限が付されている株式信託契約に基づく受益権の評価が争われた。原告はこのような信託の場合は、早急に資金を要するときでも信託財産を換価できないため、他から資金を借入れなければならず、その場合は信託財産を自由に処分できる場合と比較して支払利息分だけ不利益になるので、右支払利息額を控除して評価すべきだと主張したが、【253】は「支払利息はその間の株式の運用利益（配当）によって支払うことができる」としてその控除可能性を否定している。

なお、信託受益権の目的となっている信託財産に属する土地について、相続開始時に信託契約が締結されていれば、当該土地については事業用宅地としての評価特例（措置法69条の3）が適用されるか否かについて、【254】は相続の開始の直前において現実に事業の用に供されていなければならないとして、これを否定している。

【253】　福岡地判昭49・10・1 行集25・10・1244、訟月20・13・124

（評釈：碓井光明・ジュリ617・147、佐藤清勝・税通39・15・246）

判旨　「原告らは、右の評価額については争わず、前記の本件株式についての処分不可能性をもさらに考慮して、右評価額から5年の期間に応ずる年8分の割合による複利計算の中間利息を差引くべきだと主張するのである。原告らは、右主張の根拠として、本件株式を自由に処分できないから、

資金を調達する必要のあるときは借入金によらざるを得ず、その場合は本件株式を処分して資金を調達する場合に比較して支払利息分だけ不利になり、その支払利息こそ右の中間利息に該当すると主張する。

5　しかしながら、右資金調達の目的が他に運用する場合であつても、他の債務を弁済する場合であつても、これが借入金によつてまかなわれるとき、本件株式は残存しているわけであるから、右元本は5年後に売却できる株式の代金で返済することができ、また支払利息はその間の株式の運用利益（配当）によつて支払うことができると一般的に考えることが可能である。右原告らの主張は本件株式の（自由な）処分が一方において右株式の運用利益を失わせる結果となることを忘れている。すなわち、株式を5年間処分できないという事情は、客観的に収益を生じない無利息の金銭債権を有している場合（この場合は正に弁済期までの中間利息を控除する必要がある。）と同一に論ずることはできないのである。……そうすると、相続税の財産評価においては、前記のような一般的な考え方が是認されるというべきであり、これによれば、本件株式の処分不可能性は、被告が算出した前記本件株式の価額に影響を及ぼすべき客観的な事情であると認めることができない。その結果、本件株式の前記意義における「時価」は、被告が算出した右争いのない価額であるということになる」

【254】　東京高判平6・12・22行集45・12・2063
（【200】と同一判決）

判旨　「信託契約により委託者が受託者に財産の管理、運用、処分等を委ねることそれ自体によっては、それが一定の事業の用に供する目的でされたとしても、当該財産が本件特例にいう事業の用に供されることになるものではなく（もっとも、受託者が、信託を受けることを事業とすることができることはいうまでもない。）、受託者が、当該財産（信託財産）を事業の用に供して初めて、本件特例にいう事業用財産になるのであり、したがって、本件特例の適用があるか否かは、受託者によって、当該財産が、相続開始の直前において、現実に事業の用に供されているか否かによって判断すべきものである。」

第9節　営業権

営業権は通達上超過収益力を基準に計算されるが（財評通166）、この評価通達においては、超過収益力を算定する場合の基礎となる収益の額は、企業本来の営業活動によって稼得される収益であるべきであるので、企業本来の営業活動そのものに伴うものではない特別損益と営業外損益を計上することは適当でないとして、支払利子および手形割引料をなかったものとして取り扱っている（同(2)ロ）。【255】はこのような評価方法を妥当と解している。営業権そのものを評価すべきという前提に立てばこのような理解も妥当性はあるが、結局のところ将来の超過収益力に期待した、抽象的な財産価値でしかなく、このようなものを相続開始時の財産に含めて評価すること自体に疑問がある[91]。

第5章　財産の評価

【255】　最判平 3・11・14 税資 187・91（【234】と同一判決）

[判旨]　原審（東京高判平 1・5・30 税資 170・536）の次の判断を支持。

「なお，控訴人らは評価通達 165 の営業権評価の算式（原判決添付別紙 2 の算式 2 の「超過利益金額」を求める算式）において，「平均利益金額」の計算上，手形割引料をなかつたものとして加算する場合には，これと対応関係にある手形割引残高を，標準利益算定のための「総資産額」に含めるべきである，と主張するので検討する。ところで，右評価通達は，営業権を評価するに当たり，評価対象企業の事業活動によつてあげた現実の収益の 2 分の 1（50 パーセント）と，当該企業に通常想定される収益とを比較することとし，その差額（収益の超過分）に着眼して，これを営業権にもとづく企業の超過収益力ととらえる立場をとつているところ，同算式中，前半部分の「平均利益金額」は前記現実の収益力を算定するために用いられる具体的な額であるのに対し，後半部分の「総資産額×0.08」（標準利益金額）は通常の企業の収益力を総資産に対する 8 パーセントとみなして予想される抽象的，観念的な額であることが明らかである。

そして，右評価通達が，前記算式中の「平均利益金額」の計算上，手形割引料をなかつたものとするのは，右の具体的な額（現実の収益力）を算定するに当たり，企業の純粋な事業活動によつてあげた収益を基礎とするのが営業権の評価上適切であるため営業外の費用である手形割引料をなかつたものとする趣旨であつて，いわゆる 2 重控除を防止する趣旨ではないと解するのが相当である。したがつて，前記算式中の「平均利益金額」の計算上，手形割引料をなかつたものとしてこれが加算されることになつたからといつて，手形割引残高を同算式中の「総資産額」に含めて標準利益金額を算出してさきに加算された手形割引料相当分を控除しなければならないものではないというべきである（手形割引料が「平均利益金額」に加算されたとしても，そのこと自体により直ちに評価上の不合理及び税負担の不公平が生ずるとはいいきれない。）。そして，前記(1)において述べたとおり，前記算式中の「総資産額」は，課税時期における総資産の価額すなわち，現に企業に投下されている資本の額を基準としてこれをとらえるべきものといえるのであるから，当該企業から銀行等に所有権が移転し，企業の資産を構成するものではない割引手形の残高は「総資産額」に含まれるものではないというべきである。成立に争いのない甲第 7 号証によれば，手形割引料を他人資本調達に伴う費用と考える場合には，割引手形残高を「総資産額」に含めて計算しなければならないのが会計学上の見解であることがうかがわれるが，手形割引料は，前記受取手形という資産の譲渡に伴い発生する費用とみるべきであるから，割引手形残高を総資産額に含めて計算すべきではないというべきである。」

第 10 節　保証金・金銭債権

1　保　証　金

賃貸借契約に際して支払った保証金につい

---

91)　伊藤佳江「営業権の評価」『争点』348 頁，首藤重幸「相続税法における営業権」税務事例研究 49 号 96 頁，等参照。

ては，相続開始後も当該賃貸借契約を維持していく場合，保証金は相続開始時に確実に返還される金額に基づき評価できるのか，それとも返還未確定な部分も含むのかが問題となる。例えば，次のような契約を締結し，まだ1年程度しか借りていない時に相続が開始された場合，保証金をどう評価すべきであろうか。

(a) 明渡しまでの賃貸期間が7年以内のときは，敷金のうち724万円を差し引いた896万円を返還する。

(b) 明渡しまでの賃貸期間が10年以内のときは，敷金のうち404万円を差し引いた1,216万円を返還する。

(c) 明渡しまでの賃貸期間が10年以上のときは，敷金のうち2割の324万円を差し引いた1,296万円を返還する。

(d) また，本件建物とは別に，訴外Y東京出張所の建物を貸借し，その際，同契約の終了により同建物の明渡しを終えたときには，全額返還を受けるとの約定の下に，敷金100万円を差し入れている。

原告は貸借期間のいかんにかかわらず返還されるべき896万円であると主張したが，【256】は返還されるかどうか未確定な400（724－324）万円も加えるべきだとしている。相続開始後も利用する以上，その点を考慮した評価方法は不合理とはいえないが，しかしそうであるならば，納税者に有利な相続開始後の事情をも考慮することがやはり必要であろう。

第10節　保証金・金銭債権

【256】　大阪地判平7・3・28 税資 208・1035

判旨「原告らは，相続税法上の「財産」とは，金銭に見積もることができる経済的価値のあるもの（相続税基本通達11の2－1）をいうのであるから，本件出資の相続評価の対象となる金銭債権は，評価の時点において確定していることが必要であって，将来の不確定債権はこれに含まれないとして，直前期末に契約期間が7年を超えていない（本件賃貸借の締結は昭和59年7月10日，評価時点は昭和60年6月29日である。）本件賃貸借契約の保証金として計上すべき金額を右のとおり主張するのであるが，金銭に見積もることができる経済的価値を有するものであることを要するというのは，相続税評価の対象の問題であって，このことから直ちに相続税評価額の決し方が導き出されるわけではない。右相続税評価は，本件敷金の経済的価値をいかに評価するかの問題であるが，本件賃貸借契約は右評価時点において終了せず，なお継続して存続することが予定されていたのであるから，右評価は，継続中の右賃貸借契約における敷金返還請求権の経済的価値を評価すべきであり，したがって，その評価額を評価時に解約された場合に返還される896万円だけに限定するのは相当でなく，返還されるかどうか未確定な400万円の経済的価値についても考慮しなければならないというべきである。ちなみに，右400万円の経済的意味は，長期間を予定した賃貸借契約が短期で終了した場合には，賃貸人において予期した安定的収入が得られず，また，新たな賃貸借契約に供えて賃貸借物件の補修，改造などの費用を要することから，その損害を補填する趣旨のものと考えられる。

そして，本件賃貸借契約の性質・内容や敷金の右のような経済的実体に照らすと，右400万円は，不払賃料等の支払に充てられるまでは，賃貸借契

第5章　財産の評価

約存続の期間の長短を問わず，評価基本通達204にいう貸付金債権等に当たるものとして評価すべきであり，したがって，本件敷金の相続税評価額は右400万円と896万円の合計1,296万円となり，その結果，保証金の相続税評価額は，これに東京出張所の建物に係る100万円を加えた1,396万円となる。」

2　金銭債権

金銭債権については，原則として債権元本額が基準となるが，回収が著しく困難な金額を控除することを【257】が肯定している。

【257】　最判昭55・12・12税資115・689

判旨　原審（東京高判昭52・9・29税資95・693，東京地判昭49・8・29税資76・370）の次の判断を支持。

「相続税法22条によれば，相続により取得した財産の価額は原則として相続開始時における時価によるべきところ，本件のように貸金債権等の価額は，それが回収可能であるかぎりはその返済されるべき貸金債権等の元本の金額と相続開始時現在の既経過利息遅延損害金として支払いを受けるべき金額の合計額によるべきことはもとより当然であるが，相続開始時において右各債権の金額の全部または一部の回収が不可能または著しく困難であると見込まれるときは，右金額を除いた残余の金額をもつて右貸金債権等の価額と評価するのが相当である。」

第11節　絵　画　等

絵画等の書画骨とう品については，実務上，通常の販売業者販売価格か，それ以外の場合は，売買実例価額，精通者意見価格等を参酌して評価されるが，オークションに出品されるときの価格が基準になるかについては【258】はこれを否定する。被告側の鑑定意見も否定しているが，このようなものの評価を裁判所がそもそもできるのかという基本的な疑問を払拭できない。

【258】　静岡地判平17・3・30タインズZ888-0978（【23】と同一判決）

判旨　「各エスティメートの評価書に記載された価格は，クリスティーズについては時価という言葉を用いてはいるが，いずれも本件絵画の各エスティメートの判定時における時価を反映したものではなく，本件絵画のオークションにおける確実に付くであろう最低限の価格，すなわち最低売却価格の見積りにすぎないと解するのが相当であり，これらを基準に本件絵画の本件相続開始時における時価を判定することはできないといわなければならず，これに反する原告の主張は採用できない。

被告は，本件絵画の本件相続開始時における価額を7,500万ドルは下らないとする被告側精通者意見を提出するが，被告側精通者はいずれも美術館学芸員の地位にある者であり，世界的名画の歴史的価値や社会的価値については専門的知見を有しているものと解されるが，通常の業務として世

界的名画の売買取引を行っている者ではないから、世界的名画の取引市場の動向についての専門的知見を有している者に該当するのかは疑問であり、これを本件絵画の時価を判定する際の精通者意見として用いることはできないというべきである。

以上検討してきたところを総合考慮すれば、両当事者が提出する精通者意見がいずれも採用できないので、本件絵画の本件相続開始時における時価は、売買取引実例価額及び近時の価格動向によって判断すべきであると解されるところ、その取得価格である7,500万ドルから価額が下落することはなかったと認めるのが相当であるから、本件絵画の相続財産としての評価額は、7,500万ドルを本件相続開始時の為替レート1ドル106.35円で換算した79億7,625万円であったと認められる。」

第12節　相続後の価格変動

これまで紹介してきたように、相続税の評価額は相続開始時点である。通達で相続開始前の事情を若干考慮することはあるが（財評通169）、相続開始後の価格変動は一切考慮されていない。【259】は相続時25億円程度の相場であった株式がその後のオイルショック等の不況によりほとんど無価値になってしまった事例について争われたものであるが、右のような場合でも相続開始時での評価額で課税することを適法としている。また、【260】は相続開始から7カ月後に譲渡し、バブル崩壊で相続開始時に比して相当安くなった土地を譲渡価額で評価すべきという原告の主張を、相続開始時の時価ではないして退けている。【261】も相続後地価が下落したといっても、評価はあくまでも相続時であり、相続開始時の時価を上回っていない限り適法としている。

たしかに、相続開始後の変化を安易に考慮すると、租税回避手段として用いられるおそれがあるが、そのことを恐れるあまり、申告時点では客観的に無価値や、低額になったものを相続開始時の価格で評価するのはあまりにも税としての妥当性を欠くように思われる。立法論としては、申告時までの変化で、納税者が恣意的に操作したものでないといえる事情は考慮すべきであろう[92]。

【259】　最判平1・6・6税資173・1
（評釈・岩崎政明・税事22・4・9）

(判旨)　次の原審（大阪高判昭62・9・29行集38・8＝9・1038）および第1審（大阪地判昭59・4・25判タ534・165）の次の判断を支持。

「相続による取得財産中の株式の評価は、基本通達の基準によるのは不当である旨の主張について、一般に株式の価格は、その発行会社の経営状態のほかこれと無関係の需給関係等から日々変動するものであるから、相続財産である株式の価格をその取得時点すなわち相続開始時点の取引価格に固定することは、その時点で一時的に騰貴した株価

---

[92]　この点に関する税務上の諸問題については、「特集／地価下落が引き起こした税務問題」税理40巻15号81頁以下、勝又和彦「相続後の価格変動と課税」『争点』228頁以下、等参照。アメリカの評価期日選択制度については、石島弘「相続税の課税標準と公的土地評価の一元化」税法学535号21頁以下を参照。

第5章　財産の評価

を評価額とする場合も生じ，納税者に過酷な結果となることもあり得るから，相当とはいえないから，右株式の評価に当つては，相当な期間内における株価の変動を考慮するのが妥当であるが，右の考慮期間として基本通達では相続開始後のそれを考慮しないこととしている点は，申告期限までの株価も考慮することとなると，相続開始後に株価の恣意的操作がなされるおそれがあり，かくては課税の公平を欠くに至るから，基本通達において相続開始後における期間についての株価の変動を相続株式の評価に当たり考慮していないことが不合理とはいえず，相続税法上相続財産の評価はその取得時における時価によることとなっている以上，株式のみ右時点より長期にまで遡つてその価格の変動を考慮して評価するのは相当でなく，3か月間の最終価格の月平均額と課税時期の最終株価のうち最低株価を採用することにより，相続開始時に一時的に騰貴した株価を評価額とすることを避ける目的を満たす効果のあることは否定できず，多量の税務事務の処理と課税の公平を期するという要請も参酌すると，右の過去に遡る期間の考慮に関しても，株価についての通達の基準の合理性を否定するのは相当ではない」。

【260】　東京地判平10・5・29判タ1002・144
　　　　　（【249】と同一判決）

判旨　「本件売買は本件相続開始の約7か月後に行われたものであるが，その間にバブルの崩壊による地価の急激な下落があったこと，本件売買には，売買価格の決定に主観的事情・個人的事情等の要素が強く影響していたと認められることからすれば，本件売買価格が本件相続開始当時におけ

る当事者間の主観的事情等を離れた本件株式の客観的な交換価値を反映したものであるとは認められないというべきである。」

【261】　千葉地判平14・2・22タインズZ888-0695

判旨　「原告は，地価が下落している場合には，相続時点において路線価を時点修正すべきであり，それを行っていない本件更正は公平の原則に反し違法であると主張する。
　しかしながら，路線価は，上記のとおり，相続税法22条にいう時価の価格水準そのものを示すものではないのであって，路線価が評価時点である毎年1月1日の地価公示価格と同水準の価格の8割程度を目途に価額決定されていることによる評価上の利益は，評価上の安全性を考慮して路線価が低めに定められていることによって得られる事実上の利益に過ぎず，地価が継続的に下落している状況のもとで，相続開始時期如何によってその受ける評価上の利益の程度に差異が生じたとしても，それは，相続財産について，評価通達の定めにより時価の範囲内で画一的評価を行うことによって生ずるやむを得ない結果というべきであり，そのことによって納税者間の公平が害され，その評価が違法なものとされるわけではないというべきである。もとより，路線価に基づく評価額が相続開始時点の時価を上回っているような特別の事情が認められる場合には，そのような路線価に基づく評価額の決定は合理性を欠く違法なものとされる余地があるが，本件においてはそのような特別の事情に関する立証はない。」

第6章　租税確定・納付手続

第1節　申　告

1　原　則

　相続税は相続開始のあったことを知った日の翌日から10月以内（相税27条），贈与税の場合は贈与により取得した年の翌年の2月1日から3月15日までに（相税28条）申告しなければならない。右の「相続開始があった日」とは自己に相続の開始がありかつ相続税法27条1項にいう相続財産があることを知った日と一般的にはいえるが，この相続財産の額を具体的に知った日か，それとも抽象的に知れば足りるのだろうか。【262】は，認知により相続したものの，他の相続人から財産を知らされなかった場合について，認知者が具体的財産額を知った日ではなく，認知の裁判の確定により被相続人の相続人としての地位が生じた日であるというべきである，とした。その上で，原告に対する無申告加算税を肯定している。したがって，納税者は自己で調査してわかった範囲でとりあえず申告しておかねばならないことになる。意識的に調査を怠った場合は別として，具体額がわからないのに納税者に申告を強制し，無申告加算税まで課すのはかなり無理があると思われる。

　一方，包括遺贈の場合は遺言者の死亡と同時にその一切の権利義務が受遺者に移転するのであるから，遺産の帰属について係争中であれ，自己のために包括遺贈のされていることおよび遺言者の死亡したことを知った日が基準となる（【263】）。

　これらの申告により，納税義務が原則として確定し，その申告が誤っていた場合の救済は通常の更正の請求（国通23条）もしくは更正の請求の特則（相税32条）に基づいて行うことになる。右の期間を徒過した場合に錯誤を理由に申告の無効を主張しても，判例は，一般論としては特別な事情があれば可能であるとしつつも，具体的に無効を認めたことはない（【264】，【265】等）。とりあえず申告したにすぎない書面を提出していても，申告としての効力を持つ以上，それを是正するのであれば更正の請求の手続をとらねばならず，その期間を徒過してしまったからといって申

告が無効となることはない（【266】）。

また，申告書を代筆した場合でも強制的でなければ，申告は有効と解され（【267】，【268】），取消訴訟の対象となる処分もないことになる（【269】）。しかし，税法に不知な一般納税者が税務職員に代筆してもらうということ自体，申告納税制度，すなわち税法の第1次的解釈権を納税者自身が行使することを前提にしている制度と相容れない面があり，納税者の真意であったかどうかを慎重に判断すべきと思われる。

紛争中であるため，財産を持っている者の名前でとりあえず申告したからといって，自己の申告になるわけではない（【270】）。

【262】　仙台地判昭63・6・29訟月35・3・539　（【64】【73】【314】と同一判決）

[事実]　認知裁判確定後財産の具体額がわかるまで時間を要したので，申告期限の起算日は具体的に金額がわかった日を意味するとして争った。

[判旨]　「法定申告期限の起算点について納税者の相続財産の具体的把握状況にかからしめることは相当ではなく，自己に相続の開始がありかつ相続税法27条1項にいう相続財産があることを知った日を指すものと解すべきである。そうすると，本件において，「相続の開始があつたことを知つた日」とは，原告が認知の裁判の確定により被相続人の相続人としての地位が生じた日であるというべきである。何故ならば，〈証拠略〉によると，原告は自己が相続税を納付すべき遺産を取得すべきことを知ったうえで認知の訴を提起したことが明らかであり，認知の判決を受けてこれが確定したのが昭和59年4月6日（この日認知の裁判が確定したことは当事者間に争いがない。）であるから，

同日「相続の開始があつたことを知つた」ことになるからである。そして，原告が相続税の申告をしたのは昭和60年3月15日であるから（右事実は当事者間に争いがない。），申告期限内に原告から申告がなかったとした被告の解釈は正当であって，その余の点につき判断するまでもなく原告の主張は失当である。」

【263】　東京地判昭47・4・4税資65・691

[判旨]　「「認知の裁判」または「相続人の廃除ないしその取消の裁判」による相続人としての身分関係の取得は，当該裁判の確定によってはじめて生ずるのであるから，右の場合には，当該裁判の確定したことを知った日をもって相続税法上の『相続の開始があつたことを知つた日』と解するのが相当というべきである。これに対し，包括遺贈においては前示のように遺言者の死亡と同時にその一切の権利義務が受遺者に移転し，たとえ遺言の効力に関して争いがあつて訴訟が係属中であつても，相続税法上租税債権の成立を妨げないものであることは前示のとおりであるから，前者と同一に論ずることはできない。すなわち，包括遺贈に関しては，右のような係争中の場合をも含めて，自己のために包括遺贈のされていることおよび遺言者の死亡したことの両者を知つた日をもって「相続の開始があつたことを知つた日」と解すべきである。」

【264】　最判平1・6・6税資173・1（【259】【287】と同一判決）

[判旨]　原審（大阪高判昭62・9・29行集38・8＝9・1038；評釈：森本翅充・税弘36・4・159，石倉文雄・ジュリ929・114，増井良啓・自治研究65・5・127）および第1審（大阪地判昭59・4・25行集35・4・532，訟月30・9・1725，判タ534・165；評釈：佐

藤清勝・税理 28・14・87）の次の判断を支持。

「相続税についても，その申告書の記載内容について錯誤があるときには，錯誤による無効を主張しうる場合がありうるが，それは，相続税法の定める右申告ないし修正申告，更正の請求等の制度の趣旨を考慮すると，右錯誤が客観的に明白かつ重大であつて，国税通則法等に定める是正方法以外にその是正を許さないとすると，納税義務者の利益を著しく害すると認められる特段の事情がある場合に限り許されるものと解すべきである（所得税に関する最高裁昭和 39 年 10 月 22 日判決，民集 18 巻 8 号 1762 頁参照）。そして，右の申告についての錯誤が，同申告の内容となつている取得財産の評価額（結果的には税額にも影響することとなる）に関するときに，その錯誤が前記のように客観的に明白と解される場合というのは，右評価額が適正に算定された場合の評価額と相違していることが客観的にみて容易に判断しうる場合を指すものと解するのが相当である。」

【265】　大阪高判平 4・2・7 税資 175・103

判旨　「申告納税方式をとる租税にあつては，課税の基礎となる事実等を確認したうえでこれを課税庁に通知する納税者の申告によつて納付すべき税額が確定し，右申告が過大であるときは，法定の期間内に通則法 23 条所定の更正の請求をすることによつて，当初の申告の是正を求めることができるに止まる。したがつて，適法な更正の請求が行われない限り，納税者の申告に基づき納付を受けた租税が当該納税者に対する関係で不当利得を構成することは原則としてなく，例外的に確定申告書の記載内容に客観的に明白かつ重大な過誤があるとともに，右是正方法以外にその是正を許さないならば，納税者の利益を著しく害すると認められる特段の事情がある場合に限り，納税者において法定の方法によらずに当該申告内容の過誤を主張して，申告により納付した租税を不当利得として返還請求できるものと解すべきである。そこで，これを本件についてみるに，別件訴訟では本件土地が U の所有である旨認定されていることは前認定のとおりであるものの，前記認定事実に照らすと，仮に K が原告主張のとおり，登記簿上の記載によつて本件土地を T から相続したものと誤信した結果，本件申告をしたものであるとしても，右錯誤は当該申告書の記載それ事態から外形上，客観的に過誤が一見して看取できるものでないことが明らかであるから，本件申告及びこれを前提とする本件各処分には，客観的に明白かつ重大な過誤ないし瑕疵があるとはいえない。」

【266】　最判昭 49・6・14 税資 75・795

判旨　原審（名古屋高判昭 48・8・29 訟月 20・3，税資 70・948）の次の判断を支持。

「控訴人は昭和 44 年 3 月 15 日名古屋中税務署長に対し本件贈与税の申告をなすにあたり，「申述書」と題する書面（甲第 8 号証）をあわせて提出していることが認められるところ，その前文には「本日別紙の通り贈与税の申告書及び譲渡に関する明細書を提出しますが，贈与を受けたとして申告する財産のうち，下記については本来私に所有権があるものにつき，後日立証し，贈与財産から除外して頂くよう，更めて手続きをしたいと思いますので，その際には何卒よろしくお取計いを下いますようお願いいたします。」旨記載されており，右文言ならびに同書面記載の内容をつぶさに検討すると，右は控訴人は本件不動産についてはその所有名義人から控訴人に対し贈与の登記がなされているので，贈与税の法定申告期限には，とも角その事実に基づいてその申告をなすものであるが，右物件は実質上控訴人の所有に属するものであり，したがつて実体法上その権利関係に変動はないから，後日その事実を明らかにして更正の請求をし

て，右贈与税の取消を求める意思のあることをあらかじめ表明している趣旨のものであることが明らかであり，そうとすれば右贈与税の申告それ自体は控訴人の真意にそつてなされるものであり，ただ控訴人は後に更正の請求をする意思であつたことを窺うに足りるものである。してみれば控訴人の右主張は理由がなく採用できない。」

【267】 東京地判昭39・4・22税資38・299

判旨 「原告は昭和23年ごろ，自己所有の不動産を売却し，所持していた現金をもって，右買受代金を支払った旨述べたが，係員が，右事実を裏付けるような証拠がなければ税務署としては，調査した資料に基づき，右買受代金を原告が夫惟一郎より贈与されたものと認めて課税処分せざるを得ないが，その場合には，申告の場合に比較して不利になる旨説明したところ，原告も納得して贈与税の申告をすることを承知したので，係員において代筆し，申告書の用紙に原告の住所，氏名，贈与の金額等を書き入れて，原告が所持していた印鑑を押印して申告書（乙第1号証）を作成し，これを提出させ，申告書の受領証を原告に交付したこと，右申告書の受付印の日付が同月4日になっているのは，当日多忙で申告書を受付係に回すのが遅れ，翌日となったためであることが認められる。

してみると，本件贈与税については，原告より申告があったものというべきであるから，申告のなかったことを前提とする原告の請求はいずれも理由がない。」

【268】 最判昭59・9・18税資139・537（【166】と同一判決）

（評釈：中原敏夫・税通39・15・206）

判旨 原審（東京高判昭57・11・1税資128・229）

および第1審（東京地判昭55・7・17税資114・207）の次の判断を支持。

「原告は右申告書の代筆をA係官に依頼したものと認めるべきであり，同係官が勝手に書きはじめたものであるかのごとくにいう原告本人の供述は措信することができない。また，A係官の記入した事項のうち本件農地の価額が本件評価基準によって評価されたこと及びこの価額に基づいて税額が算出されたことについて原告が不満をもっていたことは明らかであるけれども，あとで是正する方法があるとのA係官の説明を一応納得して不本意ながらも申告書に自ら署名押印をし，これを自己の申告書として提出することとした以上，これによる申告をもって原告の意思に基づくものでないとすることはできない。一般に，いわゆる税務相談を受けた税務職員が納税者のために申告書の代筆をしてやるなどの技術的援助をすることは，行政指導の一環として是認されるところであり，その際，記載事項についての納税者の意見に問題があると考えられるときは，税務署側の見解を示してこれによるよう勧奨ないし説得することも，不当な強制にわたらない限り許されるものと解されるが，本件においては前記のとおりの経過により本件申告がなされたのであって，右申告がなされるまでの松戸係官の行為が勧奨ないし説得の域を超える強制的なものであったと認めがたい。したがって，本件申告は原告のいう自己申告の原則に違反するものではない。」

【269】 最判平5・11・26税資199・1008（【52】【298】と同一判決）

判旨 次の原審（福岡高判平5・4・22税資195・37）および第1審（佐賀地判平4・8・28税資192・362）の判断を支持。

「したがって，納税申告の際，税務署職員らが納税者の相談や質問に応じて説明・指導を行い，納税者の依頼がある場合には右申告に関する提出書

類を代筆する等，実際上は納税申告の手続きが右職員らによって主導的になされることがあるとしても，それは，納税申告の正確性や迅速性等を確保するために事実上行われるに過ぎず，右職員らの行為をもって課税処分とみることはできない。

してみると，原告が被告に対して昭和60年2月15日付けで昭和59年分贈与税の納税申告をしたことは前記認定のとおりであり，被告が右申告に対する更正をしたことを認めるに足る証拠もない以上，右贈与税の税額は，原告のした右申告によって具体的に確定したのであって，右贈与税につき，被告が行政事件訴訟法3条2項にいう何らかの「処分」をしたものと認めることはできない。」

【270】 福岡地判平13・10・23 タインズ Z888-0622

[判旨]「法27条所定の相続税の納税申告は，納税義務の確定という公法上の効果の発生をもたらす要式行為であることに鑑みれば，相続税の納税申告をした者，すなわち相続税の申告書を提出した者を認定するに当たっては，相続税の申告書に表示されたところに従って判断するべきである。これを本件についてみるに，法27条1項は，「相続又は遺贈により財産を取得した者」は相続税の申告書を提出しなければならない旨規定しているところ，上記争いのない事実及び証拠上明らかな事実によれば，本件申告書の「財産を取得した人」欄には「A」との記載及び「A」名下の押印がされているものの，同欄に原告の氏名の記載や原告名下の押印がされているとは認められないのであるから，本件申告書を提出した者はAであると認めるほかなく，原告が本件申告書を提出したと認めることはできない。」

2 財産未分割状態での申告

相続財産が未分割の状態であっても，申告期限時では法定相続分に基づいて分割したと仮定して申告をしなければならない（相税55条）。この問題については，第1章第5節を参照されたい。

3 係争中の申告

なお，相続財産の帰属等をめぐって係争中の場合，あるいは，相続税納税義務が生じていることはわかっても全財産が把握できない場合納税者はどうすべきかが，問題となる。この点は，第1章第3節1(2)で紹介したように，納税者が自己のものだとして争っている以上申告義務があるし（【271】），法定相続分に応じて差押えしても適法であり（【272】），把握している分については申告義務があるとしている。遺贈されたものの，相続人と紛争になった場合に具体的遺産総額がわからないと正確な申告ができないため，和解で具体額が判明した時点を申告の起算日とすべきであるという主張も退けられている（【273】）。相続人等はまずわかる範囲で申告すべきだということになる。

【271】 大阪高判平5・11・19 判時1506・99
（評釈：佐藤孝一・税通49・5・288，平石雄一郎・ジュリ1072・191）

[判旨]「しかしながら，常時法定申告期限内に相続財産の全容を把握することができるとは限らな

いので，法は，申告後において，相続税額に不足を生じたり，過大となったときには，修正申告又は更正の請求をすることができるものとしているのであって（国税通則法19条，23条，相続税法31条，32条），相続財産の全容が判明しない場合，その理由の如何によって申告書の提出義務を免除し，又は猶予する旨を定めた規定は存しない。以上の規定を通覧すると，納税者が相続財産の全容を把握するため，種々の調査をし，情報入手の努力をした結果，相続財産の一部のみが判明し，その部分だけで遺産に係る基礎控除額を超える場合には（したがって，その努力をしなかった場合には，以下の申告方法を安易に許すべきではない。），判明した相続財産につき，とりあえず自主的に申告しなければならず，これにより相続税の納税義務を確定させるべきであり，残余の相続財産が後日判明したときは修正申告によることとし，したがって，平均的な通常の納税者を基準としても，相続財産の全容が把握できないからといって，それを理由に，法定申告期限までに相続税の申告をしないことは許されないというのが税確保の観点からみて，立法の趣旨であるといわなければならない。」

【272】 最判昭48・3・1税資69・623（〔5〕【45】と同一判決）

[判旨] 原審（東京高判昭46・2・26訟月17・6・1021）の次の判断を支持。

「ところで，被相続人の死亡によって相続が開始すると，それと同時に相続財産に属する権利義務一切が，相続人の知，不知または事実的占有取得の有無を問わず，当然かつ包括的に相続人に移転承継するという実体的効果を生じ，相続人は確定的な相続権を取得し（もっとも相続人は後にその意思により相続を放棄することによって，相続権の帰属を最終的に拒否しうることは論ずるまでもない），かりに共同相続人間において一部相続人の相続権の存否その他の相続関係について紛争を生じ，これが確認を求める訴訟が係属するにいたっても，右の実体的効果にはなんらの影響をも及ぼすものではなく，後日その判決が確定するときは，関係当事者間において紛争を解決する機能を営むだけのことである。しかして，相続税徴収の行政庁たる税務署長としては，相続税の賦課決定をするまでに相続権の存否その他相続関係の確定判決がありこれが提出された場合にはこれを尊重しなければならないけれども，右賦課決定をするまでに前記確定判決の提出がないときは，たとえ一部相続人の相続権の存否に関して共同相続人間に紛争があり，その確認を求める訴訟が係属中であっても，相続税賦課決定の前提として，独自の立場で相続権の存否を認定することは，その職務遂行上当然に許容されるところである。」

【273】 高松地判平14・3・26タインズZ888-0694

[判旨]「条理や贈与税との比較から，本件では異なる解釈をすべき旨を主張するが，一般に，租税の賦課・徴収に係る行為は納税者の財産権に重要な影響を及ぼし，手続を明確に法定して，平等な課税がなされる必要があるところ，各種租税の納税義務や申告期間の起算日は，民法や国税通則法その他の関連法規によって明確に規定されているから，これと異なる解釈をすることは妥当でない。本件相続税においても，納税義務の成立時期や申告期間の起算日は，関連法規の手続規定に従って解釈すべきであり，原告が主張するような個別の事情は，むしろ争点2）の「正当な理由」を検討する上で判断されるべきである。」

しかし，正当な理由も認めなかった。

第2節　更正・決定

　相続税も申告納税制度を採用しているので、原則として納税者の申告で税額が確定するが、課税庁が更正・決定処分をすることもできる。この更正処分等の除斥期間は原則として更正が3年、決定が5年であるが、贈与税については6年に延長されている[93]（相税36条）。

1　同族会社の行為計算否認

　相続・贈与税についても、同族会社を利用した租税回避を規制するための否認規定があるが【274】【275】は同族会社との間で地上権を設定した行為がこれに該当するとした事例である。これらの判決は、納税者が税負担を軽減するために不自然な契約をしたとしているが、税負担が安くなるからこそそのような契約をしているのであって、その契約が仮装というのであればともかく、納税者が選択した（少なくとも違法ではない）法形式を安易に否認するのは疑問である。

【274】　大阪高判平16・7・28 タインズ Z888-0968（【242】と同一判決）

判旨　「本件地上権設定契約が不自然・不合理であり、本件地上権設定契約は、A産業が同族会社であるが故に締結されたものというほかなく、A産業の社員である控訴人らの相続税の負担を不当に減少させる目的で行われたものといわざるをえないことは、原判決を引用して説示したとおりであって、地上権設定そのものだけを捉えてこれが異常・不自然であるというものではない」ことを付加するとともに、原審（大阪地判平15・7・30 タインズ Z 888-0841）の次の判断を支持。
　「A産業は、本件被相続人の死亡の1年2か月前に設立された同族会社であるところ、本件地上権設定契約は、その締結当時において本件被相続人が95歳という老齢であったにも関わらず、60年という長期の存続期間を定めて締結されたものであり、かつ、他人の土地に利用権を設定する場合は、賃借権の形態で行われるのが通常であるのに、敢えて用益物権である地上権を設定するという異例の形態が採られていること、本件土地はその形状からして利用価値が高いものと認められ、かかる土地上に、建設費用及び撤去費用がかさむ堅固な2階建ての駐車場を設置していること、A産業の経営状態は、事業開始後5年を経過して黒字に転換したとはいえ、これは減価償却費の計上及び役員報酬の支払いがない等の結果であり、平成8年5月期の損益計算書によると、その累積損失は2,889万3,554円と多大なものとなっていること、以上の事実が認められ、これらの事実を総合勘案するならば、本件地上権設定契約は、経済的・実質的にみて、明らかに不自然・不合理なものであって、およそ通常利害を異にする経済人同士の当事者間であればとうてい行われなかったであろうといわざるを得ない。そして、本件地上権設定契約の締結により、本件土地の価額の算定上、法23条の規定に基づき本件地上権に相当する価額を控除して評価する以上は、前記……のとおり、本件相続にかかる相続税の課税価格は2億4,086万9,000円、納付すべき税額は1億3,990万8,000

---

[93]　この問題については、三木義一「更正の期間制限延長とその問題点」税理47巻6号9頁、等参照。

円減少することとなる。以上によれば，本件地上権設定契約は，A産業が同族会社であるが故に締結されたものというほかはなく，A産業等の社員である原告らの相続税の負担を不当に減少させる目的で行われたものといわざるを得ない。」

【275】 大阪地判平 12・5・12 訟月 47・10・3106
（評釈：増井良啓・ジュリ 1199・112，田中治＝高正臣・税経通信 56・14・253，品川芳宣・税研 97・94）

判旨「X_1 と X_2 は，X_3 の所有にかかる本件宅地等について地代を年額 3,684 万円，存続期間を 60 年とする本件地上権の設定契約を締結したものであるところ，駐車場経営という利用目的に照らすと，本件宅地等の使用権原を賃借権ではなく，極めて強固な利用権である地上権が設定されたことは極めて不自然であることや，本件地上権の内容も，営業収益と比較して余りにも高額に設定された地代の支払のために X_2 が大幅な営業損失を生じている点及び X_1 の年齢を考えると，経済合理性をまったく無視したものであるといわざるを得ないことに徴するならば，本件地上権設定契約は，通常の経済人であれば到底採らないであろうと考えられるような不自然，不合理な取引であるということができ，また，評価通達25項，86項及び相続税法23条の規定によれば，本件地上権の存在を前提とした場合，本件宅地等は，自用地の価額からその90パーセント相当額を控除したものとして評価されることになるため，原告らの相続税の負担を大幅に減少させる結果となることが明らかである。」

2　節税策と更正の期間制限

相続・贈与税はその額が高額であることから，多様な節税策や租税回避策が行われてきた。このような節税策，もしくは租税回避策はそれ自体が不正な行為になり，課税権の除斥期間が 7 年に延長されるのだろうか。この点について，【276】はいわゆるA社B社方式を採用した納税者の一連行為について，申告等でA社B社方式を採用することがわかるようにされている以上，仮装等の不正行為はないとして，7年の除斥期間ではなく，通常の除斥期間 5 年を経過した処分は違法であるとしている。節税や租税回避自体が違法ではないことからすれば当然の判断と思われる。

【276】 横浜地判平 16・3・17 タインズ Z888-0867
（評釈：増井良啓・ジュリ 1282・216）

判旨「このように，原告が本件譲渡について贈与税の申告をしなかったことが株式等の時価の評価について一定の方法を採ったことに基因するものであり，しかも，その評価の方法が，課税実務上の一般的基準として適用されてきた評価基本通達の関係規定に形式的に適合するものであったばかりでなく，そもそも，本件譲渡が相続税法7条の規定するみなし贈与に当たるものとして課税処分をする（ママ）どうかは，第1次的には本件出資の時価について採るべき評価の方法に関する被告の判断によって決せられる関係にあったこと，また，原告の採った評価方法は，高額な資産を有する納税者の相続税の負担軽減方策として，一定の範囲で用いられていたものであったことからすれば，本件において，通常の場合よりも国税の賦課権の除斥期間を延伸する相当性があったものと認めることはできず，通常の更正，決定等の制限期間が経過した後はもはや課税処分をされることがないという，租税法律関係の早期安定に関して納税者が有する法的利益は，原告についても，その

保護を否定すべき合理的な理由はないというべきである。

　上記のとおり，通則法70条5項の趣旨を踏まえて本件一連の行為を基礎とする本件不申告行為を考察したところによれば，本件において，原告が，贈与税の賦課徴収を不能又は著しく困難にするような偽計その他の工作をしたものと認めることはできないというべきである。……本件一連の行為を基礎とする本件不申告行為は，原告において，税額を免れる意図の下に，贈与税の賦課徴収を不能又は著しく困難にするような偽計その他の工作をしたものとして，通則法70条5項が規定する「偽りその他不正の行為」に当たるということはできない，というほかはない。」

第3節　更正の請求

　相続税法は国税通則法に定める一般の更正の請求とは別に，相続税法特有の事情から生じる事由による税額の変動に関して更正の請求の特則を定めている。平成15年改正前は，認知後長期間支払額をめぐって争い，それが確定した場合には相続税法32条による更正の請求が可能なのか等について争いがあったが，【277】がこの場合は32条の対象にならず，それ故，支払者は国税通則法23条に基づく更正の請求を行うことになるとした。そのため，価額弁償を受けた被認知者には結果的に課税できなくなるので，法32条が改正され，①遺留分による減殺の請求に基づき返還すべき，または弁償すべき額が確定した場合，②民法910条（分割後の被認知者の請求）の規定による請求があったことにより弁済すべき額が確定した場合，などが対象に加えられ，その範囲が立法的に明確化された。

　同条1号にいう「遺産の分割」は調停等で分割内容が確定した場合をいうが，【278】は関連する裁判等で揉めていても分割確定時点から4カ月以内に更正の請求をしなければならないとしている。平成15年改正前の判決であり，改正後もこの点は条文上は明確ではないが，改正の趣旨からいえば本来救済してもおかしくない事例のように思われる。

　なお，法32条は相続税についての特例規定であり，国税通則法23条1項による通常の更正の請求も可能である。当初の申告段階で遺産分割が行われていた場合に，その申告による税額を減額するのは通常の更正の請求となるので，法定申告期限から1年以内となる。【279】は分割協議書により共同相続人が各自相当の持分を分割取得したうえで当初申告をしたと判断，未分割状態で申告した後に分割による更正の請求したという主張を退けている。

　債務があるのに，相続人間の帰属について争いがあるために申告しなかった場合に，帰属が確定してから法32条や国税通則法23条2項の後発的事由による更正の請求が可能かについては【280】がこれを否定している。

　また，国税通則法23条2項の後発的事由に更正の請求も可能であるが，自ら通謀して分割・申告した者が，その分割の無効確定を理由に更正の請求はできない（【281】）。

　民法の不当利得との関係では【282】の指

相続・贈与と税の判例総合解説　*211*

摘が正当であろう。親子関係不存在の確認訴訟などで相続人でないことが確定した場合には法32条による更正の請求が可能なので、この手続を踏まなければならない。

　国税通則法の後発的事由の「判決」にはいわゆる馴れ合い訴訟は含まれないが、【283】にいう判決もこれに類似するものといえよう。また、「その申告、更正又は決定に係る課税標準等又は税額等の計算の基礎となった事実に係る契約が、解除権の行使によって解除され、若しくは当該契約の成立後生じたやむを得ない事情によって解除され、又は取り消されたこと」というのは、申告の前提となった売買契約等の問題であり、その場合売買契約をめぐる和解契約は基本的に対象にはならないし、「解除」も法定解除や約定解除であるから、その和解契約を合意解除したことが更正の理由にはならない（【284】）。

【277】　東京高判平14・11・27 タインズ Z888-0681

　　　　（評釈：古矢文子・税通58・7・167、三木義一＝浪花健三・税通58・4・182）

判旨 「控訴人は、「法第32条第2号所定の「民法第787条の規定による認知に関する裁判の確定」により相続人に異動を生じた場合には、相続人の数に異動が生じたこと自体により被認知者以外の共同相続人の申告又は決定に係る相続税額が過大となる場合のほか、被認知者が上記裁判の確定後に民法第910条の価額支払請求権を行使したのに応じて他の共同相続人が価額金の支払をしたことにより申告又は決定に係る課税価格及び相続税額が過大となった場合も含むと解すべきである」旨主張する。

　しかしながら、法第32条第2号が、上記のとおり、相続人に異動を生じることとなる場合を列挙し、これらを更正の請求の事由として規定しているのは、これらが生じたことにより相続人の数に異動が生じた場合には、そのこと自体で、各相続人の法定相続分及び法第15条所定の基礎控除額に異動が生じ、被認知者以外の共同相続人の申告又は決定に係る相続税額が過大となり、これを更正によって是正することが相続税の負担の公平を図る観点から必要であることによるものであると解され、同号の「民法第787条の規定による認知に関する裁判の確定」も、そのような相続人の異動をもたらすものとして、更正の請求をすることができる事由とされているものというべきである。他方、被認知者が認知に関する裁判の確定後に民法第910条の価額支払請求権を行使したのに対して他の共同相続人が価額金の支払をした場合も、他の共同相続人の申告又は決定に係る課税価格及び相続税額が過大となるから、これを是正する必要が生じ、他方、新たに相続人となった被認知者については他の共同相続人から支払を受けた価額金について課税の必要が生じることは、控訴人の主張するとおりである。しかしながら、法第32条には、被認知者による民法第910条の価額支払請求権の行使あるいは被認知者以外の共同相続人による価額金の支払を更正請求の事由とするとの別段の規定がないこと、同条第2号は、上記のとおり、更正請求の事由として相続人に異動が生じる場合を列挙しているところ、上記価額支払請求権の行使自体は相続人に異動を生じさせる事由ではないこと、認知に関する裁判が確定したとしても、被認知者において当然に上記価額支払請求権を行使するとはいえず、仮にこれを行使したとしても、被認知者に民法第903条所定の特別受益が存在すること等の理由から、他の共同相続人の申告又は決定に係る課税価格及び相続税額が必ずしも過大となるとは限らないこと等に照らすと、法第32条第2号所定の「民法第787条の規定による認知に

関する裁判の確定」という事由の中に，被認知者による民法第910条の価額支払請求権の行使あるいは被認知者以外の共同相続人による価額金の支払が含まれると解することはできないものというべきである。

　もっとも，以上のように解すると，法第32条所定の期間の経過後に被認知者による上記価額支払請求権の行使がなされ，これに対して他の共同相続人が価額金の支払をした場合には，他の共同相続人の申告又は決定に係る相続税額が過大となったことを是正する方法としては，通則法第23条第2項第1号に基づく更正の請求以外にはないこととなるため，価額金の支払を受けた被認知者に対する法第35条第3項に基づく課税が実質上不可能となり，その限度でいわゆる課税漏れが生じることは控訴人の主張するとおりである。そこで，このような結果を回避するために，法第32条第2号において，「民法第787条の規定による認知に関する裁判の確定」により他の共同相続人の申告又は決定に係る「課税価格及び相続税額が過大となったときは」更正の請求をすることができると規定している趣旨にかんがみ，被認知者による民法第910条の価額支払請求権の行使あるいは被認知者以外の共同相続人による価額金の支払により他の共同相続人の申告又は決定に係る課税価格及び相続税額が過大となった場合も，「認知に関する裁判の確定により相続人に異動を生じたことにより他の共同相続人の申告又は決定に係る課税価格及び相続税額が過大となったとき」に含まれると解することにも，遺産分割後の後発的事由に基づく共同相続人間における相続税負担の不均衡を是正してその公平を図るとの見地から，合理性があることは否定できない。しかしながら，租税法規については，租税法律主義の見地から，納税義務者の不利益になる場合と利益になる場合とを問わず，文理から乖離した拡張解釈をすることには慎重であるべきことが要請されているところであり，上記の合目的的解釈の趣旨に合理性があることを首肯し得ないわけではないとしても，同条第2号の「民法第787条の規定による認知に関する裁判の確定」という文言に被認知者による民法第910条の価額支払請求権の行使あるいは被認知者以外の共同相続人による価額金の支払が含まれると解することは，文理上の乖離があまりにも大きいというべきであるから，上記の解釈を採用することは困難といわざるを得ない。」

【278】　大阪地判平13・7・6タインズZ888-0593

判旨　「遺産分割においては個々の相続財産の評価についてまで定めることや判決等によってかかる評価についての判断がなされることはまれであるから，このような定めや判断がないからといって未だ当該遺産の分割が行われていないと解するのはすこぶる疑問であること，遺産の価格の算定は個別の財産の帰属が確定していれば相続人自身が行うことは可能であること，税務署と相続人の評価が異なっても更正の請求自体が不適法となるわけではなく，権利関係が変動した時点を「当該財産の分割が行われ」た日とすることによって相続人に不測の損害が生じるわけではないことからすると，権利関係が変動した時点とは別に，相続税額の算定が可能になった時点をもって「当該財産の分割が行われ」たと解すべきであるとする原告の主張はとうてい採用することができない。

　以上を前提に本件について検討すると，本件遺産分割によって，亡Aの相続財産に含まれる個々の財産について権利関係が変動したことが認められる以上，本件遺産分割が行われた平成3年4月18日に「当該財産の分割が行われ」たことは明らかである。別件訴訟における請求は，本件遺産分割において原告が訴外Bに対し支払うこととなった本件清算金の残余額が不存在であることの確認及び不当利得返還請求権に基づく既払金の返還であるが，別件第1審及び控訴審とも，本件遺産分

割の調停によって確定した権利関係を前提としたうえで，本件遺産分割調停によって生じた本件清算金支払債権と地代支払債権との相殺を認める判断をしたにすぎず，なんら本件遺産分割の調停によって定められた権利関係に変更を加える判断を行ったものではない。したがって，本件遺産分割後に，別件訴訟の判決によって新たに当該財産の分割が行われたと解することはできないから，別件訴訟についての判決が確定した日をもって，「当該財産の分割が行われ」た日であるとの原告の主張は採用することはできない。」

【279】 東京地判昭62・7・13税資159・87（【50】と同一判決）

[判旨]「原告は，右本件分割協議書作成の時点（昭和53年7月30日）では，右遺産のうち4条遺産については未分割である旨主張する。そこで考えるに，本件分割協議書の4条には，前記3四の記載に続けて，「土地財産の各人への個別の分割協議は，昭和54年2月21日を目途として完了できるよう相互に協力するものとする。なお，この財産の評価は相続税課税額によることとし生前贈与の加算方法等については，上記5名において信義的に協議して決定するものとする。」との記載（以下，（4条後段部分の記載」という。）があることは当事者間に争いがない。……右4条の趣旨は，原告を含む右5名の相続人が，各自，4条遺産の5分の1相当の持分を分割取得したものとみるのが相当であり，これを右分割であるとする原告の主張は採用し難い。……してみると，本件分割協議書が作成された時点で，4条遺産を含む本件被相続人の遺産の全部が共同相続人全員の合意により分割され，原告がした本件相続税の申告及び被告がした本件更正処分等は，いずれも，右の分割合意を前提とするものであって，4条遺産について，これを未分割であるとしたうえで，民法の規定による相続分の割合に従って課税価格が計算されていたものではなかったことが認められるから，本件更正請求については，相続税法32条1号所定の更正の請求の特則を適用する前提要件（申告，更正において，相続税法55条の規定により未分割財産について民法の規定による相続分の割合に従って課税価格が計算されていた場合との要件）を欠くものというべきである。」

【280】 神戸地判平14・10・28 タインズZ888-0684

[判旨]「原告は，本件申告当時において本件保証債務の存在を知っていたものの，これが相続財産に含まれる「確実と認められる債務」（相続税法14条）であるとの認識はなかったのであり，かかる場合には，当初の相続税の申告においてこれを計上することが不可能であるから，調停の成立によって初めて本件保証債務が「確実と認められる債務」であることが確定し，これを相続財産の課税価格から控除すれば，本件申告における課税価格と異なることから，相続税法32条1号の事由にあたると主張する。しかしながら，上記アで説示したとおり，同号の規定は，当初申告時に相続財産として申告されていた財産を基礎として，未分割財産を法定相続分ないし包括遺贈の割合に従って計算した課税価格が，申告後に行われた遺産分割によって，相続財産全体としてはその課税価格に変化がないものの，申告後の遺産分割という相続に特有の後発的事由によってその承継する財産について相続人間の按分割合に変動が生じることがあることから，かかる相続に特有の後発的事由によって相続人間に生じた納税額についての不平等を解消するため，当初申告による納税額が分割によって承継することが確定した相続財産の課税価格に基づいて計算した納税額に比べて過大になった場合に，更正の請求を認める規定であって，当初申告においてその存在が明らかであったにもかかわらず申告されていなかった財産について，

遺産分割後にこれを相続財産に算入することを認める規定でないことは、同号の明文上明らかであって、かかる場合にも同号による更正の請求が認められるべきとする原告の主張は、独自の解釈に基づくものであって採用できない。

　(2) 国税通則法23条2項1号に基づく更正の請求について

　……納税者が被相続人の債務の存在自体を争っている場合に、判決により債務の存在が確定した場合には、当初申告時点において債務の存在を争っていた以上、適切な権利の主張をすることができなかったということができる。しかしながら、被相続人の債務の存在を前提として、単に相続人間のいずれに帰属するかについて争いがある場合には、当該債務が相続財産に含まれること自体は明らかであるから、相続税法55条の規定に従って申告すべきであるし、申告後に判決等により、法定相続分とは異なった割合で債務を承継することが確定した場合には、相続税法32条による更正の請求が認められているから、当初申告時において債務を相続財産として申告したとしてもその後に適切な権利の主張を行うことは可能であるということができる。したがって、当初申告時において被相続人の債務の存在自体は争っておらず、単にその帰属が問題となっている場合に、申告後にその帰属が確定したとしても、そのことは国税通則法23条2項1号の更正の理由に該当しないというべきである。」

【281】　最判平15・4・25判時1822・51（【69】と同一判決）

判旨　「上告人は、自らの主導の下に、通謀虚偽表示により本件遺産分割協議が成立した外形を作出し、これに基づいて本件申告を行った後、本件遺産分割協議の無効を確認する判決が確定したとして更正の請求をしたというのである。そうすると、上告人が、法23条1項所定の期間内に更正の請求をしなかったことにつきやむを得ない理由があるとはいえないから、同条2項1号により更正の請求をすることは許されないと解するのが相当である。したがって、本件処分は適法というべきであり、これと同旨の原審の判断は是認することができ、原判決に所論の違法はない。論旨は採用することができない。」

【282】　東京地判平14・7・3タインズZ888-0761

判旨　「当利得の法理は一般法理であるから、特別法において、当該不当利得の原因たる事実について何らかの救済措置が規定されているときは、当該不当利得の是正は原則として当該救済措置によるべきであって、これについて民法上の不当利得返還請求権を行使できるのは、当該救済措置によることができなかった特段の事情がある場合に限られるというべきである（上記最高裁判所昭和53年3月16日第1小法廷判決参照）。そのように考えなければ、特別法が当該救済措置を設けた趣旨を没却することになるからである。

　これを本件についてみると、相続税法32条は、相続税について申告書を提出した者は、認知、相続人の廃除又はその取消に関する裁判の確定、相続の回復、相続の放棄の取消その他の事由により相続人に異動を生じたこと（同条2号）により当該申告に係る相続税額が過大となったときは、当該事由が生じたことを知った日の翌日から4か月以内に更正の請求をすることができると定めている。そして、本件のように親子関係不存在確認の裁判が確定した場合も、相続税法32条2号において例示的に列挙された認知、相続人の廃除又はその取消に関する裁判の確定、相続の回復、相続の放棄の取消などと同じく、相続人に異動を生ぜしめるものであるから、親子関係不存在確認の裁判の確定は相続税法32条2号の「その他の事由」に

該当すると解すべきである。」

【283】 松山地判平13・10・5 タインズZ888-0620

判旨「国税通則法23条2項の趣旨は前記のとおりであり、その趣旨に照らすと、真実の権利変動の裏付けが存しない判決は、同条項1号にいう「判決」には含まれないと解されるところ（私人間の紛争解決の手段としては十分であるとしても、本来客観的かつ公平であるべき租税負担の前提となる事実としては、そこでの事実関係をそのまま取り入れることはできない。）、上記(1)のとおり、証拠上本件贈与の事実を認めることは困難であり、本件贈与の事実が存在することを前提とする本件判決は、真実の権利変動の裏付けが存しない判決といわざるを得ないから、これをもって同条項1号にいう「判決」ということはできない。」

【284】 東京地判平13・1・26 タインズZ250-8821

判旨「本件修正申告において、国税通則法施行令6条1項2号にいう「課税標準等又は税額等の計算の基礎となった事実」とは、課税価格の一部を構成する本件未収金が存在するという事実であり、本件未収金発生の根拠となる契約は、本件持分譲渡の売買にほかならないから、同号の「課税標準等又は税額等の計算の基礎となった事実に係る契約」とは、本件持分譲渡契約であるというべきである。そして、本件更正の請求が行われた時点において、本件持分譲渡契約自体は解除された事実がないことは、原告らも自認するところである。にもかかわらず、原告らが、本件和解契約を国税通則法施行令6条1項2号の「課税標準等又は税額等の計算の基礎となった事実に係る契約」に準じて考えるべきである旨主張する根拠は、原告らは、本件期限内申告において、本件不動産のうち、土地については路線価により、建物については固定資産評価額によりそれぞれ評価したうえ、本件持分譲渡代金を算定していたところ、国税局職員から、本件和解契約において、BがAに対して15億5,100万円の支払義務があることが確認されたことを理由の一つとして、右譲渡代金の評価が不相当である旨の指摘を受けた結果、本件修正申告を行ったものであるという点にある。しかし、後発的事由による更正の請求が、国税通則法23条1項の原則に対する例外として認められたものであることからすれば、右事由として認められる場合を定めた国税通則法23条2項及び同法施行令6条一項の各規定の趣旨はその文言どおりに解されるべきであり、安易にその準用ないし類推解釈を行うことは許されないというべきである。」

第4節 連帯納付義務

　相続税法は特有な制度として連帯納付責任制度を規定している（相税34条）。これは、共有物や共同事業における連帯納付義務（国通9条）とは異なり、他の納税義務者の租税債務を第2次的に負うのであって、第2次納税義務制度（国徴27条～41条）に類似していると考えてよい。しかし、この制度は被相続人との関係における相続人相互の強い連帯感を前提にした制度であり、種々の不合理な点がある。連帯納付責任を負うのは、同一被相続人から相続又は遺贈を受けた者が相互に他の者および被相続人の相続税について（同

第 4 節　連帯納付義務

条 1 項～ 2 項)，贈与，遺贈，または寄付行為により財産を取得した者が，相続税または贈与税について（3 項)，贈与した者が贈与税について（4 項）であるが，3 項を除いてこれらの者に連帯して納付責任を負わせる合理的な理由が乏しく，徴税の便宜のための制度としかいいようがない[94]。

しかも，手続的にも疑問が多く，連帯納付義務を確定するには何らの手続を必要としていないと最高裁は解している。【285】は原告が他の相続人のための連帯納付をすべく告知された後，当該告知処分を争ったところ，税務署長はその処分を取り消しておいて，何ら確定手続なく原告の不動産を差し押さえた事案である。同判決は，連帯納付義務についても確定処分が必要であり，これを欠いた徴収処分は違法と判断してその還付を肯定したが，高裁がこれを覆し，最高裁も特別な確定手続は不要と判断している（【286】)。

したがって，共同相続人は突如他の相続人の納税義務のために自己の財産に滞納処分を受けることになる。このような考え方は，相続税というのは被相続人の財産に課せられるもので，これを相続人が連帯して負うべきだという遺産税的発想からくるものであろう。しかし，相続税は相続によって各相続人が取得した財産に対してそれぞれ独立に課せられる税であり，仮に他の相続人の分を連帯して納付する責任があるとしても，その範囲や額が確定されねば具体的内容を納税者が理解することはできないのであり，第 1 審判決の方が解釈論として正当であると思われる。

問題はそれだけではない。ある相続人が他の相続人のために連帯納付責任を履行するとき，納付書に記載欄がある「納税者」の「納税地」や「氏名又は名称」には自分の名前を記入するのか，それとも他の相続人の名前を記入すべきなのだろうか。納税者というのであれば他の相続人の名前を書くものと誤解してもやむを得ないであろう。しかし，判例【287】は，本来の納税者が他の相続人なので他の相続人の名前で納付した者が再度別の納税者の連帯納付責任を負わされたケースにつき，一般論としては救済される余地を認めつつも，納付書に他の相続人の名前を書いて連帯納付した者を具体的には救済をしなかった。

連帯納付責任の限度は「相続又は贈与に因り受けた利益」を限度とするが，その意義については，【288】がいうように取得した利益を限度とするものであり，納付時期現在に存する利益を限度とするものではないといえよう。しかし，連帯納付義務者の個人的消費の場合はともかく，バブル崩壊等により相続時よりも著しく価格が下がっているときに，相続時の価額で限度額を計算する制度は憲法 29 条との関係で疑問がある。例えば，相続時 5 億円の財産を相続したために 2 億円の相続税を負担したが，他の相続人が延納申請し，その後払えなくなったため連帯納付として 3 億円課税され，その時点では相続財産の価値

94）この問題については，石島弘「相続税法の『連帯納付』責任」甲南法学 22・1 = 4・151 以下，白坂博行「相続税法における連帯納付義務」『争点』363 頁以下，杉田宗久「事例研究 共同相続人間の連帯納付義務をめぐるトラブルと問題点」税理 47・2・18，等参照。

第6章　租税確定・納付手続

が1億円しかないという事態が現実に生じているからである。【289】はこの問題を問う訴訟であったが，原告側の主張が十分でなかったせいもあり，違憲論が一蹴されている。【290】は現行制度の不合理性を認めているが，遺産税方式を加味したことを根拠に違憲とまではいえないとしている。しかし，遺産税方式自体の合憲性が疑わしいのにくわえて，地価下落時にも上昇時と同じ仕組みで課税されていることの合理性も問われるべきであろう。

また，延納の場合，延納者に対する国の徴収権の時効は停止しているが（国通73条4項），連帯納付義務者に対する時効との関係が問題となる。連帯納付が連帯債務と同様の性質であるならば附従性が連帯納付義務者には及ばない可能性があるからである。【291】は，この問題につき民法上の連帯債務ではなく，連帯保証だと解しているが，国税通則法の明文規定は連帯債務の規定を準用しているので，連帯納付義務者の義務は時効により消滅しうると解する余地もある。ただし，こう解すると，今後の実務において，本来の納税義務者に延納許可をすると，その者が履行遅滞に陥っていない場合であっても，課税庁は他の連帯納付義務者に対しても時効中断のためにその徴収手続を開始しなければならない，という問題も派生する。

なお，代償分割のつもりでいても，いったん自己が相続したことにして申告し，その後代償分割のつもりで他の相続人に経済的利益を供与すると贈与と認定され，贈与者に連帯納付責任が課される可能性もあること（【292】），その場合には連帯納付についての

告知処分を争わずに納付してしまうと，後から救済を受けることはできないこと（【293】）に留意する必要があろう。

さらに，連帯納付責任は遺留分減殺請求権を行使して，遺留分を取得した権利者にも及ぶ。ようやく遺留分を取得できたと思ったら，遺留分支払者が自己の相続税を納付できなくなったとすると，遺留分権利者に連帯納付義務が課される。遺留分権利者には連帯納付の規定は適用されるべきではないという納税者の主張を【294】が退けているが，このような連帯責任を維持する合理的な理由が乏しく，立法論としては是正すべきものであろう。

【285】　大阪地判昭51・10・27訟月23・1・15
　　　　（評釈：牧野正満・税理20・9・177）

事実　原告はA，Bと共同して相続税申告書を提出したものであるが，Y税務署長は，昭和45年9月1日付でAおよびBの相続税につき原告に相続税法34条2項による連帯納付の義務があるとしてA分相続税本税5,449,357円，B分相続税本税5,449,358円について納税告知書を原告に送達し，引き続き同年10月9日付で連帯納付の義務につき督促状を送達した。しかし原告が納税告知につき異議申立，審査請求をしたところ，Y税務署長は昭和47年2月7日納税告知を取り消し，そのころこれを原告に通知した。その相続税の連帯納付の義務につき賦課決定通知書が送達されたことはないまま，不動産を差し押さえ，連帯納付させたことにつき，確定行為がないのに徴収したとして原告が争った。

判旨　「相続税の連帯納付の義務については，特別の手続を要しないで納付すべき税額が確定するものと解することはできない。

第4節　連帯納付義務

特別の手続を要しないで納付すべき税額が確定する国税は国税通則法15条3項に列挙されているところであるが相続税の連帯納付の義務はここに挙げられていない。そして租税関係法規は特に理由のない限りみだりに拡張解釈すべきものではないのである（最高裁判所昭和43年（行ツ）第90号同48年11月16日第2小法廷判決，民集27巻10号1333頁参照）から，相続税の連帯納付の義務がここに含まれると解することはできない。実質的に考えても，同条項に列挙する国税はいずれも課税要件事実と税額とが客観的に明白なものに限られているが，相続税の連帯納付の義務がこのような性格のものということはできない。少なくとも連帯納付の義務の限度は定める「相続に因り受けた利益の価額」の判断は遺産分割や遺贈の有無，効力，相続財産の範囲，取得財産の内容，評価について慎重に検討したうえでせねばならないものであるが，このような判断は容易にすることができるものではない。

更に，その目的及び要件の点で相続税の連帯納付の義務と類似したところの存する国税徴収法3章の第2次納税義務についても，当然確定の方式をとらず行政庁の処分によつて確定させることとなつている（同法32条1項）のであつて，これとの対比から見ても，相続税の連帯納付の義務の確定につき行政庁の処分を要しないとの解釈はバランスのとれたものということができない。……ところで，原告は他の共同相続人と共同して相続税の申告書を提出し，税務署長は原告の相続税の連帯納付の義務につき1度は納税告知書を送達したがその後その連帯納付の義務の税額の納付前に納税告知を取消し，他に右義務につき賦課決定通知書が送達されていないことは当事者間に争いのないところである。そうすると，前記判断のとおり国税局長は原告の相続税の連帯納付の義務税額及びこの徴収のための滞納処分費を徴収することはできなかつたものと言わねばならない。したがつて，その弁済として納付された金15,179,771円は，国税通則法56条1項（うち滞納処分費については更に同法5条1項）により，被告はこれを納税者である原告に還付する義務がある。」

【286】　最判昭55・7・1判時982・102，判タ426・88

（評釈：碓井光明・判評269・154，広瀬正・税理25・13・15，山田二郎・税法学345・6，時岡泰・曹時34・7・103，上田勇夫・税務弘報29・7・151，新井隆一・百選100，石島弘・民商84・3・357，中里実・法協99・9・153，白井皓喜・自治研究57・4・106，牧野正満・税理20・9・177）

事実　【285】の事実につき，控訴審が逆転原告敗訴の判断をし，これを次のように支持。

判旨　「相続税法34条1項は，相続人又は受遺者（以下「相続人等」という。）が2人以上ある場合に，各相続人等に対し，自らが負担すべき固有の相続税の納税義務のほかに，他の相続人等の固有の相続税の納税義務について，当該相続又は遺贈に因り受けた利益の価額に相当する金額を限度として，連帯納付義務を負担させている。この連帯納付義務は，同法が相続税徴収の確保を図るため，相互に各相続人等に課した特別の責任であって，その義務履行の前提条件をなす連帯納付義務の確定は，各相続人等の固有の相続税の納税義務の確定という事実に照応して，法律上当然に生ずるものであるから，連帯納付義務につき格別の確定手続を要するものではないと解するのが相当である。それ故，相続人等の固有の相続税の納税義務が確定すれば，国税の徴収にあたる所轄庁は，連帯納付義務者に対して徴収手続を行うことが許されるものといわなければならない。これと同趣旨の原審の判断は，正当として是認することができる。論旨は，採用することができない。」

第6章　租税確定・納付手続

【287】 最判平1・6・6税資173・1（【259】【264】と同一判決）

[事実] 連帯納付を履行する際，納付書の氏名欄に本来の納税者である他の相続人の名前を記載したため，まだ連帯納付責任を果たしていないとして再度別の相続人の租税につき連帯納付を求められた原則が既に連帯納付は履行したと主張し，これを争った。

[判旨] 次の原審（大阪高判昭62・9・29行集38・8＝9・1038）の判断を支持。

「被控訴人は，納税者である連帯納付義務者が自らの責任を履行したとされるのは自己名義で作成された納付書を添えて納付した場合に限るのであつて，そうでない場合は仮にその納税のため自らの源資を提供していても右連帯納付義務の履行をしたものとはいえない旨主張する。国税通則法第34条第1項は国税の金銭による納付は納付書を添えてすべき旨定め，同法施行規則第5条はその書面の様式を定めているところ，所論の指摘するように，大量かつ反復して発生する租税債権の特殊性を考慮すると，租税行政の公正かつ円滑な運営を図るためには，形式的な書面上の記載を重視する必要性があることは否定できないが，しかし反面，納税者の利益をも考慮すると，右形式的な記載を絶対的なものとし，納付書の記載を納税者の納税義務消滅の要件と解するのは相当ではない。納付書に記載された氏名の者を，特段の事情のない限り，その納税者とみるべきではあるが，納付書に記載された納税名義人でない連帯納付義務者が，右納税のため自らの源資を提供し，かつ，自らの連帯納付義務を履行することを国税の収納を行なう税務署の職員に明らかにしているような場合にまで，納付書にその氏名の記載がないことだけを理由に，右義務の履行を否定すべきものとは解されない。ただ，右のように連帯納付義務者が右源資を提供する場合，本来の納税義務者との間で，右提供金につき贈与の意思を有したり，或いは貸借関係が生じている場合もありうるから，右の源資の提供及び税務担当者がこれを知っていることのみでは足りず，自らの連帯納付義務を履行することを明らかにすることを要するわけである。そこで，本件についてみると，……前記の各税の納付は銀行や信用金庫を通じてなされていることが認められることからみると，控訴人が自ら連帯納付義務者として納付することを税務担当者に明らかにしていなかつたとみざるを得ない。」

【288】 大阪地判昭59・4・25行集35・4・532，訟月30・9・1725，判タ534・165

（評釈：佐藤清勝・税理28・14・87）

[事実] 【287】事件の第1審判決である。

[判旨] 「ここにいう「相続又は遺贈により受けた利益」とは，相続又は遺贈により取得した財産の価額から債務控除の額並びに相続又は遺贈により取得した財産に係る相続税及び登録免許税を控除した後の金額であつて，原告主張の如く現に利益が存する限度というが如きものではない。」

【289】 大阪高判平16・2・20タインズZ888-0867

（評釈：品川芳宣・税研116・78）

[判旨] 「連帯納付義務の規定は憲法違反である旨主張し，その理由として，従前の主張のほか，①相続権は憲法上保障されるが（憲法29条など），相続税の徴収確保は憲法上の根拠はなく，相続権を制約する理由とならないこと，②制約ができるとしても，相続税の徴収確保は，他の制度で十分であり，連帯納付義務の規定の必要性を基礎づける客観的な立法事実は存在しないこと，③上記条項による連帯納付義務は「受けた利益を限度」としており，場合によっては相続による財産取得自

第4節　連帯納付義務

体を否定することになり，さらに，相続開始時に比べて，相続財産の市場価値が大幅に下落している場合は，相続財産を処分しても相続税に満たないため，相続人の固有の財産から相続税を支払わざるを得ず，これを侵害することになることを挙げている。

　しかしながら，国民は憲法上，法律の定めるところに従って納税義務を負っていることは明らかであり（憲法30条），税の徴収確保は，憲法30条，84条等の規定によって憲法上予定されていると言えるとともに，その内容は法律に委ねられているのであるから，前記①の主張はそれ自体根拠はなく，②の主張も要するに相続税に関する立法政策の当否を問題にしているに過ぎず，主張自体失当と言わざるを得ない。また，③についても，相続税の納税義務について相続開始後に相続財産の価格の下落が生じたことを考慮することが不合理であるのは，前記2(1)の説示のとおりであるだけでなく，同下落は偶然の事情による結果であるから，仮に，相続財産を処分しても連帯納付義務を果たすことができず，相続人の固有財産からこれを支弁したとしても，それは単に相続財産の価格が下落した結果に過ぎず，相続税法34条1項の連帯納付義務があることにより相続人の固有財産を侵害したとはいえないことは明らかである。」

【290】　東京地判平16・6・15 タインズ Z888-0877

判旨　「原告らは，資金繰りが非常に苦しい状況にあるにもかかわらず，相続により取得した不動産を処分し，原告らが本来納付すべき相続税を支払ったほか，多額の金融機関からの借り入れも真摯に弁済してきたこと，バブル崩壊後の地価暴落の中で，リスクを相続人に負わせるような本件差押処分は，仮に実定法の定めがあっても，憲法29条等に反し無効である旨を主張する。そして，原告甲の本人尋問の結果によれば，本件差押えによ

り，原告らは，経営する箱根の旅館を休館せざるを得ない状況に追い込まれる等，多大な犠牲を強いられたことが認められ，本件差押に係る租税債務が，原告ら固有の相続税の納付義務ではなく，連帯納付義務に基づくものであることを考慮すると，本件差押処分を不当と感じるその心情は理解することができる。しかしながら，現行の課税制度は，相続税に関し，遺産取得税方式を建前としつつも，遺産の額をもとに相続税の総額を算出するなど税額算出過程に遺産税方式を加味しているという意味において，純粋な遺産取得税の考え方を修正しており，課税の点から相続人間に公平な負担を図るのみならず，徴収（実質的負担）の面からも共同相続人間の公平を図り徴収を確保することを目的として規定されたものと解され，そのこと自体を不合理ということはできないし，前記のとおり，連帯納付義務者への徴収に補充性を認める規定を置いていないことからは，相続税法34条1項を適用した結果として，連帯納付義務者が相当程度の負担を負うことも法の予定した範囲内のものといわざるを得ず，相続税法34条1項が憲法29条の趣旨に反するものとは認めることができない。また，地価暴落による損害の発生の点も，延納申請という方法を選択した納税者側の判断に起因する側面があることも否めないのであって，これを課税庁側のみの責任によるものとするのは相当ではなく，結局，原告らの憲法違反の主張は，この点においても採用することはできない。」

【291】　大阪地判平13・5・25 訟月 48・8・2035
　　　（評釈：三木義一＝鹿田良美・税通 57・10・231）

判旨　「法34条の連帯納付義務は，自らが負担すべき固有の相続税の納税義務のほかに負う特別の責任であり，かつ，各連帯納付責任者が相続等により受けた利益の価額等を限度として負担するものであり，この点において民法の連帯債務と異な

第6章　租税確定・納付手続

り，他方，連帯納付義務は，本来の納税義務者以外の者に納付義務を負わせるものである点において，納税保証債務（国通50⑥）や第2次納税義務（国徴32）に類似するものであるが，補充性を有しない点においてこれとも性質を異にするものである。これらの性質に鑑みれば，本来の納税義務者が負う納付義務と連帯納付義務との関係は，主たる債務と連帯保証債務との関係に類似すると解するのが相当である。

　そして，民法458条は，連帯保証について連帯債務に関する規定434条ないし440条の規定を適用すると規定し，民法434条及び440条によれば，主たる債務者に対する請求以外の時効中断の効力は連帯保証人には及ばないとの解釈も可能であるが，連帯保証も保証に他ならないことから，もっぱら附従性の理論に従い，民法457条1項が規定する主たる債務についての時効中断事由はすべて連帯保証人にも効力を及ぼすと解されるのであり，その趣旨は，主たる債務の存続中に保証債務のみが消滅する場合が生じては保証人を立てた本来の目的を失うに至ることがあるから，債権の担保を確保するための実際の必要性を顧慮して，主たる債務の時効が中断すれば保証債務の時効もまた同時に中断すべきものとしたところに求められる。このような趣旨は，相続税債権の徴収確保のため，共同相続人中無資力の者があることに備え，他の共同相続人に特別の履行責任である連帯納付義務にも妥当するものであり，本来の納税義務者の時効中断の効力に附従性を認めるのが相当であり，法34条は，この限度で国税通則法8条の適用を排除するものと解される。」

【292】　大分地判昭37・10・16税資36・972

事実　Y税務署長が原告の妻Kに賦課した昭和32年度贈与税およびその付加税等の滞納処分として，原告に対し相続税法34条4項に基づく連帯納付義務者と認めてその所有の本件不動産を昭和34年12月8日公売に付し訴外Mをして落札させたことに関して，滞納処分の無効等を主張して争った。

判旨　「Y税務署長がKに対し右事実に基き贈与税を賦課した処分は違法無効ではない。しかして相続税法第34条第4項によれば贈与者たる原告も右贈与税について連帯納付義務を負うから同税務署長が原告に対してなした本件滞納（公売）処分はもとより違法無効ということをえない。」

【293】　浦和地判平5・3・15　TKC 22007724

事実　原告を含む5人の法定相続人は昭和55年7月24日，行田税務署長に対しAの遺産について税理士Sに係る「相続税の申告書」を提出して納税申告をし，その申告内容は原告がAの遺産の全部を取得し，そのほかの相続人は何も取得しないというものであった。当時，5人の相続人間においては，原告がAの不動産全部を取得し，家業である農業を承継することに異論はなかったが，原告の妻であるBを除くC，D，Eの3人はその代償として何がしかの金銭の支払を要求しており，その金額について原告と当該3人との間で合意が成立するまでには至っていなかったため，納税申告からおおよそ10カ月を経過した昭和56年5月に至って，原告は3人に対しそれぞれ500万円を支払うこととし，それぞれ支払った。ところが，3人の住居地を所轄する税務署長は，各500万円の支払が前記のような内容の納税申告がされた後に，かなりの期間が経過した時点でされていることなどの事実から，これを原告の3名に対する贈与と認定し，これに係る贈与税については相続税法34条4項により原告にも贈与した財産の価格を限度として連帯納付義務があるとの判断のもとに，原告に対し，N税務署長は平成元年8月7日，CとDの関係で贈与税の本税120万2,500円，無申告

222　相続・贈与と税の判例総合解説

加算税6万円の，T税務署長は同年12月11日，Eの関係で贈与税の本税94万円，無申告加算税9万4,000円の各納税告知をし，原告は，N税務署長の納税告知に従い，平成元年10月27日，それぞれ本税および無申告加算税を納付したほか，平成2年4月9日，これに対する納付までの延滞税としてそれぞれ88万8,700円を納付したうえで，国に対して不当利得の返還を求めて争った。

[判旨]「原告がCとDの関係で納付した贈与税に相当する被告に対する金銭の給付はN税務署長による納税告知を法律上の原因としてされたものであり，したがって，本件訴訟において，原告が，CとDに対する各500万円の支払が贈与ではないことを主張・立証したとしても，これによって右金銭の給付が法律上の原因なくしてされたということはできないのであり，そのためには原告はN税務署長による右納税告知が当然無効であるか，取消しによって効力を失ったことを明らかにする必要がある。原告がEの関係で贈与税の連帯納付義務の不存在確認を求める点についても同様であり，右連帯納付義務は所沢税務署長の納税告知によって生じたものであるから，これが不存在であるというためには右納税告知が当然無効であるか，取消しによりその効力を失ったことを明らかにすべきである。」

【294】　金沢地判平15・10・20 タインズ Z888-0941

[判旨]「法34条1項は，同一の被相続人から相続又は遺贈により財産を取得したすべての者（以下「相続人等」という。）に対し，自らが負担すべき固有の相続税の納税義務のほかに，他の相続人等の固有の相続税の納税義務について，当該相続等により受けた利益の価額に相当する金額を限度として，連帯納付義務を負担させており，この連帯納付義務は，相続税徴収の確保を図ること等を趣旨として相互に各相続人に課した特別の責任であると解される。ところで，遺留分減殺請求がなされると，遺贈は遺留分を侵害する限度で失効し，受遺者が取得した権利は遺留分を侵害する限度で当然に減殺請求をした遺留分権利者に帰属することになると解される。そうすると，減殺請求をした遺留分権利者も「相続により財産を取得した者」といって妨げなく，遺留分減殺請求による現物返還にかわり価額弁償が行われた場合も，遺産分割において代償分割がなされた場合と同様，「相続により財産を取得した」ということができるから，遺留分の価額弁償を受けた遺留分権利者に対しても，法34条1項の適用があると解される。」

第5節　延　　納

　相続税・贈与税の納税者は相続を通じて財産を取得し，その限りで経済的利益を受けるが，当該財産が金銭でない場合には，直ちに納付をすることが難しい場合もあり得る。そこで，相続税法は一定額以上の相続税や贈与税の納税義務を負った場合で，納税義務者に「金銭で納付することを困難とする事由がある場合」に，一定期間延納を認める制度を採用している（相税38条）。この適用を受けたい納税者は担保を提出し（相税38条4項），一定の申請書を申告書提出期限等まで提出しなければならない（相税39条）。なお，納税者の提供した担保が適当でないときは，その変更を税務署長は求めることができ，納税者が変更に応じないときは申請が却下されるこ

とになる（相税39条2項）。一般に担保は，債権の弁済を確保する手段となるものを指すので，国税の担保も，担保に係る国税が期限までに完納されないときには，滞納処分の例によって担保物を換価してその国税の徴収を図るためのものである（国通52条1項）。したがって，納税者が提供した財産が延納の担保として適当か否かは，その担保に係る相続税額を確実に徴収することができる金銭的価値を有するか否か，および延納許可が前記の理由等により取り消された場合に滞納処分の例により換価して国税に充当することが困難と考えられる事情がないかどうか等を基準として判断されるべきものであろう。

しかし，係争中の財産の場合には，例えば，所有権確認等の訴えが提起されており，更に同人の申立てにより処分禁止の仮処分がされ，その旨の登記がされているような物件の場合には，次のような矛盾が生じる。まず，申告に際して原則として相続財産に含めておく必要がある。というのは，①訴訟において当該物件が相続財産であると主張しながら，申告では相続財産でないと主張することは自己矛盾であること，②しかも，当該物件を相続財産でないとして申告した後に，訴訟において勝訴し，当該物件が相続財産であるとの判決がされた場合，延滞税および過少申告加算税が課される危険性があるからである。その結果，当該物件を相続財産に含めてその分高い相続税を負担することになる。しかし，当該物件は担保として提供するのに適当ではないとされている。なぜなら，このような物件について滞納処分の例により換価しようとして

も，買受人が現れる可能性は事実上乏しいといわざるを得ないからである。しかし，①当該物件についての前記本案訴訟の結果として当該物件が相続財産に含まれるとされた場合には，当初から当該物件が担保として提供されていれば，原告らの相続税額の徴収の確保は十分図れることになる一方，②当該物件が相続財産に含まれないとされた場合には，その分だけ課税価格および相続税額が減少するから，当該物件を控除して計算した相続税額を担保しうるだけの価値のある物件が担保として提供されていれば，原告らの相続税額の徴収の確保が図れることになるはずであり，しかも，相続財産に対して当該物件の価額の占める割合が異常に高額で，当該物件以外に相続税額を担保しうる価値を有する物件がないような場合にも，このような物件は担保として不適当なのであろうか。【295】は，このような物件を不適当とした処分を合法としているが疑問である。このような判断をするのであれば，係争中の財産については確定するまでは相続財産に含めない調整規定を設けるべきであろう。

延納が許可されても，その後滞納，担保物についての限定承認などがあったときは，一定の手続に基づき延納が取り消されることになる【296】。

【295】 千葉地判平8・10・28判タ953・159，判時1618・51

事実 原告Xらは，申告の際に，銀座の物件が係争中であったことから，これを相続財産から除い

て申告することも検討したが、(a)遺言公正証書が存在すること等から、勝訴の可能性が高いと考えていたこと、(b)訴訟において銀座の物件が相続財産であると主張しながら、申告では相続財産でないと主張することは自己矛盾であること、(c)銀座の物件が相続財産でないとして申告した後に、訴訟において勝訴し、銀座の物件が相続財産であるとの判決がされた場合、延滞税および過少申告加算税が課される可能性があったこと、等を考慮して相続財産に含めて申告した。その結果、原告らは、それぞれ、納付すべき税額を6,539万9,900円として申告したが、原告らはいずれも会社員であり、相続財産以外に特筆すべき固有の資産もなく、一時に金銭で納付することは困難な状況にあった。そこで、原告らは、銀座の土地の共有持分を物納財産として、物納の申請をしたが、被告税務署長は当該申請を却下した。

判旨　「延納税額の滞納等相続税法40条2項に規定する事由が生じて延納許可が取り消された場合には、右物件は処分禁止の仮登記がされたまま滞納処分の例により処分されることとなる（国税徴収法140条参照）。しかし、このような物件を換価して買受人に所有権移転登記手続をしても右仮処分登記は抹消されることはなく、その後仮処分債権者が右仮処分に係る本案訴訟に勝訴した場合には、右仮処分登記に後れる登記を抹消することができ（民事保全法58条1項、2項）、買受人への所有権移転登記が抹消されてしまうという不安定な状態となり、かかる物件について滞納処分の例により換価しようとしても、買受人が現れる可能性は事実上乏しいといわざるを得ない。したがって、処分禁止のなされた銀座の物件は、延納申請の担保としては適当でないというべきであり、被告がこのような銀座の物件についての原告らの持分を延納の担保として適当でないとして原告らに担保変更要求をした措置には特段の不合理な点はなく、違法な行為とはいいがたい。……本件において、被告が原告らに対し、銀座の物件に代えて右物件が相続財産に含まれるものとして算定した相続税額を担保するに足りる担保に変更すべき旨の要求をしたことが著しく不合理であるということはできず、原告らが右変更要求に応じなかったことを理由として、被告が本件延納申請却下処分をしたことが相続税法39条2項ただし書に違反した違法のものということはできない（原告は、被告のとった措置は形式的、硬直的であって法の趣旨に即したものでないと批判しているところ、そのような面もあるとしても、違法とすることは困難である。）。」

【296】　東京高判昭46・2・26訟月17・6・1021、税資62・286

判旨　「相続税徴収機関たる税務署長は、延納の許可を受けた者が延納税額の滞納その他法定の事由があるときは、その許可を取り消すことができ、取消しをする場合には、強制換価手続が開始されたときと限定承認をしたときとを除き、あらかじめその者の弁明を聞かなければならないものとされている。これを本件についてみるに、控訴人が第1回の分納税額を完納しなかつたこと、および右取消処分前に被控訴人が控訴人につきあらかじめ弁明を聞いたことは、控訴人が明らかに争わないので自白したものとみなすところ、その事実によれば、被控訴人の右取消処分には手続上の瑕疵は存しない。ところで、右手続上の要件を具備した場合における延納許可の取消処分は、行政庁たる税務署長の裁量行為に属するものと解すべきところ、仮に控訴人の主張する事実（当審における主張第3項、2の(ロ)ないし(ニ)参照）がすべて肯認されるとしても、必ずしも被控訴人のした前記延納許可取消処分が裁量権の範囲を逸脱した違法な行為ということはできず、他に右取消処分を徴収権限の濫用と認めるに足る資料はない。したがつて、控訴人の前記主張も失当たるを免がれない。」

第6章 租税確定・納付手続

第6節 納税猶予

(a) 猶予の要件

　農地の生前贈与および相続については租税特別措置法により一定の要件の下で納税の猶予制度が設けられている[95]。これらは特別措置なので、その適用要件の解釈は厳格に解されており、例えば、相続税の猶予を受けるには、農業承継者に当該農地が相続されることが明確にされていなければならず、相続税の申告書の提出期限までに全体の遺産分割協議が成立しているか、少なくとも当該農地だけについての一部分割協議が成立していなければならない【297】。

　なお、贈与税の猶予（措置法70条の4第1項）は、その本文で、農業を営む者で政令で定める者が、農地等をその推定相続人で政令で定める者のうちの1人に贈与した場合における贈与税について、贈与者の死亡の日まで納税を猶予する旨規定しており、同項但し書では、納税の猶予の対象となった農地等が贈与者の死亡前に譲渡される等一定の要件に該当する事実が発生したときは、右猶予期限はその該当することとなった日から2月を経過する日等の一定の日までとなる旨規定している。この猶予期限の確定については、租税特別措置法上何ら特別の手続は定められていな

い。したがって、この但し書所定の譲渡等の一定の要件に該当する事実が発生すれば、その事実の発生のみをもって、同法等の法律の規定に従って猶予期限が確定するという法律上の効果が当然に発生するのか、それとも税務署からの「猶予期限が確定した贈与税額の通知書」を処分として、その取消等を争えるものと解するかが問題となるが、【298】はこの通知の処分性を否定している。したがって、受贈者は当初の申告に基づいて猶予されていた贈与税を当然に納めねばならないことになる。しかし、猶予期限を確定する事実の有無について争いがある場合もあるので、当該猶予期限の確定そのものを争う機会を与えるべきで、その観点からはこの通知を処分と解した方がよいように思われる。

　また、贈与税の猶予期限が確定するような事態が生じたことと、当初の贈与契約の効力とは直接の関係はなく、農地の贈与契約が猶予が認められなくなったことにより無効になるわけではない【299】。

【297】　横浜地判平1・8・7判時1334・214（【51】と同一判決）

判旨　「納税猶予の制度は、農業経営を安定させるため、相続人が農地を相続して引き続き農業を営む場合には、相続税の一部の納税が猶予される制度であり、農業投資価格に基づいて計算した相続税額を超える通常の相続税額部分は、その相続人が死亡した場合、その相続人が農業を20年間継続した場合のいずれかに該当したときは納税を免

---

95)　髙橋靖「農地の相続税納税猶予制度」税務事例研究78号65頁、など参照。

除される制度であるところ，本件納税猶予の特例を受けるための法的要件（租税特別措置法70条の6第1項，第4項，第5項等）は次のとおりである。
 (1) 被相続人が当該農地についてその死亡の日まで農業を営んでいたこと
 (2) 相続人が，相続税の申告書の提出期限までに相続により取得した農地にかかる農業経営を開始し，その後引き続きその農業経営を行うと認められる者として農業委員会が証明したこと
 (3) 被相続人から相続した農地のうち，その農業相続人の選択により相続税の期限内申告書にこの特例の適用を受ける旨の記載があること
 (4) 相続税の申告期限までに納税猶予分の相続税に相当する担保を提出すること
 したがって，手続的には当該相続人が当該農地を相続した旨の遺産分割協議書，当該相続人に対する右農業委員会の証明書を相続税の申告書に添付し，かつ申告書に本件納税猶予の適用を受ける旨の記載がされることが必要である。」

【298】 最判平5・11・26税資199・1008（【52】【269】と同一判決）

判旨 原審（福岡高判平5・4・22税資195・37，佐賀地判平4・8・28税資192・362）の次の判断を支持する。
「租税特別措置法70条の4第1項は，その本文で，農業を営む者で政令で定める者が，農地等をその推定相続人で政令で定める者のうちの1人に贈与した場合における贈与税について，贈与者の死亡の日まで納税を猶予する旨規定しており，同項但し書では，納税の猶予の対象となった農地等が贈与者の死亡前に譲渡される等一定の要件に該当する事実が発生したときは，右猶予期限はその該当することとなった日から2月を経過する日等の一定の日までとなる旨規定している。右但し書に基づく猶予期限の確定については，租税特別措置法上何ら特別の手続は定められておらず，したがって，右但し書所定の譲渡等の一定の要件に該当する事実が発生すれば，その事実の発生のみをもって，同法等の法律の規定にしたがって猶予期限が確定するという法律上の効果が当然に発生するものと解するほかない。前記通知は，このようにして既に発生している法律上の効果を通知するもの（観念の通知）に過ぎないばかりか，何ら法律の規定に根拠を置くものではなく，もとより右通知の有無によって前記の法律上の効果が左右されるわけでもない。結局，右通知は，納税者が贈与税の納付期限を失念することがないよう，念の為めなされるに過ぎないのであって，これをもって行政事件訴訟法3条2項にいう『処分』と解することはできないから，第1請求の訴えは不適法であって，却下を免れない。」

【299】 甲府地判平5・1・28税資194・104

事実 農地を生前贈与したところ，受贈者が離農をしたため，受贈者への所有権移転登記の抹消と，国への抹消登記手続の承諾を求めて争った。

判旨 「原告は租税特別措置法70条の4に想定された農地の生前一括贈与制度は農家相続の保持を目的としているから，贈与後にあっても営農を長期に継続することが契約そのものの内容であり，営農意思の放棄は，贈与契約の基本に係るから，契約後の事情変更とはいえない旨主張するので検討するのに，右制度は，農業基本法の目的である農業経営の近代化に資するために，均分相続による農地の細分化防止及び農業後継者育成の面で助成を行うことを，狙いとして創設されたもので，同条の規定する内容は，従来農業を営んでいた者が，その農地の全部をその者の子等推定相続人のうちの1人の者に贈与した場合には，右贈与に係る贈与税の納税を贈与者の死亡の日まで猶予する

という内容のものである。そして，受贈者が後発的理由により農業経営を廃止した場合には，農地の贈与に係る贈与税について，その納期限が確定することと定められているので，当然のことながら右廃止によっても贈与契約は影響を受けず有効であることを前提としているものであり，これにより原告の右主張が理由のないことは明らかである。以上によれば，原告の被告国に対する請求は理由がない」

(b) 特定転用

農地にはさらに一定の転用をしても猶予措置が継続する特定転用措置があるが，これが租税特別措置の附則に要件が規定されており，しかもきわめて複雑であるため，納税者がこの要件等を誤解し，適用されなくなる行為をしてしまいがちである。しかし，誤解したからといって当該行為がなかったことになるわけではなく，救済されるのは難しい（【300】）。しかし，特例の適用要件が複雑すぎ，しかも法附則で規定される事態は正常とは思われない。【301】の指摘はこうした規定のあり方への警告も含むものといえよう。

【300】 大阪地判平16・6・3 タインズ Z888-0960

判旨 「原告らは，本件建物を譲渡することによって被る不利益を理解していた以上，本件建物を譲渡することはあり得ないと主張する。確かに，公社との賃貸借契約の内容である当事者の地位の変更禁止の定めに反した場合，公社から毎月，満室時の賃料を得られなくなり，多額の助成金を返還しなければならない不利益を被る。しかし，公社との契約は，本件建物の譲渡自体を禁じるものではない上，前記のとおり移転登記をしないことにより公社が譲渡の事実を覚知するのを避けようとした可能性も十分考えられる。また，本件建物の譲渡により，特定転用制度の適用を受けられなくなり，納税猶予の期限が確定することから，相続税だけでも約2,000万円の負担を強いられる不利益を被る。しかし，納税猶予の期限が確定することを知った原告Xが，被告に納税猶予の継続を申し出るために作成し，提出した嘆願書案及び嘆願書には，被告担当職員から納税猶予打切りの説明を聞くまで，当該打切りを予期していなかった旨の記載があること，原告Xの弟であるAは，本件建物には特定転用制度の適用があり，譲渡できないことをBに説明した旨供述しているのに対し，一連の確定申告書を作成したBが平成9年に原告昭和所有の不動産を譲渡した当時，特定転用制度のことは聞いていなかったと証言していることからすれば，Aの供述は信用し難く，原告X自身も平成9年当時，本件建物を譲渡すれば納税猶予が打ち切られることについての認識を欠いていたことが推認される。」

【301】 東京地判平16・1・29 タインズ Z888-0839（【53】と同一判決）

（評釈：三木義一・税研118・39）

判旨 「K税務署担当職員であるDに国家公務員としての注意義務に違反し，過失が存することは明らかといわざるを得ない。特に，本件特例に関する旧法の規定は，一般人にとっては，その文言が難解である上，附則に規定が置かれていることなどから理解することが極めて困難であり，本件承認を得るまでに必要とされる契約の内容や添付資料，申請手続等を正確に把握するのは容易なことではないのであるから，税務署の担当職員には，その行為規範として，納税者からの照会があった場合に手続について具体的かつ親切に説明を行う

ことを要求され，また，仮に，納税者に不利益が生じる可能性が発生した場合には，その不利益が可及的に少ないものであるように配慮しなければならないことは論を待たないというべきである。」

第7節 物　　納

　相続税の場合は一度に多額の納税義務を負うことから，延納によっても納税義務の履行が困難な納税者を救済するために，物納による納税方法を規定している（相税41条1項）。すなわち，税務署長は，相続税を延納によっても金銭で納付することを困難とする事由がある場合においては，納税義務者の申請により納税義務者の課税価格計算の基礎となった財産について物納を許可することができる（相税41条・42条1項）。そして，物納が許可された場合，原則として物納財産の収納価額は課税価格計算の基礎となった当該財産の価額により（ただし，税務署長は収納時までに当該財産の状況に著しい変化を生じたときは収納の時の現況により当該財産の収納価額を定めることができる）（相税43条1項），物納の許可を受けた税額に相当する相続税は，物納財産の引渡，所有権移転の登記その他法令により第三者に対抗することができる要件を充足し

た時において，納付があったものとされ（相税43条2項），物納があった場合，当該物納に係る相続税額の納期限又は納付すべき日の翌日から法43条2項の規定により納付があったものとされた日までの期間に対応する部分の延滞税は納付することを要しない（相税51条4項）ことになる[96]。

　なお，物納申請に係る物納財産が管理又は処分をするのに不適当であると認める場合においては，当該申請者に対し，その変更を求めようとする旨およびその理由を記載した書面による通知をして物納財産の変更を求め（相税42条2項・3項），物納財産の変更を求められた者は他の財産をもって物納に充てようとするときはこの通知を受けた日から20日以内にその物納に充てようとする財産等を記載した申請書を提出し，この期間内に申請がなかった場合にはその者は物納申請を取り下げたものとみなされる（同条4項），ことになる。

　この物納制度は地価が右肩上がりで，相続税評価額が低かった時代にはほとんど利用されることはなかった。物納するより，売却しておいた方が所得税負担を考慮しても有利だったからである。しかし，バブル崩壊後，相続税開始時の相続税評価額で納付できるこの制度が活用されはじめ，同時にいくつかの問題点も浮上してきた。都市の土地法制の観点からは物納制度で都市部に公共用地が確保されることが期待されてきたが，現実の物納

---

96)　長谷川敏也「延納・物納」『争点』385頁，新井隆一ほか「物納制度」日税研論集27号，宮田頼正「相続税法上の物納制度と人権」税理38巻6号207頁以下，塩崎潤「相続税制改革の方向」税理43巻1号13頁，等参照。

制度はあくまでも金銭納付の代替手段として，早急に金銭に換えるための一時的な手段にすぎず，土地政策上有効な手段としては機能しえなくされている。さらに，この制度は金銭に換えるための制度，したがって，国が処分しうることを前提とし，相続税評価の観点からは時価（取引価格）として一定の金額を評価しておきながら，物納しようとすると管理又は処分が不適当として拒否することを可能にしている。時価として価値を評価した以上当該財産は客観的に取引価値があると認定したのであるから，当該価格での物納を認めるのが論理的には一貫していると思われるが，判例は課税評価と物納制度とは別個の問題として，物納の許可を受けるためには，国が対象物を管理又は処分するにつき，事実上，法律上の障碍がないことが要件となると解している。

【302】は各建物の所在地域一帯が朝鮮人ないし韓国人の居住地域であり，主に朝鮮民族の飲食店街にあったこと等から管理処分が困難と判断されたが，そうであればそのような特異性を相続財産の評価にあたっても考慮すべきであろう。【303】は株式につき，その一部の物納の場合の処分可能性を否定している。

【304】では，物納申請が却下されるほどの財産であるならば，当該財産は時価としての価値がほとんどないので評価額が違法であるとして争われたケースであるが，物納による管理処分が将来にわたるもので，相続開始時の評価問題とは異なることを強調している。なお，物納申請財産が相続人の共有する土地であって，その1人の持分が譲渡担保に供さ

れ，県による差押登記がされている場合等は「管理又は処分するのに不適当」な財産に該当することになろう（【305】）。共有物および遺産分割について紛争中の財産も「管理又は処分するのに不適当」な財産に該当するとされている（【306】【307】）。また，【308】は，山林について管理処分が法律上又は事実上可能であっても，障害があれば不適当に該当するとしている。

ところで，相続税の物納に充てることのできる財産は，相続税法41条2項により「課税価格計算の基礎となった財産」に限られ，物納財産の収納価額は，同法43条1項により「課税価格計算の基礎となった当該財産価額」となっている。そして，相続税法基本通達41-1(3)は，「更正又は決定により国税通則法35条2項2号の規定により納付する相続税額については，その更正通知書又は決定通知書が発せられた日の翌日から起算して1月を経過する日」を物納の申請期限と定めている。そこで，税務署長による更正処分の段階では相続財産に加えられていなかったために物納申請をできなかったが，訴訟中に課税庁が当該財産を相続財産に含める主張に変えた場合，このような主張の変更は総額主義の実務からは認められ，他方この段階では当該財産を物納申請することが現行法ではできない。【309】は，このことを理由に主張の変更を認めないことはできないとしている。現行の総額主義的運営を前提とする以上，このような判断はやむを得ないが，他方で，その場合は物納申請についての柔軟な調整措置を導入すべきであろう。

また，物納申請した場合，その許可・不許可に時間がかかり，不許可決定があった時点では納税者が選択し得た手段が不可能になってしまう事態が生じてきた。例えば，物納申請後3年以上経過して収納不適当であるとの通知を受けたため，急いで売却したとしよう。不許可通知がもっと早く示されれば租税特別措置法39条1項が適用され，この相続税額等を取得費に加算した所得税申告が可能になる。しかし，この特例は土地建物の譲渡が相続開始の日の翌日から一定期間以内（現行では相続税の申告書の提出期限の翌日以後3年を経過する以前）になされねばならないので，当該特例の適用が不可能になる。このことの不合理性が争われた【310】は租税特別措置の適用要件についての伝統的な厳格解釈論で本件の場合の特例適用を否定しているが，解釈論としても硬直的である。立法的な調整措置も必要であろう。

なお，物納申請に対して税務署長が変更要求通知をすることがあるが，これが処分に該当するのかどうかに関連して【311】は処分性を肯定し，変更要求通知を受けた日から20日以内に変更の申請書の提出をしなかったときは，当該申請者の物納申請は，取り下げたものとみなされるとする規定は，不服申立をしたものには適用しないとし，物納自体については不整形地等であることを理由に物納に不適当な財産であったと判断している。

第7節 物 納

【302】 最判昭58・10・21 TKC 22800094

[事実] 原告Xは次の建物につき物納申請した。この各建物には昭和20年代以降朝鮮人や中国人が多数居住し，飲食店等を営んできたものであるが，その借家人らの結びつきおよび排他性が強いため家主の管理も十分とはいえず，借家人らは本件各建物の増改築等を自由に行い，賃料徴収も月々行われているが円滑には行われ難いことが認められるとして物納申請を却下したので，原告がこれを不服として争った。

[判旨] 原審（東京高判昭57・9・22 TKC 22800095）の次の判断を支持。

「相続税の賦課にあたり相続財産の価額をどのように評価するかということと，当該財産が物納財産として国の管理又は処分に適するか否かということとは，事柄の性質上，当然，その判断の観点を異にするものというべきである。相続財産の価額の評価は，相続税課税の趣旨に照らして，相続開始時における当該相続財産の時価によりなされ（この時価は，相続人の取得した財産についての使用，収益，処分の利益の総体的評価によるものであり，必ずしも当該相続財産が管理又は処分に適しているということを想定して評価がされるわけではない。），物納財産の管理又は処分の適否は，前記3項冒頭の説示からも明らかなように，国が当該財産の管理又は処分により，金銭による税納付があつた場合と同等の経済的利益を将来現実に確保することができるかどうかという観点から判断されるのである。したがつて，ある相続財産について，右基本通達に基づく時価評価が可能であり，かつ，それが適正であるとされる場合であつても，そのことから直ちに当該財産が物納財産として管理又は処分に適するということにはならず，右に不適当であるとされることもありうるすじあいである。上来説示したところによれば，本件は

まさにこのような場合にあたるのであつて，本件各変更要求が相続税法22条や同法43条1項に違反するものとされる理由はなく，控訴人らの右主張は失当というほかない。」

【303】 東京地判平15・6・20 タインズ Z888-0740

判旨　「A社は，もともと亡Bの個人会社というべきものであり，同人の死後はその長男である亡Cの個人会社となっていたところ，本件物納対象財産である同社の株式は，その発行済株式数の3割にすぎず，その余の株式はすべて亡Cが所有していたことが明らかである。このような人的色彩の極めて強固な会社の株式を発行済株式数のわずか3割程度取得することは，たとえ同社の資産状態が良好なものであったとしても，会社を支配できないことはもとより，配当についても確たる保障がないのであるから，買受人がその余の株式を取得するものと何らかの人的関係を有しない限り，経済的にみてほとんど価値がないか危険の多い行為といわざるを得ない。そして，前記第2，2(2)ケ及びスのとおり，本件処分当時亡Cの近親者等，同人と人的関係のある者には同株式の買受希望者がなかったというのであるから，それ以外の第三者がこのような経済的にみて無価値に等しいか又は危険の多い行為に出るとは想定しがたく，これらの株式は「処分するのに不適当」なものといわざるを得ず，これを前提とする本件処分は相当である。……また，原告らは，課税庁が当該物件に評価額を付している以上，対象財産について自由な取引が可能であると課税庁が認めたこととなり，管理又は処分ができることを意味し，同一の財産について，課税部門は売却できるとし，徴収部門では売却できないとしているのであり，その結果，納税者が納税困難となり破綻状態になるのは著しく不当である旨の主張をする。しかし，課税部門が売却できるとした相続財産中のA社への出資持分は，同社への出資持分総数5,000口のうち4,980口と出資持分のほぼすべてに等しいまとまったものであったのに対し，本件物納対象財産は発行済株式総数の僅か3割にすぎないのであるから，両者は同一のものではなく，この点において原告らの主張は前提を欠くし，たとえ前者が相当な価格で処分可能であったとしても，後者については処分が容易でなく「処分するのに不適当」なものであることは，既に説示したとおりであるから，原告らの主張は採用し得ない。」

【304】 東京地判昭53・12・21 判タ387・104

事実　原告は被告に対し，借地権の一部およびその地上の貸家をもって相続税の物納許可を申請したが，右貸家は，建築基準法61条に適合せず同法に基づく保安上等の改善措置を勧告された場合多額の国費を投じる必要が生じ，かつ，昭和22年ころ粗悪材で建てられて主要構造部分については耐用年数からみて衰損が甚しいと見込まれることを理由に，国が管理または処分するのに不適当である，として却下された。そこで，原告は，これは，被告が，借地権の一部および貸家の価額が著しく低く，売却するには不適当であると判断したに他ならないとして，評価額の過大を主張して争った。

判旨　「しかしながら，原告の主張自体から明らかなとおり，被告が物納申請を却下したのは，前記物納申請財産が管理又は処分をするのに不適当であると認めたからであつて（相続税法42条2項但し書），将来にわたる右管理又は処分の難易と相続開始時における価額とは常に必ずしも比例する関係にあるわけではないから，右却下処分がされたことのをもって物納申請財産の価値が著しく低く被告の主張額を下まわるものであつたということはできない。」

第7節 物　納

【305】 最判平 9・3・28 TKC 28022160

判旨 原審（名古屋高判平 8・10・28 TKC 28022409）の次の判断を支持

「本件土地については，平成 5 年 1 月 25 日付けで，本件共同相続人に対して相続登記（持分各 4 分の 1）がなされ，さらに同日付けで，相続人の一人である A の持分が同月 18 日代物弁済を原因として K に移転し，さらにこの持分に対して，愛知県が同年 8 月 26 日受付をもって差押登記をしていることが明らかである（前記客観的に認められる事実）。この点につき，控訴人は，K に対する持分全部移転登記は，担保目的で行われたものにすぎないと主張するが，仮にそうであるとしても，いわゆる譲渡担保における担保権者の地位は，対外的には所有権の構成によって理解すべきところ（最高裁第 1 小法廷昭和 56 年 12 月 17 日判決・民集 35 巻 9 号 1328 頁，同第 3 小法廷昭和 62 年 11 月 10 日判決・民集 41 巻 8 号 1559 頁，同第 1 小法廷昭和 62 年 11 月 12 日判決・裁判集民事 152 号 177 頁参照），これによれば，K は，債権消滅前においては本件土地の共有持分権者としての地位を有することになるから，本件における物納許可申請は，共有者の全員によってなされたものでないことに帰着し，国が管理又は処分するについて法律上の障碍を伴うものとして前記要件を充足しないことが明らかである（ちなみに，いわゆる担保権的構成によったとしても，本件土地については，共有者の一部の持分に担保権が設定され，かつ対抗要件を具備していると認められるから，同様の結論になる。）。そうすると，被控訴人のした本件処分は，正当なものとして是認できる。」

【306】 名古屋地判平 14・5・10 タインズ Z888-0666

判旨 「共有財産は，共有者全員が持分全部について物納申請する場合でない限り，物納を許可した場合には，国がその他の共有者と共有関係に立つこととなって，管理に支障を来すことが強く予想される上，共有持分を独立して処分することは通常の場合容易でないと考えられる。また，所有権の帰属について係争中の不動産は，事後的に所有関係が覆減される場合がある上，係争中の紛争に国が巻き込まれる可能性もあり，管理及び処分のいずれについても支障を来すおそれが大きいと考えられる。したがって，相続税法基本通達 42-2 が，共有財産等を法 42 条 2 項ただし書の『管理又は処分をするのに不適当』な財産として列挙していることには合理的理由があり，上記事由に該当する財産は，物納申請後，処分の日までに当該事由が解消した等の特段の事由がない限り，法 42 条 2 項ただし書所定の財産に該当するというべきである。」

【307】 大阪地判平 12・10・6 判タ 1079・212

判旨 「本件においては，前記前提となる事実のとおり，本件却下処分当時，原告らを含む共同相続人間において，本件相続についての遺産分割協議は成立しておらず，これに関する訴訟等も係属中であり，本件物納財産も未分割であったこと，本件物納財産については共同相続人の一部である原告 X_1 及び原告 X_2 のみが物納申請を行っていることが認められ，このような事実関係においては，本件物納財産は基本通達 42 条関係 2(1)ロ（所有権の帰属等について係争中の財産）及び同ハ（共有財産。ただし，共有者全員が持分の全部を物納する場合を除く。）にまさしく該当するものといえる

し，実際にも，遺産分割協議が成立していない段階で相続不動産を処分することは通常著しく困難であり，金銭による税納付があった場合と同等の経済的利益を国において将来現実に確保することは困難であるから，本件物納財産は，「管理又は処分をするのに不適当」な財産に該当し，したがって，本件物納申請は却下されるべきものである。」

【308】　大阪地判平12・8・3タインズ Z888-0485

判旨　「国がこれを管理又は処分するについて，法律上又は事実上の障害がある場合は，同法42条2項ただし書にいう「管理又は処分をするのに不適当であると認める場合」に該当するというべきである。そして，ここにいう法律上又は事実上の障害とは，法律上又は事実上不可能であることまでも意味するものではなく，管理又は処分を困難ならしめることのある事情の存在をもって足りるものと解すべきである。……本件山林については，本件平面図，本件公図，国鉄図面，登記簿を比較すると，その形状，隣接関係，面積に種々の齟齬が存在することが認められる。原告は，その齟齬について合理的な説明を試み（原告本人の供述），確かに，その内容には首肯し得るものも存在するし，右の齟齬の発生については原告には帰責事由は存しないといえるが，現に本件平面図と本件公図との間に一見して明らかな齟齬が存在すること，本件山林を公図上分断した形になっている3099番の土地について，原告が本来その西に隣接すると考える3101番の土地所有者は3099番の土地と3101番の土地の境界について同意しておらず，3099番の土地について公図訂正ができるか否かは不明であること等に照らすと，本件公図が訂正されないままでは，本件山林を管理又は処分するのに事実上の障害が存在するということを否定し得ない。」

【309】　東京高判平5・12・21税資199・1302
（【172】と同一判決）

判旨　「相続税の申告について更正が行われた場合に，課税庁の認定した相続財産の構成及びその価額の評価等がどのような内容であるかは，納税義務者が当該財産につき物納の許可を申請するかどうかを判断する参考となるものであり，その申請期限を経過した後に右の点に関する課税庁の認定が変更されると，物納との関係で納税義務者が何らかの影響を受けることもありうることは否定できない。

しかし，更正を争う納税義務者が更正にかかる相続税額につき物納を申請するかどうかは，金銭納付を困難とする事由の有無その他の納税義務者側の事情に基づいて法定の期限までにみずから選択すべきことであり，必ずしも更正の理由とされた相続財産の構成又はその価額の評価等に関する課税庁の認定を前提としなければならないものではないし，課税庁の右認定そのものも今後係争中更に変更される可能性なしとしないことは，課税手続の特質に照らして予測できることである。他方，課税庁としては，更正の理由とした相続財産の構成又はその価額の評価等に関する認定を変更する場合でも，課税標準等又は税額を変更するときでなければ，新たな処分としての再更正を行うことはできず（国税通則法26条），変更した理由によって当初の更正を維持するほかない建前となっている。もともと相続税の物納制度は，一定の要件がある場合に許される例外的な納付方法であって，課税処分と一体的関係にあるものではなく，これによって課税処分の内容や効力を左右しうるものではない。

これらの点から考えると，更正について係争中の納税義務者が物納の許可申請をすることなく申請期限を経過した後に，課税庁が相続財産の構成又はその価額の評価等に関する認定又は主張を変

更することもやむを得ないことであり，この変更が物納との関係から許されなくなると解することは，制度上十分な根拠があるとはいいがたい。特別の事情がある場合に物納について特例的取扱いを認める余地がありうるかどうかはともかく，右変更自体を禁ずべき筋合いはないというべきである。」

【310】 東京高判平 10・9・17 税資 238・149
（評釈：津田明人・税研 106・136）

判旨 「本件の場合，本件土地の物納適格性の審査をして，収納不適格である旨の通知をするまでに，2年を超える期間を要したことはその判断の内容に照らし長いとの感じは否定できないが，裁量権の逸脱として違法ということはできない」という判示を付け加えた上で原審（横浜地判平 10・3・30 税資 231・380）の次の判断を支持。

「原告は，被告から本件土地が収納不適当であるとの通知（本件通知）を受けた平成5年11月10日までの間は，物納の許可を受けることを期待していたから，それ以前に，本件土地を処分することは不可能であつたとし，このように，原告の責に帰すべからざる事由により措置法39条1項の期間を徒過した場合には，右期間経過後もその適用を受けられると解するか，物納申請の許可を受ける見込みがなくなるまでは，右期間は進行しないと解すべきであるとする。なるほど，本件通知が措置法39条1項所定の期間内にされていれば，原告は右期間内に本件土地を譲渡することにより，同項の適用を受ける余地があつたことは否定し得ない。しかしながら，措置法は，本来課されるべき税額を政策的な見地から特に軽減するものであるから，租税負担公平の原則に照らし，その解釈は厳格にされるべきであり，殊に，期限という明確で形式的な基準をもつて規定されている条項については，厳格な解釈が要請されるというべきである。したがつて，みだりに実質的妥当性や個別事情を考慮してこれを拡張，類推解釈することは許されない。そして，措置法39条1項が，譲渡所得に係る課税の優遇措置が適用される期間を相続税の申告書の提出期限の翌日から2年以内と明確に限定しており，納税者が右期間を徒過した場合について，格別の救済措置を設けていないことからすれば，右期間について，例外的な扱いを認めることは予定されていないものと解すべきである……もっとも，前述のような経過によれば，確かに，原告が，右期間を徒過した後に本件不動産を処分するに至つたのには，無理もない事情があるといえ，同情すべき余地がある。しかし，元来，物納申請について定めた相続法（ママ）41条等と措置法39条1項の特例とは別個独立の規定・制度であり，前者の可否を決するまで，後者の適用の可否を待つべきことが，法律上，当然に予定されているとまではいえないし，右両者の関係について原告の主張するような『法の欠缺』があるともいえない。したがつて，本件において，原告が右期間を徒過したことについて，原告を非難することは酷ではあるが，それ故に，直ちに，原告の責に帰することができない事由がある場合とまでいえるかは疑問であり，また，仮にそのようにいえるとしても，右のような事由を個別に考慮して右期間の制限の例外を認めることはできないというほかはない」

【311】 東京地判平 13・9・27 訟月 48・7・1842
（評釈：堺澤良・ジュリ 1227・179）

判旨 「法42条4項は，税務署長による変更要求通知がされた場合，物納財産の変更を求められた者が，変更要求通知を受けた日から20日以内に，他の財産をもってその物納に充てることとし，その財産の種類及び価額その他政令で定める事項を記載した申請書を提出しなかったときは，物納申請は取り下げたものとみなされる旨規定しているところ，国税に関する法律に基づく処分に対する

不服申立ては，その目的となった処分の効力，処分の執行又は手続の続行を妨げない（国税通則法105条1項本文）から，前記法42条4項を字義どおりに解した場合には，物納申請者が変更要求通知を不服として異議申立てを行ったとしても，変更要求通知を受けた日から20日を経過した後は，当該物納申請が取り下げられたものとみなされ，不服申立ての利益が存しないこととなる。

他方，不服申立ては，処分があったことを知った日（処分に係る通知を受けた場合には，その受けた日）の翌日から起算して2月以内にしなければならないものとされていること（国税通則法77条1項），国税に関する法律に基づく処分で不服申立てをすることができるものの取消しを求める訴えは，原則として，不服申立てを前置しなければならないこととされていること（同法115条1項）にかんがみれば，変更要求通知に対する不服申立てについての最終的な決定等が変更要求通知を受けた日から20日以内に行われることが事実上困難であることは明らかである。そうであるとすれば，物納申請に係る物納財産が管理又は処分をするのに不適当であるとした変更要求通知について，これに対する不服申立てを当該申請者に認めるべき必要がある以上，当該申請者が適法な不服申立てを行った場合には，法42条4項の規定にかかわらず，変更要求通知を受けた日から20日を経過したとしても，それによってみなし取下げの効果は生じないものと解さざるを得ないというべきである。

……本件土地は，間口約67メートル，奥行き約12メートルないし25メートルの細長い不整形地であり，また，高低差約12メートル，傾斜角度約24度ないし45度で，北側に接面する道路面から南側に向けて急激な上り傾斜となっている平坦部のない急峻ながけ地であること，本件土地には，雑木及び雑草が一面に繁茂していることが認められる。

(2) (1)の事実によれば，本件土地は，不整形地であるのみならず，雑木及び雑草に覆われた急峻ながけ地であって，これを宅地として利用するには，雑木及び雑草の伐採や，土砂の流出を防止するための工事に多額の費用を要することは明らかであって，現況では通常の費用により建物を建築することは困難といわなければならない。

したがって，本件土地は，その管理を行い処分を可能にするために，特段の費用を要するというべきであって，国としては，その管理又は処分を通じて，金銭による相続税が納付された場合と同等の経済的利益を，将来現実に確保することができるとはいえないから，本件土地は「管理又は処分をするのに不適当」な財産であると認めるのが相当である。」

第8節　加算税・重加算税

国税通則法は申告納税制度を担保するための手段として，「正当な理由」がないのに過少に申告したり，無申告であった者に対して加算税を課すことにしている（国通65条〜68条）。相続税の場合は，相続人間で相続財産の帰属や分割について紛争が生じやすく，申告時にどう申告すべきか迷うことも少なくないので，過少申告であってもやむを得ないと思われる場合が少なくないと思われる。しかし，判例・実務は右の「正当な理由」を(1)税法の解釈に関して，申告当時に公表されていた見解が，その後改変されたことに伴い，修正申告をしまたは更正を受けるに至った場合，(2)災害または盗難等に関し，申告当時に

第8節　加算税・重加算税

損失とすることを相当としたものが、その後予期しなかった保険金、損害賠償金等の支払、盗難品の返還等を受けたため、修正申告をしまたは更正を受けるに至った場合のように、申告当時適法とみられた申告がその後の変更により納税者の故意過失に基づかないで過少申告となり、申告した税額に不足が生じたごとく、当該申告が真にやむを得ない理由によるものであり、かかる納税者に過少申告加算税を賦課することが不当または酷になる場合をいうとし、単に納税者に税法の不知や法令解釈の誤解がある場合はこれに当たらない、と解する傾向にある。

　そして、財産の帰属をめぐって紛争中の場合も当事者は自己の物として争っている以上、当該財産を相続財産に含めて申告をしなければ、過少申告加算税を課されてもやむを得ないとしている（【312】）。また、他の相続人が相続財産の全容を明らかにしない場合であっても、自己が知っている分については申告をすべきで、それを怠った場合は無申告加算税賦課処分も適法である（【313】【314】）。遠隔地で申告が困難であったことなどは理由にならないし【315】、税務職員による誤指導による申告という主張も誤指導の有無についての事実認定で納税者の主張が退けられることが多い（【316】）。

　なお、修正申告の必要性に気付き、同時に減額される部分についての交渉もあったため申告が遅れた事案につき「更正を予知しない申告」として加算税を減免した事例もある（【317】）。他方で納税者が納得しないまま修正に自発的に応じた場合は「更正を予知しな い」に該当するとの主張を【318】が退けているが、これは妥当であろう。

　納税者が隠ぺい・仮装に基づき申告していた場合には重加算税の問題となる。これも隠ぺい・仮装の事実認定が重要だが、【319】は学生であった相続人の遺産消費について隠ぺい・仮装ではなかったと判断している。他方、当初知らなくても、認識してから税務調査後の修正申告に際して認識した分を加算しておかないと隠ぺいと判断されることになる（【320】）。現行の課税方式では相続人の1人が財産を隠ぺいした場合、他の相続人が知っている範囲で正しく申告していても、隠ぺいされていた財産が相続財産に加算されるために相続税の過少申告分が発生してしまう。このような場合に、他の相続人に対してまで重加算税を課すのは許されないとした裁決（裁決昭62・7・6事例集34・1）は正当だが、このような場合でも実務・判例は過少申告税賦課をあまり疑問視していない。しかし、自己の知っている財産を適正に申告した納税者に加算税という制裁を課す合理性はまったくないと思われる。

　相続の場合には相続人同士が共謀して隠ぺい等を図る可能性があり、また共謀してまではいなくとも他の相続人の隠ぺい行為を利用して申告する可能性もあることを警戒しているともいえよう。なお、このように仮装・隠ぺいを利用した申告があった場合は加算税ではなく、国税通則法68条（重加算税）1項にいう「納税者がその国税の課税標準等又は税額等の計算の基礎となるべき事実の全部又は一部を隠ぺいし又は仮装し、その隠ぺいし、

第6章　租税確定・納付手続

又は仮装したところに基づき納税申告書を提出し」た場合に該当し，重加算税の対象になる（【321】）。重加算税の要件としての「隠ぺい」・「仮装」については特に相続税固有の問題があるわけではなく（仮装の有無の事実認定によって地裁判決を覆したものとしては，東京高判平13・4・25訟月48・7・1812などがある），原則として本人もしくは委任した代理人が仮装等をした場合には重加算税の対象になる（【322】）。また，当該納税者だけではなく共同相続人間で通謀して仮装・隠ぺいが行われていると判断されがちであるし，仮に仮装を知らなかったとしても，相続人の1人に申告を委任し，その者が弁護士等と虚偽の債務を作り出して申告した場合は，仮装を知らなかった他の相続人まで課されるのかという問題がある。【323】【324】は，他の相続人も委任した以上課されるとしているが，遺産税的要素を加味したための共同申告からくる弊害でもあり，むしろ原則として仮装した相続人に限定すべきと思われる。

【312】　最判平11・6・10判時1686・50，判タ1010・233

（評釈：林菜つみ・判タ1036・314，西野敏雄・自治研究76・9・118，村重慶一・税事32・2・14，木村弘之亮・判評495・186，垂井英夫・税研106・175）

事実　原告らは所有権の帰属について係争中の財産を取得したので，申告に際しては当該財産を除いたところ，税務署長が，当該財産を相続税の課税財産に含めて申告しなければならないとして，過少申告加算税を課したので，加算税を減免すべき正当な理由があるとして原告がこれを争った。

判旨　「相続財産に属する特定の財産を計算の基礎としない相続税の期限内申告書が提出された後に当該財産を計算の基礎とする修正申告書が提出された場合において，当該財産が相続財産に属さないか又は属する可能性が小さいことを客観的に裏付けるに足りる事実を認識して期限内申告書を提出したことを納税者が主張立証したときは，国税通則法65条4項にいう「正当な理由」があるものとして，同項の規定が適用されるものと解すべきである。しかしながら，上告人らが本件において「正当な理由」がある根拠として主張立証する事実をもってしては，いまだ本件不動産が相続財産に属さないか又は属する可能性が小さいことを客観的に裏付けるに足りる事実を認識して期限内申告書を提出したことの主張立証として十分とはいえず，これに原審の適法に確定したその余の事実関係を併せ考慮しても，上告人らに「正当な理由」があつたと認めることはできない」と自判すると共に，原審（東京地判平7・3・28税資208・1015，東京高判平7・11・27税資214・504）の次の判断を支持。

「本件不動産は，相続税法2条1項にいう「相続又は遺贈に因り取得した財産」に該当するものと認められるから，原告らはこれを申告すべきであったところ，たとえ，原告らが，本件不動産は，所有権の帰属について別件訴訟で係争中であるから，それを申告すべき義務を負わないものと誤解したとしても，そのような事情は，原告らが法令解釈を誤解したことによるものにすぎず，右事情をもって通則法65条4項にいう「正当な理由」に当たるということはできないというべきである。」

【313】 大阪高判平5・11・19判時1506・99
（【271】と同一判決）

[事実] 原告は，申告期限内に相続税の納税申告書を作成して提出するため，可能な限りの努力を払ってその前提となる相続財産の内容の調査を尽くしたが，他の相続人による相続財産の秘匿およびその他の諸事情により，原告ならびにその代理人はもちろん，家庭裁判所調査官の調査によっても相続財産の全貌を知ることができず，申告書の提出期限内には相続財産の内容のほとんど全てが原告らにとって判明していなかったため，申告しなかった。これに対して無申告加算税が賦課されたので，正当な理由があるとして争った。

[判旨] 「法は，無申告につき正当な理由がある場合には制裁を課さないが，納税者に相続財産の一部が判明し，それが基礎控除額を超えて申告すべき場合には，判明した分についてとりあえず申告をしたならば，その者に対し，全相続財産についての無申告加算税を課さないこととする一方，右の判明した分さえ申告しない者に対しては，残余の相続財産についての事情の如何を問わず，全相続財産を基にした「納付すべき税額」に所定の率を乗じた金額の制裁を課すこととしているのであって，これにより，無申告という事態を防止するための実効性をあげ，一部分だけでも期限内に誠実な納税申告書を提出するよう国民に促すとともに，その納税義務の適正かつ円滑な履行を確保し，健全な申告秩序の形成を図ろうとしているものであって，控訴人らの主張するような限定的な制裁（当審における追加主張2）は採用していないのである。しかして，本件では，控訴人らは，相続財産の一部とはいえ，相続税の基礎控除額を超える相続財産を認識することができたにも拘らず，その部分についてさえも申告書を提出せず，納税者の自主的な申告に税金の徴収を委ねた申告納税方式の趣旨に反する行為をしたのであるから，

第8節 加算税・重加算税

被控訴人のした本件処分は，右の納税方式を維持するための制裁として適法なものというべきである」

【314】 仙台地判昭63・6・29訟月35・3・539
（【64】【73】【262】と同一判決）

[事実] 原告は認知の裁判により相続した後も，他の被相続人が遺産の内容を知らせようとせず，かつ遺産を分割しようとしなかったため，申告しなかったと主張して，無申告加算税賦課処分を争った。

[判旨] 「本件各証拠を仔細に検討しても，本件において，原告が遺産の内容について法定期限内に申告することを要求することが不可能であつた事情は窺われず，かえつて〈証拠略〉によると，原告は昭和59年6月16日Hらと遺産分割の協議を始め，その後の同年7月6日，同月12日と協議を重ね，同年9月17日には，昭和58年8月28日にHらとの間で交わされた遺産分割協議書及び同年9月7日提出のHらの相続税申告書の各写を遺産目録として添付のうえ，仙台家庭裁判所に遺産分割の調停を申立てたことが認められ，右事実によると，原告は法定申告期限である同年10月6日までに相続税の申告書を提出することが可能であつたものと認めることができる。……しかも，〈証拠略〉によれば，原告は，本件処分に対する異議申立において，原告が認知の判決がなされた後も，Hらからは共同相続人として処遇されず，遺産分割の協議の折衝を受けたことがないと主張したにとどまり，被告から相続税の税務調査を受け，申告の必要があると指摘されたために申告するに至つた，と主張していたことが認められる。してみると，原告が法定期限内に申告書を提出しなかつたことは単なる申告義務の懈怠とみるべきであつて，原告に「正当な理由」のないことは明らかであり，原告の主張は失当である。」

第6章　租税確定・納付手続

【315】　最判平2・12・6税資181・807

[事実]　原告は次のような事情を主張に加算税減免事由としての「正当な理由」があると主張した。「現在では，故郷において職を得ることは困難で，遠隔地において勤務せざるを得ない状況にあり，本件相続人らのうち3名も遠隔地において勤務している。そして，勤務に拘束され休暇も自由に取れない状況にあるなか，本件相続人らは右のとおり相続税を納付したのであり，申告が申告期間を2か月経過した後になされたとしても，右社会状況からするとやむを得ないというべきで，遅れたことは本件相続人らの責めに帰属するものではない。」これに対して本件第1審は次のように判示し，最高裁もこれを支持した。

[判旨]　原審（広島高判平2・7・18税資180・89，広島地判平2・2・28税資175・943）の次の判断を支持。

「無申告加算税は，租税債権確定のため納税義務者に課せられる税法上の義務の不履行に対する一種の行政上の制裁であることからすると，右法条にいう正当の理由とは，加算税を課すことが納税者にとつて不当又は酷となるような真にやむを得ない事情をいうものと解すべきところ，原告が正当な理由の事情として主張する事実をもつてしては，納税者に加算税を課すことが不当又は酷ならしめる事情ということはできず，原告の右主張は採用できない。」

【316】　最判昭61・12・5判時1225・56（【193】と同一判決）

[判旨]　原審（名古屋高判昭56・10・28税資121・104；名古屋地判昭55・3・24訟月26・5・883，判時980・43）の次の判断を支持。

「原告は，昭和49年3月7日頃被告所属庁の資産税担当係員に，本件相続税の申告をするについて本件土地の売買残代金債務を相続債務として計上してよいかどうか質問し，同係員より計上してもよい旨の回答を得たこと，さらに本件相続税の申告について原告より委任を受けた税理士訴外Sは同年3，4月頃被告所属庁の資産税担当係員より右と同様の回答を得ていることが認められる。しかし，証人Kの証言によれば，農地法3条所定の許可がない場合の農地について，これが買受人側の相続財産となり得ないことは相続税事務担当者間において周知の事実であつたことが認められ，右事実と成立に争いのない乙第五号証，証人Kの証言により成立の認められる乙第4号証，証人Mの証言及び原告本人尋問の結果を併せ考えると，原告及び訴外Mは，本件土地は農地法3条所定の申請手続が了されていれば，当然に忠作の相続財産に含まれるものと認識していて，前記質問の際，本件土地の売買契約の経緯，農業委員会の許可の有無等についての詳細は前記係員に説明しなかつたものと窺われることなどからすると，前記係員が原告及びMに対し，本件土地がAの相続財産に含まれ，しかも本件土地の「相続税財産評価に関する基本通達」による評価額に算入してもよい旨の指導をしたとは認め難く，本件申告について右の如き指導があつたとする前記乙第5号証の記載部分及び証人M・原告本人の各供述部分は措信し難い。他に原告主張の前記事実を認めるに足る証拠はない。」

【317】　大阪高平12・11・17税資249・644

（評釈：西本靖宏・税事33・7・1）

[判旨]　「本件は，他の事由を指摘して調査が開始された調査着手後に，K税理士が自ら本件起訴控除額の計算誤りを発見し，自発的にその旨を申し立て，修正に及んでいるのであつて，本件修正申告書の提出は，形式的には更正に至ることが客観的に相当程度の確実性をもつて認められる時期……より後になされているとしても，同税理士は

既に同日の段階で本件基礎控除額の計算誤りを申し立てるとともに、本件修正申告を前提とした他の相続人の過大申告分の納付税額の全額返還を求めている以上、この段階までに納税者が自発的に修正申告をしたときと同視することができ、本件修正申告は通則法65条5項の「更正を予知してなされたものでないとき」に該当するものと判断される。」

【318】 名古屋地判平12・7・12 税資248・131

[判旨]「原告は、法65条5項の「更正」は絶対的に正当なものに限られるとして、前記第2の二1(1)のとおり「更正」及び「予知してされたもの」という文言の意義を限定的に解すべきであると主張するが、法は文言上これらについて何らの限定を加えていない。また、同項について仮に原告主張のように解釈した場合には、調査の有無及び客観的な更正の可能性に関する納税者の知、不知の状況に関わりなく、納税者が課税庁の見解を正当だと考えていたかどうかという主観的な内心の事情のみによって法65条5項の適用の可否が左右されることとなる。このような解釈は前記1の加算税制度の設けられた趣旨を没却するものであって、到底採用できない。」

【319】 神戸地判平11・11・29 税資245・497

[判旨]「これらの事情に、原告《甲1》は、解約金を、《甲5》の治療費・入院費、葬儀費用、原告らの生活費、学費等の出費に充てたこと、原告らは当時学生で、収入がなかったことを併せ考えると、右解約・現金出金は、当面の出費のためにしたものとみるのが相当であり、相続財産を過少に申告する意図で、財産を隠ぺい、仮装したものと評価することはできない。」

なお、控訴審(大阪高判平13・3・1 タインズZ250-8849-[3]と同じ)では帰属そのものが誤っていたとして課税処分も取り消されている。

【320】 東京高判平16・7・21 タインズZ888-0967

（評釈：品川芳宣・税研92・14）

[判旨] 原審（東京地判平16・1・30 タインズZ888-0908）の次の判断を支持。

「原告は、平成9年9月ころには、本件ワリコーが相続財産であることを認識し、かつ、その存在が発覚しないように、そのころから、前記アに記載したような煩雑な償還及び購入の手続をあえて行い、同年12月に行われた被告の税務調査の中で本件ワリコーの存在について何度も確認を求められたにもかかわらず、Aとともに本件ワリコーの存在を否定して、本件ワリコーを除外した本件第1次修正申告書を提出したものであり、かかる原告の行為は、相続税の課税標準等の計算の基礎となるべき事実の一部を隠ぺいしたものと認められる。」

【321】 大阪高判昭57・9・3 税資127・733

[判旨]「控訴人Mは、自らは本件申告外預金について隠ぺい、仮装等の積極的行為を行っていないから、本件重加算税賦課決定処分は違法である旨主張するが、国税通則法68条1項を同控訴人主張のごとき趣旨に解すべき根拠に乏しく、むしろ、前認定のとおり、同控訴人は被相続人の生前の行為によりその遺産が仮装、隠ぺいされた状態にあるのを利用し、相続税を免れる意図をもって、ことさらに申告外預金を相続財産から除外した内容虚偽の相続税申告書を作成し、これを提出したものであり、同控訴人の右所為は国税通則法の右条項の「納税者が……事実の全部又は一部を隠ぺい

第6章 租税確定・納付手続

し，又は仮装し，その隠ぺいし又は仮装したところに基づき納税申告書を提出していたとき」に該当するというべきであるから，同控訴人の主張は採用できない。」

【322】 長野地判平12・6・23税資247・1360

判旨 「納税者が自らの判断と責任において第三者を選任し，第三者が納税者に代わって行った申告行為は，納税者が行ったと同様に扱われるものであるから，これに付随する重加算税の責任も，納税者が不適正な申告について認識していたか否かにかかわらず，当然負うべきものであるから，原告も，その認識の有無や隠ぺいの意図の存否にかかわらず，直枝の隠ぺい行為の結果を当然負うべきものであり，原告においても隠ぺいが存したというべきである。」

【323】 東京高判平14・9・24タインズZ888-0777

判旨 「本件申告時に，原告Xを除くその余の原告らが，原告X及びK元弁護士による前判示の本件債務及び代物弁済契約が存在するかのごとき仮装行為の存在を知っていたと認めるに足りる証拠はない。それゆえ，原告Xを除くその余の原告らは，同仮装行為の存在を知らなかったといわざるを得ない。しかしながら，(1)で判示したとおり，その余の原告らは原告Xに対し，本件相続税の申告事務を包括的に委任し，これを受任した原告XはさらにK元弁護士に同申告事務を委任していたのであるから，原告X及びK元弁護士の各仮装行為については，重加算税が刑罰でないことはもちろん，行政罰でもなく，税の一種であることを考えると，その余の原告らにおいて同仮装行為の存在を知っていたと否とにかかわらず，納税義務者として正当な申告をしなかったことによる重加算税の賦課決定を受けてもやむを得ないものといわねばならない。」

【324】 神戸地判平14・1・10タインズZ888-0673

判旨 「原告らは，本件相続税の申告手続をX₁に一任し，X₁は，これをAに委任するとともに，Bと相談の上Aに交付する書類を作成したものである。そうすると，X₁が原告らの本件相続に係る相続税の申告に関する代理人又は履行補助者，Bが同申告に必要な一部の書類の作成についてすX₁から委任を受けた復代理人又は履行補助者に該当すると認めるのが相当である。そして，前記1(1)で認定したとおり，X₁は，Bと相談の上，本件債務をCの債務と仮装する内容の本件念書を作成し，これを本件残高証明書とともにAに渡し，Aが本件念書に基づき本件債務をCの債務とし，Cの相続財産額から本件債務額を控除した金額で本件申告書を作成した上，被告に提出したのであるから，当該申告行為は，代理人又は履行補助者であるX₁及びBが，課税標準等又は税額等の基礎となるべき事実を故意に仮装したものと認めるのが相当である。したがって，その仮装行為は，X₁及びBの選任，監督につき原告らに過失がないと認められる等の特段の事情がない限り，原告らの行為と同視すべきであって，重加算税の賦課要件を充たすものといわなければならない。」

判　例　索　引

【　】内は本書の判例通し番号，【　】右の太字は，判例通し番号掲載頁を示す。

最判大昭 25・10・11 刑集 4・10・2037（昭 25 年（あ）第 292 号）................151
最判昭 28・10・27 民集 7・10・1141（昭 27 年（オ）第 268 号）................194
最判大昭 29・10・20 民集 8・10・1907 143
最判 2 小昭 29・11・26 民集 8・11・2087（昭 27 年（オ）第 938 号）................131
名古屋高判昭 34・4・22 税資 29・355 ....【93】91
最判昭 35・3・17 民集 14・3・461 26
神戸地判昭 35・5・28 税資 33・738 22
大阪高判昭 35・11・30 税資 33・1339 ....【2】22
最判昭 36・5・26 判時 262・17 25
東京地判昭 37・5・23 訟月 8・6・1146, 判タ 132・99 ....【145】125
大分地判昭 37・10・16 税資 36・972 ....【292】222
最判 2 小昭 38・2・22 民集 17・1・235（昭 35 年（オ）第 1197 号）................81
山口地判昭 39・2・24 訟月 10・4・655 92
東京地判昭 39・4・22 税資 38・299 ....【267】206
最判大昭 39・5・27 民集 18・4・676（昭 37 年（オ）第 1472 号）................151
最判昭 39・10・22 民集 18・8・1762 205
大阪高判昭 39・12・21 判時 403・18 ....【16】31
山口地判昭 41・4・18 税資 44・312 ....【99】94
山口地判昭 41・4・25 訟月 12・9・1324 ....【130】115
広島高判昭 41・10・14 税資 45・338 ....【96】92
最判昭 43・10・31 訟月 14・12・1442 ....【138】120
大阪地判昭 43・11・25 行集 19・12・1877 ....【118】106
東京地判昭 44・12・25 税資 57・840 ....【111】103
東京地判昭 45・3・4 判時 611・31 ....【46】51
最判 2 小昭 45・5・29 裁判集民 99・273（昭 44 年（オ）第 829 号）................131
大阪高判昭 45・6・2 税資 59・972 ....【128】113
東京高判昭 46・2・26 税資 62・286 51
東京高判昭 46・2・26 訟月 17・6・1021, 税資 62・286 ....24, 208,【296】225
津地判昭 46・6・17 税資 62・865 ....【34】41

東京地判昭 46・7・15 判時 644・29 125
東京地判昭 47・4・4 税資 65・691 ....【263】204
東京地判昭 47・5・税資 65・1072 ....【227】180
東京地判昭 47・11・20 税資 66・979 ....【156】133,【231】186
最判昭 47・12・26 民集 26・10・2013 ....【17】32
最判 3 小昭 47・12・26 民集 26・10・2083（昭 41 年（行ツ）第 102 号）................130
最判昭 48・3・1 税資 69・623 ....【5】24,【45】51,【272】208
名古屋高判昭 48・8・29 訟月 20・3, 税資 70・948 205
大阪地判昭 48・9・17 行集 24・8・9952, 税資 71・133 ....【135】117
最判 2 小昭 48・11・16 民集 27・10・1333（昭 43 年（行ツ）第 90 号）................219
最判昭 49・6・14 税資 75・795 ....【266】205
最判昭 49・6・28 税資 75・1123 ....【165】149
東京地判昭 49・8・29 税資 76・370 ....41, 200
最判昭 49・9・20 訟月 20・12・122, 判時 757・60 ....【35】42
東京地判昭 49・9・30 訟月 20・12・140, 税資 76・1010 ....【147】126
福岡地判昭 49・10・1 行集 25・10・1244, 訟月 20・13・124 ....【253】196
東京高判昭 49・10・17 行集 25・10・1254 ....【146】125
最判昭 50・5・27 民集 29・5・641, 判時 780・37 ....【151】129, 131
東京高判昭 50・9・25 判時 804・24, 判タ 339・303 ....【144】125,【148】126
名古屋地判昭 51・5・19 行集 27・5・682, 税資 88・786 105
最判昭 51・10・12 裁判集民 199・97 108
大阪地判昭 51・10・27 訟月 23・1・15 ....【285】218
大阪地判昭 52・7・26 行集 28・6＝7・745, 税資 95・199 ....【92】91
東京高判昭 52・7・27 税資 95・245

相続・贈与と税の判例総合解説　**243**

判例索引

……………………………………【117】106,【157】133
東京高判昭52・9・29 税資95・693
　…………………………………【21】35,【33】41, 200
京都地判昭52・12・16 判時884・44 ………【119】107
最判1小昭53・2・16 裁判集民123・71（昭51年
　（行ツ）第27号）……………………………………131
東京地判昭53・4・24 税資101・161 ……………127
東京高判53・12・20 訟月25・4・1177, 税資103・
　800 ………………………………………【121】108
名古屋高判昭53・12・21 税資103・838 …【115】105
東京地判昭53・12・21 判タ387・104…177,【304】232
福岡地判昭54・2・15 訟月25・6・1666 ……【122】109
福岡高判昭54・3・13 税資104・652 ………………26
東京地判昭54・5・15 税資105・393 ………【150】127
東京地判昭54・6・25 訟月25・11・2867 …………166
大阪高判昭54・7・19 訟月25・11・2894
　……………………………………【120】108, 115
名古屋地判昭55・3・24 訟月26・5・883, 判時
　980・43 ……………………………………………240
広島地判昭55・3・26 TKC 22800154 ………………70
神戸地判昭55・5・2 税資113・258 ………………105
最判昭55・6・16 税資113・653 ……………【8】26
最判昭55・7・1 判時982・102, 判タ426・88
　……………………………………………【286】219
東京地判昭55・7・17 税資114・207 ……149, 206
新潟地判昭55・9・1 税資114・601 ………………51
東京高判昭55・10・21 税資115・125 ……………166
東京地判昭55・10・22 税資115・213 ………【98】94
最判昭55・12・12 税資115・689 …………【257】200
東京高判昭56・2・19 税資116・286 ……………177
東京高判昭56・3・30 税資116・970 ………【47】51
最判昭56・6・26 判時1014・53, 判タ450・73
　……………………………………………【129】115
最判昭56・6・30 TKC 22800137 …………【74】70
山口地裁昭56・8・27 税資120・360 ………………36
大阪高判昭56・8・27 税資120・386 ………【114】105
東京地判昭56・8・27 税資144・394 ………………25
名古屋高判昭56・10・28 税資121・104 …………240
最判昭56・10・30 税資121・179 …………【202】166
神戸地判昭56・11・2 税資121・218 ………【124】111
最判昭56・12・8 税資121・493 …………【221】177

最判1小昭56・12・17 民集35・9・1328 …………233
東京地判昭57・5・13 訟月28・12・2347, 税資
　123・301 …………………………………【252】195
横浜地判昭57・7・28 判タ480・140 ……………102
大阪高判昭57・9・3 税資127・733 ………【321】241
東京高判昭57・9・22 TKC 22800095 ……………231
広島高判昭57・9・30 税資127・1140 ………【20】35
東京高判昭57・11・1 税資128・229 ………149, 206
東京地判昭58・3・7 行集34・3・401, 判時1073・
　51 …………………………………………………179
最判昭58・3・18 判時1075・115, 家月36・3・18
　……………………………………………【85】80
大阪地判昭58・3・24 税資129・668 ………【41】47
東京地判昭58・4・19 税資130・62 ………【110】102
東京地判昭58・7・27 税資133・349 ………【66】65
東京地判昭58・10・13 行集34・10・1769 …【225】179
最判昭58・10・21 TKC 22800094 …………【302】231
神戸地判昭58・11・14 税資134・108 ………………40
大阪地判昭59・4・25 行集35・4・532, 訟月30・
　9・1725, 判タ534・165 ………201, 204,【288】220
神戸地判昭59・4・25 シュト270・24, 税資136・
　221 ………………………………………【139】120
大阪高判昭59・7・6 判タ538・118 ………【82】77
最判昭59・9・18 税資139・537…【166】149,【268】206
大阪高判昭59・11・13 訟月31・7・1692 ………40, 76
最判昭60・3・11 税資144・394 ……………【7】25
最判大昭60・3・27 民集39・2・247（昭55年（行
　ツ）第15号）………………………………………193
大阪地判昭60・3・28 税資144・960
　……………………………………【4】23,【187】158
名古屋高判昭60・12・23 行集36・11＝12・2011
　……………………………………………………187
名古屋地判昭61・1・31 税資150・132 ………47, 177
最判昭61・7・3 税資153・17 ……………【233】187
名古屋地判昭61・7・21 税資153・186 …28, 182, 188
大阪高判昭61・8・6 税資153・440 ………………52
名古屋高判昭61・8・26 税資153・548
　…………………………………【42】47,【219】176,【220】177
大阪地判昭61・10・30 税資154・306 ……………101
最判昭61・12・5 判時1225・56, 判タ631・119
　……………………………………【193】160,【316】240

244　相続・贈与と税の判例総合解説

奈良地判昭 62・1・14 税資 157・1 ……………… 117
大阪高判昭 62・6・16 訟月 34・1・160 ……… 101, 186
最判昭 62・7・2 税資 159・20 ……………【48】52
裁決昭 62・7・6 事例集 34・1 ……………… 237
東京地判昭 62・7・13 税資 159・87
　………………………………【50】53, 【279】214
名古屋高判昭和 62・7・28 税資 159・304 ……【94】92
東京高判昭 62・9・28 税資 159・833, シュト
　312・8……………………………………… 161
大阪高判昭 62・9・29 行集 38・8＝9・1038
　……………………………………… 201, 204, 220
東京地判昭 62・10・26 判時 1258・38 ………… 50
最判 3 小昭 62・11・10 民集 41・8・1559 ……… 233
最判 1 小昭 62・11・12 裁判集民 152・177 …… 233
東京地判昭 63・1・27 税資 163・23 …………… 187
仙台地判昭 63・6・29 税資 164・989, 訟月 35・3・
　539………【64】63, 【73】69, 【262】204, 【314】239
静岡地判昭 63・7・1 税資 165・4 ……………… 164
最判昭 63・7・7 税資 165・232 …【108】101, 【232】186
最判昭 63・7・19 判タ 678・73, 判時 1290・56
　………………………………………【131】115
大阪高判昭 63・9・27 税資 165・775 ………… 117
裁決昭 63・11・14 事例集 36・193 …………… 123
最判昭 63・12・1 税資 166・652 …77, 【32】40, 【79】76
東京高判平 1・1・31 税資 169・219 ……【197】164
名古屋地判平 1・3・22 判タ 714・14, 税資 169・
　630 ……………………………………… 193
東京高判平 1・5・30 税資 170・536 ……… 187, 198
最判平 1・6・1 税資 170・622 …………【134】117
最判平 1・6・6 税資 173・1
　………………【259】201, 【264】204, 【287】220
静岡地判平 1・6・9 判時 1332・63, 判タ 719・15
　…………………………………………… 165
福岡高判平 1・7・20 税資 173・287 ……【87】83
横浜地判平 1・8・7 判時 1334・214
　…………………………………【51】54, 【297】226
東京高判平 1・8・30 税資 173・43 ……………… 50
最判平 1・9・14 判時 1336・93, 判タ 718・75
　………………………………………【153】130
東京地判平 1・10・26 税資 174・178 ………【116】106
最判平 1・11・24 民集 43・10・1220 …………… 75

東京地判平 2・2・27 訟月 36・8・1532 ……… 46, 87
広島地判平 2・2・28 税資 175・943 …………… 240
大阪地判平 2・5・22 税資 176・873 ………【176】154
最判平 2・7・13 税資 180・44 ……………【194】161
広島高判平 2・7・18 税資 180・89 ……………… 240
最判 1 小平 2・9・27 民集 44・6・995 ………… 64
東京地判平 2・11・16 税資 181・312 ………【37】43
最判平 2・12・6 税資 181・807 ……………【315】240
仙台高判平 2・12・25 判タ 756・179, 判時 1397・
　15 ……………………………【84】79, 【137】118
神戸地判平 3・1・28 税資 182・84 …………… 53
東京高判平 3・2・5 判時 1397・6 …………【90】88
東京高判平 3・2・5 税資 182・286 …………… 46, 87
名古屋地判平 3・2・27 行集 42・2・293, 判タ
　768・114 ……………………………【38】44
名古屋高判平 3・3・28 税資 182・849
　………………………【12】28, 【230】182, 【235】188
最判 2 小平 3・4・19 民集 45・4・477（平元年（オ）
　第 174 号）………………………………… 81
名古屋地判平 3・5・29 税資 183・837 ………… 161
横浜地判平 3・6・10 判タ 779・146, 訟月 38・3・
　519 ………………………………………… 115
東京地判平 3・9・3 税資 186・556 ………【97】94
福岡地判平 3・10・15 判タ 791・134, 税資 186・
　887 …………………………………【203】167
横浜地判平 3・10・30 判時 1440・66 …………… 59
仙台地判平 3・11・12 判時 1443・46 ………【109】102
最判平 3・11・14 税資 187・91 …【234】187, 【255】198
東京高判平 4・2・6 行集 43・2・123
　………………………………【22】36, 【199】165
大阪高判平 4・2・7 税資 175・103 ………【265】205
名古屋高判平 4・2・27 税資 188・431 ………… 193
東京地判平 4・3・11 判時 1416・73 …………… 150
東京地判平 4・4・16 税資 189・78 ………【78】74
前橋地判平 4・4・28 判時 1478・103 ………【61】61
大阪高判平 4・4・30 税資 189・413 …………… 53
名古屋高判平 4・4・30 税資 189・428 ………… 161
東京高判平 4・6・29 訟月 39・5・913 ……【132】115
京都地判平 4・7・27 税資 192・165 ………【80】77
東京高判平 4・7・27 税資 192・172 …………… 59
東京地判平 4・7・29 判タ 854・179 …………… 155

判例索引

佐賀地判平 4・8・28 税資 192・362 ……54, 206, 227
最判平 4・11・16 判時 1441・66, 判タ 803・61, 訟
　月 39・8・1602 ………… 【40】46, 【89】87, 【140】120
東京地判平 4・12・2 税資 193・1029 ……… 【25】37
最判平 4・12・4 税資 193・736 ……………【248】193
東京高判平 5・1・26 税資 194・75 ……………… 150
甲府地判平 5・1・28 税資 194・104 ………【299】227
最判平 5・2・18 税資 194・462 ……………【195】161
東京高判平 5・3・15 判タ 854・175 ………【177】155
浦和地判平 5・3・15 TKC 22007724 ………【293】222
名古屋地判平 5・3・24 訟月 40・2・411 …【125】111
最判平 5・4・6 税資 195・1 ………………… 【58】58
福岡高判平 5・4・22 税資 195・37 ……54, 206, 227
静岡地判平 5・5・14 税資 195・298 ………………154
最判平 5・5・28 判時 1460・60 ……………【44】50
最判 2 小平 5・7・19 裁判集民 169・243 (平元年
　(オ)第 714 号) ……………………………………81
東京地判平 5・7・20 税資 198・295 ………………162
最判平 5・10・28 税資 199・670 ……………【171】150
静岡地判平 5・11・5 税資 199・779 ………………71
大阪高判平 5・11・19 判時 1506・99
　……………………………… 【271】207, 【313】239
最判平 5・11・26 税資 199・1008
　…………………… 【52】54, 【269】206, 【298】227
東京高判平 5・12・21 税資 199・1302
　…………………………… 【172】150, 【309】234
東京高判平 6・1・26 税資 200・131 ………………154
最判平 6・2・7 税資 200・555 ……………【49】53
東京高判平 6・3・28 税資 200・1197 ……【196】162
東京高判平 6・6・15 税資 201・519 ………………130
裁決平 6・6・30 事例集 47・138 ………………129
最判平 6・9・13 判時 1513・97, 判タ 867・154
　……………………………………………【63】62
東京地判平 6・11・25 判タ 884・223 ……………132
東京地判平 6・12・22 行集 45・12・2063, 税資
　206・804 ……………………【200】165, 【254】197
最判平 7・1・24 税資 208・3 ………………【152】130
東京地判平 7・3・28 税資 208・1015 ……………238
大阪地判平 7・3・28 税資 208・1035 …27, 【256】199
千葉地判平 7・4・24 税資 209・155 ………【186】158
東京地判平 7・4・27 判タ 921・178 ………【107】101

最判平 7・6・9 税資 209・981 ……………【175】154
東京地判平 7・6・30 訟月 42・3・645 ………【210】171
横浜地判平 7・7・19 税資 213・134 ………………166
東京高判平 7・9・5 税資 213・563 ………………71
那覇地判平 7・9・27 税資 213・743 ………【123】110
大阪地判平 7・10・17 判時 1569・39 ………【173】150
東京地判平 7・11・27 税資 214・504 …【6】24, 238
名古屋地判平 7・12・13 税資 214・737 ……………28
東京高判平 7・12・13 行集 46・12・1143 …【133】116
東京高判平 7・12・18 税資 214・860 ……【170】149
千葉地判平 7・12・20 税資 214・930 ……【168】149
大阪高判平 8・1・26 税資 215・148 ……27, 【222】177
東京地判平 8・1・26 税資 215・93 ………【185】157
福岡地判平 8・2・2 判タ 901・223 …………【88】84
福岡地判平 8・2・2 税資 215・341, 判タ 901・223
　………………………………………………【60】59
東京地判平 8・2・28 判時 1568・44 …………… 34
東京地判平 8・3・22 税資 215・938 ……………168
東京地判平 8・3・29 税資 217・1258 ………【91】90
東京高判平 8・4・18 税資 216・144 ………………166
静岡地判平 8・7・18 税資 220・181 ………………28
岡山地判平 8・9・17 税資 220・761 ………………33
名古屋地判平 8・9・30 TKC 28030313 ……【67】66
東京高判平 8・10・16 税資 221・54 ………【19】34
千葉地判平 8・10・28 判タ 953・159, 判時 1618・
　51 ……………………………………【295】224
名古屋高判平 8・10・28 TKC 28022409 …………233
東京地判平 8・12・12 税資 221・861 ……………105
東京地判平 8・12・13 税資 221・879 ……………188
東京地判平 9・1・20 税資 228・69 …………【59】59
東京高判平 9・2・26 税資 222・597 ………………168
名古屋高判平 9・3・27 税資 222・1374 ……………28
最判平 9・3・28 TKC 28022160 ………【305】233
浦和家熊谷支判平 9・5・7 家月 49・10・97 ………20
東京高判平 9・5・22 行集 48・5＝6・410 …【206】169
広島高岡山支判平 9・5・29 税資 223・945 …【18】33
東京地判平 9・6・11 税資 223・1002 ……【113】105
東京高判平 9・6・12 税資 223・1007 ………………30
大津地判平 9・6・23 税資 223・1046
　……………………………【167】149, 【238】189
東京高判平 9・7・9 税資 228・26 ………………131

246　相続・贈与と税の判例総合解説

判例索引

最判平 9・9・4 税資 228・418 …………【10】27	東京高判平 11・1・19 税資 240・21 ………【36】43
最判平 9・9・4 税資 228・445 …………【11】28	大阪高判平 11・2・9 税資 240・630 ………【9】26
東京地判平 9・9・30 訟月 47・6・1636 …【178】155	最判平 11・2・23 税資 240・856 …………【237】188
東京地判平 9・10・28 税資 229・398 …【155】131	東京地判平 11・2・25 税資 240・902 …………64
東京地判平 9・11・28 税資 229・898 ………103	原審神戸地判平 11・3・15 税資 241・76 ………57
横浜地判平 9・12・11 TKC 28050525 ……【71】69	神戸地判平 11・3・15 税資 244・1067 …………45
最判平 9・12・18 税資 229・1047 ………【76】71	東京地判平 11・3・25 訟月 47・5・1163 …【240】190
東京地判平 9・12・18 税資 229・1032 ………92	名古屋高判平 11・4・16 税資 242・138 ……【27】38
横浜地判平 10・1・28 判例地方自治 181・51…【83】79	福岡高那覇支判平 11・5・11 税資 242・527
名古屋地判平 10・2・6 税資 230・384 …【207】169	………………………………………【141】120
大阪高決平 10・2・9 家月 50・6・89, 判タ 985・	最判平 11・6・10 判時 1686・50, 判タ 1010・233
257 ……………………………………【68】66	………………………………………【312】238
千葉地判平 10・2・25 税資 230・790 …………43	東京高判平 11・8・30 税資 244・387 ……【224】178
最判平 10・2・26 税資 230・851 …………【201】166	東京高決平 11・9・30 判時 1703・140 ………【1】21
最判平 10・2・27 税資 230・880 …………【14】30	大阪高判平 11・10・6 税資 244・1067
福岡地判平 10・3・20 税資 231・156 …………31	……………………………【39】45,【57】57
横浜地判平 10・3・30 税資 231・380 …………235	神戸地判平 11・11・29 税資 245・497 …23,【319】241
東京高判平 10・3・30 税資 231・411 …………188	東京地判平 12・1・21 税資 246・148 ……【239】189
大阪高判平 10・4・14 判時 1674・40	東京高判平 12・1・26 判タ 1055・130 ……【31】40
……………………………【169】149,【174】151	東京地判平 12・1・26 税資 246・205 ……【65】64
最判平 10・4・14 税資 231・612 …………【154】131	東京地判平 12・2・16 税資 246・679 …………157
東京地判平 10・4・30 税資 231・905 ……【211】171	大阪地判平 12・2・23 税資 246・908 …………97
東京高判平 10・5・28 税資 232・353 ……【112】103	神戸地判平 12・2・29 税資 246・1031 ………173
東京地判平 10・5・29 判タ 1002・144	最判平 12・3・9 判時 1708・101 ……………128
……………………………【249】194,【260】202	最判平 12・3・10 判時 1716・60 ……………128
最判平 10・6・25 税資 232・821 …………【204】168	千葉地判平 12・3・27 税資 247・1 ………【104】98
東京地判平 10・6・26 訟月 45・3・742, 判時	福岡高判平 12・3・28 税資 247・37 ………【15】31
1668・49 ………………………………【142】122	大阪地判平 12・5・12 訟月 47・10・3106 …【275】210
東京高判平 10・7・29 判時 1676・64 …………25	大阪地判平 12・5・31 税資 247・1150 ……【229】181
東京高判平 10・8・19 税資 237・1043	長野地判平 12・6・23 税資 247・1360 ……【322】242
………………………………【95】92,【105】98	裁決平 12・6・30 事例集 59・282 ………22, 53
前橋地判平 10・8・28 税資 237・1145 ……【70】68	名古屋地判平 12・7・12 税資 248・131 ……【318】241
名古屋地判平 10・9・7 税資 238・42 ……【159】137	大阪地判平 12・8・3 タインズ Z 888-0485
東京地判平 10・9・17 税資 238・149 ……【310】235	………………………………………【308】234
東京地判平 10・10・30 税資 238・1042 …【236】188	東京高判平 12・9・12 税資 248・711 ……【182】157
名古屋地判平 10・11・11 判タ 1061・149 ………38	神戸地判平 12・9・29 税資 248・1062 ………181
神戸地判平 10・12・9 TKC 60035837 ……【56】55	大阪地判平 12・10・6 判タ 1079・212 ……【307】233
名古屋高判平 10・12・25 訟月 46・6・3041	京都地判平 12・11・17 訟月 47・12・3790 ………123
……………………………………【126】112	大阪高判平 12・11・2 税資 249・457 ……【103】97
松山地判平 13・10・5 タインズ Z 888-0620	東京高判平 12・11・14 税資 249・502 ……【189】158
……………………………………【283】216	京都地判平 12・11・17 訟月 47・12・3790 ………123

相続・贈与と税の判例総合解説　*247*

判例索引

大阪高平 12・11・17 税資 249・644 ………【317】240
東京地判平 12・11・30 訟月 48・1・147 ……【158】136
名古屋地判平 12・12・8 税資 249・1037 ……【81】77
大阪地判平 12・12・15 税資 249・1086 ………173
東京地判平 13・1・26 タインズ Z 250-8821
　…………………………………………【284】216
東京地判平 13・1・31 タインズ Z 250-8830
　…………………………………………【205】169
東京地判平 13・1・31 タインズ Z 888-0536
　…………………………………………【198】165
東京地判平 13・2・27 TKC 28070355 ………【77】73
東京地平 13・2・27 TKC 28070355 …………【75】71
裁決平 13・2・27 事例集 61・604 ………………26
大阪高平 13・3・1 タインズ Z 250-8849 …【3】23
大阪地判平 13・4・13 タインズ Z 888-0534
　…………………………………………【226】180
大阪高判平 13・4・20 タインズ Z 888-0657
　…………………………………………【215】173
東京高平 13・4・25 訟月 48・7・1812 …………238
東京高平 13・5・23 判タ 1126・114 ……【218】175
大阪高平 13・5・24 税資 250・8905 ……【228】181
大阪高平 13・5・25 訟月 48・8・2035 ……【291】221
大阪高平 13・5・30 税資 250・8911 ……【214】173
仙台地判平 13・6・28 タインズ Z 888-0648
　…………………………………………【192】159
東京地判平 13・7・5 タインズ Z 888-0598 ……190
大阪地判平 13・7・6 タインズ Z 888-0593
　…………………………………………【278】213
名古屋地判 13・7・16 タインズ Z 888-0541 ……173
東京地判平 13・8・24 タインズ Z 888-0587
　……………………………………………【54】55
東京地判平 13・9・27 訟月 48・7・1842 ……【311】235
名古屋高判平 13・10・3 タインズ Z 888-0610
　…………………………………………【223】178
福岡地判平 13・10・23 タインズ Z 888-0622
　…………………………………………【270】207
大阪高判決平 13・11・1 判時 1794・39 ……【143】123
東京地判平 13・11・2 タインズ Z 888-0602
　…………………………………………【247】193
東京高判平 13・12・6 訟月 49・11・3234 …【184】157
神戸地判平 14・1・10 タインズ Z 888-0673

　…………………………………………【324】242
裁決平 14・1・23 事例集 63・153 ………………127
神戸地判平 14・1・24 タインズ Z 888-0674
　…………………………………………【190】159
千葉地判平 14・2・22 タインズ Z 888-0695
　…………………………………………【261】202
東京地判平 14・2・25 タインズ Z 888-0671
　……………………………………………【43】48
広島地判平 14・2・27 タインズ Z 888-0706
　…………………………………………【101】95
高松地判平 14・3・26 タインズ Z 888-0694
　…………………………………………【273】208
東京地判平 14・4・18 タインズ Z 888-0619 ……145
名古屋地判平 14・5・10 タインズ Z 888-0666
　…………………………………………【306】233
最判平 14・6・10 判時 1791・59 ……………【86】81
東京地判平 14・7・3 タインズ Z 888-0761
　…………………………………………【282】215
東京地判平 14・7・11 訟月 50・7・2192 ……【208】170
大阪高判平 14・7・25 判タ 1106・97 ………【13】29
徳島地判平 14・7・26 タインズ Z 888-0760
　…………………………………………【191】159
仙台高判平 14・8・7 判決タインズ Z 888-0764
　…………………………………………【161】138
岡山地判平 14・8・21 タインズ Z 888-0765
　…………………………………………【181】157
東京高判平 14・9・24 タインズ Z 888-0777
　…………………………………………【323】242
東京地判平 14・9・27 タインズ Z 888-0670
　…………………………………………【100】94
東京高判平 14・9・27 判時 1811・58 ………【164】145
裁決平 14・10・2 事例集 64・1 …………………29
神戸地判平 14・10・28 タインズ Z 888-0684
　…………………………………………【280】214
最判平 14・10・29 タインズ Z 888-0780 …【245】192
東京高判平 14・11・27 タインズ Z 888-0681
　…………………………………………【277】212
京都地判平 14・12・27 タインズ Z 888-0711
　…………………………………………【180】156
東京地判平 15・2・26 タインズ Z 888-0730
　……………………………【183】157,【250】194

判例索引

東京高判平 15・3・10 訟月 50・8・2474 ……… 【72】69
東京高判平 15・3・25 訟月 50・7・2168
　………………………………【209】170,【246】193
名古屋高判平 15・4・16 タインズ Z 888-0792
　………………………………………【216】173
最判平 15・4・25 判時 1822・51, 判タ 1121・110
　…………………………………【69】67,【281】215
東京地判平 15・4・25 タインズ Z 888-0783
　………………………………………【29】39
東京地判平 15・6・20 タインズ Z 888-0740
　………………………………………【303】232
福岡高判平 15・7・8 タインズ Z 888-0893 …【28】38
大阪地判平 15・7・30 タインズ Z 888-0841
　………………………………………191, 209
東京高判平 15・7・31 タインズ Z 888-0826
　………………………………………【241】190
東京地判平 15・8・28 タインズ Z 888-0800
　………………………………………【213】172
東京地判平 15・8・29 タインズ Z 888-0894
　………………………………………【212】172
東京地平 15・9・8 判タ 1147・223 ……………【55】55
名古屋高判平 15・9・18 タインズ Z 888-0914
　………………………………………【251】194
仙台地判平 15・9・25 タインズ Z 888-0869
　………………………………………【188】158
金沢地判平 15・10・20 タインズ Z 888-0941
　………………………………………【294】223
東京地判平 16・1・20 タインズ Z 888-0905
　………………………………………【62】61
東京地判平 16・1・29 タインズ Z 888-0839
　…………………………………【53】54,【301】228
京都地判平 16・1・30 タインズ Z 888-0959
　………………………………………【127】112
東京地判平 16・1・30 タインズ Z 888-0908
　………………………………………241
大阪高判平 16・2・20 タインズ Z 888-0867

　………………………………………【289】220
東京地判平 16・3・2 タインズ Z 888-0878
　………………………………………【244】192
東京高判平 16・3・16 タインズ Z 888-0861
　………………………………………【26】38
横浜地判平 16・3・17 タインズ Z 888-0867
　………………………………………【276】210
さいたま地判平 16・4・14 タインズ Z 888-
　0836………………………………【160】137
大阪地判平 16・6・3 タインズ Z 888-0960
　………………………………………【300】228
東京地判平 16・6・15 タインズ Z 888-0877
　………………………………………【290】221
東京高判平 16・7・21 タインズ Z 888-0967
　………………………………………【320】241
大阪高判平 16・7・28 タインズ Z 888-0968
　…………………………………【242】191,【274】209
大阪地判平 16・8・27 タインズ Z 888-0969
　…………………………………【102】96,【243】191
名古屋地判平 16・8・30 タインズ Z 888-0882
　………………………………………【179】156
最判平 16・12・24 訟月 51・1・253 ……………【30】40
さいたま地判平 17・1・12 タインズ Z 888-
　0930………………………………【217】174
最判平 17・1・25 裁時 1380・11 ………………【149】127
東京地判平 17・1・28 タインズ Z 888-0983
　………………………………………【163】143
最判平 17・2・1 タインズ Z 888-0933 ……【162】139
高知地判平 17・2・15 判例集未登載 ………【106】99
東京高判平 17・2・17 タインズ Z 888-0980
　………………………………………【24】36
静岡地判平 17・3・30 タインズ Z 888-0976
　………………………………………【136】117
静岡地判平 17・3・30 タインズ Z 888-0978
　…………………………………【23】36,【258】200

相続・贈与と税の判例総合解説　249

〔著者紹介〕
三木義一（みきよしかず）

略歴　1950年　東京生まれ
　　　1973年　中央大学法学部卒業
　　　1975年　一橋大学大学院法学研究科修士課程修了
　　　同年より日本大学，静岡大学を経て
　　　1994年より　立命館大学法学部教授
　　　2004年より　立命館大学大学院法務研究科教授（学部も併任）
　　　現在に至る

〔主要著作〕
『日韓国際相続と税』共編（日本加除出版・2005)、『ドイツの住宅・不動産税制』共編（日本住宅総合センター・2005)、『新税理士春香の事件簿―変わる税金裁判』（清文社・2005)、『日本の税金』（岩波新書・2003)、『よくわかる税法入門（第2版）』（有斐閣・2003)、『実務家のための税務相談（民法編）』共著（有斐閣・2003)、『税法と会社法の連携』共編（税務経理協会・2003)、『世界の税金裁判』編（清文社・2001)、『税理士春香の事件簿』（清文社・2001)、『相続・贈与と税』（一粒社・2000)、『逆転裁決例精選50』編（ぎょうせい・1998)、『受益者負担制度の法的研究』（信山社・1995）（日本不動産学会著作賞・東京市政調査会藤田賞受賞)、『争点相続税法』共編（勁草書房・1995)、『現代税法と人権』（勁草書房・1992)、『ドイツの住宅税制』編（日本住宅総合センター・1992)、『消費税の研究』共著（青木書店・1990)、『租税手続法活用事典』（ぎょうせい・1988)、『うまい酒と酒税法』編（有斐閣・1986)、『地方自治法の論点』共著（有斐閣・1982)、その他，学術論文，等多数。

相続・贈与と税の判例総合解説　　　　判例総合解説シリーズ
2005（平成17)年11月10日　第1版第1刷発行　5659-0101

著　者　三木義一
発行者　今井　貴・稲葉文子
発行所　株式会社信山社　東京都文京区本郷6-2-9-102
　　　　電話(03)3818-1019　〔FAX〕3818-0344〔営業〕　郵便番号113-0033
　　　　印刷／製本　松澤印刷株式会社

Ⓒ 2005，三木義一　Printed in Japan　落丁・乱丁本はお取替えいたします。　NDC分類324.211
ISBN 4-7972-5659-1　★定価はカバーに表示してあります。

Ⓡ〈日本複写権センター委託出版物・特別扱い〉本書の無断複写は，著作権法上での例外を除き，禁じられています。本書は，日本複写権センターへの特別委託出版物ですので，包括許諾の対象となっていません。本書を複写される場合は，日本複写権センター(03-3401-2382)を通して，その都度，信山社の許諾を得てください。

学部生＆法科大学院生への新シリーズ
プラクティスシリーズ

プラクティス民法
債権総論（第2版） 好評!!

潮見佳男 著　¥3,360　*価格は税別

民法解釈学の理解を助けるべく、全編に（CASE）を用いて理論の適用場面を具体的に説明する方法を採用。「制度・概念の正確な理解」「要件・効果の的確な把握」「推論の基本的手法」の修得が図れるよう創意工夫された革新的テキスト。平成16年民法等改正対応の第2版。2005年4月待望の刊行！

潮見佳男　プラクティス民法　**債権総論** [第2版]

法科大学院対応民法テキストの決定版！

プロセス演習 憲法【第2版】
更に充実の法科大学院テキスト新版　LS憲法研究会編

約600頁　定価5,040円（本体4,800円）

【編集代表】棟居快行・工藤達朗・小山剛
赤坂正浩・石川健治・大沢秀介・大津浩・駒村圭吾・笹田栄司
鈴木秀美・村田尚紀・宮地基・矢島基美・山元一

下級審からの争点形成と規範のあてはめの流れを再現し、基本的解説を加える。さらに、異なる事件を想定することで判例の射程の理解を助ける。徹底したプロセス志向の憲法演習教材。法科大学院生、学部学生必携の一冊。級審からの争点形成と規範のあてはめの流れを再現し、基本的解説を加える。

旧版20ユニットから31ユニットへ大幅増補

【新規ユニットで取り上げる主な判例】エホバの証人剣道実技受講拒否事件／愛媛玉串料訴訟／北方ジャーナル事件／博多駅テレビフィルム提出命令事件／サンケイ新聞事件／森林法共有林事件／第三者所有物没収事件／全農林警職法事件／在日韓国人元日本軍属援護法訴訟／宗教的理由による輸血拒否訴訟／定住外国人選挙権訴訟
【その他掲載判例】南九州税理士会政治献金事件・津地鎮祭事件・「悪徳の栄え」事件・大分県屋外広告物条例事件・「石に泳ぐ魚」出版差止請求事件・「夕刊和歌山時事」事件・少年通り魔虚名報道損害賠償請求事件・泉佐野市民会館事件・薬事法違憲判決・酒類販売業免許制違憲訴訟・土地収用補償金請求事件・成田新法事件・強制調停違憲訴訟・在宅投票制度廃止事件・堀木訴訟

続刊　プラクティスシリーズ　債権総論
平野裕之 著　¥3,990

法律学の森シリーズ

不法行為法

潮見佳男

潮見佳男著	5,040円
●債権総論［第2版］Ⅰ	
	5,040円
●債権総論［第3版］Ⅱ	
潮見佳男著	4,410円
●契約各論Ⅰ	
潮見佳男著	（続刊）
●契約各論Ⅱ	
潮見佳男著	4,935円
●不法行為法	
藤原正則著	4,725円
●不当利得法	
青竹正一著	3,990円
●会社法	
小宮文人著	3,990円
●イギリス労働法	

債権総論（第3版）現代語化対応!!

松本博之=徳田和幸編集
民事手続法研究
◇民事手続法学の未来を拓く基本文献◇

学説の変遷　制度の沿革　多面的かつ基礎的な考察　判例の分析　比較法的考察

¥3,675

【創刊号 2005.8】

既判力の標準時後の形成権行使について
　　　　　　　　　松本博之

欧州司法裁判所における訴訟物の捉え方
　　　　　　　　　越山和広

共有者の共同訴訟の必要性に関する現行ドイツ法の沿革と現状
　　　　　　　　　鶴田 滋

●新感覚の入門書 ブリッジブックシリーズ●

ブリッジブック先端法学入門　土田 道夫／高橋 則夫／後藤 巻則編 ¥2,100
ブリッジブック憲法　横田 耕一／高見 勝利編 ¥2,000　ブリッジブック先端民法入門　山野目 章夫編 ¥2,000
ブリッジブック商法　永井 和之編 ¥2,100　ブリッジブック裁判法　小島 武司編 ¥2,100
ブリッジブック国際法　植木 俊哉編 ¥2,000　ブリッジブック法哲学　長谷川 晃／角田 猛之編 ¥2,000
ブリッジブック日本の政策構想　寺岡 寛著 ¥2,200　ブリッジブック日本の外交　井上 寿一編【最新巻】¥2,000

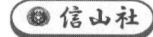

信山社
http://www.shinzansha.co.jp/
目録雑誌第3号近刊
詳細は目録雑誌で!!
〒113-0033 東京都文京区本郷6-2-9 東大正門前
電話03-3818-1019　FAX 03-3818-0344（直販）

iモード新刊案内

日本裁判資料全集 1・2

監修 新堂幸司
実務家・研究者・法科大学院生、必備の素材!

東京予防接種禍訴訟

○時効・除斥の制度は誰のためにあるべきか
○なぜ責任は国に限定されたか、その背景とは 【全2巻】

- **東京予防接種禍訴訟 上巻**
  ISBN4-7972-6011-4 C3332 Y30000E　本体30,000円（税別）
  総1028頁

- **東京予防接種禍訴訟 下巻**
  ISBN4-7972-6012-2 C3332 Y28000E　本体28,000円（税別）
  総804頁

第1編　訴訟の概要・経過
■1訴訟の概要■2弁護団座談会「被害の救済を求めて」■3年譜■4主張書面等■5参考資料〔①判決評釈リスト／②3つの最高裁判決／③厚生大臣談話／④判決確定と年金調整等確認に関する資料〕

第2編　第一審　訴訟関係資料
■1原告の主張〔①訴状／②準備書面／③意見陳述〕■2被告（国）の主張〔①答弁書／②準備書面〕■3書証目録■4書証（白木論文）■5証人調書等〔①原告側証人の証言／②被告側証人の証言／③原告本人の陳述〕■■【以下下巻】6第1審判決

第3編　控訴審　訴訟関係資料
■1被控訴人（原告）の主張①主張書面②意見陳述■2控訴人（被告国）の主張　3 書証目録（控訴人）■4書証（白木意見書、ドイツ判例）■5証人調書等〔①被控訴人（原告）側証人の証言／②控訴人（国）側証人の証言／③原告本人の陳述〕■6控訴審判決

第4編　上告審　訴訟関係資料
■1上告人（原告）の弁論要旨■2 被上告人（国）の答弁書■3 上告審判決■4差戻審和解調書

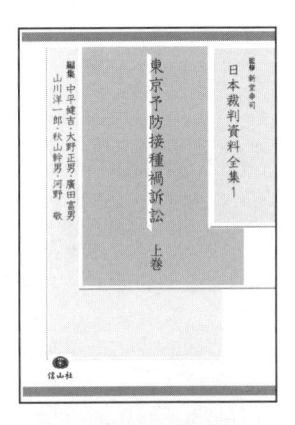

【編集】
中平健吉・弁護士
大野正男・弁護士・元最高裁判所判事
廣田富男・弁護士
山川洋一郎・弁護士・筑波大学法科大学院教授
秋山幹男・弁護士・早稲田大学法科大学院教授
河野敬・弁護士

ワクチン接種禍訴訟26年間の裁判記録
和解への道のり
裁判ドキュメント

1973年に提訴された予防接種被害東京訴訟（被害者62家族）の26年間にわたる裁判記録。予防接種被害の救済を求め、被害者とその弁護士が権利の実現のためにいかに戦い、裁判所がその使命をどのように果たしたか。第1編「訴訟の概要・経過」では弁護団の座談会がリアルに物語っている。第2編以降では訴状、答弁書、準備書面等、さらに意見陳述、証言・尋問調書等、原告の「生の声」をも収録した貴重なドキュメンタリー。全2巻、総1832頁に訴訟の全てを凝縮。

信山社
HOMEPAGE: http://www.shinzansha.co.jp/
◇東京本社
〒113-0033 東京都文京区本郷6-2-9 東大正門前
TEL:03(3818)1019　FAX:03(3818)0344
E-MAIL:order@shinzansha.co.jp

ISBN4-7972-5350-9 C3332

別巻編集　伊藤滋夫　　各本体2,400円（税別）

基礎法学と実定法学の協働

法曹養成実務入門講座 別巻

広い視野・深い洞察力のある大樹のような法律家のために

はしがき　伊藤滋夫

第1部
・法適用と価値判断
　―法哲学研究者の観点から―　　陶久利彦
・客観的実質的価値提示の現代的意義
　―新自然法論の主張をもとに―　　河見誠
・法曹養成における基礎法学の役割
　―法社会学の観点から―　　六本佳平
・実体法学と基礎法学の協働
　―ドイツ法史の観点から―　　石部雅亮
・基礎法学への期待
　―民事法研究者の立場から―　　伊藤滋夫

第2部
基礎法学と実定法学の協働　　（司　会）星野英一
Ⅰ　はじめに　　　　　　　　　（出席者）陶久利彦
Ⅱ　各領域参加者の論考に関して　　六本佳平
Ⅲ　論稿と報告を踏えての意見交換　　石部雅亮
Ⅳ　おわりに　　　　　　　　　伊藤滋夫
Ⅴ　座談会を終えて　　　　　　（発言順）

信山社
HOMEPAGE:http://www.shinzansha.co.jp/
◇東京本社
〒113-0033 東京都文京区本郷6-2-9 東大正門前
TEL:03(3818)1019 FAX:03 3818 0344
E-MAIL:order@shinzansha.co.jp

日本民法典資料集成 第一巻

1 民法典編纂の新方針

■待望の第1巻■

広中俊雄編著
編集協力　大村敦志・岡孝・中村哲也

目次

『日本民法典資料集成』（全15巻）への序
全巻凡例
日本民法典編纂史年表
全巻総目次　第1巻目次（第1部細目次）
第1部　「民法典編纂の新方針」総説
　I　新方針（＝民法修正）の基礎
　II　法典調査会の作業方針
　III　甲号議案審議前に提出された乙号議案とその審議
　IV　民法目次案
　V　甲号議案審議以後に提出された乙号議案
第1部あとがき（研究ノート）

1560頁　11万円　（税梱包送料込）直販のみ

● 一六〇余点にのぼる原典復刻資料を一挙掲載
● カラー刷り多数で細部に配慮
● 充実の解説

http://www.shinzansha.co.jp/
信山社
〒113-0033　東京都文京区
本郷6-2-9東大正門前

第一部「民法典編纂の新方針」第一巻
第二部「修正原案とその審議」第二～八巻
第三部「整理議案とその審議」第九巻
第四部「民法修正案の理由書」第十～十一巻
第五部「民法修正の参考資料」第十二～十四巻
第六部「帝国議会の法案審議」第十五巻
　　　　　　　　　　　　　　全十五巻

判例総合解説シリーズ

実務に役立つ理論の創造

緻密な判例の分析と理論根拠を探る
実務家必携のシリーズ／分野別判例解説書の新定番

石外克喜 著（広島大学名誉教授）　2,900円
権利金・更新料の判例総合解説
●大審院判例から平成の最新判例まで。
権利金・更新料の算定実務にも役立つ。

生熊長幸 著（大阪市立大学教授）　2,200円
即時取得の判例総合解説
●民法192条から194条の即時取得の判例を網羅。学説と判例の対比に重点をおき、論点を整理・分析。動産の取引、紛争解決の実務に役立つ。

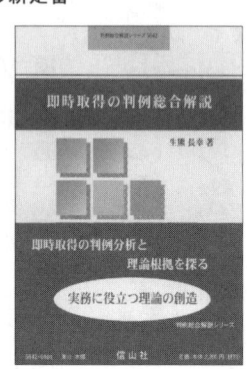

土田哲也 著（香川大学名誉教授・高松大学教授）　2,400円
不当利得の判例総合解説
●民法703条〜707条までの不当利得に関する裁判例の解説。不当利得論を、通説となってきた類型論の立場で整理。事実関係の要旨をすべて付し、実務的判断に便利。

平野裕之 著（慶應義塾大学教授）　3,200円
保証人保護の判例総合解説〔第2版〕
●信義則違反の保証「契約」の否定、「債務」の制限、保証人の「責任」制限を正当化。総合的な再構成を試みながら判例を分析・整理。平成16年の民法改正をふまえた新たな論述と最新の判例を加えた、改訂第2版。

佐藤隆夫 著（國学院大学名誉教授）　2,200円
親権の判例総合解説
●子の受難時代といわれる今日、親権の行使、離婚後の親権の帰属等、子をめぐる争いは多い。親権法の改正を急務とする著者が「親権」とは、「親とは何か」を問いつつ判例を分析・整理。

河内　宏 著（九州大学教授）　2,400円
権利能力なき社団・財団の判例総合解説
●民法667条〜688条の組合の規定が適用されている、権利能力のない団体に関する判例の解説。

判例総合解説シリーズ

清水　元 著（中央大学教授）
同時履行の抗弁権の判例総合解説　　2,300 円
●民法533条に規定する同時履行の抗弁権の適用範囲の根拠を判例分析。双務契約の処遇等、検証。

右近　建男 著（岡山大学教授）
婚姻無効の判例総合解説　　2,200 円
●婚姻意思と届出意思との関係、民法と民訴学説の立場の違いなど、婚姻無効に関わる判例を総合的に分析。

小林　一俊 著（大宮法科大学院教授・亜細亜大学名誉教授）
錯誤の判例総合解説　　2,400 円
●錯誤無効の要因となる要保護信頼の有無、錯誤危険の引受等の観点から実質的な判断基準を判例分析。

小野　秀誠 著（一橋大学教授）
危険負担の判例総合解説　　2,900 円
●実質的意味の危険負担や、清算関係における裁判例、解除の裁判例など危険負担論の新たな進路を示す。

平野裕之 著（慶應義塾大学教授）
間接被害者の判例総合解説　　2,800 円
●間接被害による損害賠償請求の判例に加え、企業損害以外の事例の総論・各論的な学理的分析をも試みる。広く間接被害者の逸失利益の賠償請求等、具体的・実務的判断に役立ち便利。今後の問題検討にも一石を投ずる。

三木　義一 著（立命館大学教授）
相続・贈与と税の判例総合解説　　2,900 円
●相続・贈与をめぐる税法上の問題と民法との接点を意識的に双方向から探り、民法典の構成に即して検討譲渡課税を含めた相続贈与と税について、課税方式の基本原理から相続税法のあり方まで総合的に判例分析。

松尾　弘 著（慶應義塾大学教授）
詐欺・強迫の判例総合解説　　【近刊】
●詐欺・脅迫行為を規律する関連法規の全体構造を確認しながら、各法規による要件・効果をベースに判例を整理・分析。日常生活の規範・関連するルールを明らかにし、実務的判断に重要。

信山社　判例総合解説シリーズ

公共の福祉の判例総合解説	長谷川貞之
権利能力なき社団・財団の判例総合解説	**河内宏**
法人の不法行為責任と表見代理責任の判例総合解説	阿久沢利明
公序良俗の判例総合解説	中舎寛樹
錯誤の判例総合解説	**小林一俊**
心裡留保の判例総合解説	七戸克彦
虚偽表示の判例総合解説	七戸克彦
詐欺・強迫の判例総合解説	松尾弘
無権代理の判例総合解説	半田正夫
委任状と表見代理の判例総合解説	武川幸嗣
越権代理の判例総合解説	高森八四郎
時効の援用・放棄の判例総合解説	松久三四彦
除斥期間の判例総合解説	山崎敏彦
登記請求権の判例総合解説	鎌野邦樹
民法77条における第三者の範囲の判例総合解説	半田正夫
物上請求権の判例総合解説	徳本鎮・五十川直行
自主占有の判例総合解説	下村正明
占有訴権の判例総合解説	五十川直行
地役権の判例総合解説	五十川直行
使用者責任の判例総合解説	五十川直行
工作物責任の判例総合解説	五十川直行
名誉権侵害の判例総合解説	五十川直行
即時取得の判例総合解説	**生熊長幸**
附合の判例総合解説	潮見佳男
共有の判例総合解説	小杉茂雄
入会権の判例総合解説	中尾英俊
留置権の判例総合解説	清水元
質権・先取特権の判例総合解説	椿久美子
共同抵当の判例総合解説	下村正明
抵当権の侵害の判例総合解説	宇佐見大司
物上保証の判例総合解説	椿久美子
物上代位の判例総合解説	小林資郎
譲渡担保の判例総合解説	小杉茂雄
賃借権侵害の判例総合解説	赤松秀岳
安全配慮義務の判例総合解説	円谷峻
履行補助者の故意・過失の判例総合解説	鳥谷部茂
損害賠償の範囲の判例総合解説	岡本詔治
不完全履行と瑕疵担保責任の判例総合解説	久保宏之
詐害行為取消権の判例総合解説	佐藤岩昭
債権者代位権の判例総合解説	佐藤岩昭
連帯債務の判例総合解説	手嶋豊・難波譲治
保証人保護の判例総合解説〔第2版〕	**平野裕之**
間接被害者の判例総合解説	**平野裕之**
製造物責任法の判例総合解説	平野裕之
消費者契約法の判例総合解説	平野裕之
在学契約の判例総合解説	平野裕之
弁済の提供と受領遅滞の判例総合解説	北居功
債権譲渡の判例総合解説	野澤正充
債務引受・契約上の地位の移転の判例総合解説	野澤正充
弁済者代位の判例総合解説	寺田正春
契約締結上の過失の判例総合解説	本田純一
事情変更の原則の判例総合解説	小野秀誠
危険負担の判例総合解説	**小野秀誠**
同時履行の抗弁権の判例総合解説	**清水元**
専門家責任の判例総合解説	笠井修
契約解除の判例総合解説	笠井修
約款の効力の判例総合解説	中井美雄
リース契約の判例総合解説	手塚宣夫
クレジット取引の判例総合解説	後藤巻則
金銭消費貸借と利息の判例総合解説	鎌野邦樹
銀行取引契約の判例総合解説	関英昭
先物取引の判例総合解説	宮下修一
フランチャイズ契約の判例総合解説	宮下修一
賃借権の対抗力の判例総合解説	野澤正充
無断譲渡・転貸借の効力の判例総合解説	藤原正則
権利金・更新料の判例総合解説	**石外克喜**
敷金・保証金の判例総合解説	石外克喜
借家法と正当事由の判例総合解説	本田純一
借地借家における用方違反の判例総合解説	藤井俊二
マンション管理の判例総合解説	藤井俊二
建設・請負の判例総合解説	山口康夫
相殺の担保的機能の判例総合解説	千葉恵美子
事務管理の判例総合解説	副田隆重
不当利得の判例総合解説	**土田哲也**
不法原因給付の判例総合解説	田山輝明
不法行為に基づく損害賠償請求権期間制限の判例総合解説	松久三四彦
事業の執行性の判例総合解説	國井和郎
土地工作物設置保存瑕疵の判例総合解説	國井和郎
過失相殺の判例総合解説	浦川道太郎
生命侵害の損害賠償の判例総合解説	田井義信
請求権の競合の判例総合解説	奥田昌道
婚姻の成立と一般的効果の判例総合解説	床谷文雄
婚約の判例総合解説	國府剛
事実婚の判例総合解説	二宮周平
婚姻無効の判例総合解説	**右近健男**
離婚原因の判例総合解説	阿部徹
子の引渡の判例総合解説	許末恵
養子の判例総合解説	中川高男
親権の判例総合解説	**佐藤隆夫**
扶養の判例総合解説	西原道雄
相続回復請求権の判例総合解説	門広乃里子
相続・贈与と税の判例総合解説	**三木義一**
遺言意思の判例総合解説	潮見佳男

［太字は既刊、各巻2,200円〜3,200円（税別）］